胡塞尔词典

[爱尔兰] 德尔默·莫兰（Dermot Moran）
约瑟夫·科恩（Joseph Cohen） 著
李幼蒸 译

The Husserl Dictionary

中国人民大学出版社
·北京·

中译者序言

本词典（主要）作者是爱尔兰都柏林大学哲学院著名胡塞尔专家德尔默·莫兰教授。兼攻哲学史、欧陆哲学、分析哲学、认知科学的莫兰教授，现为爱尔兰皇家科学院院士，皇家科学院“2012年人文科学金质奖章”获得者，以及2013年雅典第23届国际哲学大会学术规划委员会主席。莫兰的哲学研究和学术活动十分广泛，在西方哲学界的学术声誉甚隆，但其最为学界称道的学术贡献首先即为其现象学研究，其中又以胡塞尔学研究最为精到。我们从他这部刚发表的简明扼要的《胡塞尔词典》中即可了解，胡塞尔研究实际上在其学术生涯中占据着首要的地位。

作者曾在作为当代分析哲学和现象学研究大国的美国（耶鲁大学）接受哲学教育，而此前先已在欧洲本国奠定了坚实的哲学史学术基础，因此他属于新一代兼长于大西洋两岸哲学传统的哲学家和现象学家，其研究和写作特点，就与老一辈现象学家们有所不同，除更加注重阐释和表述的清晰性与简明性外，作为优秀的教授，他还特别关注哲学学术的教育和传播问题。如何把复杂、晦涩的胡塞尔现象学语言中的重要词语，尽量向大学及大学以上学生、学者、爱好者们加以阐明，遂成为长期教授现象学课程和组织现象学研究项目的莫兰教授的主要关切所在。特别是在其发表于2000年的成功之作《现象学导论》（曾有台湾译本，现已由本书译者重新译出，亦将在中国人民大学出版社出版）和《现象学奠基者胡塞尔》（2005）之后，作者更加感觉到有必要向不一定熟悉德文和现象学知识的广大英语地区读者提供一本系统解释胡塞尔的大量复杂专门术语的手册。

十分明显，这样一部有关胡塞尔学的简明术语词典，对于中国学界读者来说也正是非常必要和有用的。译者在两年前得悉本词典的书讯后遂已有意待其出版后尽快将其译出，以期进一步为中国的现象学研究者和读者提供一种方便。

译者虽然与大西洋两岸老一辈现象学家们有所联系，但是与1980年代以来的新一代现象学家们接触并不多。几年前在偶然读到莫兰教授为《逻辑研究》新英文版所写的专门导论后，对于其相关论述的清晰性印象殊深。由此机缘才进一步注意到他的专著《现象学导论》，并知悉该著作已有台湾译本问世。坦白地说，译者从此才对英美新一代现象学学者的工作开始认真关注，发现他们中间不少人都已不同于译者1980年代初在美国遇到的一些也是试图将分析哲学和现象学加以综合比较的哲学家们，而是表现出了更加重视德文原典准确解读的治学态度。在阅读过他们这一代人的一些胡塞尔研究著作后，我进一步确定莫兰教授堪称其中更为优秀者之一，对于他首先关注全面深入掌握胡塞尔原典的态度尤为赞同，进而认识到，我们中国学者在深入领悟现象学导论和胡塞尔原典的研习过程中，岂非正是也非常需要向这些德国以外国家新一代的哲学专家们学习？一方面，他们在掌握哲学原典和西方古典语言方面的条件和能力，为我们东方学者所远远不及；另一方面，作为英美地区的哲学家们也有一个需要向“德国异文化哲学”进行独立探索的必要性，二者遂可成为我们在研习德国现代哲学，特别是胡塞尔学时的一种更具有可借鉴性的“阶梯”？

译者在2012年收到甫出版的本词典并通读后，发觉其内容可说是颇为合乎期待，非常有助于中国学界读者们（教师，学生，爱好者）进一步提升读解胡塞尔原典的准确性。对于大多数中国的胡塞尔读者们来说，其实重要的是如何直接读懂原典文本，而非卷入胡塞尔学复杂的西方哲学史背景资料中去，并最好能够避开胡塞尔本人著述中属于个人探索式哲学思维的繁杂表达法。而另一方面，我们也要摆脱战后法国哲学式的“借题发挥”风格，那些所谓“现象学著作”对于我们理解胡塞尔原典来说助益不大，因为实际上他们当初是否已经“读通”了胡塞尔著作也是很难讲的。此外，本词典作者与其他新一代胡塞尔学家们似乎还有一个不同之处，作为严肃的哲学史家，莫兰对于准确把握原典文本本身更为重视，而非急于对其进行任何“分析哲学式的”发挥或“创造性的”解释。对于中国未来的胡塞尔学学者、学生们来说，我的经验和意见则是：我们虽然要足够充分地拓展认知背景，但在研读学习胡塞尔原典时，只能将各种不同程度上相关的知识作为一种“参照”，而首先需加以切实把握的则是胡塞尔原典本身的准确意义。正是在这一点上，我们特别要始终向西方专家们学习，不可在仅仅因外语的方便而在掌握表面的现象学话语后，就在中国学界恢复严肃学术活动不久的过渡期环境内，想当然地以胡塞尔学专家自居。个人在学术风度上“失仪”事小，但由此给知识未足的广大学生们带来的知识和学风两方面的误导，则贻害甚巨。

译者在为 2012 年南京第 11 届国际符号学大会制定议程项目时，在“大方向上”企图将符号学的“跨学科”特点和西方哲学的当前某些“理论焦点”加以结合，以期促进哲学和符号学的相互影响。于是我们在此符号学大会上明显强化了“现象学哲学”的介入，不仅邀请了德国著名现象学家瓦登费尔斯作为开幕式主讲人，而且特别设置了一个“胡塞尔 vs. 海德格尔”的圆桌会议，并邀请莫兰教授主讲和主持讨论。在讨论会期间莫兰对于我即将翻译本词典一事（版权合同那时刚刚落实）特别表示感谢，并提到此一感谢的特殊意思是：注意到这位中国译者不仅是年龄上长于他的前一代学者，而且正是参与组织国际符号学大会的负责人之一，似乎对此略有“不安”之意。因为无论在哪里，大多数情况下都是年轻者为年长者翻译。同时，在西方学界和在中国不同，翻译不论多么重要，都是明显比写作较为次要的（甚至是“服务性的”而非学界看重的“创造性的”）学术活动；此外也因为从一种西方语言译为另一种西方语言，相对而言也不是那么需要专深的学养，因此和中国学界不同，很少有重要的西方哲学家亲自从事翻译性工作（保罗・利科翻译胡塞尔的《观念 1》是一个例外，一方面表现出他多么重视该书，另一方面也含有在当时法国新兴现象学界纠正学界同仁表现出的（尽管其德国哲学根基未固）急于主观发挥的倾向）。当然词典作者对于我本人了解甚少，更不知我的个性中从无“长幼尊卑”之观念，本为体制外“忘势”之人，只知实事求是、为所当为而已。实际上，如译者自己在许多场合所表示的，本人不能算是“胡塞尔学专家”，尽管本人花费了大量时间钻研胡塞尔著作，却离真正的“专家”程度尚远，与莫兰等新一代西方胡塞尔专家们不能相提并论。但是，译者在此这样提及此事也并非意在表现“谦虚”，而是反而要借此“指出”一个“跨学科”意义上的新意涵：在哲学原典专家类型之外，新时代、新环境下出现了多元化的、跨学科的哲学实践类型；一种虽然也需借助专家之研究成果以深入把握原典之学者，但其学术目标已经“变型”，或者其学术重点的“配置结构”已然不同了。简言之，跨学科、跨文化的哲学学者，开始更加着重于批评性地理解和创造性地运用传统哲学之原典。由于哲学研究的目标“多元化”了，相关学者必须有充分时间准备其他领域的知识和思考，因此其学术一方面有赖于专家，另一方面自己又不能成为专家，也就必然了。

虽然译者不能够以胡塞尔专家自任，却不妨碍译者在有助于中国胡塞尔学研究深化的本词典出版之际表达一下自己欣慰之情及简述其原委。应该说是1960年代中期译者在北京灯市口“内部外文书店”偶然购到的出版于1921年的德文《逻辑研究》，促使译者后来从先前朝向“罗素—卡尔纳普”方向改为在哲学上朝向“胡塞尔”方向了，虽然那时的相关知识还极为肤浅。不久“文化大革命”爆发，图书馆关闭，这部《逻辑研究》遂成为我其间学习“哲学德语”的主要读物之一。等到1978年进入社科院哲学所后，我的平生第一篇学术性文章就是《胡塞尔》（同时写成并于1980年在杜任之先生主编的《现代西方著名哲学家述评》上发表的另一篇文章是《列维·斯特劳斯》）。我曾多次提及此后个人职业学术生涯之“开端”，一方面表明我对“内心理哲学”（而不是罗素的“外心理哲学”）的本能性倾向，另一方面表明我对胡塞尔现象学的伦理学意涵的关注。后者也同时体现于胡塞尔本人的深刻伦理学关切和其所处时代的严重伦理性悲剧。二者的结合成为当时和其后对我始终存在的“哲学兴奋点”。我也屡次提及，那篇文章意在促使学界提升对于哲学和伦理精神间互动关系的意识；我也屡次提及，译者对于今日国内外哲学学界之哲学和哲学家事业“伦理学本质”的普遍离弃倾向颇感失望。我愿在此再一次重申，译者对被称作胡塞尔之后德法“现象学运动”两巨头的海德格尔和萨特的著作，虽然一直也将其作为研究之对象，却对之从来没有任何思想上和情绪上的亲近感。这是本人学术立场与西方专业哲学家立场相当不一致之处。

因此，译者的“胡塞尔重要性”就也和西方哲学家们的“胡塞尔重要性”不处处相同了。不仅在西方哲学的“形上学本位主义”方面译者与西方学者根本不同，而且在“胡塞尔现象学伦理学”方面译者和西方学者也并不同。正如我们不能对仁学和阳明学“直意把握”一样，我们今日也不能对“胡塞尔话语意理”直意把握（简言之：胡塞尔学的深刻伦理学意涵并非主要表达于他本人的“伦理学研究”文稿中，而是表现于他为此内心伦理学关切所做的一系列认识论、方法论之“准备学”内）。中国的未来“胡塞尔学”应该沿着两条相辅相成路线发展：一方面应该有越来越多的、一代胜似一代的严肃胡塞尔学学者出现，另一方面应该有对中国学界如何创造性地理解和应用胡塞尔思想所做的越来越深刻的思考。译者本人目前所参与的重建“伦理主体学”的学术努力，也许可以归之于后一方面，虽然译者作为新时期中国学界早先引介胡塞尔学的学者仍有义务对前者的健康发展继续履尽最后的责任。那么，就让我们把本词典作者在为其《现象学导论》中文版写的序言中对中国胡塞尔学建设性发展的“祝愿吉言”——成为世界上一个“转换的现象学”〔transformed phenomenology〕的新研究中心——中的“转换的”一词，解释为“人类跨学科、跨文化方向的”，同时也就是“人类人本主义伦理学方向的”，但不一定是“西方形上学本体论方向的”了。

从哲学词典编写的技术性角度看，本书也有一些不足之处。首先，按照译者原先的期望，不希望词典包含什么人名条目（而且，就人名条目而言，也有应该包括而未包括进来的，其中明显的如“梅洛-庞蒂”、“莱布尼兹”等条目），因为这些内容都是学界熟知的，不免徒徒占据篇幅。不过，这也许是作者考虑到大多数读者对象未必是哲学专业领域人士，因而希望也可对他们提供顺手查检相关人物背景信息之方便。另外，由于作者的辅助工作人员比较欠缺（他曾在信中这样对我说），本书原文内存在一些技术性疏漏。在翻译过程中译者已对此尽量予以适当的更正了。

译者翻译本词典的工作，是与译者目前进行的《胡塞尔著作集》翻译工作相互联系的。虽然译者努力根据德、英、法、日多种相关语言资料，争取译名比较确切，但因胡塞尔用语复杂和德语哲学表达方式的特殊性，一些译名的确切性和稳定性仍然只具有暂时的有效性。译者一贯认为，现代哲学名词的译法，须经历学界长期使用后才能逐渐确定其最终合宜性。本词典中的译名当然也须经历这样的“语用学考验”，因此欢迎读者将发现的不正确、不妥帖的译法，不吝告知译者，以备日后再版时改正。

最后，让我再次对作者表示衷心感谢。不仅感谢他为本译本写了专门序言，而且感谢他对于中国现象学研究发展的真诚祝愿。

译者也在此对中国人民大学出版社学术出版中心杨宗元主任迅速批准本书翻译项目并立即安排版权购买事宜，以及对本书责任编辑吴冰华女士认真处理本书编务，一并表示感谢！

李幼蒸

2013 年 3 月 6 日于旧金山湾区

作者序言

我非常高兴能够为《胡塞尔词典》中文版写一篇新的序言，我也极感荣幸地获得这样一位杰出的翻译者李幼蒸教授来承担本词典的翻译工作。李幼蒸教授本人即专深于胡塞尔现象学传统，我想特别指出，他是自早年发现了《逻辑研究》一书后开始其独立的现象学研究的。

艾德蒙特·胡塞尔是20世纪最重要的哲学家之一，毕生经历了动乱的年代。他于19世纪中叶（1859）出生于时属奥匈帝国的莫拉维亚。他在德国和奥地利学习，后来在布伦塔诺（1838—1917）的卓越人格中寻觅到了自己的精神导师。布伦塔诺现在被看作是科学心理学的奠基人之一。胡塞尔生前目睹了自己的出生地莫拉维亚最终于1918年成为独立的捷克共和国的一部分。共和国的首任总统托玛斯·马萨里克（1850—1937），曾经是一位哲学研究者；作为胡塞尔最长久的友人之一，他也是最早推荐胡塞尔跟随布伦塔诺学习之人。胡塞尔有生之年并未亲眼看到这个捷克新国家又于1938年10月被纳粹德国吞并，但他却亲身经历了自己所归化的国家德国变成了一个法西斯国家，在此国家内他作为犹太裔不再具有官方承认的地位。即使胡塞尔是一位知名教授，两个儿子都在第一次世界大战期间（1914—1918）于德国军中服役，甚至其中一子于1916年Verdun战斗中牺牲，胡塞尔仍然被纳粹当局视为一名“非雅利安人”，并被禁止教学和被迫在衣服上佩戴黄色星徽。他的朋友和学生们都敦促他离开德国，却因年迈体衰而不克前往美国（其子Gerhart在1933年失去法学教授的位置后即逃往美国）开始一种新的生活了。在短时间卧病后，他于1938年4月去逝，恰在第二次世界大战开始之前。

胡塞尔用德文写作，事实上，有生之年内在其大量研究写作手稿中只发表了非常少数的作品。这些遗留的手稿是用几乎已经过时的速写体亲手写就的。由于他的学生们（特别是路德维希·兰德格里伯〔1902—1991〕和欧根·芬克〔1905—1975〕以及于其故世后不久来访的比利时天主教神父赫尔曼·里奥·梵布雷达〔1911—1974〕）的英勇崇高努力，这些手稿在胡塞尔死后被偷运出了德国，并在卢汶天主教大学找到一处安全的庇护所。料想不到的是，年轻的梵布雷达，作为该大学刚获得硕士学位的一名研究生，竟然能够说服校长建立了胡塞尔档案馆，用以保存胡塞尔的学术成果并延续人们对其思想的研究。芬克和兰德格里伯曾来到这个档案馆工作，但之后德国于1939年侵略比利时，两人均被捕，并被遣送回德国至军中服役。梵布雷达却能够再次将胡塞尔手稿偷运至一处安全地点隐藏起来。他也成功地协助胡塞尔的遗孀玛尔文女士逃离德国，因为作为犹太后裔她也同样处于危险之中，并安排她于第二次世界大战期间藏身于一处天主教修道院。于是，胡塞尔的现象学史，实际上是一段在艰难政治岁月中有关忠诚和勇敢品格的激动人心的故事。

胡塞尔认为，现象学是一种根本性科学，一种有关哲学新开端的科学，一种探讨为一切其他科学奠定基础的科学，一种试图探讨在人类生活的每一方面被揭示之意义的科学。因为这是一种崭新的科学，胡塞尔必须努力于创造自己的词汇。他的著作的专业技术性非常高，因此他发明了新名词或者赋予旧名词以新的意义（虽然他这样做的彻底性程度不如其弟子海德格尔高）。因此胡塞尔的著作需要一种导引。我写的这部《胡塞尔词典》就是作为胡塞尔名词导引之用的。撰写一部词典实际上是一种没有尽头的任务（每一个词都通向另一个词），每一任务都通向另一任务，如此等等。再者，此类任务也是循环性的，我们需要一个词来说明另一个词，这样我们就不得不行进于循环之中。但是我希望，此一过程实际上是具有启示性的，而且我们对胡塞尔知道得越多，就越企图理解其独特的词汇系统。

这部《胡塞尔词典》最初是用英文写成的，读者对象是全世界说英语之人。这样，我就面对着一种附加的复杂性，不仅是企图说明胡塞尔的术语，而且必须将它们译为另一种语言。李幼蒸教授现在面对的是一种类似的困难挑战：他不得不将胡塞尔的术语和我的相关说明译为中文。幸而他会德语、法语和英语以及他的中文母语，而且我极其信任他将胡塞尔名词的精细语义传达给另一文化圈内说中文的新读者们的能力。胡塞尔相信，现象学是一种参与跨文化对话的方式，而我衷心希望这部《胡塞尔词典》能够激发中国读者对于欧洲最重要思想家之一的遗产进行研究讨论。让我再一次对李幼蒸教授为完成本书的翻译和出版所付出的大量辛劳表示感谢。

德尔默·莫兰

2013 年 3 月于都柏林

目　录

词典正文

致　谢

我们非常感谢 Continuum 出版社的两位哲学编辑 Sarah Campbell、David Avital 的耐心和鼓励。对于 Rasmus Thybo 和 Ignacio de los Reyes Melero 两位在若干词条上给与的协助以及提供的一般哲学建议，我们也深表感激。特别需要感谢的是以下诸位与我们进行有关胡塞尔理论问题的讨论：Jocelyn Benoist，Steve Crowell，Françoise Dastur，Nicolas de Warren，John Drummond，Lester Embree，Sara Heinämaa，Burt Hopkins，Hanne Jacobs，Sebastian Luft，Tom Nenon，Andrea Staiti，Thomas Vongehr 以及 Dan Zahavi。当然，一部词典除了是一部参考书外，也是一部解释的著作。而且，作为作者，我们应该对在此书中提供的解释负有完全的责任。我们也对爱尔兰人文学和社会科学研究会（IRCHSS）深表谢意，它支持了有关“意识现象学和主体性”的 2008—2010 研究计划（项目负责人：德尔默·莫兰），在其资助下本书的研究和写作得以完成。

导　论

《胡塞尔词典》的目的是要在一卷之内按照字母顺序对胡塞尔的关键性专业术语提供既简明又富于哲学信息的扼要定义和说明。词典中包括了胡塞尔的主要出版物的资料，以及关于那些或影响过他或被他影响过的主要哲学家的简历的词条。在可能限度内，胡塞尔的关键性概念均以非技术性词语加以说明，并注明这些概念在其著作中出现的主要例子。 1

胡塞尔是一位富于创新的思想家，而且有密集使用其术语的癖好。他有时发明术语（例如“中性变样”，Neutralitätsmodifikation；“感觉态”，Empfindisse），或者将诸现成术语结合为新的术语（例如“自我思想者”，Selbstdenker）。他从哲学传统中（如：本质、物、形式、先验的、心灵）借取术语，其中包括从古典希腊思想传统中（如：信念、艾多斯、中止、形态、诺耶思、诺耶玛、目的、理论），以及从拉丁语哲学中（如：先天、其他自我、我思、我思作用、我思对象、自我、存在）借取术语。他的术语或者借取自心理学（如：“外知觉”、“内知觉”、“观念化”），或者借取自其他科学（如：“态度”、“世界观”）；他或者赋予日常术语以新的技术性意义（如：“侧显”、“视域”、“世界”）。他以独特方式采用当时哲学界通行的那些术语（如：“事实性”、“体验”、“生活世界”、“移情作用”、“主体间性”）。有时他直接从笛卡尔、休谟借取术语（如：“事实之物”），有时直接从康德借取术语（如：“否定性”、“容受性”、“综合”、“先验自我”）。但是，尽管大量发明和借取术语，最终结果是独一无二的胡塞尔本人的，而且他的思想是以一独特的、可识别的表达风格表达的。

2 和亚里士多德、黑格尔等大哲学家一样，胡塞尔的专业术语属于一个彼此相互联系的诸意义网络。因此，往往不可能在说明一个术语时不同时涉及其他相关的或对立的专业术语。本词典试图尽可能地明晓而系统地通过使诸关键性术语彼此连接的方式，呈现出一部胡塞尔的术语词汇表。胡塞尔本人曾致力于（尽管显然未曾达到）系统性，而且他的思想往往是通过更精细地区分现存诸对立性术语或通过对问题的新理解来取代标准区分的方式进行的。当然，胡塞尔的思想在其生涯中也是不断演变的，某些术语的辨别只能在其早期著作中或者只在其晚期著作中看到（如“生活世界”）。胡塞尔经常不满意于他的早期概念以及阐明的尝试，而且有时说新的概念表达着他当初用旧概念实际想要说的（因此，在《观念 1》中用“艾多斯直观”取代了“观念化”，虽然此词在后来的著作中并未继续出现）。为了解决这类困难，本词典试图尽可能地指出一个术语属于哪一时期，以及胡塞尔是否后来将其放弃或改变了其意义。我们也试图提出某一出版物中的一个典型例子或位置以帮助确定该概念。最后，胡塞尔的思想是坚持不懈地向前发展的，而且虽然他不断地重新检查及修订先前的手稿，却也不耐于编辑工作，甚至将一些几乎待发表的手稿加以放弃。其结果之一是，胡塞尔往往在分析中间引入新的术语或术语辨析，它们在后来的手稿中未见再被使用。此外，胡塞尔并非始终一贯地使用其术语，因此往往有必要解释他的意思究竟是什么。例如，他使用术语 Vergegenwärtigung，这个词可翻译作“再现”〔表象〕〔representation〕或“准现前”〔presentification〕或“使现前”〔presentiation〕（使其区别于“观念呈现”〔Vorstellung〕），此词在日常德文中表示“唤至心间”、“使可见”或“使一形象呈现于心间”等过程，可用于刻画很多心理过程（包括不仅是想象的而且是回忆的以及空洞意念的过程），它们均对比于在一真实“呈现”〔现前〕中〔Gegenwärtigung〕的所意念对象之充分呈现。在此，需要熟悉胡塞尔
3 的全部直观理论才能充分理解问题之所在。因此，我们设法在相关词条中对这些术语在胡塞尔著作中的哲学意义予以补充说明。我们设法尽可能地并在适合词典的体例内使解释足够妥帖和谨慎，但是对于一些术语的解释，专家们肯定会有不同的意见。编辑一部词典相当于展开了有关解释胡塞尔的一系列的无止境的任务。这一工作永远不可能结束；人们会要求新的阐明，新的术语联系会呈现出来。我们已尽了最大努力提供一个对胡塞尔主要术语正确可靠的指南。我们自信本词典对于挣扎于理解胡塞尔的往往是密集而极具挑战性的文本的学生们会颇有助益，但是，考虑到我们力

求对胡塞尔术语也提供我们自己独到的解释，我们也希望本词典将使程度较高的胡塞尔读者们感兴趣。

艾德蒙特·胡塞尔（1859—1938），被称作现象学（有关经验及其对象的描述科学，此对象存在于其被经验的方式中）的哲学方法的奠基者，曾经成为20世纪最有影响的哲学家之一，而且无疑曾经是欧陆传统中最有影响的哲学家（对海德格尔、舒茨、莱维纳、萨特、梅洛-庞蒂、德里达以及许多其他人均影响至巨）。在历经漫长而积极的研究和教学生涯后他精研了现象学的意义，最初视其为阐明逻辑学和认识论中之中心概念的一种方法，而渐渐将其扩展为一种相当成熟的先验哲学，甚至是先验唯心论哲学。

胡塞尔于1859年4月8日出生于莫拉维亚的普罗斯涅茨（今属捷克共和国的普罗斯特约夫）的一个犹太裔中产阶级家庭。他曾在莱比锡大学和柏林大学学习数学和物理学（在柏林大学他深受数学家卡尔·维尔斯特拉斯〔1815—1897〕的影响），之后迁移到维也纳大学，在那里于1882年完成了数学博士学业。在短时期作为维尔斯特拉斯的助手及到军中服役后，胡塞尔回到了维也纳，在其友人和哲学系学生托玛斯·马萨里克推荐下，于1884年至1886年随布伦塔诺学习哲学。经布伦塔诺推荐，胡塞尔之后前往哈雷大学在卡尔·施图姆普夫（1848—1936）指导下学习（后者是布伦塔诺最资深的学生），并于1887年以《论数的概念。心理学的分析》论文完成了大学执教资格考试。

从1887年至1901年胡塞尔一直留在哈雷，担任位置低微的无薪讲师 4
或私讲师。后来他承认，那是他一生最不快乐的年代。1891年他发表了第一部书《算术哲学》，此书开头几章包含了他的1887年资格考试论文的修订稿。[1]《算术哲学》是一部关于描述心理学的研究。它分析了对于产生数概念所必需的心理学运作。该书原定为两卷本的第1卷，但第2卷未再出版。1894年时，胡塞尔的《算术哲学》曾由德国数学家和逻辑学家弗雷格给与评论，后者指出了胡塞尔的数学研究方法中潜在的心理主义，即胡塞尔假定了逻辑推演实际上相当于某种心理学操作。10年之后，胡塞尔发表了他的两卷本巨著《逻辑研究》（1900—1901）。[2]

胡塞尔在其《逻辑研究》中首次宣告了他的新现象学方法。第1卷《纯粹逻辑学导论》于1900年单独出版，其中包含着对心理主义的详尽批评，胡塞尔通过此一批评欣然承认在此问题上他站在弗雷格一边。此书在德国颇受关注，并由纳托普及其他著名德国哲学家给与评论。纳托普在

1901 年的《康德研究》中赞赏地评论了此书，将胡塞尔描述为使康德研究本质上扩大到诸经验可能性领域之必要条件。

在该书第 2 卷的第一版中（此卷本身被分为两个部分出版），胡塞尔采取了一个现存的哲学名词“现象学”（此词在德国哲学中自兰贝尔特、康德、黑格尔以来已在使用中，但被胡塞尔的老师布伦塔诺赋予了新的意义）用以表示有关一般知识可能性条件的新研究方法。胡塞尔最初把现象学设想为一种描述心理学，对心理学使用的基本术语（知觉、判断等）以及逻辑学等科学中的基本术语加以阐明。胡塞尔在其《逻辑研究》导论中写道：

> 纯粹现象学代表着一个中性研究领域，其中若干科学均以之为基础。一方面，它被设想为一门**经验科学**的**心理学**的辅助学科。在纯粹直观方式中它以其本质的一般性（在思想和知识的一种现象学的特殊样式中）分析和描述了观念、判断和知识的经验，在动物学现实的自然环境内被视为实在事件的经验，从经验心理学那里获得了一种科学的探索。另一方面，现象学揭示了“根源”，从此根源中“流出”了基本概念和纯粹逻辑的观念性法则，而且它们必须再次返回该根源以获得一切“清晰性和明确性”，这是对于纯粹逻辑给与理解和一种认识论批评所必需的。(《逻辑研究》导论，§1，1，166 页；《全集》第 19 卷，1，6—7)

按照胡塞尔的看法，逻辑学家并非关注心理行为本身，而只是关注心理行为所朝向的客体的意义，以及关注其形式的规则和含义；与此对立，现象学家关心于认知行为的本质结构及与这些行为所把握的客体的本质的相关关系。在《逻辑研究》第 2 卷的这篇导论中胡塞尔说出了如下名句：“我们必须返回事物本身”（《逻辑研究》导论，§2，1，168 页；《全集》第 19 卷，1，10），此句很快成为此新现象学的号角，它宣示着应该绕过无效的哲学争辩而转向具体性问题。

胡塞尔最初把现象学含混地或者称之为一种与认识论平行的学科，或者称之为“知识批评”（Erkenntniskritik），或者甚至称之为认识论的更根本的基础，意在阐明在其最一般意义上的认知行为之本质。胡塞尔在分析知识时希望既能顾及到认知中已知真理（例如，毕达哥拉斯定理，或 2+2=4）的必然观念性（即：时空的同一性和独立性）又能顾及到主体已知行为的本质作用。他在 1925 年回顾时将《逻辑研究》的目的描述如下：

> 出版于1900—1901年的《逻辑研究》是我长达10年努力的成果， 6
> 目的在于，通过回溯在逻辑思维活生生的经验复合体中实行的意义赋予或认知成就，阐明纯粹逻辑的观念。[3]

胡塞尔本人将其《逻辑研究》视为他的“突破性之作，如其说是结束不如说是开始”（《逻辑研究》第二版前言，1，3页；《全集》第18卷，8）。出版后不久，于1902—1903年左右，胡塞尔开始使其现象学与描述心理学保持距离，认为后者过于受到经验心理学之累。现在他声称，作为认知的纯粹本质可能性之科学的先验现象学，完全不同于任何形式的心理学，包括描述心理学（他现在将此学视作经验心理学的一个分支了）。心理学是一门事实性科学，它研究人类存在的和被理解为属于自然的其他动物的心理行为。反之，现象学是关于本质必然性的一门纯粹先天性科学，它探讨支配认知、知识以及全体意识生命的本质法则。这一看法导致胡塞尔毕生为反对自然主义和反对对意识的自然主义曲解而斗争（如他在1910—1911年发表的《作为严格科学的哲学》的论文中所说的）。在其后的年月里，他一再返回关于意识本质结构的现象学心理学和他的先验现象学之间关系的问题，后者将一切意义形成物置于先验自我成就之内。对于成熟期的胡塞尔，每一种现象学心理学的观点都有其先验现象学领域内的对应物。

《逻辑研究》的出版使得胡塞尔得以从哈雷大学迁移到哥廷根大学，该校当时有一个由希尔伯特（1862—1943）领导的著名数学中心。在哥廷根期间（1901—1916）胡塞尔开始吸引德国和国际学生研究现象学的实践和理论。然而，在1901年至1916年期间，他仍然只有两部出版物。一部是一篇重要的长篇论文《作为严格科学的哲学》，此文是李凯尔特于1910—1911年为其新刊物《逻各斯》所约稿件。[4]在此文中胡塞尔概述了他对一切形式的自然主义和历史主义的反对。另一部是巨著《纯粹现象学和现象学哲学的观念》[5]（后来简称《观念1》），于1913年发表于 7
他自己新创立的《哲学和现象学研究年鉴》中。此书提出了进入现象学的全新途径。胡塞尔的许多先前学生（包括史泰茵·盖格和茵格尔登）均为《观念1》的唯心主义转向而震惊，并希望返回到现象学对实在论的承诺中去。

1916年时胡塞尔继承了新康德主义者李凯尔特在弗莱堡大学留下的哲学教席，他在那里执教至1928年。然而，在这些年里他什么也没有发表，除了在日文刊物《新生》中发表过一篇关于哲学革新的文章，一篇关于佛陀的短文和一篇关于时间讲演稿《论内时间意识》的删节文，此讲稿于1928年由其弗莱堡教职继任者海德格尔编辑。[6]然而退休以来，大约直到其生命结束止，胡塞尔仍然异常活跃，1920年代末曾在德国、荷兰、法国等地讲演。他也于1929年出版了《形式逻辑和先验逻辑》一书[7]，此书意在提出他有关逻辑思想的最新解释；并于1931年出版了法文版的巴黎讲演稿《笛卡尔沉思》，由佩富和莱维纳翻译。[8]在其成熟期著作中，从《观念1》到《笛卡尔沉思》，胡塞尔提出了他的将笛卡尔方案彻底化的方法，企图使知识回归主体经验确定性的基础之上（我思故我在）。

1933年1月纳粹民社党在德国获得政权，胡塞尔及其家庭自德国1933年颁布反犹太人法后遭受到日益严重的苦难，这导致终止了他的退休权利，并于1935年取消了他的德国国籍。与此同时，他仍然住在弗莱堡，被迫佩戴着黄色星徽，他的大多数先前的同事们都避免与其接触，除了他的忠实助手芬克（1905—1975）和他的先前学生兰德格里伯之外，后者那时为布拉格的哲学教授。胡塞尔晚年曾经准备出版他的大量研究手稿，但也以新的激情努力抵制时代的危机，产生了令人惊异的篇幅和独创性的著作，此即《欧洲科学的危机和先验现象学》。此书由其在维也纳和布拉格的讲演发展而成，曾以文章的形式于1936年发表于贝尔格莱德的新刊物《哲学》上（在德国被拒绝发表）。[9]胡塞尔于1937年初卧病，次年逝世于
8 弗莱堡。他的最后著作《经验与判断》于1938年死后出版，兰德格里伯参与了大量编辑加工，但由于大战爆发未得发行，直到1945年后才予发行。[10]1938年夏，梵布雷达神父，作为年轻的圣方济各修士当时正在卢汶天主教大学攻读哲学博士，他去弗莱堡大学访问以便完成他的有关现象学的博士论文，在那里遇到了胡塞尔遗孀玛尔文和前助手芬克，并知悉四万多页遗稿正处于危险中。因担心手稿被纳粹政权完全摧毁，梵布雷达神父亲身抢救出全部手稿并将它们带至卢汶大学的安全地点。芬克和兰德格里伯参与了此高度义勇行为，两人也到卢汶负责手稿的编辑工作。此行动也获得了比利时首相 Paul-Henri Spaak 的协助。这些手稿构成了日后在卢汶编辑的《胡塞尔全集》的基础。这些手稿至今均保存在卢汶胡塞尔档案馆。在弗莱堡、科隆、巴黎和纽约（纽约社会研究新学院）也建立了档案馆，也对胡塞尔的遗著进行重要的研究和编辑工作。

纵观整个20世纪，胡塞尔的现象学影响了大批各种各样的欧洲哲学家，包括海德格尔、舒茨、梅洛-庞蒂、利科、德里达、莱维纳以及巴托

奇卡等。他的思想引起了法兰克福学派的反响，特别是霍克海默尔，他将胡塞尔哲学视作“传统理论”，使其与自己的新“批判理论”相对立；以及阿多尔诺，他批评了胡塞尔的认识论，虽然胡塞尔的生活世界概念（通过舒茨）影响了哈贝马斯。胡塞尔的学术继续对法国哲学起着一种激励的作用，例如在米歇尔·亨利和 Jean-Luc Marion 的研究中。胡塞尔不仅在现象学和当代欧洲哲学的后现象学传统中，而且在相关于心的哲学、认知科学、形式本体论、数学和逻辑的哲学方面，仍然是一位有影响的哲学家。晚近以来，分析哲学家对胡塞尔重新表现出了强烈的兴趣，特别是那 9
些（如迈克尔·达米特）关注分析哲学起源和关注胡塞尔对意义、指称和意向性的理解的人。在这方面，胡塞尔与弗雷格的互动引起特别关注。胡塞尔的意向性概念持续吸引着人们对当代心的哲学的兴趣，后者重新注意到意识、知觉、躯体化以及与其他主体的关系（主体间性）等问题，例如在以下诸人的研究中：Kevin Mulligan，Peter Simons，Barry Smith，David Woodruff Smith 以及他人。胡塞尔有关一种形式本体论的探索在 20 世纪获得了很大的发展，而且他的数学哲学继续引发讨论。毫无疑问，胡塞尔分属永恒不朽的伟大哲学家之列，他的研究将继续在 21 世纪沿存并激发着创造性思想。

胡塞尔是一位深富创造性的杰出哲学家、矢志不懈的思想家，他的思想从来没有停止过演变。他的研究工作，像维特根斯坦的研究工作一样，始终在前进中，其间不时改变思路。他称自己是永远的开始者而且不断地修改自己的观点。但他也是一位根深蒂固的德国传统学院派哲学家，他也以某种不无夸张地、学究式的以及高技术性的风格写作，作品中充满着术语的标新立异。因此，如无有效的帮助，很难读懂他的作品并理解之。因此，对于希望理解胡塞尔现象学的非专家们和哲学系学生来说，编写一部《胡塞尔词典》的必要性是不容置疑的。在编写本词典时我们有幸参照了其他词典和翻译指南。我们在此特别提到 Dorion Cairns 的《胡塞尔翻译指南》、John Drummond 的《胡塞尔哲学的历史词典》、Jacques English 的《胡塞尔词汇》以及 Hans-Helmuth Gander 的《胡塞尔专业词典》。[11]

德尔默·莫兰和约瑟夫·科恩
于都柏林大学学院
2011 年 5 月

注释：

［1］胡塞尔：《算术哲学》，含扩编文本（1890—1901），由 Lothar Eley 编辑，《全
10 集》第 12 卷，Nijhoff，1970。英译本《算术哲学。心理学的和逻辑学的研究》，译者 Dallas Willard ，Kluwer，2003。

［2］参见《逻辑研究》第 1 卷、第 2 卷及《全集》第 18、19 卷。英译本译者 John Findlay，莫兰修订和撰写了“导论”，Michael Dummett 撰写了新序言。

［3］胡塞尔：《〈逻辑研究〉的任务和意义》，载《现象学心理学》，《全集》第 9 卷，1962，20 页。英译本，译者 John Scanlon，1977，4 页。

［4］胡塞尔：《作为严格科学的哲学》，载《逻各斯》1911（1），289～341 页，及《全集》第 25 卷，3～62 页。英译本译者 Marcus Brainard，2002。

［5］该书扩大文献版载《全集》第 3 卷，由 Karl Schuhmann 编辑，1977。新英译本译者 F. Kersten，1983。

11 ［6］《内时间意识现象学》，由 R. Boehm 编辑，《全集》第 10 卷，1966，1969。英译本译者 J. B. Brough。

［7］该书现载《全集》第 17 卷，含扩编文献，由 Paul Janssen 编辑，1974。英译本译者肯恩斯，1969。

［8］该书德文版载《全集》第 1 卷，1950。英译本译者肯恩斯，1993。

［9］该书收入《全集》第 6 卷，1962，由 W. 比麦尔编辑。英译本译者 David Carr，1970。

［10］《经验与判断：逻辑系谱学研究》，由兰德格里伯编辑，Meiner，1999。英译本译者 James Churchill 和 Karl Ameriks，1973。

［11］所引参考书为：

John Drummond，*Historical Dictionary of Husserl's Philosophy*，Lanham，MD：Scarecrow Press，2008.

Jacques English，*Le Vocabulaire de Husserl*，Paris：Editions Ellipses，2004.

Hans-Helmuth Gander（ed.），*Husserl-Lexikon*，Darmstadt：Wissenschaftliche Buchgesellschaft，2010 .

Helmuth Wetter（ed.），*Wörterbuch der phänomenologischen Begriffe*，Hamburg：Felix Meiner，2005.

胡塞尔生平和著作年表

1859 年 4 月 8 日 *12*

生于莫拉维亚的普罗斯涅茨一个被同化的非宗教的犹太裔中产阶级家庭。其父 Adolf Abraham（1827—1884）拥有一家布店。

1865—1868 年

在普罗斯涅茨地方学校就读。

1868—1869 年

就读于维也纳 Leopoldstädtes 中学。

1869 年

就读于 Olmütz 的德国国家高级中学。

1876 年 6 月 30 日

于 Olmütz 的德国国家高级中学毕业。

1876—1878 年

在莱比锡大学学习天文学、物理学、数学。参加冯特（1832—1920）的一些哲学讲演。结识了保持终生友谊的哲学系同学马萨里克（1850—1937）。

1878—1881 年

在柏林大学与维尔斯特拉斯（1815—1897）和 Leopold Kronecker（1823—1891）学习数学；参加以下两人哲学课：Friedrich Paulsen（1846—1908），Johann Eduard Erdmann（1805—1892）。

1881—1882 年

在维也纳大学学习数学。

1882 年 10 月

提交数学博士论文《变分法理论研究》，指导老师是维尔斯特拉斯的学生 Leopold Königsberger（1837—1921）。

13 **1883—1884 年**

服兵役。

1884 年 4 月

父亲去世。

1884—1885 年

参加布伦塔诺讲座“初等逻辑学及其必要的改革”。

1884—1886 年

在维也纳大学；在友人马萨里克推荐下师从布伦塔诺学习哲学。

1886 年 4 月 26 日

在维也纳路德教会受洗。

1886—1887 年

在哈雷大学与施图姆普夫学习哲学和心理学。

1887 年

出版教职资格考试论文《论数的概念。心理学的分析》，指导老师为施图姆普夫。康托尔（1845—1918）为审查委员会成员。

1887 年 8 月 6 日

胡塞尔和玛尔文结婚，玛尔文是犹太裔，也皈依基督教。

1887—1901 年

担任哈雷大学私讲师。

1891 年

出版《算术哲学。心理学的和逻辑学的研究》。

1891 年

与弗雷格通信，讨论逻辑学问题。

1892 年 4 月 29 日

女儿伊丽莎白生于哈雷。

1893 年 12 月 22 日

儿子盖哈特生于哈雷。

1894 年

弗雷格对胡塞尔的《算术哲学》给与评论。胡塞尔发表文章《逻辑学原理的心理学研究》。

1895 年 10 月 18 日

儿子渥尔夫岗生于哈雷。

1896 年

为特瓦尔多夫斯基的 1894 年的书《论观念的内容和客体》写书评，未发表。

1900 年 14

出版《逻辑研究》第 1 卷《纯粹逻辑导论》。

1901 年

出版《逻辑研究》第 2 卷《现象学和认知理论研究》（分两部分出版：

“第一至第五逻辑研究”和“第六逻辑研究”)。

1901 年

与舍勒相遇。

1901 年 9 月

任命为哥廷根大学教授，希尔伯特在该校任数学教授，对胡塞尔给与支持。

1902 年

里普斯学生道贝尔特（1877—1947）到哥廷根访问胡塞尔。

1903 年

胡塞尔发表文章《关于 1895—1899 年德国逻辑学的报告》。

1904 年

胡塞尔到慕尼黑访问心理学家里普斯。撰写未完成的论文《意向性客体》初稿。

1904—1905 年

在哥廷根开设“内时间意识”讲座。

1905 年

在柏林与狄尔泰会面。希尔伯特推荐胡塞尔升职，教育部打算同意，但哥廷根哲学教研室拒绝了申请，理由是胡塞尔的研究欠缺科学价值。假期在奥地利茵斯布吕克附近的 Seefeld 度假，撰写论文，其中首次用到“现象学还原”一词。

1906—1907 年

开设“逻辑学和认知理论导论”课程（死后发表）。

1907 年 3—4 月

15 胡塞尔在哥廷根进行五讲“现象学观念”。开设“论时间与空间”课程（两讲稿均死后出版）。

1908 年

开设“意义理论”讲座（死后出版）。

1910—1911 年

在李凯尔特的新刊物《逻各斯》上发表《作为严格科学的哲学》。

1910—1911 年

讲授“现象学的基本问题”（死后出版）。

1912 年

创立《哲学和现象学研究年鉴》〔简称《年鉴》〕，合作编辑者有舍勒、莱纳赫、盖格和普梵德尔。相关初稿后发展为《观念 2》。

1913 年

在《年鉴》第一期发表《观念 1》。出版《逻辑研究》修订版。

1914 年

第一次世界大战爆发。胡塞尔的两个儿子入伍，女儿担任战地医院志愿者。

1915 年

战争中儿子渥尔夫岗受伤。

1916 年 3 月 8 日

渥尔夫岗死于 Verdun。

1916 年 4 月 1 日

胡塞尔被任命为弗莱堡大学哲学讲座教授，作为李凯尔特的继任。与刚完成教职资格考试的海德格尔相遇。

1916—1918 年

史泰茵被聘任为胡塞尔的助手。

1917 年

讲演“费希特的人性理念”。莱纳赫战死于西部前线。布伦塔诺去世。开设讲座“自然和精神”。

1918 年

第一次世界大战结束。

1922 年 6 月 6—12 日

16 访问伦敦，进行四讲：“现象学方法和现象学哲学”。

1923 年

在日本杂志《新生》发表文章《新生》。

1923—1924 年

开设“第一哲学”讲座（死后出版）。

1924 年

康德诞辰 200 周年纪念时期在弗莱堡发表讲演“康德和先验哲学观念”。

1925 年

开设课程“现象学心理学”（死后出版）。

1927 年

海德格尔的《存在与时间》出版。与海德格尔合作写《大英百科全书》词条“现象学”。

1928 年 3 月 31 日

胡塞尔从弗莱堡大学退休。

1928 年 4 月

在阿姆斯特丹发表两次关于现象学和心理学的讲演。出版由海德格尔编辑的《内时间意识》讲稿。

1929 年 2 月 23—25 日

在巴黎索邦大学笛卡尔大厅进行两次讲演，由索邦德国研究所邀请。参加者包括莱维纳、列维-布吕尔、卡瓦伊、赫灵、科依勒、马塞尔，可能还有梅洛-庞蒂。出版《形式逻辑和先验逻辑》。

1930 年

出版吉布森所译英文版《观念 1》。胡塞尔为其撰写一篇“后记”；德文版发表于《年鉴》。

1931 年

发表法文版《笛卡尔沉思》，由莱维纳和佩富翻译。

1931 年 17

在法兰克福康德学会发表讲演“现象学和人类学”。在柏林和哈雷为更多听众再次重复该讲演。

1933 年 1 月

纳粹获得德国政权。

1933 年 4 月 6 日

由于纳粹发布反对非雅利安人担任公职的法令，胡塞尔被迫终止大学教务关系。

1934 年

受邀前往布拉格参加第八届国际哲学大会。

1935 年 5 月 7—10 日

发表“维也纳讲演”。

1935 年 11 月

在布拉格讲演。11 月 18 日在访问布拉格时也对布伦塔诺学会发表演说，并在雅克布森邀请下到“布拉格语言学会”讲演。

1936 年

出版计划中的《危机》头两部分。

1937 年

胡塞尔被迫离开弗莱堡罗尔托尔街住所。从 8 月直到逝世。

1938 年 4 月 27 日

胡塞尔去世。除 Ritter 外弗莱堡大学哲学系无人参加葬礼。另一弗莱堡经济学教授 Walter Eucken 也参加了葬礼。海德格尔后来解释说因生病卧床故未参加。

1938 年 8 月 15 日

一位比利时圣方济各青年修士梵布雷达在卢汶天主教大学完成哲学硕士论文前往弗莱堡，打算随胡塞尔做博士研究。在与玛尔文和芬克会晤后协助将胡塞尔的手稿文件等运往卢汶。

18 **1938 年**

《经验与判断》由兰德格里伯编辑和出版。

1939 年 4 月

胡塞尔档案馆开放。梅洛-庞蒂曾前往访问。

1950 年

《胡塞尔全集》第 1 卷出版。至今已有 40 卷出版。

简写符号说明*

APS　《被动综合分析》，Hua XI 19

《通信集》　《胡塞尔通信集》，舒曼编，《胡塞尔资料集》卷 3，共10 卷

Chronik　《胡塞尔年表》，舒曼编

CM　《笛卡尔沉思》，Hua I

《危机》　《欧洲科学的危机和先验现象学》，Hua VI

DP　布伦塔诺：《描述心理学》，Chisholm 和 Baumgartner 编

DR　《物与空间》，Hua XVI

EB　《大英百科全书》文章，Hua IX

ELE　《逻辑学和认知理论导论：1906—1907 讲稿》，Hua XXIV

EP I　《第一哲学》第一部分“批评的思想史”，Hua VII

EP II　《第一哲学》第二部分“现象学还原理论”，Hua VIII

EU　《经验与判断》，兰德格里伯编 20

EW　《关于逻辑学和数学的早期研究》，英文《胡塞尔选集》第 5 卷

---

* 本简写表中各简写标志所代表的书名、文章名均只写中文名，德文原名与英译本名见书后参考书目。凡在中译本中只用中文简写符号者，本表简写中亦只写其中文简写。Hua 是《胡塞尔全集》的简称，其后数字代表卷数。书名、文名作者为胡塞尔者，作者名从略，作者为其他人者另行标注。——中译者注

Fichte Lectures “费希特的人性理念”三讲，《文章和讲稿》(1911—1921)，Hua XXV

FTL 《形式逻辑和先验逻辑》，Hua XVII

GPP 《现象学的基本问题讲演集》(1910—1911)。

HSW 《胡塞尔短篇著作选》(英文版)

Hua 《胡塞尔全集》(Husserliana)

《观念 1》 《纯粹现象学和现象学哲学的观念》第一卷《纯粹现象学通论》

《观念 2》 《纯粹现象学和现象学哲学的观念》第二卷《现象学的构成研究》

《观念 3》 《纯粹现象学和现象学哲学的观念》第三卷《现象学和科学基础》

21 ILI “《逻辑研究》前言手稿”，芬克编

《主体间性》 《主体间性现象学。遗著文本》，Hua XIII，XIV，XV

IP 《现象学观念》，Hua II

LU 《逻辑研究》，Hua XVIII，XIX/1，XIX/2

LV 《伦敦讲稿》，Hua XXXV

PA 《算术哲学》，Hua XII

PES 布伦塔诺：《从经验观点看心理学》，3 卷本

Phen. Psych. 《现象学心理学。1925 年夏季讲稿》，Hua IX

PP 梅洛-庞蒂：《知觉现象学》

Prol. 或《导论》《逻辑研究。导论》

PRS 《作为严格科学的哲学》，Hua XXV

22 PV 《巴黎讲稿》，Hua I

Rezension 弗雷格：对《算术哲学》所写书评

SZ 海德格尔：《存在与时间》

Trans. Phen. 《心理学的和先验的现象学。与海德格尔的冲突(1927—1931)》，Palmer 和 Sheehan 编

Wiss 鲍尔扎诺：《科学理论》

ZB 《内时间现象学研究》，Hua X*

---

* 此处以下数行原文为原书关于本简写标注方式的说明，因中译本有所改动，故原注从略。——中译者注

词典正文

A

Absolute being (absolutes Sein)：绝对存在

胡塞尔往往将先验意识描述为"绝对存在"域（《观念 1》，§76），并将被理解为具相对性的超越存在与被理解为具绝对性的内在存在加以对比（《观念 1》，§44）。在其他著作中他写道："我的意识是绝对的存在，而且每一意识都是绝对存在。"（Hua XIII，6）在此语境内"绝对的"主要意味着"非相对的"，即不与任何其他物相对，但它也有这样的含义：最终的、完全的和独立的。一切其他形式的存在都是相对于及依存于先验意识的绝对存在的。这一思想往往被看作是胡塞尔先验唯心主义的中心主张。按照胡塞尔，每一种存在都有其自身的所与性样式，所与性样式是先天地被决定的（《观念 1》，§78）。绝对存在（绝对存在也被胡塞尔描述为内在性）与超越存在相对立，后者被看作是依存于意识的。超越性实体是通过显示诸侧面或侧显以及掩蔽其他侧面而被给与的，而绝对存在是不通过侧显而以自存在方式被给与的。其存在〔esse〕即被知觉〔percipi〕，其存在即其被知觉。绝对存在是完全地自揭示的，而超越存在包含着被掩蔽的方面。现象学还原的目的即在于揭示绝对存在域。在还原中，世界被看作是一种现象，世界被理解为依存于意识（Hua XXXIX，668）。胡塞尔拒绝这样的看法：超越存在，例如，自然界的物存在，可能是绝对性存在："一种自然界的绝对存在，在旧的意义上的实体性存在，是不可思议的。"（Hua XXXV，279）

参见词条：consciousness，immanence，transcendence，transcendental idealism

24 **Absolute consciousness（absolutes Bewusstsein）：绝对意识**

1907年左右，胡塞尔开始把一种“绝对的”或“原初的”意识（Urbewusstsein，Hua X，119）设定为一种时间化的意识，此意识本身不是时间性的，但它构成着一切具时间性之物。此绝对意识即意识的基本层次；它是“原初性意识”（Urbewusstsein）。意识本身是绝对的存在，一切其他事物均相对于此绝对存在而存在。绝对意识包含着过去、现在和未来，一切均包含在其内。

参见词条：consciousness，time-consciousness

Absolute givenness（absolute Gegebenheit）：绝对所与性，绝对所与者

在其《现象学观念》（1907）一书以及其他著作中，胡塞尔宣称，现象学追求一种明证性或自所与性，二者是绝对的、断然的及充分的。按照该书（IP，24；Hua II，31），现象学追求的是“绝对所与性”。此一概念对立于相对性的、可疑性的或不充分的明证性。按照胡塞尔，科学不可能获得任何“绝对所与性”，虽然成熟期胡塞尔承认这只是一种理想。对他来说，笛卡尔的我思是绝对所与性的一个典范。现象学反对那些把所与物限制于感觉域的各种经验主义，现象学主张存在有千变万化种类的真正所与性，而且主张，例如，数或事态或观念性实体均被直觉到具有和物质性客体在知觉中所具有的同样多的所与性，虽然在各自情况下所与性的样式不同。

参见词条：cogito，evidence，givenness

Absulute grounding（absolute Begründung，letzt Begründung）：绝对基础

胡塞尔始终主张现象学是一种具有绝对基础的科学。此种立场往往被描述为基础主义。胡塞尔将现象学刻画为第一哲学（追随笛卡尔以及最后追随亚里士多德的用法），这一主张表现了他怀有追求绝对基础或最终基础的抱负。在笛卡尔的启示下，胡塞尔把现象学的任务看作是为一切形式的科学知识探求绝对的或最终的基础。胡塞尔主张，每一个别科学都是从一系列前提开始的，这些前提该科学本身仅只是加以假定着却未对其加以
25 质询（这样，生物学就是从有机体存在的事实开始的）。现象学的任务就在于澄清诸实证科学赖以运行的前提，并为实证科学提供一个基础。为了给包括一切科学在内的所有知识形式提供充分的基础，现象学必须是具有绝对基础的，或者是肯定“自具基础性的”（Hua VII，168–169）。现象学

研究意识域，将其看作是在其本质上诸不同的所与存在方式中为世界提供着一种绝对基础。

参见词条：absolute being，absolute givenness，first philosophy，foundation，foundationalism，phenomenology，science

Abstraction (Abstraktion)：抽象

胡塞尔在《逻辑研究》中对传统经验主义的抽象说加以批评，这些抽象论述企图否定普遍项的观念性客体（例如一般三角形）的真实实在性。胡塞尔特别批评了洛克和贝克莱把抽象视作是一种“选择性的注意”的观点（LU II，§13），按此观点客体的一种属性或特性（一种实在的部分）被分离出来特别加以关注，却不再指涉该客体全体（例如，我们可以设想与马匹分离的该马匹的头）。在胡塞尔看来，此种经验主义的论述把一客体假定为诸观念的复合体或集合体，因此不是真正的抽象。他提出了一种现象学的抽象理论，此理论承认被称作是一“种”（一普遍项）的此被抽象之实体具有独一特性，“种”具有不同于一个体之体性的一特殊体性。思考“红”并不是思考红色的特殊色泽或色调。意念着种，本质上不同于意念着作为个体的该个体。肯定地说，抽象行为根本不是一种分离行为，而是一种“看”（Schauung），即把种“看”作是某种被独立意指的及指涉的东西，如果不是某种独立存在的东西的话。在意念着种和个体时，被给与的具体客体是同一的，具有同样意思的内容，此内容以相同的方式被解释着（LU II，§1），但是我们意指着“红一般”，而不是意指着房屋的具体的“红”颜色，所意指的是种，而不是个体。在个别性指称行为中，我们意念着此一物或此物的性质或部分，而在指称种的行为中，我们意念的是该种本身，即我们并非意念着被理解为在此处和此时的该物或该性质， 26
而是意念着该“内容”（Inhalt）、“观念”（Idee），即作为与该个别性“红因素”相对的“红”（LU II，§1）。正如胡塞尔在该书第二版（相关于LU VI）中补充说的，此一意念着种的行为（“种行为”）是一种有根基的（fundierte）行为，它涉及一种新的“统觉样式”（Auffssungsweise），此统觉样式使种作为一般性客体出现在我们面前。把握种是一种较高级次的行为，它根基于对一感官特殊物的把握之上，但其所属范畴不同于把握个体时的范畴（LU II，§26）。种被把握为某种心理行为的依存性内容。然而，在该书第二版（1913）中胡塞尔修正了我们是通过抽象把握种的看法，而是主张我们具有一种观念化行为，对种本身的一种本质直观（参见

EU，§88）。在往后的著作中，他抛弃了“观念化抽象”一词，而倾向于干脆只说直观：“对一本质的看也就是直观”（《观念1》，§3）。在《观念1》§3中胡塞尔说，他现在宁肯用“原初给与的本质直观”（originägebende Wesenserschauung）来表示，这些本质直观并不是纯粹在理论的思维行为中被给与的。一般来说，胡塞尔认为，一个整体的某些部分是实在的而某些部分是“抽象的”，意思是它们不可能离开自身所属的整体被思考。在其晚期著作中，胡塞尔说某些种类的悬置是“抽象的”，例如企图将一切社会性属性排除的企图（CM，§44）。胡塞尔也把近代数学科学的方法看作是从一切不可量化的性质中抽象而得出的。

参见词条：epoché，ideation，intuition

Accomplishment（Leistung）：成就

参见词条：achievement

Achievement（Leistung）：成就，施行，成效

胡塞尔极其频繁地使用德文词 Leistunen（Leistung 的多数），可译作“完成”、“成就”、“实行”、“成果”，以描述认知主体的产物，当主体在各种意向性客体（包括自然的和文化的客体以及世界本身）的构成中涉及意向性行为时。胡塞尔认为，不只是每一客体而且是全部文化上被经验的世界都是他所谓的“匿名性主体”或“功能性主体”的“成就”。一切意义和存在都是先验自我之意向性活动的一种成就。对胡塞尔来说，成就不仅
27 意味着结果或成果，而且意味着构成性过程本身。意识是在意向性过程中朝向客体的，客体被理解为某种意义形成。这些意义是意识的某种先天规则性结构的结果。胡塞尔认为，发现了意向性的布伦塔诺，从来没有理解到意向性作为一种“成就综合体”之充分意义（FTL，§97）。

参见词条：constitution，intentionality，subjectivity，transcendental ego

Act（Akt）：行为

在谈及行为这样的意识过程时，胡塞尔遵循着19世纪的心理学家们，包括布伦塔诺和梅农。布伦塔诺和其他人强调，他们并非企图意指每一心理过程或状态都在主体侧涉及特意的行为。一个行为是胡塞尔表示一心理过程、一心理事件、一意识片段或甚至一意识经验的某种观念性组成部分

的一般性名称。它也可指该经验的一特殊部分或成分，即该成分指向一客体并包含着一客体。在“第五逻辑研究”中胡塞尔指出，行为不应被理解作具有一活动性意涵，一有意的意志行为。有时他使用“状态”（Zustand）一词。典型的行为包括：害怕、希望、想象、判断、知觉和回忆等。行为可以是复合性的并可能包括自我反思因素。意识行为、状态、过程或成就是一主体活动与一客体成分或内容成分进行某种综合的结果。胡塞尔谈到了心理过程或体验（Erlebnisse）具有不同的行为特性或行为性质，例如，它们是有关害怕、希望、知觉、许诺、回忆等行为。与行为性质相互关联的是一种特殊内容，或者按照胡塞尔的术语，质料（被看到的客体、所做的许诺、所回忆的东西等，参见“第五逻辑研究”，§22）。行为性质和质料〔matter〕构成了两种不同的意向性经验的要素〔moments〕（非独立的部分）。在《观念1》中，胡塞尔承认，主体或自我是行为的根源。按照胡塞尔的说法，自我生存于行为中。胡塞尔称某些行为是“原初给与的行为”，也称作是“直示的〔presentive〕行为”（参见《观念1》，§19）。

参见词条：content，intentionality，lived experience，matter

Act quality：行为性质

胡塞尔一般把意识状态和过程说成是行为。诸行为按照各自具有的不
同行为特性或行为性质加以区分，例如，它们是关于恐惧、希望、知觉、 28
承诺、回忆等的特殊行为，每一行为都有自己的质料。他写道：“一般的行为特性将一行为标志为呈现的、判断的、情绪的、愿望的等。”（LU V，§20）当一意向的行为被实行时，某种行为类型（行为特性）的事例即与一特定的行为质料相互关联（被见的客体、所做的承诺、所回忆的东西等），参见LU V，§22。行为性质和行为质料构成了全部意向性体验的两种不同的要素（非独立部分）。质料确定着行为所意念的客体，而行为性质是全部行为的一个抽象的、依属的部分，如无其质料行为是不可思议的（LU V，§20）。然而，行为远非仅由行为性质和质料构成；甚至具有相同质料和性质的两个行为仍然可能在意向性本质上不同。

参见词条：act，lived experience，matter

Active and passive genesis（aktive und passive Genesis）：主动的和被动的生成

按照胡塞尔的理解，“生成”（直意为：“开始存在着”）为类似于法则

性的过程，按此过程，某种被经验的事物开始被构成，并具有其特殊的意义。主动的和被动的过程一般同时提起，但应当加以区分。在《笛卡尔沉思》§38中，胡塞尔区分了主动的和被动的生成。主动生成明显地涉及自我，而被动生成具有这样一种意义，即生成的发生没有自我的主动介入，而且事物具有已经在一特殊意义形成中被形成的特性。在此语境中胡塞尔谈到“前构成”。被动生成表示着如下一类过程，它们给与世界以其前所与的、稳定的与和谐的特性。它也给与在世界中所遇客体以其意义特性，此意义特性是由主动的知觉行为所充分形成的，如此等等。自我的生成性构成相关于这样一类问题：时间意识的构成和联想现象学。一种生成研究企图规定那样一些结构，后者使得一世界以一种和谐的、稳定的方式显现（CM，§38）。例如，被动生成的一个法则是：每一经验都成为持存中的一个踪迹，因此不会完全消失（参见 APS，114；XI，72）。按照胡塞尔引
29 用的康德的术语，先验感性行为（在时空中的感性经验的结构化）必然与一被动生成相关，而先验逻辑（相关于判断和范畴形式）必然与主动生成相关。例如，观念性客体（如在几何学中）的产生是一种主动生成（参见 APS，631；XI，341）。自1917年以后，胡塞尔形成了静态现象学和生成现象学的对比。虽然静态现象学专注于客体和行为之间的必然的结构性关系，生成现象学则企图阐明此构成的演进或生成，例如，在不同客体构成内与构成相关的不同层次。在《形式逻辑和先验逻辑》和《经验与判断》中，胡塞尔探讨了逻辑判断领域的生成性构成。被动生成必须与被动综合加以区别（参见 passivity，被动性）。

参见词条：genetic phenomenology，passivity，synthesis

Adumbration，profile（Abschattung，Aspekt，Profil）：侧显，侧面

侧显或“侧面”是一物体借以向知觉者呈现自身的侧面或“方面”。例如，当胡塞尔分析对空间内物体的知觉时，他强调说，这类物体的本质中包含着这样的特点：物体永远在“侧面”或“侧显”中呈现（《观念1》，§3）或者在“透视性侧面”中呈现（CM，§61）。一张桌子只能从一个观点、一个位置上被看见，等等。事实上，每一物质物都在无穷的空间侧面中揭示自身。胡塞尔谈到了一种“侧显复多体”（Abschattungsmannigfaltigkeit）（《观念1》，41）。每一感觉性形态都是在侧面中被给与的。同一客体可以以不同的方式呈现自身（我可在街上看见你或者在电话中听见你）。此例中一个侧面是视觉性的，另一个侧面是听觉性的，但二者均是

同一物的侧面。严格来说，该物本身从来未被看见，而只是显现于无穷的显象系列中而已（参见《危机》，§47）。没有任何对一物质物的知觉行为可以同时呈现一切侧面或一切透视面的。在胡塞尔看来，甚至上帝也只能在物的诸侧面中对其把握（《观念1》，§149）。因此，不可能存在有“上帝之眼”，因为这样的非透视观是会与客体的自显示之本质相矛盾的。胡塞尔经常将此观点宣布为具有一种先天本质性法则的性质：“甚至对一实在物的最具直观生动性及丰富性的呈现，原则上也必定是片面性的和不完全的”（LU IV，§3，52；Hua XIX/1，307）。胡塞尔反复地表明，甚至上帝也不可能改变此本质性真理（参见 Hua XVI，65）。此外，胡塞尔认 *30*
为，一空间物只能显示于侧面中的事实，既非缘于偶然，也非纯粹是人类构成的一个特点（《观念1》，§42）。此一事实属于空间物本身的本质。对于胡塞尔来说，一体验或一我思行为〔cogitatio〕，例如，一进行意念、希望、恐惧等的行为，并不显现于侧显中，而是如实地自给与，其存在即被感知。

参见词条：appearance，material thing in space

Alien world（die fremde Welt，die Fremdwelt）：异世界，异他世界

成熟期的胡塞尔区分了我们的经验在其中显现的种种不同的意向性语境或视域。人类生活主要发生于一个熟悉的世界中，胡塞尔往往将该世界，例如在《危机》中，称为“近世界”（Nahwelt）。他将熟悉世界和生疏的或相异的世界加以区分，后者是人所不熟悉的。因此在一切经验中存在有熟悉性视域和非熟悉性视域。极端的例子是完全不熟悉的或异他的世界，在其中惯习和传统是异他的、奇特的、生疏的。胡塞尔思考了种种情况，包括某人从一文化情境转换到一完全生疏的情境。人们感觉到他们的传统不是我们的，但也承认，他们的行为、活动等构成着一种传统、一种含有价值的文化，以及一种完全的世界。

参见词条：historicity，homeworld，horizon，other，world

Allure，stimulus（Reiz）：吸引力，刺激

胡塞尔用 Reiz 一词指“吸引力”或“刺激”（最初出现于19世纪心理学家们的研究中，他们用其指神经系统的刺激力），用以指称这样一种吸引力，即某些类似的事物对意识产生的吸引力，以至于意识的注意力被唤醒而且意识的兴趣被引向这些事物（参见 APS，§32；《观念2》，§50）。

刺激的意向性意义是一种相关于心理学中对刺激进行机械性理解的意义。吸引力或刺激是一种动机化问题，而不是一种因果性问题（《观念 2》，§55）。按照胡塞尔，似乎是感觉场本身对意识产生了一种力量，此力量使意识具有一种将注意力朝向该感觉场的倾向。一种鸟鸣可能从若干街区噪音中突现出来，并以其情绪的吸引力吸引着我们。按照被动性法则，某事物触动了我们，当它以一种情绪性力量（Kraft）出现在一感觉场中时。
31 对于胡塞尔，某些人是否被吸引向特殊色泽、欣赏或讨厌某种声音，是完全偶然之事。在经验的前反思层次上存在有一种事实性，在其中人们被动地被触动，他们的兴趣被唤起，例如在突然听到一种噪音时。齐一性和歧异性（对比）规定着此框架，在其中某事物进入我们的视域并唤起新的意义单元（参见 EU，§17）。依据对于意识的此一最初的影响的不同方式，规定着不同的行为类型，从对客体或其性质的被动注意到明晰的注意。我最初被刺激起来，之后我可以被唤起去行动（如房间的浊气刺激我去打开窗子，参见《观念 2》，§55）。

参见词条：drive，instinct

Alter ego（alter ego）：其他自我

拉丁文词 alter ego 直接的意思是“其他自我”，成熟期胡塞尔特别在《笛卡尔沉思》以及其他著作中使用此词，用来描述另一自我或主体的经验，此经验是根据本身对自己作为一自我的自身经验为基础的。在经验其他自我时的挑战性在于把他们正是作为“其他人”而非当作自身的变样加以把握（参见 CM，§42）。

参见词条：ego，other experience

Analogical or analogizing apperception（analogische Apperzeption or analogisierende Auffassung）：类比性统觉或类比化统握

胡塞尔用“类比性的统觉”或“类比化的统觉”表示一种方式，按此方式我将另一主体作为类似于我自己的意识主体之根源（参见 CM，§50）。我对自己具有原初性的、原始性的经验，但是我对另一主体（人或动物）的内在意识生命也具有一种虽“非原初的”却系真实的经验。其他主体不是按照我在其中经验我自己的方式直接被呈现的，而是根据与我自己的经验的一种类比而被连同现前的。例如，我看到其他人的机体也具有“我能”的特性，例如，去移动、去感觉等的能力。我统觉到其他人的身体是有感觉的。于是，我所知觉的不只是物体（Körper）而且是机体（Leib），后者是由一种意识控导的。胡塞尔否认统觉涉及推理、推演或形成假设；对于胡塞尔，此统觉是一直接直观的种，虽然它并未在自经验中（in propria persona）呈现他人的经验。类比性统觉涉及移情作用以及对其 32
他人的表达、言语和身体运动的理解。类比性把握是以移情作用为基础的。有可能通过想象作用将类比性统觉扩展到如此程度，以至于（例如）非动物性客体也能被想象为具有内在生命。

参见词条：animate body，apperception，empathy，intuition，lived body，pairing

Analyticity：分析性

胡塞尔在“第三逻辑研究”的§§11-12中对分析性加以规定，他根据形式区域和实质区域的对比将分析的先天性命题和综合的先天性命题加以对比。康德根据分析命题的词项（例如每一三角形都具有三个角）来规定分析命题之真，或者谓词被包含在主词之内，而在综合性命题中谓词给出了主词中不包含的额外信息（例如，三角形有3米高）。人所共知，康德不仅假定着分析的先天性陈述和综合的后天性陈述，而且也假定着综合的先天性陈述。胡塞尔将自己的立场看作是对于康德此一区分的澄清和改进。他在“第三逻辑研究”中区分了分析性法则和分析性的必然命题。分析性法则是“无条件的全称命题”，该命题不指涉存在而只包括没有实质性内容的纯形式概念。例如，它们是纯形式的陈述。如果A与B具有某种关系，那么B也与A具有某种关系，或者说，“全体W的存在蕴涵着其部分（A，B，C）的存在”。按照分析性法则，指涉实质性区域的任何词项都可能被一“空的某物”概念置换而并不改变其真值。他把分析上必然的命题看作是这些分析性法则的“详细说明”或例示化，例如，这些法则包括着具有某种实质性内容的概念。如果房屋存在着，那么它的屋顶也存在着；或者，不可能存在无臣民的国王（LU III，§11）。这些陈述的真值独立于它们所包含的概念的内容。结果，分析上的必然命题可以被完全地形式化，因为它们的内容与其真值无关。换言之，分析性陈述的真值是由其逻辑形式给与的，虽然胡塞尔并没有这样说。综合先天性陈述是这样的陈述，它们包含着一种属于实质本体论领域之一的实质性内容，而且其真值根基于内容的特点性质。这些包括：“此红色不同于该绿色”，或者“一种颜色如无有色物的存在是不可能存在的”。胡塞尔的推论是，颜色概念是

33 “绝对的”和非相对的，所以有色物概念并不属于颜色概念。因此，每一颜色要求有色物的说法是一种综合先天性陈述。结果，综合性陈述不可能被形式化（例如，它们的内容一般不可能被空的某物所取代）。胡塞尔在其《形式逻辑和先验逻辑》中，根据通过本质变异法达到的不变逻辑形式，讨论了分析的一致性和分析的矛盾性。

参见词条：apriori

Animate body：动物躯体

参见词条：lived body

Annihilation of the world（Weltvernichtung）：世界消除

在《观念1》§49和关于先验唯心主义的许多著作中（例如，Hua XXXVI），胡塞尔讨论了有关“世界消除”的思想实验。胡塞尔认为，实行现象学还原导致人们理解意识具有相对于客观存在的优先性。人们有可能想象世界经验流遭到扰乱而导致一切趋于混沌，却不可能同时想象消除纯粹意识。如果世界和谐的流动经验被扰乱到成为无意义的混沌地步，自我的经验也会深刻变样和改变，但它将仍然存在，即使它的时间经验流成为混乱的。胡塞尔据此断言，纯粹意识是绝对性的和独立于一切客观存在的。胡塞尔的此一断言引发大量争议并被英加登和其他人看作是主张了一种形上学的唯心主义，后者认为实在依存于心智。胡塞尔并未说意识在世界不存在之后还存在着，而是说，意识及其经验流仍然具有自身一贯的意义，即使其经验不再具有一致性了。

参见词条：Absolute being，idealism，world

Anthropologism（Anthropologismus）：人类主义

对于胡塞尔来说，人类主义是一种心理主义并因此是一种相对主义。在从《导论》§36到《逻辑研究》中，胡塞尔责备了康德和一些新康德哲
34 学家陷入了人类主义，当他们把逻辑法则理解为支配人的心智的限制而不是理解为纯粹形式的先天性真理时。人类主义主张，真理是相对于人类而存在的，因此如果没有人类就不存在真理。胡塞尔把康德对知识的论述在此意义上理解为一种人类主义。他谴责康德误解了主体域，将其视作某种自然物，并因此把先天性解释为人类生存的一种本质部分（Prol.，§38）。但是，胡塞尔断言这样的看法表现出一种矛盾性，因为“不存在真理”这

个句子于是会成为真理。真理本身并不依存于任何事实，包括人性的事实。无矛盾律不只是支配智人物种的法则。如果没有心智对其进行思考，该逻辑法则仍然有效，虽然实际上此观念的可能性不会被实现（Prol.，§39）。再者，不应将一种真判断（即与真理一致的判断）与该判断的真理相混淆，后者是该判断的客观上的真内容（Prol.，§36）。在胡塞尔看来，逻辑学产生于对诸基本概念之间本质必然关系的思考：

> 任何人都可以从我上述陈述中看到，对我来说，逻辑学的纯粹真理均为观念性法则，这些法则在真理、命题、客体、性质、关系、结合、法则、事实等的“意义”〔Sinn〕、“本质”〔Wesen〕或“内容”〔Inhalt〕中有其完全的基础。(LU Prol.，§37)

参见词条：psychologism，relativism

Anthropology (Anthropologie)：人类学

胡塞尔按若干不同的意思理解“人类学”一词。对他来说，人类学既是人的一种自然生物物理科学（参见《观念2》，150；Hua Ⅳ，142；或者Hua Ⅻ，481-483），也是一种精神科学（参见Hua XV，Text Nr. 30，480-507，“普遍精神科学作为一种人类学……”）。后者（有时称作“意向性人类学”）主要在其后期著作中展开，被视为一种关于人的普遍科学，此科学专注于生存于周围世界的人类（参见Hua XXXIX，204）。在此意义上，胡塞尔认为人类学知识包含着与世界、人类愿望普遍性、价值和行动等相联结的人类关系（参见Hua XV，480）。胡塞尔主张，人类学可能被用作先验现象学的一种提示：“我们必须开始理解，根据最终先验性基础，为什么心理学（或者人类学）事实上并不只是与自然科学并列的一种实证 35
科学，而且是具有着一种与哲学、与先验哲学的内在亲近性。”（Hua XXVII，181）胡塞尔的人类学观念影响了Hellmut Plessner和其他人。

参见词条：anthropologism

Apodicticity (Apodiktizität)：确然性

确然性被胡塞尔看作是最高层阶的明证性或自明性（Evidenz）。“确然性”一词早已存在于哲学史中，它来自“能够被证明”的希腊文意义。此词通常应用于必然真的判断，例如数学推论。在亚里士多德逻辑学中，确然性判断与辩证法中存在的或然性推理相对比。亚里士多德在《后分析篇》中谈到“证明科学”（epistēmē apodeiktikē）。笛卡尔、康德和莱布尼兹都使用着确然性概念。确然的明见是必然的、无可怀疑的和绝对可靠的。康德区分了三种判断：肯定的、或然的和确然的（《纯粹理性批判》B100/A75）。确然性意味着，不存在可以按其设想某种知识可能错误的方式。在《观念 1》§6 中胡塞尔谈到了一种必然本质明见的意识作为一种“确然的意识”。对于胡塞尔，一种确然性真理的反面或不存在，甚至是不可能想象的（CM，§6）。一种法则具有普遍约束力的事实本身（例如自然法则）还并不意味着它是必然的。胡塞尔认为，康德错误地把必然性与普遍性联系起来。对于胡塞尔，必然性必定是一种这样的逻辑性要求：它不可能是其他情况。胡塞尔的确然性目的往往以笛卡尔的语言加以表示，但是他拒绝这样的观点：明证的科学必定具有一种演绎法形式。虽然胡塞尔在其早期著作中倾向于将充分性〔adequacy〕和确然性等同，在其《笛卡尔沉思》§6 中他将二者做了区分。充分的明证性并不必然是确然的。现象学不只追求充分性，而且追求最高层次的明证性：达成不可能加以否定的普遍法则。在其《危机》中（340；Hua VI，275），胡塞尔甚至谈到了实行“一种确然性生活”，他用此意指着一种由这样的判断所引导的生活，此判断根基于由明证性确保的现象学上被纯化的明见性。

参见词条：evidence

Apophantic logic（apophantische Logik）：命题逻辑

36 命题逻辑是关于判断或命题的逻辑，它对立于词项逻辑〔logic of terms〕。胡塞尔用命题学对比于形式本体论。形式本体论研究可能客体的种类，而命题学研究可能判断的范围。

参见词条：judgement，logic

Apophantics：命题学

在某些方面，胡塞尔的逻辑学讨论非常传统，集中于判断或断言概念（希腊词：apophansis），所以，按照亚里士多德的用语，被称作是“命题学逻辑”（参见 LU IV，§14，II 72；Hua XIX/1，344；也参见 ELE，§18，Hua XXIV，71），虽然他对判断的论述比亚里士多德详尽得多。胡塞尔永远强调判断或命题是逻辑学的最高范畴，而且特别强调，命题形式“S 是 P”此系词判断为绝对基本形式。类似地，他把无矛盾律看作是绝对基本的观念性法则之一。他的诸多创新观念之一是这样的观点：在蕴涵形式科学的意义上的形式逻辑必须辅助以一种纯形式的语法，后者以最一般的方式规定着意义规则，严格地相对于其意义提出一种“命题的解剖学和形态学”（ELE，§18；Hua XXIV，71）。研究判断中的真伪的形式命题学即建立在此形式语法之上。在某物为真或伪之先，必须先满足作为一种可能真理的即作为一种可能知识部分的最低条件：一致性和意义性。胡塞尔始终在一致性规则（一种游戏规则）的提出本身和被理解为真正知识项目之判断的可能形式规定二者之间加以区分（参见 FTL，§33；EJ，§3）。在 FTL 和其他著作中，胡塞尔提到形式逻辑和作为“客观逻辑”的数学之统一性。

参见词条：apophantic logic，judgement

Appearance（Erscheinung，Apparenz）：显象，显现

胡塞尔把经验的现象说成是显象（Erscheinung，《危机》，§2；Apparenzen，CM，§61）。他未采取康德所说显象依存于在显象背后的一物自体的看法。胡塞尔也不是一位现象论者，后者认为世界只由显象构成，而显象背后并无实体。胡塞尔用“显象”意指着呈现于一意识主体或若干主体的一切东西。他区分着“显现者”和“显现样式”（Erscheinungsmo- 37
di，Erscheinungsweise，例如，《危机》，§23）。通常是事物和情境呈现着，而它们的显现样式或它们的“显现行为”被遮蔽着（参见 LU V，§2，在此胡塞尔评论了“显象”〔显现〕一词的含混性，它有时意指着显现过程，有时意指着显现物。在“第二逻辑研究”中他责备休谟将二者相混淆）。正常情况下，我们的注意朝向于显现的事物，而不是朝向于显象序列（参见《危机》，§28）。现象学企图使显现样式本身呈现。胡塞尔说，显现出现处就有存在（Hua VIII，47）。他说，显象永远被经验作某物的显象。事实上，事物本身永远不可能被经验到，除非作为历经其无穷无尽经验后始终作为稳定存在者。显象永远是一种所与者，而且也存在有它“对谁”为所与者的问题。在先验还原中，世界被还原为现象，即被还原为显象。一物质物具有无限数量的可能显象，因为它始终在侧显中被给与。“显象”概念对于现象学具有基本性。现象学的基本前提是，人们不可能自认为具有知识，除非他返回到或逆反到知识客体在其中显现的条件。现象学的任务是，在知识客体显现于已然被构成的主体之前，为意识破解知识客体构成的条件本身。这意味着现象学专注于阐明显象本身借以显现的样态性。现象学按照双功能运作：它同时运作于客体的显象以及运作于使显象得以显现者。此一显象统一体本身内的双功能，展开了胡塞尔的现象学规划领域：以便揭示意识本身的意向性特性，即说明意识朝向于那种并不存在而只对其显现者施以投射性行动。在此意义上，现象学从“意义赋予”或“意义给与”（Sinngebung）开始朝向于对意识显现者（意义给与的基本真理在于这样的事实：不同于意识的自然态度，后者始终从
38 被构成的显象退缩），其方式是，显象于是对于意识来说又恢复为一在者（Seiendes）。显象的双功能，特别是在 1917 年的弗莱堡就职讲演中，被描述为“显象的显现”并被描述为“在显象中的显现者”，二者之中每一样态都对应着意识的双重事实：意识的构成性行为和意识所接纳的被构成世界。按此，现象学的规划就依存于在显现于意识者（被胡塞尔规定为“所与者”〔Gegebenheiten〕，其无可怀疑的“价值”产生于它们在主体活生生状态的实在内在性中具有绝对的明证性）和行为（按此行为意识构成着意向性视域，这是这些所与者被给与为对意识本身显现的显象所必不可少的）之间所做的基本区别。在显象本身内的此基本区别，成为现象学研究将在其中展开的领域。首先，不断影响显象本身的“变换”（Verwandlungen）是必须加以说明的。这些显象变换按照三种样式加以分类：知觉、想象和“述谓或意指”〔predication or signification〕。对这三种样式的认知构成了胡塞尔称作的“显象的系谱学分析”。在现象学研究的一般框架中此系谱学分析的作用是，在意向性的层次上说明和分离那种显象被意识积极构成的方式。换言之，对“知觉”、“想象”和“意指”的认知，作为构成显象的意识行为，被视作朝向对诺耶思和诺耶玛双概念进行现象学阐明的第一步，此双概念，按照胡塞尔的说法，在意向性之最高层次上，表示着这样的方式，按此方式诸显象在目的论上相对于意识彼此连接起来，而且因此按此方式诸显象形成了一种系统的形态（Gestaltung），从其中可推导出不变的和先天本质的法则。其次，而且因此，相对于意识的显象的“本体论实在”将获得表达。显象的“本体论实在”将通过将它们编配入一种普遍科学（采取莱布尼兹的建议）推导出来（而且此一推导要点构成了“现象学还原”的完成），在此普遍科学中它们的意向性构成性层次将对于意识获得阐明和澄清。在此意义上，显象将被纳入一种意向性的被意
39 指的〔signified〕展开域。所以，现象学作为科学，其任务在于通过将这些意向性样态连接到作为本体论的一种先验基础的更高意向性阶次，来阐明三种主要意向性样态（知觉，想象，意指）的条件，其目的在于展开本

质性法则全体，这些法则调节着一切意识的“体验状态”，这就是企图通过证明显象永远由意识的意向性行为构成来阐明意识和其观念的及（或）实在的现象之间的关系，意识反过来把这些显象直接看作是“所与者”。

参见词条：adumbration，phenomenon

Apperception（Apperzeption，Vergegenwärtigung）：统觉，准现前

胡塞尔认为，统觉永远假定着和根基于知觉（参见 CM，§55）。统觉意味着实际上在被知觉者之上来把握某物。统觉伴随着知觉和形成了知觉的部分。“统觉”一词曾由笛卡尔、康德、莱布尼兹使用过。对于布伦塔诺，统觉是根基于知觉的。在知觉中存在有对客体自所与性的直接经验。在统觉中存在有一种意义：客体以直接呈现的另一物为中介。例如，在一切对物质客体的知觉中，直接知觉相关于客体的面对主体的一侧，而客体的被隐蔽的诸侧面是在一种空的方式中被统觉或被准现前的。知觉涉及一种意义的视域，此视域被连同意念及准现前着。在其“被动综合”讲演中，胡塞尔把统觉定义为“具有对某物的一种意识，此某物不是原初地呈现的”（APS，367；Hua XI，234）。统觉涉及对性质、侧面、视域的某种认识，它们不是在知觉行为本身中被感性地给与的，例如，如果我在一屋子里意识到的不只是在屋内的物件，而且也意识到我在其中的建筑物。在出现和不在之间的这种联系对于现象学十分重要。存在的不只是对事物和世界的统觉，而且也存在有对自我和他人的统觉。我们的兴趣、习惯、信念、判断等是被“以统觉方式”把握的（《危机》，§59）。胡塞尔用“准现前”〔presentiation or presentification〕（Vergegenwärtigung）指称广泛的各类经验，包括记忆、幻想、期待、对物质物隐蔽侧面的了解等：“存在有不同的统觉层次，它们对应着不同的客观意义层次”（CM， *40*
§50，111；Hua I，141）。胡塞尔说，统觉并不涉及推理（CM，§51）。胡塞尔认为，将另一生存的身体视作一主体或我思，就是一典型的统觉之例。

参见词条：appresentation，presentation

Apprehension（Auffassung）：统握，理解

统握指涉着这样一种方式，按此方式意识统握着、把握着或获得着一特殊经验。胡塞尔在《观念2》§10 中甚至说，“统握”（Auf-fassung）是“把握”（Er-fassung）的一部分。当人们听见一把提琴奏出一特殊音调时，该音调在一定方式上被统握为某种感性与料。胡塞尔往往在作为一行为的统握、统握的内容（Auffassungsinhalt）和有关一统握内容图式之间加以区分。他甚至将此图式应用于时间意识，虽然并不清楚何种“内容”（Inhalt）属于被看作是一时间统握之时间经验。

参见词条：content，interpretation

Appresentation（Appräsentation）：连同现前

连同现前是一种共同呈现，它根基于一种观念、〔呈现〕（Präsentation，Vorstellung，Gegenwärtigung），在其中某物似乎被直接所与。按照胡塞尔，每一连同呈现都假定着一呈现核心（参见 CM，§55）。每一知觉都同时既呈现又连同呈现。它围绕着直接知觉连同呈现着该空的视域。当我知觉到某人的活生生身体时，将其知觉为一活的有机体，但也将其统觉为另一人的活的身体。胡塞尔倾向于将“连同现前”一词作为“统觉”一词或者甚至“准现前”一词的同义语。

参见词条：apperception，memory，presentation

Apriori（a priori）：先天的

“先天的”一词由两个拉丁词构成（前置词“a”意味着“从”，形容词“prior”意味着“在前的”），但是它有时写作一个词“apriori”，意思是“从前面，从在前者”，它通常对比于“后天的”（从后面，从后来者）。在哲学中，此词通常用于描述知识的性质特别是知识的根源。先天的知识是从理智自身的根源处得出的知识，而后天的知识是在经验后或随着经验获
41 得的知识。包括笛卡尔在内的唯理主义哲学家主张，确定的真理是先天地可知的，例如，“每一后果都具有一原因”或“整体大于部分”。这些真理由定义可知，无需依赖经验。它们通常被称作是“分析的”真理。康德把一分析的陈述定义为这样的陈述，在其中谓词被“包括”在主词内，例如，一三角形的观念“包含着”三个角；或者“单身汉”概念包含着“未婚”观念。康德将一种新的复杂性引入先天性概念，当他主张存在有综合先天性知识时，例如，在若干知识领域内，如算数和几何学，陈述可以是先天的，但增加了我们的知识。于是，对于康德，“7＋5＝12”为一先天综合真理；类似地，康德主张，像“每一事件都有一原因”这样的陈述即是某种超越纯粹分析先天性领域者，并属于综合先天性，因为它增加了我们关于“事件”的知识：某物必然是有原因的，同时它是独立于经验的真

理。按照康德，普遍性和必然性是先天性的标志。胡塞尔采取康德所说普遍性和必然性是先天性的特性的观点，但认为先天性领域需要进一步检验。事实上，对于胡塞尔，哲学涉及关于先天性的探讨。他在《逻辑研究》中写道：

> 先天性……至少在其原初的形式上，是明显的，甚至是司空见惯的，但是其系统的证明，理论的探讨和现象学的阐明，始终引发最高阶的科学的和哲学的兴趣，而且绝非容易加以处理。（LU Ⅳ，§14，Ⅱ，73；Hua XIX/1，345）

对于胡塞尔，纯粹逻辑学是一种先天的分析性科学（Hua XXVI，§1，4），由“自明性”、“同语反复”或自明性命题组成。它专注于纯形式概念，如胡塞尔所说：

> 对我来说，纯粹逻辑法则即全部观念性法则，这些法则的全部基础表现在真理、命题、客体、性质、关系、结合、法则、事实等概念的“意义”、“本质”或“内容”上。（LU Prol.，§37，Ⅰ，82；Hua XVIII，129）

纯粹逻辑包括全部形式先天性领域（对立于在 LU Ⅲ 中说明的实质 42
先天性领域），包括数学，并可更准确地描述为“形式本体论”（此词组未在第一版的《逻辑研究》中使用）。除纯粹逻辑以外，胡塞尔也相信，一切知识领域都包含着一种相对于相关主体类别的先天性部分。这就是他在“第三逻辑研究”中称作的实质先天性，它与形式先天性相对立。胡塞尔认为他在形式先天性和实质先天性间所作的区分，要比康德所作的综合先天性和分析先天性的区分更精确。“第三逻辑研究”§11 维护了综合先天性命题，后者缘于胡塞尔对休谟的观念间关系、莱布尼兹的理性真理和康德的分析性真理的理解。胡塞尔区分了“纯粹”范畴形式和实质本体论，前者如统一性、客体、关系、多数、全体、部分、数等，后者具有含真正内容的概念（LU Ⅲ，§11），例如房屋、树木、颜色、音调、空间等。他据此区分了形式的先天性和实质的先天性。胡塞尔说：

> 含有一切类似于事物内容的自然界肯定也有其先天性，先天性的系统的探讨和发展仍然是一种自然本体论未完成的任务。（LU Ⅲ，§25，Ⅱ，43；Hua XIX/1，297）

颜色本身依存于外延一事相关于必然性和普遍性，因此表达颜色的命题是先天性的。反之，它是综合性的而不是分析性的。这导致胡塞尔提出关于分析性的一种新论述（LU III，§12），他声称分析性纯化了康德关于胡塞尔所理解的心理主义倾向。分析的先天性真理是同语反复，在同语反复中命题的诸词项表达着“相关项”〔correlatives〕，即诸相互蕴涵的概念（例如，不可能存在有无孩子的父亲；不可能存在有无部分的整体等）。形式的分析性陈述具有绝对普遍性并只包含着形式范畴。它们不具有存在论的承诺，它们的真值独立于它们的内容。综合的先天性陈述，反之，涉及诸内容，后者不是相关性概念（例如，胡塞尔说，“颜色”概念并非相关于外延概念）。他写道：

43 虽然颜色没有有色物“无法想象”，有色物的存在，以及更准确地说，空间的存在，不是“分析地”根基于颜色概念的。（LU III，§11，II，20）

对于胡塞尔来说，一种必然性法则的每一实质性规定都是先天综合性的（LU III，§12）。胡塞尔把这些实质先天性真理说成是“本质性真理”或“本质性法则”，它们具有普遍有效性却并不假定着事实性存在（参见《观念 1》，§5）。胡塞尔区分了纯粹本质性法则和具有无限制一般性的法则，前者不含存在性假定，如“一切实质物都是有外延的”，后者涉及存在性假定，如一切自然法则，像“一切物体都是有重量的”（《观念 1》，§6）。

胡塞尔使用的“先天性”一词与康德的用法大为不同。实际上，与此词用法的康德传统相反，胡塞尔谈到了一种客观的先天性。按此意义，胡塞尔把客观性解释为在其中先天性发挥作用之处。一切显现的客体都可只按照本质之先天法则显现，这些法则支配着将经验中特殊所与物与全体经验相联系的诸关系整体。为了把握胡塞尔所说的一种客观先天性概念，人们必须从有关部分和整体间关系的一般理论出发，后者在《算术哲学》第一章中有所论述。在该章中胡塞尔当然还没有提及客观先天性或用其表示部分和整体之间的联系，因为首要的问题是，在意向性借以从经验中较低具体所与物层级（具体项：concreta）向其较高抽象项（abstracta）层级移动的过程中重建诸步骤。然而，此时胡塞尔没有提及本质法则的可能性，而是为了把握较低抽象项层级和较高抽象项层级的区别而专注于有关意向性及其样态性的描述。胡塞尔于是集中思考意向性的样态性，以便展示其内在的功能性。在《逻辑研究》中，此描述将通过观念化概念完成。在“第三逻辑研究”题为“论整体和部分的理论”中，胡塞尔提到了先天性概念，以便为基于客体观念的此一关系进行规定。胡塞尔的观点在此是揭 44 示一种“观念性本质”，后者可以表示一种“客观法则性”的意义，主体借此法则性并在其中区分着两种本体论范围，一种是，在其中客体可被理解为一种分析性命题，而另一种是，在其中客体可被理解为一种综合性命题。在《观念1》第一部分的第一章内，论述了区分分析性和综合性的可能性。然而，胡塞尔在此并非简单地重申一种实质本体论和一种形式本体论之间的对立，而是准确地规定说，这些逻辑分析还未引入现象学的观点。在此意义上，胡塞尔的全部计划现在是要从“事实”领域过渡到“本质”领域并因此要求：必须发展一门纯粹现象学的观念，按此现象学将被定义为一种“本质科学”而不是定义为对事实性的一种先天性掌握。《观念1》断然拒绝了这样的论题，按该论题，在该书第二部分说明的现象学还原导致一种主观先天性。反之，《观念1》§36详细表明，对于现象学来说最重要者，与心理学相反，是只按照其“纯粹本质”功能思考的体验，按此纯粹本质，先天性已经被包含在并内在于它们的本质中了。所以，对于胡塞尔而言，其特有的关注在于揭示这样的可能性：通过在§46中所说的反归于对“作为意识的存在”之掌握以分离出一切先验性客体。然而这意味着将出现另一种问题，在此问题中胡塞尔必须诉诸一种先天性组织的必然性，以便把握知觉和符号性再现（形象和记号）之间的基础，也就是这样一种先天性组织，它将要并能够考虑它们的本质性区别。所以，在《观念1》的第四部分中，胡塞尔将探讨一种纯粹先天性理论，此理论能够通过形象和记号把握那些构成着知觉和象征性代表之间联系的全部基本性关系。在此意义上，对于胡塞尔来说，现象学还原将永远具有一种先天基本的特性，按此特性一切构成将必然假定着一种先天性，如无此先天性，世界的综合统一性将决不可能发生。

参见词条：apriority

Apriority（Apriorität）：先天性

在《现象学心理学》§4中，胡塞尔把描述心理学的先天性说成是集 45 中于普遍的、必然的真理，如无此类真理，主体生命不可能发生。

参见词条：apriori

Association (Assoziation)：联想

胡塞尔在其诸多著作中讨论了“联想”，特别是在《观念2》（参见§32)、《被动综合分析》、《笛卡尔沉思》（参见CM，§39）以及《经验与判断》（参见EU，§16）中。他将联想定义为“关于持久属于一般意识的内在性生成的法则规律性”（APS，§26）。按照胡塞尔的说法，联想的真正性质只能根据意识的本质法则，而不是根据经验性法则加以理解。甚至说“联想是一种属于先验现象学的基本概念”（CM，§39）。在他看来，“联系性生成”支配着前所与的、被动的经验领域（EU，§16，74）。胡塞尔批评休谟说，他把联想看作是一种经验的、归纳性的、机械的、心理学的法则，而不是将其看作是一种本质必然性法则。胡塞尔批评经验主义心理学，因为后者把联想理解作一种心理物理因果性，并将联想限制于类似的感觉与料串列之共同显现。同样地，胡塞尔认为康德承认因果性是一种先天的联想综合性。联想实际上是意识生命的不同层次上的极其丰富的程序系列，从时间意识层次、感官层次、客体统一性层次、记忆层次到判断层次和自我统一性层次。例如，时间意识只能通过持存、预存以及现在时相之间的联想性综合才有可能。现在的某物唤起过去的某物。知觉可以引生记忆等。此种联想在心理生活中无处不在并被被动地经验到。世界概念本身产生于出现在被动性层次上的一种联想性综合内。对意识本身的理解可通过关于联想的一种发生现象学加以发现。联想的主要意思是“某物使我想到另一物”（EU，§16）。联想在CM§39中是一种被动生成原则。对于胡塞尔，联想永远不是机械性的，它是一种意向性，按此意向性不同的意义方面被纳入综合性统一体内。在《逻辑研究》中，胡塞尔讨论了诸相似物之间的联想性联系（LU II，§34），并在LU§4中讨论了一般“联
46 想”概念，在此联想被说明为经验者被动获得的诸心理经验间的一种联系；它不只是这些经验在意识中的同时呈现。在诸经验之间存在有“被感觉到的相互从属性”。存在有较低层次和较高层次的联想。胡塞尔谈到不同种类的综合，同一化综合以及相似性综合。对作为意识流中统一体的某种东西的认知是通过联想实现的，例如，在不同时刻出现的诸内容间被把握到的类似性。某些内容彼此具有性质上的类似性，例如当地毯上的不同颜色区域通过相互融通之效果使人感觉到地毯的统一性时。不意识到由联想突显的类似性，就不可能稳定地构成事物的统一性。联想是被动地进行的；意识中一个经验联结着另一个经验，如此等等。

参见词条：Hume，pairing，passivity

Attitude (Einstellung)：态度

胡塞尔从 19 世纪心理学中借取了“态度”一词，在该心理学中态度意味着“精神状态”〔mindset，思想倾向〕，非常宽泛地指意识对待世界的总“观点”、“看法”或“立场”。新康德主义已经具有一种据以观看客体的“观点”概念。每一客体都是通过一种要求一特定视点的特殊主体行为所构成的。于是，艺术从一特定视角达至客体，而科学从另一视点达至客体。一般来说，新康德主义者认为科学是一种排除价值的视点；而伦理学必然涉及评价性注意。在其“维也纳讲演”中胡塞尔将态度定义为一种风格：“一种意志生命在习惯上固定的风格，它包含着最终的目的、文化的成就，因此文化的全部风格是被决定的。”（《危机》，280；Hua VI，326）态度是针对于特殊目的而被采取的，本质上是目的论的，虽然自然态度对于人类具有某种控制力，但和科学态度不同，不能将其称为自由采取的。按照胡塞尔的看法，意识主体的一种基本属性是，它可以自由地采取朝向世界的不同态度或途径，例如理论态度、心理学态度、数学态度、美学态度、科学态度等。态度可以被变换（Einstellungwechsel）或者被改变 47
（Einstellungänderung），存在有若干不同的态度层次，例如，科学态度实际上是自然态度的一种，因为科学具有朝向所研究的客体实在论态度和信念。一切动机化、认知和行为都发生在由特定兴趣所引导的一种整体态度之内。大多数情况下人们首先采取的是自然态度，其特点是在一种“一般设定”中和对事物、世界的一般信念中直接朝向世界。胡塞尔在《观念 2》中说，人格主义态度实际上比自然态度更基本，按此态度我们把人解释为个人主体或服从理性者。自然态度可能演变为较狭义的自然主义态度。一般来说，胡塞尔根据某些对比性对偶概念讨论态度，例如自然态度与现象学态度、自然主义态度与人格主义态度、实践态度与理论态度、评价态度与不介入态度等。在其“维也纳讲演”中，胡塞尔将古希腊哲学家发现的理论态度和神话宗教态度相对比，后者是一种实践态度。意识的基本特点是态度的变换可以自由发生。存在有完全改变态度方向的可能性，而且现象学悬搁就是一种特殊的态度改变，这是进入现象学态度所必需者。胡塞尔谈到“自然科学的态度”和“自然主义态度”（《观念 2》），并承认也存在有“评价的和实践的态度”。一种态度是一种针对客体的全面立场，而一种世界观具有更多存在性含义，并暗示着一种相对于世界的生活方式。

参见词条：natural attitude，naturalistic attitude，personalistic attitude，theoretical attitude，transcendental attitude，worldview

Avenarius, Richard (1843—1896)：理查德·阿万纳留斯

阿万纳留斯是一位经验批判论和实证主义的代表人物，他被看作是对维也纳小组产生过影响的哲学家之一。他反对唯物主义的观点曾经受到列宁的批评。1868 年他在莱比锡大学完成了其哲学博士学位，论文是关于斯宾诺莎的泛神论。在 1876 年通过教职资格考试后，曾任教于莱比锡和苏黎世。他赞成一种科学哲学，此哲学避免形上学和唯物主义问题并以经验为根基。他的主要著作有：《作为世界思考的哲学：纯粹经验批评的问题》，
48 1888，第二版，1903；《纯粹经验批评》，两卷本，1888—1890；以及《人的世界概念》，莱比锡，1891。他主张回归直接经验的前科学世界，以作为科学的世界概念建立于其上的基础。他打算规定“自然的世界概念”的性质，后者表达着人前于科学理论化甚至前于在近代科学和哲学中出现的物理现象和心理现象分裂的经验活动和认知行为。阿万纳留斯深刻地影响着胡塞尔的生活世界概念，胡塞尔在《现象学的基本问题》（1910—1911）中曾对其加以讨论。

Axiology（Axiologie）：价值学

价值学意味着“属于价值领域”，并通常用作“价值理论”的同义词。价值在此意味着任何相关于喜悦、敬慕、厌恶、美、丑、用处等的客体。价值学因此包括伦理学和美学，但是，对于胡塞尔，它也包括宗教性崇拜、敬慕等。在《观念 1》、《观念 2》以及其他著作中，胡塞尔经常将理论态度和实践态度与价值学态度对比。价值学包括评价、使喜欢、使不喜欢以及一切属于感情界的行为领域（《观念 2》，§4）。为蔚蓝天空陶醉不只是一种基于对蓝色天空视见的态度，而且是一种生存于对天空蓝色喜悦中的全新态度。我们生存于一种新态度的实行中，此态度具有其自身特殊的、胡塞尔称为价值的客体。对于胡塞尔，艺术作品是借助于美学性的或“价值学的”直观而被把握的（《观念 2》，§4）。这与对艺术客体进行的理论性思考不同。

参见词条：ethics，value

B

Being (Sein, Seiendes): 存在

胡塞尔经常谈及“存在”域或“在者”（Seinedes，Das Seiende）域，或者“存在的一切”（alles Seinede，《危机》，§48）、“全部在者”（All des Seineden，《危机》，§12），用以指意向性所针对者。哲学被定义为“有关全部存在的科学”（《危机》，§3；参见 Hua Ⅵ，26）。他经常谈到被构成实体的“存在意义”（Seinsinn，并谈到“存在和有效性”〔Sein und Geltung〕域）。胡塞尔发展了一种被划分为两个分支的本体论：形式本体论和实质本体论。海德格尔称赞胡塞尔复兴了本体论。在胡塞尔的先验唯心主义中，一切存在都相对于先验自我获得其意义和有效性。 49

参见词条：absolute being，being in itself，consciousness

Being in itself, “in-itself-ness” (Ansichsein): 自存在

对胡塞尔来说，观念性实体或观念体〔idealities〕具有一种独立于其被知存在的“自身存在”。他也谈到世界的“自存在”（参见《危机》，§9），后者是在近代数学科学中世界被设想的方式。除了在世界中具有其因果力量和互动联系的“实在的”或“实际的”存在物外，如石头、马匹甚至意识片段（思维的时间性片段）等，还存在有另外一种客体域，后者包含着这样的“观念性”客体，如“毕达哥拉斯定理”或“数目 4”，它们必定被理解为特殊种类的抽象个体（单元）。此外，这些观念性客体并不是其中的心理的实体或部分。胡塞尔既承认某些观念性客体（算术的和纯粹逻辑的）的自存性，也承认观念性客体在其中被给与的历史的和主体间的经验。胡塞尔企图理解“柏拉图实体”而不必涉及形上学思考（参见 EU，§87）。

参见词条：consciousness

Belief（Glaube，doxa）：信念

信念是一种“信念样态”，后者可被自由地改变为怀疑、不确定、不相信等。知觉涉及对被知觉物存在的隐含信念。我们的知觉具有确定性特征。胡塞尔强调，我们的“根本信念”或“基本信念”（Urglaube）关系到通过知觉被给与的世界之存在和实在性。他将信念（希腊词：doxa）对比于知识（Erkenntnis，episteme）。自然态度基本上是一种对世界具有无疑信念的态度。信念是一种对时间性性质的体验，但是信念可以落实为确信。

参见词条：conviction，doxa，doxic modality

50 **Berkeley，George（1685—1753）：乔治·贝克莱**

爱尔兰哲学家和爱尔兰大主教，经验主义者，非唯物主义者，以及主观唯心主义者，《视觉新论》（1709）和《人类知识原理论》（1710）的作者。胡塞尔在“第二逻辑研究”§29 中批评了贝克莱关于抽象之再现论。在其后来的著作中，胡塞尔使自己的先验唯心论和贝克莱的经验唯心论或主观唯心主义保持距离（参见 CM，Hua I，192）。成熟期胡塞尔对贝克莱非常赞赏，在《第一哲学》（Hua VII，149）中称其为“近代激进的、事实上最具天才的哲学家之一”，一名认识论的“开拓者”，他发展了关于物质世界构成的最早的“内在性的虽然是自然主义的理论”（Hua VII，150），他称赞贝克莱重新确立了“自然经验的权利”（Hua VII，150），并坚持知觉既非基于假定也非基于演绎。在《第一哲学》中，就像在《危机》§23 中一样，胡塞尔说贝克莱提出了一种“感觉主义的知识批评”（Hua VI，89），将一切被知觉物体还原为“感觉与料综合体”，这些综合体只能通过推理联系于其他感觉与料。在胡塞尔看来，贝克莱并不比其他经验主义者为人们对经验主义知识论的挑战提供了更好的回答，此一挑战是：我们流动的感觉如何能够说明关于被视为同一物的客体之经验（Hua VII，151）。

参见词条：empiricism，idealism

Binswanger, Ludwig (1881—1966)：路德维希·宾斯万格

路德维希·宾斯万格生于瑞士，曾于洛桑、海德堡、苏黎世等大学学医。他曾随 Bleuler 学习，并于 1907 年在苏黎世随古斯塔夫-雍格取得学位。通过雍格他在维也纳遇到弗洛伊德，并于 1911 年成为密切朋友。1911 年父亲去世。他随后在瑞士 Kreutzlingen 继承了由其祖父于 1857 年创建的“Bellevue 疗养院”，于是成为一名医生。此诊所治疗过许多著名病人，包括弗洛伊德的“安娜 O”和艺术史家 Aby Warburg，后者稍后建立了 Warburg 研究所，并于 1921—1924 年居留于诊所。宾斯万格热衷于将现象学应用于精神病治疗。他关注雅斯贝尔斯的方法。他特别对胡塞尔和海德格尔有兴趣，并于 1922 年作过“论现象学”的讲演。他发展了一种关于人的存在的分析，强调与他人共在的重要性，以及强调个人相对于其历史和其 *51*
对自身历史解释方面的症状具有意义性。他把自己的方法称作是一种“现象学的人类学”，稍后将其更名为“此在分析”。胡塞尔于 1923 年在休假时曾访问该诊所并对宾斯万格的工作表示过钦佩之意。宾斯万格是 Erwin Straus 的朋友并影响过哲学家梅洛-庞蒂和福柯等。

Body (Körper)：身体，物体

胡塞尔最初将 Körper（身体，物体）一词用于指称占据空间的物体并因而服从因果律。他用 Leib（躯体，参见《观念 2》，§18）指活的有机体的身体。身体的构成如一般物质物，受到重力、因果律的影响，具有重量、不可穿透性，其“部分之外有部分”等。此身体概念被理解为属于自然界并被理解为自然科学的主题，特别是物理学的主题。但是，作为我具有的一个活的身体，即躯体，它也是我的经验的活生生的中心。奇怪的是，身体不被经验作与我的自我同一却被经验作某种“我的”东西。通常它被经验作某种与自我相对的东西（《观念 2》，§54）。躯体被经验作感觉的一个载体以及我的意志的一个器官（§38）。它是我的“我能够”之工具。特别是，躯体是定位的零点，从此零点一切方向取得其意义。胡塞尔声称，身体出现在我的一切知觉经验中并相关于我的一切其他意识功能（《观念 2》，§36）。在日常生活中，身体不被经验作一种阻抗的中心但可看起来像是那样，例如，如果我疲倦了，或者身体受伤了，我只得蹒跚行走。

参见词条：lived body，animate body（Leib）

Bolzano, Bernard (1781—1848): 贝尔纳德·鲍尔扎诺

贝尔纳德·鲍尔扎诺与黑格尔是同时代人，一位天主教神父，哲学教授，政治自由主义者，数学家和逻辑学家。他于1781年生于布拉格，在那里研究哲学（1796—1799）和神学（1800—1804），以一篇论数学基础的论文毕业。他于1805年被任命为神父并于1805—1819年担任布拉格的宗
52 教学教授，后因皇家敕令而被解除教职。从1820年到1830年他退休到Techobuz，在那里他完成了自己的主要著作《科学理论》，并于1837年以四卷本发表。他也于1834年出版了一部四卷本的宗教学著作《宗教科学教科书》。接着他致力于数学问题研究，但在完成研究前死于1848年。由于其本人受到怀疑的宗教异端思想和所持激进的政治自由主义，鲍尔扎诺相对而言始终默默无闻，甚至被禁止教书和出版。胡塞尔是使鲍尔扎诺重新受到关注的原因之一。数学家维尔斯特拉斯最初介绍胡塞尔研究鲍尔扎诺关于无限集合的研究，包含该理论的著作于作者死后出版于1851年，名为《无限性悖论》。布伦塔诺向胡塞尔介绍了鲍尔扎诺的《科学理论》。在其1913年修订的《逻辑研究》前言手稿中，胡塞尔讨论了鲍尔扎诺的影响（参见芬克编《逻辑研究导论》，Nijhoff 1975，37）。胡塞尔采取了鲍尔扎诺的“科学理论”概念以及他的“纯粹逻辑”概念（参见胡塞尔《导论》，§61）。胡塞尔从未放弃过由鲍尔扎诺所启发的观点：成熟科学是有关诸理论真理、“诸真理本身”（Wahrheiten an sich）以及“诸命题本身”（Sätze an sich）相互之间融合一致的体系。

参见词条：proposition in themselves，theory of science

Bracketing (Einklammerung): 加括号

在《观念1》§31中，胡塞尔提出现象学的悬置法作为一种加括号方法，即把与自然态度相联系的种种假定置于括号之内，使其停止作用，特别是把从自然科学中得到的任何假定都纳入括号或加以排除。胡塞尔谈到了使对世界存在的基本信念，即自然态度的总设定，停止作用或纳入括号。加括号的比喻似乎来自数学，在数学中括号内的表达式可与括号外实行的运算加以分离。加括号不是一种否定，而是相当于一种免疫隔离，对其停止利用，将事物的活动“切断”。应该对纳入括号的信念不再“使用”。胡塞尔通过悬置法企图将那些有关必然与自然态度相关的世界之判断纳入括号。加括号有助于揭示纯粹自我及其行为。在加括号过程中，注
53 意力从客体移向客体借以被意识所统握的方式。

参见词条：epoché，reduction

Brentano，Franz（1838—1917）：布伦塔诺

布伦塔诺于1838年生于德国Marienberg一个最初来自意大利的、富裕的天主教贵族家庭里。出生后不久，家庭迁移至德国Aschaffenburg，在那里他开始上学。1856年他在慕尼黑大学注册，之后在乌尔兹堡大学研究神学。后来他迁至柏林跟随亚里士多德学者August Trendelenburg（1815—1862）学习。由于打算深入研究中世纪哲学，布伦塔诺又迁至明斯特，跟随Jacob Clemens（1815—1862）学习。他向图宾根大学提交了博士论文《论亚里士多德的几个关于存在的意义》。此文出版于1862年，并献给Trendelenburg，多年以后此书于1907年成为海德格尔有关哲学和存在的第一部导读。1862年，布伦塔诺进入Graz的多米尼加修道院，但很快就离开那里成为一名慕尼黑的修士。他于1864年被任命为神父。1866年他在乌尔兹堡大学完成了教职资格考试，其论文名为《亚里士多德心理学，特别是他关于主动性理智的学说》。之后他成为乌尔兹堡大学的私讲师。1873年他退出神父职务。1874年，部分地由于陆宰的支持，他被任命为维也纳大学教授。1874年5月，他发表了《从经验主义观点看心理学》著作第一版，企图规定一门科学的、经验的但非生理学的心理学。布伦塔诺很快吸引了维也纳大学一批杰出的学生，包括梅农、胡塞尔、弗洛伊德、霍夫勒、特瓦尔多夫斯基、艾伦菲尔斯、马萨里克和克劳斯。1880年，由于婚姻问题他被迫辞去教职。他作为一名无薪讲师继续任教直到1895年退休。之后他离开了奥地利并最终定居于意大利。在意大利参加第一次世界大战后，他于1915年移居瑞士，并于1917年在那里故去。他身后留下了大批未刊著作手稿，包括关于哲学史的讲义。他的许多著作都由弟子编辑而成。胡塞尔的友人马萨里克曾在1876年随布伦塔诺完成博士论文，他向胡塞尔推荐了布伦塔诺的讲演。胡塞尔跟随布伦塔诺学习了两年 54
（1884—1886），在其一生研究事业中都对布伦塔诺对他的影响深表感谢。胡塞尔在完成了关于纯粹数学的博士论文后，受到布伦塔诺关于哲学作为精确科学概念、关于逻辑学改进的计划以及关于描述心理学概念的鼓舞。布伦塔诺相信，心理学通过明证性内知觉可以确保肯定的知识并认知识支配心理域的普遍法则。这些法则包括：每一种心态都或者是一种观念呈现或者是依存于一种观念呈现。布伦塔诺将这些普遍性心理法则描述为“先天的”和“确然的”。布伦塔诺将心态分为三种基本类别：“观念呈现”(Vorstellung)、“判断”和“爱恨现象”。“观念呈现”一词指任何一种心理过程的部分，它使某物呈现于心前：“只要某物对我们呈现，我们就说它是观念呈现”(PES，198)。一般来说，一个观念呈现是对一个别客体或概念，或者甚至对一复杂事态关系，进行心理观视或心理持有的行为。在该书中，布伦塔诺提出了意向性是心理状态之基本特性的观点。每一观念呈现都是相关于某物的。他写道：

> 每一心理观念都被中世纪经院主义哲学家们称作是一客体之意向性的（或心理的）不存在［die intentionale auch wohl mental Inexistenz eines Gegenstandes］，而且，我们也可以称之为，虽然不无含混之意，对一内容的指示，对一客体的朝向（此客体在此不应理解作意指着一物）［die Beziehung auf einen Inhalt，die Richtung auf ein Objekt（worunter hier nicht eine Realität zu verstehen ist)］，或者内在性的客体［oder die immanente Gegenständlichkeit］。每一心理现象都在其内包含着某种作为其客体的东西，虽然它们并非均以同样的方式表现如此。在观念中某物被呈现着，在判断中某物被肯定或否定着，在爱中某物被爱，在恨中某物被恨，在欲望中某物被欲望着，如此等等。(PES，88)

参见词条：descriptive psychology，inexistence，intentionality

C

Cantor, Georg (1845—1918): 康托尔

康托尔是德国数学家，维尔斯特拉斯的学生，也是胡塞尔在哈雷大学时期的好友和同事。他是胡塞尔教职资格考试论文委员会的成员之一。他是集合论奠基者之一并发展了研究超限数的方法。康托尔和胡塞尔都是最早认真看待弗雷格成就的数学家。

Cardinal number (Anzahl): 基数

一般来说，基数对量进行区分，而序数对数项的次序进行区分。胡塞尔认为，基数是有限的自然数，他相信我们对于较低基数（直到 12 左右）具有一种“真正的”直观，而再靠后的基数则只能通过符号方式来理解了。

参见词条：*Philosophy of Arithmetic*

Carnap, Rudolf (1891—1970): 卡尔纳普

卡尔纳普是德国哲学家、逻辑实证主义者和维也纳小组成员。从 1910 年至 1914 年他在耶拿大学读物理学，但也去听弗雷格关于数理逻辑的讲课和 Bruno Bauch 关于康德的讲课。第一次世界大战后他曾到弗莱堡读物理学，之后返回耶拿完成其关于“空间”的论文，该文于 1922 年发表于《康德研究》。在 1924—1925 年间他曾参加过胡塞尔的研究班，那时他住在弗莱堡附近并在为后来出版于 1928 年的《世界的逻辑构造》收集材料。他于

1926 年接受维也纳一个职务时与维也纳小组开始联系；他是由友人莱辛巴赫介绍给石里克的。1929 年卡尔纳普和汉斯·汉、奥托·纽拉特一起撰写了“维也纳小组宣言”，目的在于推广一种“科学的世界观”，以对抗形上学的和神学的世界观。这份宣言书提出，残存的形上学观点可以由精神分析学和社会学加以研究，但最前端的目的是（特别是通过罗素和维特根斯
56 坦的著作）“阐明形上学扭曲作用之逻辑根源”。卡尔纳普对于海德格尔在 1929 年 7 月在弗莱堡大学发表的就职讲演“形上学是什么”深感不安。他的回应文《论通过语言逻辑分析克服形上学》于 1931 年发表于逻辑实证主义的新刊物《认知》上。卡尔纳普的论文实际上是反对传统形上学的一份纲领性宣言，它企图根据对意义进行“逻辑分析”证明形上学的判断没有意义。在此文中他批评了很多种类的形上学。卡尔纳普主张，人类语言中含有一种错误，它承认着具有同样“语法形式”的句子（包括有意义的和无意义的句子）。他认为，海德格尔（卡尔纳普将海德格尔列入“形上学学派”）在 1929 年文章中的句子，如“无即无”（Das Nichts selbst nichtet）与有意义的句子“The rain rains”（雨下雨）具有表面上的语法类似性。但此句子是误导人的，因为“无”不能相当于一正常的名词。刊物《认知》显然由卡尔纳普和莱辛巴赫创立，以便宣扬逻辑实证主义的信息并明确主张“科学哲学”。卡尔纳普的文章实际被看作是揭发了海德格尔的（字面上的）荒谬性。与其对海德格尔的轻蔑相反，卡尔纳普尊敬胡塞尔，甚至在其《世界的逻辑构造》的第 64 节中正面地援引胡塞尔的“悬置”概念。在谈到从个人经验开始时（卡尔纳普将“方法论的个人主义”称为“方法论的唯我论”），卡尔纳普说他将终止有关信念是真是伪的信念。

Cartesian dualism：笛卡尔二元论

参见词条：dualism

Cartesian ideal of science：笛卡尔的科学理念

胡塞尔在其《笛卡尔沉思》§§3—5 中讨论了笛卡尔关于作为绝对自具根基性知识的科学知识理念，此类知识是“根基于一种绝对的基础因而是绝对正当的”（CM，§5）。笛卡尔将几何学假定为符合一门绝对正当科学的要求。一切其他科学都必须遵守该理念。对于笛卡尔，这意味着科学必须形成一演绎的真理体系。胡塞尔希望保持系统条件的一种绝对自具正

当性的科学之引导性理念，但拒绝采取现存科学提供的任何模式。对于胡塞尔，自具正当性的科学之关键是明证性观念。

参见词条：Descartes，science

Cartesian Mediations（*Méditations cartésiennes*，1931）：《笛卡尔沉思》 57

胡塞尔的《笛卡尔沉思：一个现象学导论》首次于1931年出版于法国，由莱维纳和Pfeiffer译自德文，科依勒对译文提供过建言。胡塞尔于1929年2月23日到25日在巴黎索邦大学笛卡尔大礼堂用德文做了两小时的讲演，讲题是“先验现象学导论”（其后发表于Hua I）。此次讲演是在索邦大学德国研究所邀请下进行的。参加者有莱维纳、列维-布吕尔、Jean Cavaillés、赫灵、科依勒、马塞尔，以及可能（至少据康迪拉克的记忆）还有当时20岁的梅洛-庞蒂。在赫灵的邀请下，一周后胡塞尔在斯特拉斯堡面对少数受邀听众重复了这些讲演。《笛卡尔沉思》法文版影响甚巨，它为胡塞尔带来一批新法国听众。很多年来，此书成为法文出版物中唯一重要的胡塞尔著作。但是，胡塞尔本人感觉到他讨论的问题正是相关于主体间构成并取回德文版本进行修订。虽然该讲演的一个德文打字版在胡塞尔学生中流传，莱维纳所翻译的原初手稿丢失了。一部修改过的德文文本最终于1950年作为《胡塞尔全集》第一卷（Stephan Strasse编辑）出版了。胡塞尔将巴黎讲演仅看作是有关先验性生存问题的一个概述，一个对庞大先验现象学领域的导论。然而由于其广泛流传，该书获得了有关胡塞尔成熟期先验哲学经典代表的身份。甚至胡塞尔本人也高度重视这些讲演，并在他于1930年3月21日给肯恩斯的信中称它们为“重要著作，生平之作”。胡塞尔特意决定通过“法国最伟大的思想家”并通过重新思考笛卡尔的《第一哲学沉思》（1641）对法国听众引介现象学，因为胡塞尔的目的在于“将哲学完全改造为一种基于一绝对基础的科学”（CM，§1）。事实上，在追随笛卡尔本身《第一哲学沉思》路线方面的工作并不清晰。像笛卡尔一样，胡塞尔希望从“绝对欠缺”开始，放弃自己的一切
信念。对于胡塞尔，当前科学的处境类似于青年笛卡尔时代的情况，即科 58
学之进展虽然显著却存在着深刻的不确定性。胡塞尔将《笛卡尔沉思》表现为一种“唯我论哲学化”的实践（CM，§1）。于是它本身与《危机》中将发现的通过共同生活世界进行的现象学方法形成尖锐对比。胡塞尔明确地称现象学是一种“新笛卡尔主义”，虽然他也明确地拒绝了笛卡尔本人的几乎一切原则。胡塞尔称赞笛卡尔放弃了素朴的客观主义并通过从

“自我我思”（ego cogito）开始返回了“先验主观主义”。然而笛卡尔未能实行真正的先验性转向而是退回到了一种素朴的形上学，未能把握先验主体性的真正意义（CM，§10）。胡塞尔赞成笛卡尔的悬置观，即首先使一切自己先前的意见和信念失去作用。通过悬置法，“我”开始把我的全部现世生存看作是我的意识经验的结果。世界上一切对我之存在，均因为我采纳了它们，知觉了它们，思考了它们，如此等等：“我所能进入的世界只是在我之内和从我这里获得承认者”（CM，§8）。《笛卡尔沉思》引出了新的主题，如“自有域”〔sphere of onwness〕的还原，以及通过移情作用对他人经验的说明（“第五沉思”）。在CM中胡塞尔也谈到被动综合，作为一切经验视域的时间，以及单子。他甚至提出全部现象学基本上就是一种唯我论。胡塞尔的助手芬克试图在胡塞尔鼓励下发展出一个“第六沉思：先验方法论观念”。此据胡塞尔笔记编写，此一研究奠定了使有可能首先进行先验性探讨的条件，并将胡塞尔的工作视作康德先验现象学的继续，包括一种“先验感性论”和“先验方法论”。芬克的工作是按照一种黑格尔和海德格尔的方向来把握胡塞尔的工作的。

参见词条：Cartesian way，Descartes，epoché，transcendental ego

Cartesian way：笛卡尔方式

参见词条：reduction

Cassirer，Ernst（1874—1945）：卡西勒

卡西勒是马堡学派的一名新康德主义哲学家，他对哲学史具有丰富的知识，并撰写了关于莱布尼兹、康德和文艺复兴哲学的著作。他生于
59 Breslau，在柏林大学跟随齐梅尔学习哲学和文学（1892—1895）。之后转移到马堡跟随科亨研究（1896—1899）。1906年在柏林完成教职资格考试论文，成为那里的一名讲师。1919年他成为汉堡大学的教授，在那里任教至1933年。由于具有部分犹太血统，他被迫辞去教职。于是他离开德国前往牛津（1933—1935）、瑞典格特堡（1935—1941）和耶鲁大学（1941—1943），直到最后定居于纽约哥伦比亚大学。卡西勒是康德专家并出版了《康德的生平和思想》（1918）。他于1923—1929年出版了三卷本的《象征形式哲学》。卡西勒与胡塞尔通信，1929年和海德格尔在瑞士达沃斯与海德格尔辩论，并与石里克争辩关于相对论的意义问题。卡西勒的两卷本《哲学问题》（1906—1907）是一部关于认识论的重要的历史性交叉批评性

的研究，此书胡塞尔在讨论洛克、休谟或康德等近代哲学家的认识论时经常参考。卡西勒尊重胡塞尔的现象学，但认为自己的象征理论，在处理意义的性质和说明艺术、文学和文化的归纳方面，比现象学更为优越。

Categorial intuition (kategoriale Anschauung)：范畴直观

范畴直观提出于胡塞尔的"第六逻辑研究"，它相当于一种统握事态或统握存于结合或关系中客体的复合意向行为，以对立于感性直观的简单的、直接性的行为，后者在一种直接的、非中介的方式中统握客体或性质。对于胡塞尔来说，范畴直观相关于传统的知觉和直观概念之扩大（LU VI，§46）。在简单直观中，人们所见者为物或其性质，而在范畴直观中，人们统握者为更复杂的事态（"范畴客体"），如关系、结合、区分等等之内的事物。这些范畴直观是直接在直观中被给与的，而不是通过推理被统握的。按照胡塞尔，当我直观地把握一事态（Sachverhalt）时，例如，"我看见那张纸是白的"，不是对于白纸的一种直接的看行为，我所经验的是一种范畴直观，一种复合的直观：某物是某情况，或者某情境"如是"。在这类判断中我直观到某某事情如是。在此我的直观超过了、超出了或超越了感官上所呈现者。我具有一充实性直观，该直观满足了我的意向，但 *60*
是充实该直观的东西并非纯感性的，而是具有着胡塞尔所谓的一种"范畴的"方面。在胡塞尔看来，范畴行为是根基于感性的知觉行为的，但不可归结为感性的知觉行为；范畴行为把握的是事态，而事实上该范畴行为本身即构成了事态。情况并非是我先在感性上把握了判断的成分并通过运用某种康德所说的理解的某种主观规则将它们综合起来（按照胡塞尔的解释），而是我统握着事态，非感性范畴因素是该事态的必然组成成分。范畴直观相关于同一化和区分化行为，综合行为。假定我们实行着表达行为（即表达一意义），如"这是一乌鸦"。一个范畴直观由意义预期或意指行为和充实行为之间的某种综合组成。当然，这些综合行为本身不只是由反思行为把握，而且关键在于，它们必须为应该整体地被理解的、应该作为一客体被给与的意义而呈现。范畴行为是那些我们于其中把握关系和确认"x 是 y"形式的行为。通过范畴直观，我们对"是"关系的把握成立了，通过范畴直观我们直接面对如是的存在。胡塞尔在"第六逻辑研究"中对范畴直观的处理启发了海德格尔去细察存在的问题以及存在如何在我们的经验中被给与。胡塞尔赞成康德所说：存在不是一属性，即存在的情境不是个别性客体（白色纸张）的一个性质。说某物存在〔is〕并非以类似于知道“某物是红的”方式给与了我们关于一新性质之直观。但是，对于胡塞尔，这表明关于存在范畴的判断并不涉及对一性质或客体本身的把握。它也不是产生于对意识行为的反思，如某些人认为的那样，情况毋宁是，范畴结构属于客体的观念性结构，属于客体本身。范畴行为导致对纯粹范畴概念的把握，如“如果——则”、“和”、“或”等等，它们在知觉行为本身的客体中没有对应项。海德格尔把胡塞尔的范畴直观讨论，看作是对于自己根据存在意义进行的意向性论述来说至关重要的。海德格尔本人始终指出胡塞尔在“第六逻辑研究”中有关范畴直观的讨论，对于自己有关
61 “存在意义”（这是他在布伦塔诺解释亚里士多德的书中得悉的）理解的探讨，提供了最重要的步骤。再者，正是海德格尔一再敦促胡塞尔完成关于“第六逻辑研究”的修订版的。海德格尔清楚地看到，胡塞尔依赖于存在概念，后者呈现在对感性直观之躯体充实中，以及呈现在系于更复杂的行为中被表达的范畴综合中，但是胡塞尔并未对其进行真正的分析。就此而言，海德格尔正确地承认到，胡塞尔的论述唤起了有关在意向性行为中被把握者之存在的进一步分析。

参见词条：eidetic intuition，fulfilment，intuition，synthesis

Categorial imperative：绝对命令

胡塞尔在他关于伦理学的讲座中（Hua XXVIII）讨论了康德的绝对命令概念，此讲座包含了关于伦理学和价值论的课程（1908—1909），在1911年和1914年胡塞尔在稍微修改后重复了此讲座内容。胡塞尔批评康德的绝对命令观，在决定对于意志什么是道德上善者而言，该观点过于形式化了。按照康德的普遍主义，一种行为在道德上是善的，当其可能被普遍地意欲时。胡塞尔相信，此种普遍性要求并不足够，这正相当于形式逻辑采取的方式，它可保证有效性却并非保证真确。不难将某格言（如过马路向右看）放心地加以普遍化，但这些格言没有道德价值。而且也有可能发生不同的绝对命令彼此冲突的情况。为了决定如何遵从格言命令，人们必须知道比绝对命令普遍性本身更多的东西。为了决定一个格言是否在伦理学上有意义，我们所需要的不仅是普遍性的形式判准；我们也必须知道关于意义性和意志〔意愿〕的目的价值。在其20年代上半期以来的后期手稿中，除理性之外爱被看作基本的一种伦理动机。爱从个人〔person〕心底深处涌出，而且爱所产生的绝对义务感可使个人及伦理法则个别化。

参见词条：ethics

Causality（Kausalität）：因果性，因果关系

胡塞尔将作为因果性领域的自然领域与精神领域加以对比，在精神领域内动机化提供了基本法则。从自然主义观点看，物理世界被理解为由因果律支配的一个物质物之时空领域（参见《危机》，§62）；甚至“实在”概念和“因果性”概念也是彼此紧密相连的（Phen. Psych.，§22）。对于 *62* 胡塞尔，自然界的因果性必须根据归纳法的一般性来理解。胡塞尔写道：“自然界的因果性只是共存和接续的一种稳定的经验规律性。”（Phen. Psych. §23，103；Hua IX，134）在《危机》中胡塞尔说，继承自伽利略的近代物理学，只不过是“延伸至无限远的预测性”（《危机》，§9，51；Hua VI，51）。然而按照胡塞尔的看法，因果性属于自然科学所理解的物质物概念之本质（《观念2》，§60）。然而胡塞尔否定我们实际上是在知觉中把握到或经验到因果性的。胡塞尔深受休谟根据规律性理解因果性的影响。休谟在其《人类理解论》中写道，必然性和因果性观念“完全产生于自然界行为中可观察的统一性，在自然中类似的客体不断地彼此相连，而由惯习决定的心智从一个客体的显现推导出另一个客体的显现”。他进而说：“如果超出诸相似客体的不断联结以及从一者到另一者的一致性推论，我们就没有任何必然性和因果联系的观念。”胡塞尔认为休谟指出，人类素朴地将因果性引入世界并假定了因果性为一种必然的联系（《危机》，§25）。精确的因果性是近代数学科学的理想化，它非常不同于在生活世界中经验到的典型连续性模式。在他致人类学家列维-布吕尔的信中，胡塞尔讨论了原始民族的因果性观念。

参见词条：motivation，nature，spirit

Certainty（Gewißheit）：确定性

确定性是最简单的信念样态（Hua III/1，271），根据确定性我们获得关于某些事实或情境的确信。此种信念样态可以改变为其他样态类型：确定性可能被样态化为怀疑、可能性和否定（EU，§21）。确定性有其“完善性”或“完全性”以及不完善性诸级次，或者纯粹性和不纯粹性诸级次（EU，§77）。当不同的可能性进入我们的视域而我们只决定其中之一时，就存在着不完全性。经验的确定性可被否定。（即使我们目前并未发现动机对其加以否定。）基于经验领域的确定性永远是一种假定的确定性，但 *63* 是我们必须区别此种确定性和纯假设（Vermutung）。当经验的确定性被充分激起后，纯粹的假设同时考虑相反的理由和可能性。关于经验世界的确定性必然是假设性的，但这并不意味着它是一种纯假设。我们关于世界的信念是充分被激起的，但是可以被取消或更正。胡塞尔将断然确定性〔apodictic certainty〕置于最高级次。断然性判断在胡塞尔的方法中起着一种决定性作用。对他来说，现象学必须识别意识的断然性法则或主体的本质性结构。

参见词条：conviction，doxic modality，possibility

Clarification（Klärung）：阐明

对于胡塞尔来说，阐明是哲学的主要功能，它通常对比于“说明”（Erklärung）。对此概念他使用着很多不同的词：“揭示”（Enthüllung）、“阐述”（Erhellung，Aufhellung）以及“阐明”（Aufklärung，Klarlegung）。对他来说（正像对布伦塔诺以及甚至稍后对维特根斯坦来说），哲学的目的在于“澄清”或“阐述”。澄清意味着“使有意义”，对认知的成就予以批评性检验，此认知被胡塞尔用于最广义，特别是在其后期著作中，它包括着人类有关世界的全部经验，当其发生于“自然态度”中以及科学实践中时。哲学本身甚至朝向有关我们全部认知成就之意义的“最终阐明”或“最终根据”。然而，正像在亚里士多德那里一样，阐明必须与主题本身允许的精确性级次一致。胡塞尔追求的哲学阐明涉及任何专门认识论和本体论领域内的主要概念。早先时期他主要关心认识论的阐明，“知识批评”，“对有效客观知识的意义和可能性进行的阐明”。对他来说，阐明不可能零零碎碎地进行，而必须扩展到全部科学的相互联系的统一体，甚至还必须证明科学理论本身。简言之，哲学要求着一种完全的“科学理论”，此一证明却不可能以严格科学的方式实行：

64 首先，哲学并非意指着非具相关性的、思辨性的神秘主义，而是意指着对严格科学的最终彻底化过程。（Draft Preface，30；Fink，123）

在其《现象学心理学》§1 中胡塞尔说，阐明与狄尔泰所说的理解（Verstehen）是一样的。

参见词条：description，phenomenology

Cogitatio：我思行为，思维作用

胡塞尔用笛卡尔的拉丁词 cogitatio（多数是 cogitationes）不仅泛指一

种思维行为，而且泛指任何被意识经验到的体验（《危机》，418）。有时特别用此词指在悬置状态下被把握的意识状态，即忽略其与自然界客观因果秩序的关系。他说，他选择此词作为心理行为的通称，因为此拉丁词“并未受到超越性问题的影响”（Hua X，346），因此可把体验视作被内在地加以统握的。他称赞笛卡尔把世界还原为“我思行为流”（Hua I，8）。然而他批评笛卡尔没有清晰区分出作为一种思维行为的我思和作为被思者（cogitatum）内容的我思。每一我思都有其被思者（Hua I，13）。我们意识到或“体验”到我们的心理行为或片段：想象、知觉、回忆、意愿等等行为。反之，思想也是“相关于”客体的并具有某种意向性内容。在某种意义上，它们是事物的标志或“图画”，如笛卡尔所说。胡塞尔经常使用“自我—我思行为—我思对象”（CM，§21）联词或“自我—我思—我思对象”联词（Hua I，14）。胡塞尔在《现象学的基本问题》中写道：

> 一种我思行为，一种意识存在，可指任何一种感觉、呈现、知觉、回忆、期待、判断、总结等行为，任何一种感受、欲望、意愿等行为。（GPP Hua XIII，150）

参见词条：cogitatum，cogito，ego，lived experience

Cogitatum：我思对象，被思对象

胡塞尔用此词（拉丁词，意思是“被思者”；多数是：cogitata）指思 65
想的或意识性注意的客体。如果我注视着天空，那么天空就是我的意向性行为的我思对象。我思对象不只是指示思想或知觉的客体，而且也指示在知觉行为或思想中客体借以被统握的方式。我思对象只有通过我思才能存立（Hua I，17）。胡塞尔往往将此词与诺耶玛互用。

参见词条：cogitatio，cogito，content ego，lived experience，noema

Cogito or Ego Cogito：我思或自我我思

我思（意思是“我思想”）是拉丁文动词 cogitare（思考）的第一人称单数现在时。胡塞尔用此词和词组“自我我思”（例如 Hua I，9）作为笛卡尔在《方法论》（1637）中提出的名言“我思故我在”的简称。有时，胡塞尔简单地指“我是”（sum）（CM，§11）。胡塞尔一般用“我思”一词表示“我”或“自我”或“自我极”涉及每一意识行为或心理过程的方式。他在 CM §14 中区分了我思和我思对象。胡塞尔在“自我—我思行为一我思对象”词组中使用此词（《危机》），词组意味着“我一思想行为一被思者”。胡塞尔称赞笛卡尔突破性地发现了我思（CM，§8）并因此发现了先验主体性以及先验经验领域，但批评他把自我具体化为一种思维实体而不是使其保留在先验领域内。按照胡塞尔，我思提出了一种克服传统哲学素朴客观主义的哲学（Hua I，5）。“自我我思”对于胡塞尔来说，和笛卡尔一样，是一种断然确定式真理的模型，此真理具最高的明证性，它可为其后的科学真理提供基础（Hua I，7）。有时，胡塞尔使用“我思”一词指一种个别的意识生命。因此他谈到，一个我思通过移情作用认知另一个作为经验的活生生主体之我思。

参见词条：cogitatio，cogitatum，ego，transcendental subjectivity

Coincidence（Deckung）：相符性

胡塞尔使用“相符性”一词指“符合”〔coincidence〕、“一致”〔congruence〕、“符合作用”〔coinciding〕、“覆盖”〔covering〕等意思，即一种意向或符号行为和其充实之间的关系（特别是在“第六逻辑研究”§8中，
66 但也参见《笛卡尔沉思》，§4）。当一意向的行为被充实后，在该意向的行为和充实行为之间存在有相符作用。如果我丢掉我的汽车钥匙并在寻找它，那么意向的行为就是寻找我的汽车钥匙的行为。该充实的行为就在于发现该汽车钥匙串。当我认出找到的钥匙就是我正在寻找的钥匙时（例如不是不属于我的另一串钥匙时），相符性就出现了。胡塞尔可能清楚地意识到相符性的几何学概念，当一图形（或许在旋转之后）可完全置于另一图形的上面。完全的相符性只是一种理想。更经常的是，意向可能只是部分地被充实；相符性可能是充分的或部分的（CM，§51）。在空意向和其充实之间的相符性经验具有明证性、正确性或真理的特点。胡塞尔把此相符性称作一种综合，即一种被意向的主体实行的行为或一种获得的经验。

参见词条：fulfilment，intention

Collective combination（kollective Verbindung）：集体性结合

胡塞尔在《算术哲学》中引入“集体性结合”一词，用来表示特殊的较高阶的综合心理行为，后者将一多重性实体把握为一特殊的统一性整体或全体：“那样一种整体特有的结合。”（PA XII，20）它是一高阶特殊心理行为，不是日常直接经验的一部分。看见一棵树，然后看见另一棵树，这是一种经验，而把若干树看作一组树则是另一种经验。将若干个体识别、

选择、集合为一多重体，是此特殊计数行为的必要前提。需计数的项目必定首先被抽出（选出），它们的无关特性必须先加以忽略，然后它们才能被看作是同一集合的成员。为了列举的目的，多重体内所包含的项目之实际性质并不重要。人们可以在书桌上计数客体（例如：铅笔、纸张、计算机等）。胡塞尔写道：

> 一开始显然可见，在一多重体形式中聚集的诸特殊客体的特别性质与各种一般性概念的内容没有关系。在这些概念形成中唯一有关系
> 者，是诸客体在它们的整体的统一性再现中之结合。于是问题就接着 67
> 相关于对此结合的样式予以更准确的刻画。(PA，67；Hua XII，64)

胡塞尔觉得，此综合的性质被先前的数学哲学家们误解了，他们都企图根据内容的某些方面对其进行规定。胡塞尔认为，根据布伦塔诺关于我们对一整体的诸部分的认知推导，一具体的多重体的观念就是一统一体，它包含着多重体的诸特殊成分的诸观念（Hua XII，20）。为了把一集合组把握为一个组而不是把握为一系列个体，我必须能够“联结”〔colligate〕被理解为该组内纯“某物”的诸项目，并以一特殊方式把它们统一起来。数是通过“多重体的计数”产生的（PA XII，182）。

参见词条：multiplicity，*Philosophy of Arithmetic*，something

Collectivity：集合性

这是胡塞尔用来表示诸实体的一个聚集或“集合”的名称，诸实体通过一集体性结合行为聚集在一起。

Community of monads（Monadengemeinschaft）：单子共同体

成熟期胡塞尔用词项“单子共同体”或“单子间共同体”（“单子”一词取自莱布尼兹）表示诸先验主体的开放式集合，它们共同行为就构成了世界，包括自然、历史、文化。在 CM §55 中他谈到诸单子的“共同体化”过程，而其基础就是一主体间共享的自然之构成。当其他个人被自我通过移情作用知觉为其他个人时，此共享世界就被同时把握了，而且彼此经验相互予以肯定的一种和谐流就被经验到了。在诸单子之间存在有一种“意向性共同化”（CM，§56）。胡塞尔称单子共同体的开放多元性为先验主体间性。

参见词条：intersubjectivity，monad，monadology

Concretum（Konkretum）：具体项

对于胡塞尔，一个具体项即一个别的整体。不含有抽象部分的一具体项被称作一“绝对具体项”；参见“第三逻辑研究”§17。

参见词条：moment，part，whole

68 **Conflict（Widerstreit，Entäuschung）：冲突**

胡塞尔常常讨论知觉的转移或“冲突”经验或“不一致”，当一意向的充实实际上未能充实该特殊意向时，就可能发生这类现象。对于胡塞尔，冲突是一种综合形式。意向与进行充实的客体发生关系，但该客体未能予以充实却反而使得该意向“无效”或“破灭”（参见“第六逻辑研究”，§11）。按照胡塞尔爱用的例子，当某人访问一蜡像馆时理解到原先假定所见为“女人”者实际上是一蜡像（DR，§15），于是最初的意向（看见一女人）与当前的知觉发生冲突，此知觉“挫败”了我们原初的意向。冲突就是相符的对立面。胡塞尔认为，两个意向系列相互冲突，只要假定存在有相同的基本语境。当人们理解到该“人”实际上是蜡像时，一个新的意向性充实链开始运作，但原初的意向性客体被经验作无效了。

参见词条：intentionality，noema

Conrad-Martius，Hedwig（1888—1966）：康拉德-马修斯

马修斯生于柏林，是德国第一位进入大学的妇女。她最初在罗斯托克和弗莱堡学习文学，之后迁移到慕尼黑大学随里普斯和盖格研究哲学。后来于1911年到哥廷根随胡塞尔学习，成为那里的哥廷根哲学学会主席。她与哲学家特奥多-康拉德结婚，并成为史泰茵的好友。史泰茵住在康拉德家里时在一次灵感启示下皈依了天主教。马修斯早先研究现象学，特别是知觉和想象的性质以及本体论。她的关于“实在本体论”的论文于1923年发表在胡塞尔的《哲学和现象学研究年鉴》中。她提出的一种“现象学的本体论”非常不同于海德格尔在《存在与时间》中发展的本体论。由于具有部分犹太血统，她被迫中止学术生涯。第二次世界大战后她成为慕尼黑大学一名教授，一直在那里任教。她发展了一种对生物哲学和宇宙论的兴趣。

参见词条：realist phenomenology，Stein

Consciousness (Bewusstsein): 意识 69

胡塞尔把现象学定义为关于意识本质的科学(《观念 1》,§34)。在《观念 1》§33 中胡塞尔说,“广义意识”一词包括“一切心理过程”(Erlebnisse)。意识基本上是意向性的。在《逻辑研究》中胡塞尔已经简单讨论了“意识”一词的意思。他最初在心理学家冯特等那里发现了意识概念,冯特把意识理解为实在的、个别性的、经验意识的经验或“事件”(Ereignisse)之流动,那些经验或事件渗入或介入一单一意识的统一体内(LU V,§2)。因此,一切行为,它们的诸组成部分,不管是具体的还是抽象的,都被看作是意识内容的部分(不论它们是否可被一特殊内知觉触及)。在该书第二版中他增加了一节(XIX/1,357),承认此方法可以按一种纯粹现象学的方式加以解释,如果排除了一切对存在问题的指涉的话。在提出此第一个概念时,胡塞尔特别讨论了在不同种类显象之间的重要的和往往被混淆的区别,即在统握客体和统握对该客体某方面(例如其颜色)的经验之间。在经验内或通过经验时,必须在显现的经验和显现物(das erscheinnungen Objekt)之间加以区别(LU V,§2;XIX/1,359)。关于意识的此第一个概念显然能够“在现象学上进一步提炼”以产生胡塞尔打算达至的更深刻概念。但是,在“第五逻辑研究”中他并未继续讨论此概念。他的第二个意识概念相关于更传统式的对“内意识”和“内知觉”的哲学描述,主要取自笛卡尔和布伦塔诺。他承认此第二个意识概念比第一个更具原初性以及更为优越(LU V,§6),但他看出布伦塔诺曾企图将二者混合。在一种充分的、自明的知觉(产生物本身的知觉)和朝向内意识经验之内知觉的此一哲学上更成问题的概念之间,存在着一种含混性。胡塞尔批评布伦塔诺未能区分充分的〔adequate〕知觉和内知觉(他将在“第六逻辑研究”的附录中重返这一讨论)。胡塞尔承认内知觉中
包含着一种重要的概念,即那种我思经验的自所与性。这促使胡塞尔朝向 70
了纯粹自我,但他在该书第一版中有关此自我的论述是不清晰的。在第一版中他已经承认,我思的自我不可能是经验的自我,但在一“补论”中(Zusatz,XIX/1,376)他补充说,关于自我的讨论在此无关紧要。胡塞尔在那时破解意识概念时显然遭遇困难。在第二版中,他删除了含有太多布伦塔诺风格的一整节(LU,§7),因为它表现出一种接受现象主义的可能性,即物可能只不过是现象束而已。胡塞尔的第三个意识概念是根据意向性经验即那使客体受到注意的行为思考的,他在“第五逻辑研究”的其余部分始终采取着这个概念。但是并不完全清楚的是,此第三个概念与对意

识进行的、经过现象学纯化的第一个描述的区别何在。此第三个概念产生于对如下问题的思考：我们如何能够客观地思考“成为客体者”〔being-an-object〕（LU V，§58）。胡塞尔集中于思考他尝试性地称之为（甚至在第一版中）行为和客体之间的基本相关关系。显然他相信他仍然须根据内知觉的传统观来进一步研究以破解他自己关于意向性和充分直观的论述。他在“第六逻辑研究”的附录中返回了这些问题。在往后的年月里胡塞尔强调着意识生命的复杂性并在意识生命的展开中保持了时间性的作用。在1905年以后的写作中，胡塞尔根据其基本时间性层次谈到了意识流，并把时间看作是一切意识的基础。在《观念1》里他集中思考了纯粹的或先验的意识。在晚期著作中，胡塞尔也注意到无意识、冲动、本能等问题，它们相当于一种“底层的”动机化意识。

参见词条：intentionality，life，lived experience，stream of consciousness，time consciousness

Constitution（Konstitution）：构成

“构成”是新康德主义者常用的词，用来指一种客体通过某种先天性意识行为被形成的以及被给与其特殊结构和属性的方式。按照新康德主义
71 传统（成熟期胡塞尔大致来说也属于此传统），客体并非简单地自行存在而是从把握着该客体的意识主体的活动中获得其特殊的可理解的结构的（参见，例如，《观念1》，§83）。对于胡塞尔，客体及其他实体类（被区分为种种本体论的区域）并非简单地存在着，而是按照相关于它们的意识之预先确定的行为系列而被意识所经验到的。“每一客体都是以意识特有的方式被构成的”（《观念1》，§149）。这些行为（例如，判断行为、知觉行为、记忆行为等）之间是密切相互关联的。一客体的构成是由某种被预先规定的意义形式所决定的，这些形式由相关客体的基本性质所确立（例如，一物质性客体只能在侧面中被知觉，而且此过程是不可穷尽的；《观念1》，§149）。一切被经验者都是在某种特定方式中被构成的。在此问题上，胡塞尔谈到了诺耶思和诺耶玛之间的先天性相关关系。存在有构成的不同层次，例如，一物质物在一个层次上被构成为“被视物”（Sehding；《观念1》，§42），按照因果性所理解的物，如此等等。甚至“自然”领域本身也必须理解为一种构成的产物（参见《观念2》，§49）。构成是胡塞尔先验唯心主义的基本部分（参见FTL，§98）。休谟是把握客观世界和主观内部生命之间具有此种相关关系的第一人。胡塞尔把构成性主体看作

是赋予一客体以其“意义和存在”或“意义和有效性”者。构成是意向性意识的一种成就。胡塞尔把构成较少看作是主体的一种积极构筑行为，而是更多看作是意义在其中被揭示的一种特殊方式。在其“时间概念史”的讲演中，海德格尔说构成应当被理解为一种显露，一种使某物成为自身的行为。胡塞尔的助手芬克也企图阐释说，对于胡塞尔，构成不是“创造”，不是一种“创作”，而是一种“揭示”，使客体在一有意义的方式中显示自身，此种方式不可能被先前的哲学家们表达。构成可能具主动性，其意义是，主体主动地产生一种新意义（如在艺术性创造中），但构成也被被动地实行。在我们的经验中永远可遇到被构成的意义层次。胡塞尔说，世界上的一切都是以主体间的方式被构成的（Hua XV，45）。每一个人都必须将自己构成众人之中的一人。在诸主体间存在有相互性构成行为。此外， *72*
时间意识在一切构成中起着一种基本作用。

参见词条：achievement，construction（Aufbau），correlation，genetic phenomenology，primal establishment，static phenomenology

Constitutional phenomenology：构成现象学

参见词条：Static phenomenology

Construction（Aufbau）：建构，构建

胡塞尔偶尔使用“结构”或“建构”一词（Aufbau，直接的意思是：建筑）（参见《观念1》，§116）指意向性相关关系以其被构建的方式。参加过胡塞尔20年代研究班的卡尔纳普在其《世界的逻辑构造》中提到世界的逻辑“构建”或“结构”。对于胡塞尔，在构建和瓦解（Abbau）之间形成着对立。在《观念1》§18中胡塞尔谈到作为科学的现象学观念的“构建”。构成包括着对意向的意识的指涉，而构建意思是对意识经验的诸成分和部分的先天性配置。

参见词条：constitution

Content（Gehalt，Inhalt）：内容

“内容”一词被布伦塔诺及其追随者用以指包含在一经验行为（感觉行为，知觉行为，回忆行为，思考行为，等等）内者。布伦塔诺在其《描述心理学》中对内容加以如下说明：“如果人们谈到一观念呈现、一判断或一情绪关系的内容，他所思考的是在其中所包含者。”（DP，160）“内容”一词可溯源至康德，他认为直观提供了概念的内容。布伦塔诺说，对于康德而言，指涉质料的“内容”对立于直观的形式。在其《从经验观点看心理学》中，布伦塔诺将“内容”等同于一意向性行为的“客体”。当人们看见一头猫时，“猫”就是视见行为的内容或客体。按照布伦塔诺的心理行为三分类法，每一类都具有其自己特殊种类的内容。于是，观念呈现的内容、判断的内容和情绪的内容彼此应该加以区分。布伦塔诺的学生们批评他未能区分一个意向性行为的内容和客体。1890 年霍夫勒和梅农在他们的《逻辑学》中指出，在心理内的内容和实际存在的事物之间必须加
73 以区别。1894 年时，布伦塔诺的另一学生特瓦尔多夫斯基也类似地在内在性内容和心理外的客体之间加以区分。他写道：“一种观念内被呈现的东西即是其内容；通过一种观念被呈现的东西即是其客体”。按照特瓦尔多夫斯基，内容纯粹是实在客体的一种手段，类似于弗雷格的意义。后来布伦塔诺有时似乎承认有必要在心与其客体之间插入意义，特别是当他谈到一种“呈现样式”时，但实际上，就其全部理解而言，他拒绝在内容和客体间加以区别（PES，293）。布伦塔诺把内容看作是对于检验在心理学上有用的东西。然而他承认心理内容内的某种深层部分，当他区分了显在内容和隐在内容时。明显性内容是全部被呈现者。当我看见一棵树时，树是显在内容而树叶是隐在内容（DP，160）。遗憾的是，布伦塔诺在心理学上被把握的成分，和行为内容内的逻辑性和观念性成分之间，从未加以区别。于是他始终未能区分属于作为一心理片段之思想者和在思想中支持及传达意义者，这是在笛卡尔传统上不断出现的问题。尽管是一内部心理片段的部分，布伦塔诺的内容是可以交流的。当我们听见字词被说时，我们把握了说话者心智的内容。但是因为布伦塔诺的内容始终在心理学上坚定地前于心智，他的分析是要说，说话者的心理内容在听话者那里引生了一种心理内容，后者使说话者的意向受到注意。特瓦尔多夫斯基重新进行了此一论述，它显然未能证明私人心理内容如何能够被转化为共同的意义。早在 1894 年，胡塞尔在为反对心理主义而斗争时承认有必要区分“心理学的”或“实在的”内容（Gehalt）和“观念性内容”（Inhalt）或者“意义内容”（Bedeutungsinhalt），按此，心理学内容是个别性的而意义内容则不是。布伦塔诺认为，观念性内容或意义内容并不存在于作为其实在的即时间性的成分之内。在“第五逻辑研究”中胡塞尔改写了他在行为的实在内容和观念内容之间最初所作的区别，而且在 1913 年的第二版中在现象学的

内容和意向性内容之间所作的区别（LU V，§16）。行为的实在内容是在具体的和抽象的行为中可被识别的一切东西。意义的客观性必须超越作为 74
其媒介的行为。对于胡塞尔，正如对于弗雷格一样，对于观念性真理的思想，如毕达哥拉斯定理，是在心理外的，并非是存在于心理片段内的。客观性的一切东西都是超越性的，而且意向性就是对此令人惊疑事实之名称。此外，对于胡塞尔正如对于特瓦尔多夫斯基一样，一般来说，我们的意向性行为都是朝向于或“相关于”客体的，而不是朝向于或相关于内容的。胡塞尔承认，行为的内容可被建构以使之包括意向性客体（“第五逻辑研究”，§17）。需要一种特殊反思行为使一行为的“内容”本身成为其客体。在早先关于时间意识的分析中，胡塞尔企图将他曾经用来解释经验的感官性质料的统握—内容图式应用于时间意识。1908 年后，特别是在《观念 1》之后，胡塞尔用诺耶玛取代了含混的“内容”概念。

参见词条：act，intentionality，noema，object

Conviction（Überzeugung）：确信

胡塞尔用“确信”一词表示这样的判断，它沉积于人的意识中，使其具有了习惯或习性的特征。按照胡塞尔，当我“感觉如此明白无误”时我就有了确信（参见 CM；Hua I，29）。存在着不同的确信级次。胡塞尔说，确信的力量对应着确定性的级次（EU，§77）。确信要求相信者方面的积极决定和一种积极的立场采取，但是此确信被纳入自我作为一种习惯。

参见词条：belief，habit，sedimentation

Correlation（Korrelation）：相关关系

在其成熟期哲学中，胡塞尔将其现象学看作是“相关关系研究”（CM，§41，88；Hua I，121）。一般来说，现象学探讨意识和客体之间的先天性相关关系。胡塞尔所要探讨的是意向性客体和其对意识的所与性样式或显示样式之间的“相关关系的先天性”，即诺耶玛和诺耶思之间的“相关关系的先天性”。在《观念 1》§90 中，胡塞尔谈到在诺耶思和诺耶玛之间的一种意向性“相关关系”，并谈到存在有严格的相关关系本质法则。对胡塞尔来说，意向性是这样一种学说，它声称在被意向的客体和意向的行为之间存在有一种先天的相关关系（或结构的组合），例如，一种
被知觉的客体在一特殊的侧面中显示于一知觉者，客体在其中达到所与性 75

的方式，被意向的行为的性质或本质加以结构化，而且存在有依存于相关行为种类的不同相关关系形式，即被知觉客体与知觉行为具有相关关系，被回忆客体与回忆行为具有相关关系，如此等等。于是，在 FTL 中，胡塞尔谈到了“诺耶思的和诺耶玛的多复多体”。虽然胡塞尔在其成熟期著作中只谈到“相关关系”，他在《危机》（§48）中声称此观念早在撰写《逻辑研究》的 1898 年就已想到了。现象学的还原目的在于克服自然态度中关于客体作为自存在物的素朴思想，并开始将客体理解为与一特殊的统握客体的样式具有相关关系。被知觉的客体，作为知觉的意向性相关项，不同于实在的客体。胡塞尔也谈到构成行为和被构成者之间的一种基本相关关系（《观念 2》，§49）。

参见词条：apriori，constitution，noema，noesis，phenomenology

Crisis of European Sciences and Transcendental Phenomenology **(*Die Krisis der europäischen Wissenschaften und die transzendentale Phänomenologie*)：《欧洲科学的危机和先验现象学》(1936)**

胡塞尔最后一部著作《欧洲科学的危机和先验现象学：现象学哲学的一个导论》来源于一部编排混乱的、最终未完成的著作计划。胡塞尔写作该书时已过 70 岁，并正在与病魔斗争。《危机》的最初版本由两篇文章组成，这两篇文章曾于 1936 年发表于贝尔格莱德的《哲学》刊物上（因胡塞尔是犹太人，被禁止在德发表文章），是目前该书扩大版 Hua VI 中第 1 节到第 27 节。该书今版还包括胡塞尔当时准备为该书补写的材料（“第三部分”，§§28—71），以及一系列相关研究手稿。这些材料都是在作者死后由瓦尔特-比麦尔于 1954 年选择和编辑的，最后均纳入于今版。英译本由 David Carr 部分地选译（Evanston，西北大学出版社，1970）。《危机》被普遍承认为是胡塞尔著作中表达最清晰、最具引人入胜可读性的一部，其目的针对于一般知识界读者，紧急呼吁关注迫在眉睫的时代危机。比麦尔的版本包含着两篇重要文章：引起争议的《维也纳讲演》（1935）（之所以
76 引起争议，因为它主张“欧洲”即是代表普遍人性的名称，以及它关于非欧文化的所谓种族中心论的谈话）和甚有影响的文章《几何学的起源》，此文曾成为法国哲学家德里达的颇具影响的长篇评论文的主题。《危机》引出了若干新的主题。该书以分析自然科学的近代革命（由伽利略代表）的意义开始，相关于自然界的数学化和空间的观念化。胡塞尔接着提出了引起过最广泛公开讨论的关于“生活世界”性质的问题，以及阐释了近代

哲学的意义，从笛卡尔到康德，从神秘思想到哲学产生的理性，心理学的特殊性质，人类时间性和历史性的意义，文化的发展（“精神世界的形态”，《危机》，7；Hua Ⅵ，4），以及跨文化的理解，民族性概念，国际性和“超国际性”（《危机》，270；HuaⅥ，315），西方文明朝向普遍理性的内在目的论以及所面对的危机，如此等等。在一开始，胡塞尔提出了这样的问题：历史教导我们的是否除了人类事件的偶然性之外即别无所有，是否仅只是进步与失望的无意义的循环往复（《危机》，§2，7；Hua Ⅵ，4—5），还是说历史中存在有意义和理性（《危机》，§3，9；Hua Ⅵ，7）？为了回应这些紧迫的问题，胡塞尔描述了一种方法论：“回问法”（Rückfragen），他认为此方法可使他能够参透历史文化机制的种种形式内部的基本意义。在其先前的著作中，胡塞尔的主要现象学方法运用更为静态的构成分析的形式，检查知觉客体和其他客体构成中涉及的意义的“层次和级次”（《危机》，168；Hua Ⅵ，170），但未特别关注时间展开的问题。特别有关于历史发展和时间展开的这一新方法，胡塞尔称之为“生成现象学”。

Crisis of foundation（Grundlagenkrise）：基础的危机

胡塞尔从研究生涯开始就意识到当代数学和逻辑学中显然可见的“基础危机”。人们通常把物理学家和数学家 Hermann Weyl 与“基础危机”一词相连，但胡塞尔则在更广泛的意义上使用此词，例如在 1934 年（Hua XXVII）用其指一般科学危机。

Critique of knowledge（Erkenntniskritik）：认知批评 77

胡塞尔经常谈到对知识进行彻底批评的重要性。胡塞尔相信，必须将由康德在其《纯粹理性批判》中开始的批评计划彻底进行下去。胡塞尔把认知批评当作是克服自然态度中的素朴知识观的方式（这种自然态度把认知的可能性视为当然；参见 IP，第一讲演）。认知批评必须阐明知识的可能性和知识的本质。特别是，认知批评必须阐明客观性的意义。传统上，认知批评以承认科学知识有效性开始。但是一种真正彻底的知识批评必须也探求它自身的任务。

参见词条：epistemology，knowledge

D

Dependency（Unselbstständigkeit，Abhängigkeit）：依存性，非独立性

“依存性”或更直意地说“非独立性”，是胡塞尔表示一物与另一物的先天逻辑关系的词，即物 A 如无物 B 就不可能存在，物 A 依存于物 B。胡塞尔在“第三逻辑研究”中发展了依存性关系（特别参见讨论整体和部分之间必然形式关系的§13）。在此意义上，颜色依存于物。在诸部分之间存在有不同种类的依存性关系（他区分了绝对依存性和相对依存性），而且胡塞尔企图说明这些关系在种种法则中的形式特性。依存性和独立性的关系也适用于部分和整体的关系，以及适用于较小整体和较大整体之间的关系，当前者是后者的部分时。存在有独立性的部分（piece），并存在有如无自身所依存的整体即不可能存在的部分。胡塞尔把这些依存的部分称作是“要素”〔moments〕。

参见词条：formal ontology，foundation，mereology，part，whole

78 **Derrida，Jacques（1930—2004）：德里达**

德里达是“解构论”的奠基者，1930 年 7 月 15 日生于阿尔及利亚一个 Sephardic 犹太血统家庭，1941 年进入公立中学，但是其家庭生活和学校学习因第二次世界大战以及维奇政府排犹法律加于犹太人的限制而被扰乱。像所有阿尔及利亚出生的法国犹太人一样，他就读于犹太社区学校，直到战争结束。1945 年后，在有资格重新进入法国公立中学后，他开始阅读加缪、柏格森、萨特、尼采和纪德。1949 年时他迁至巴黎以便进入一所大学预科学校路易大公公学。1952年时他进入了巴黎高师。在高师他追随阿尔杜塞学习并成为其近友。他也开始听福柯和依波利特的讲演。最初他专注于胡塞尔的现象学，1953—1954年，在伊波利特和康迪拉克指导下，进行高师毕业论文准备，题目是“胡塞尔哲学中的生成问题”。在其早期著作中，德里达表现出了对胡塞尔著作内容的掌握。在此早期学生时代的作品中（直到1990年才发表），德里达已经表现出了他的后来称作是“解构论”的解读方法论。德里达声称胡塞尔的诸对立组（如本质的—经验的，先验的—世界的，纯粹的—不纯粹的，生成的—构成的）实际上陷入了某种“辩证法关系”，而且彼此呈现相互“混杂性”。德里达翻译了胡塞尔的《几何学的起源》并为其写了一篇很长的导论，出版于1962年。他也于1967年在《言语和现象》中对胡塞尔的语言意义概念进行评论。在此书中，他对于胡塞尔的《逻辑研究》进行了一种“有耐心的解读”。《言语和现象》的主要观点是，在“第一逻辑研究”中提出一种意义现象学的胡塞尔，仍然陷入一种“现前形上学”，也就是逻各斯中心论，该立场主张意义的言说行为优于一切书写形式。现象学墨守着逻各斯和音声间的联系（SP，15；14），而德里达企图强调“书写”（écriture）的优先性，书写即诸记号之系列，此系列在说出记号系列之主体的“晦暗处”时发挥着作用。于是德里达批评了胡塞尔有关被充实的直观中意义现前之假定；而且他特别批评了胡塞尔保留了柏拉图的、本质主义的因素，并批评了胡塞尔有关“自同一性”的观念意义之设定。德里达根据对胡塞尔现象学的研究和对海德格尔的基本本体论的研究，创造了“解构”一词。对于德里达， 79
此词最初是对海德格尔的Destruktion〔瓦解〕和胡塞尔的Kritische Abbau〔批评性瓦解〕二词的解释学式的合译，以期提出一种肯定性策略，用以逆转传统的对立观以及逆转继承自哲学史的等级结构观。此一逆转策略也进而通过在其“系统性”中进行标示以从这些对立组的空间和框架内释放出一种“不能决定性”和一种“困境”的含义，此困境既构成着又溢出于此一对立性逻辑。“解构”于是首先被应用于哲学传统的文本，其次按照“一般文本”概念，也被应用于社会政治机构和学说。德里达的哲学写作因此包含着从重读哲学史到通过解构法拟制一种正义观的过程，此正义观不可能被还原为论证、认知或妥协。

Descartes，René（1599—1650）：笛卡尔

法国哲学家、数学家和科学家，近代哲学的奠基者，《方法论》

(1637)、《第一哲学沉思》(1641)和《哲学原理》(1644)的作者。胡塞尔极其尊重笛卡尔，因为他企图通过一种彻底怀疑法和回归直观中已明显所与者，将科学知识建立在一种牢固的基础上。当胡塞尔1929年在巴黎讲演时，他特意模仿着笛卡尔著作使用的“沉思”一词，讲演后来遂以《笛卡尔沉思》为书名出版。胡塞尔的“悬置”一词是特意以笛卡尔的“怀疑”一词为基型而拟定的。笛卡尔通过其怀疑论的疑惑，以彻底方式将世界之存在置于被怀疑地位。胡塞尔提到了笛卡尔的“准怀疑论的悬置”，但是他强调，他的现象学的悬置不同于笛卡尔的怀疑，因为实际的、历史的笛卡尔怀疑涉及对世界存在的教条主义的否定。胡塞尔把笛卡尔解释为企图否定一种普遍的世界，而他本人并不企图否定世界，而只是把对世界的一切存在性承诺加以中立化。悬置法通过将自然态度暂停或置入括号以使其失去作用，于是达到了“一种对设定行为的取消”(《观念1》，§32)。我们的自然态度的设定仍然存在着，但被置入括号中了。胡塞尔也称赞笛
80 卡尔发现了先验性领域(称其为先验性问题的划时代启迪者；Hua IX，248)，因为他发现了“我思故我在”，但他责备笛卡尔未能利用此发现以至于返回了素朴的形上学，把先验自我仅看作是世界中另一“小部分”而已。胡塞尔在“巴黎讲演”中将自己的方法描述为“几乎是”一种“新笛卡尔主义”(Hua I，3)，目的在于指出，有关客观知识的笛卡尔基础的假定结果含有裂隙(《危机》，§16)。胡塞尔在1924年关于康德的讲演中宣称，《观念1》达到了一种新笛卡尔主义(也参见III/1，87)：

> 我敢说，笛卡尔的近代哲学转向的最深刻意义被揭示了，而且有关一般纯粹意识绝对自足的本质科学之必然性，令人信服地被证明了；然而这是相对于基于意识本质的一切相关关系的，相对于其可能的真实内在成分，以及相对于在其内被意向性地、观念性地所决定的一切诺耶玛和客体的。(EP I，12；Hua VII，234)

然而，应该说，笛卡尔仅是一“先验哲学的先驱者”(Hua VII，240)；在其哲学内可以发现先验哲学的“种子”(Keim，VIII，4；VI，202)。他像摩西一样看见了“乐土”，但并未在那里落脚。笛卡尔的奠基性眼界必须被重新思考以发现其真实意义，对此意义笛卡尔本人还懵懂无知。特别是其《沉思录》和怀疑方法论(IX，330)，通过指出世界的可疑性或可能不存在以及同时指出我思的不可怀疑性，首先使先验主体性得以显现出来(VIII，80)。胡塞尔也接受了笛卡尔的明晰性判准并将其再解释为明证性

的标志。笛卡尔运用着一种原则：免于怀疑者都具有确定性特性。然而他并不知道必须在自我之内发现确定性的层次。胡塞尔区分了自然确定性和断然确定性。没有经验真理能够完全确保世界的可能不存在。对于胡塞尔来说，先验性反思必须超越经验的确定性以达到断然的确定性。他谈到了“断然性还原”（XXXV，98）。就此而言，他的悬置观目的在于达到对笛卡 81
尔的方法论怀疑的改进。他认为笛卡尔是在怀疑中所发现的自我之断然性问题上受到了误导。胡塞尔本人认为，只有在其当下时刻的自我才是断然被给与的。但是，当然，严格说来，这也是笛卡尔的立场，当笛卡尔坚持说“我存在”是真的，“只要当它无论何时被我所推出并被我的心智所思想时”。当然，笛卡尔并非合理地从“我思”之确定性移到作为思维实体的自我之所与性。与此相反，胡塞尔则要停留在自我所与性内部并承认其过去和未来的视域并非断然地给与的。甚至需要一种先验哲学来提出对断然性样式的批评（CM，§63）。人们所反归的先验自我，并不是被理解为“世界内之实在物”这样的实体或一“物”，虽然极易引人误解的是，胡塞尔称其为“绝对的”。它是“世界的主体”：

> 自我（以及我是此自我）赋予世界的存在以本体论的有效性……自我自存着而且在自身内经验着世界，证实着世界，如此等等。（《观念1》“后记”，Hua V，149）

参见词条：Cartesian Meditations，cogito，dualism

Description (Beschreibung)：描述

对于胡塞尔，现象学从精确描述出发，而不是从说明（Erklärung）出发。就此而言，胡塞尔追随着布伦塔诺描述现象学的传统。在《观念1》§60中，胡塞尔把现象学描绘成一种“关于内在性意识形成的纯粹描述性本质理论”。它无意于根据其他领域产生理论或吸收假设，它也不打算进行因果性说明。一般而言，它也企图避免推理，而是集中于在直观中被直接给与者。现象学目的在于以一种非归纳的方式描述经验，以关注主体在客体构成中的作用。胡塞尔相信，经验主义者正确地强调着描述但错误地容许偏见干扰描述。诺耶玛的描述涉及客观上意指的现象并避免主体性表达（参见《观念1》，§130）。胡塞尔的《逻辑研究》目的在于对逻辑判断 82
中以及观念客体统握中涉及的体验进行一种描述性研究。

参见词条：descriptive psychology，explanation，phenomenology

Descriptive psychology（deskriptive oder beschreibende Psychologie）：描述心理学

布伦塔诺及其学派（包括施图姆普夫、梅农、马尔提和他人）使用“描述心理学”一词表示对心理现象的先天性描述和分类。布伦塔诺区分了“描述心理学”（他也称其为 psychognosy 或“描述现象学”）和生成心理学，后者企图根据其心物因果关系及条件说明心理现象。按照布伦塔诺的概念，描述心理学像数学一样是一门先天性精确科学，它独立于和前于“生成心理学”或“生理心理学”。布伦塔诺探求一套支配心理学的先天必然性法则，例如，每一心理现象都或者是一种观念呈现或者是根基于一种观念呈现。对于布伦塔诺，“生成的”或因果的说明，只有在相关心理现象被正确描述后，才能够产生（PES，194）。布伦塔诺在维也纳大学1888—1889 年度的讲座为“描述心理学或描述现象学”，讲稿后以《描述心理学》书名出版。在此书中布伦塔诺称，意识不可能由物理化学事件加以说明，而且该构想代表着一种思维的混乱，牵扯到不同的研究秩序。这些讲演对于胡塞尔产生了深刻的影响。1894 年时，狄尔泰撰写了一部《关于一种描述的和分析的心理学观念》，在其中他将描述心理学和说明心理学做了对比。在他看来，自然主义的说明心理学是原子论的，而具有其内经验域的具体心灵生活是整体论的，一种心理关联域（Zusammenhang）由诸内部交织关系组成。胡塞尔在 1925 年的“现象学心理学”讲座中承认，狄尔泰的著作，在攻击自然主义心理学以及促进一门“描述的和分析的心理学”方面，具有着划时代的意义。在其《逻辑研究》第一版中，胡塞尔称其研究为现象学或描述心理学；在该书中他把自己从事的研究描述为一种“描述心理学”。在《逻辑研究》第二版中，胡塞尔郑重拒绝了如
83 下的观点：有人以为纯粹意识的现象学描述在某种意义上与自然主义心理学相混淆了。他感到，对于作为描述心理学之现象学的刻画可能被误解为某种“本质现象的心理学化”（也参见《观念 1》，§61）。在《逻辑研究》中，现象学是作为一种本质上中性的、无前提的科学被提出的。在《逻辑研究》第一版中，胡塞尔企图在三种哲学方向中随意游移，视之为具有相等效力，即“现象学”、“描述心理学”和“认识论”，后者即“关于知识的理论”或“知识批评”。在其于《逻辑研究》第二卷的“作者说明”中，胡塞尔说，他在对知识的逻辑行为进行一种现象学的阐明，而非进行一种“生成的—心理学的阐明”（Hua XIX/2，779）。在其《逻辑研究》导论中，胡塞尔明确地将现象学等同于认识论批评和“描述心理学”：

> 现象学是描述心理学。因此认识论批评本质上是心理学，或者至少能够建立在心理学的基础之上。(LU，Intro.，I，176)

胡塞尔在第一版中写道：

> 现象学代表着一种新研究领域，多种科学均以其为根基。一方面，它为作为经验科学的心理学提供着预备性知识。它（按照有关思维和认知的特殊现象学方式）对有关观念呈现、判断和知识的经验进行分析和描述，这些经验可以按照经验法则性关联发现其生成性阐明和研究 。(LU，Intro.，§166；Hua XIX/1，7)

在其“现象学心理学”讲座§4中，胡塞尔把描述心理学的主要特征概括为：先天性，本质直观或纯粹描述，意向性，以及先验性态度。

参见词条：description，genetic psychology

Dilthey，Wilhelm（1833—1911）：狄尔泰 84

狄尔泰生于德国，在海德堡研究神学，之后去柏林研究施莱尔马赫的著作。他在柏林继续其哲学家生涯，在德国哲学界发挥了巨大的影响。狄尔泰的哲学开始于区分自然科学方法和精神科学方法。他希望提供一种历史理性评判，以补充康德的纯粹理性批判。当他热衷于理解历史之时，却希望与黑格尔保持距离。他企图提出一种描述的生命科学，此哲学要考虑事实性、个体性和历史性，因此与生命哲学运动发生了联系。理解历史与其说要关注因果说明，不如说要理解相关个人的动机作用。狄尔泰特别因为其研究施莱尔马赫的作品而主要参与了解释学的发展，而解释学被看作是哲学和精神科学中的一种研究方法。他的第一部重要出版物是《精神科学导论》(1883)，在该书中他宣布了自己的“历史理性批判”。1900年时，他写了一篇颇有影响的论文《解释学的兴起》，论及解释学和哲学和历史的关系。1910年时，他发表了《精神科学中历史世界的形成》，此书影响了胡塞尔有关个人的和文化的世界的思考。狄尔泰对伽达默尔的影响极大。狄尔泰对于胡塞尔的《逻辑研究》导论发表过肯定性的书评，后来又承认胡塞尔对于自己的认识论发展具有影响。胡塞尔借取了狄尔泰的体验（Erlebnis）概念，生命关联体（Lebenszusammenhang）的联系性观念，以及精神科学不运用因果性而是运用动机性的观念。狄尔泰有关解释学的论述和理解生命的努力，对于最终导致海德格尔的《存在与时间》出版的早期工作影响甚巨。胡塞尔对狄尔泰多有批评，在其《作为严格科学的哲学》(1911)中怀疑狄尔泰的历史主义，但在其1925年的《现象学心理学》中，称赞了狄尔泰的《关于一种描述的和分析的心理学观念》(1894)，因其承认了描述心理学的重要性。一般来说，胡塞尔对一切“世界观哲学”均表示怀疑，此种哲学把历史呈现为一系列自足的、不可沟通的“诸世
85 界”。他也认为狄尔泰正好陷入了他企图加以反对的自然主义。在其最后著作《危机》中，他所使用的作为意向性成就的“生活”概念，令人想起了狄尔泰。

参见词条：descriptive psychology

Disillusion, Frustration, Disappointment (Enttäuschung)：醒悟，破灭

胡塞尔从其“第六逻辑研究”§12起使用着“醒悟”一词，以表示人的意向性期待破灭或破碎时的经验。破灭发生于一种意向没有按照预期的方式被充实时。例如，当我们把握到一个人形时，我们会期待着它会像人一样移动。但是，走近观察后我们可能发现该人形只是一个人体模型。我们最初的期待瓦解；胡塞尔称之为：诺耶玛之除灭〔exploded〕。另外一种破灭相关于对事物的某些未直接显露的侧面或特征的预期。当我看到一个红球的前侧时，通常会想其后侧也是红的。如果我看到了后侧发现它不是红的而是绿的时，我们就能够说一种“破灭”发生了(EU，§21)。英译词“挫折”(frustration)(如在“我的期待受挫了”中)通常被译者Findlay用作不含任何情绪性因素(挫折作为一种情绪状态或感情状态)，而是在人的假定失效时的认知性意义上理解的，即意向性的充实与该意向不相符。

参见词条：Intention

Disinterested spectator (der uninteressierte Zuschauer)：中性观察者

从其1920年代的后期著作起，胡塞尔经常谈到“超然的”、“非参与的”观察者或旁观者的态度(此词在《观念1》中尚未出现)(Hua XXXIV，9)，或“中性观察者”(Hua XXXIV，11；特别参见CM，§15，《危机》，§45，以及“维也纳讲演”)。中性观察者摆脱了素朴地相信世界存在的自然态度之迷惑，并学会实行先验性悬搁，以及摆脱了实践因素的卷入及实践的兴趣，从而能够把自然态度理解为仅是一种态度或立场。中性观察者有能力把世界看作是一主体显现流的协调性展开，换言之，他或她能够把
86 世界看作是先验自我构成过程的结果。此一所谓先验性的反思对立于自然的反思(CM，§15)。中性观察者不再陷于有关世界的基本信念或自然态

度的一般设定。胡塞尔的学生芬克在其“第六笛卡尔沉思”中怀疑此先验性观察者的本体论性质。他将胡塞尔的非参与的观察者的理论态度与柏拉图的洞穴比喻中的人物加以比较，他们企图逃离洞穴去看到太阳，然后返回洞穴来看看实在究竟是什么。

Doxa：信念，信条

希腊词“信念”意味着“相信”或“意见”，它被胡塞尔用来描述不被怀疑的信念及假定的相关关系网，这些信念和假定构成着自然态度和前科学生活的日常态度。柏拉图曾经将作为可变意见的信念与确定的、通过证明和明证性而获得可靠性的“知识”（epistémé）加以对比。科学知识根基于我们在自然态度中具有的日常假定。例如，在《危机》§34（a）中，胡塞尔指出传统哲学对于“信念”具有一种否定的或贬义的态度（也见《危机》，§44）。然而胡塞尔相信，重要的是建立一门日常素朴信念的科学，一种信念的科学。他同样认识到，我们的日常信念，在我们的实践活动和兴趣的生活世界中，具有自身的有效性和正当性。在此问题上，胡塞尔的立场接近于维特根斯坦在《论确定性》中表达的立场，在该文中确定性被描述为一片信念海洋上的一叶浮舟。胡塞尔多次致力于分析世界如何被理解为信念的普遍性基础（EU，§7）。他称对世界的消极信念为“消极信念”，我们可对信念复合体〔doxic complexity〕确立不同的级次（从消极层次到积极层次）以及不同的样态变体（参见：doxic modalities）。

参见词条：belief，epistémé

Doxic modalities（die doxischen Modalitäten）：信念样态

胡塞尔用“信念样态”一词表示基本的认知状态〔epistemic states〕，如在确定、怀疑、质疑、假定、实行等等之中的状态。存在有不同的信念立场，但基本信念或元信念〔Urdoxa〕是知觉的确定性，一种关于知觉经验客体的存在和实在的素朴直接的意义。一切形式的设定行为（设定的承诺）都牵扯到某种信念的样态性。信念性的相信意识（doxische Glaubens- 87
bewusstsein）是一种简单的确定性，它可以被变样。胡塞尔考虑的三种主要变体是：否定、可能和怀疑（EU，§21）。简单确定性可通过瓦解最初协调性的新事件或醒悟作用被变样。然而，在很多行为或情境中的协调性欠缺，并未消除主要的信念设定，后者是使我们体验着对于世界的一种基本信念。此一基本协调性就是部分确定性及诸样态的背景（EU，§7）。

Drive（Trieb）：冲动

胡塞尔用"冲动"一词指那种在意识生活基础上出现的本能的、无意识的驱策力（例如：自我保存、克服饥饿、性满足、逃避痛苦和死亡、实现欲望）（参见《观念1》§85，胡塞尔认为冲动能够具有某些感性的组成成分）。在其有关时间意识的著作中，他把将诸时间成分综合为一种统一经验的行为称为一种本质上的本能行为。同样，存在有保持过去并将其延入未来的本能。自我在某些方式中也受到影响而且本能地朝向那些吸引它的事物而对其他事物加以排斥。存在有满足需要的冲动。在其后期著作中，胡塞尔了解了弗洛伊德精神分析学的讨论，或者他所谓的"深层心理学"（参见，例如，《危机》§71，在此他谈到了"本能和冲动"）。在相关于生成现象学的许多篇章里，胡塞尔都提出了冲动问题，以理解我们的世界意识的不同层次。一般而言，在讨论意向性的第一原始形式（Urintentionalität）时，这导致他提出了与婴儿和动物身份相关的问题。在此意义上，他也谈到"原初本能性"（Urinstinktivität〔元本能性〕）作为向"世界"和向自我主体展开的第一步。冲动由于本能需要而必然与躯体相连，后者最初不能在意识中被把握而只能被经历〔lived〕，例如，饥饿冲动或性冲动。胡塞尔甚至谈到一种"冲动意向性"（Hua XV，Text Nr. 34），并称其为具有"普遍性"。感情已经将冲动并入自我的意识生活之内了。冲动可以按一种理性的方式被吸收和体验。

参见词条：allure，instinct，life

88 **Dualism（Dualismus）：二元论**

二元论是一种形上学理论，它认为世界由两类不同的实体组成：物质实体和心。胡塞尔认为，心理物理二元论是近代早期客观主义数理科学研究自然的方法之产物（参见《危机》，§§10—11），它专注于那些在数学上可确定的事物之第一性质（例如广延）而搁置了一切"与主体相关的"性质（也参见《危机》，§53）。按照近代科学，客观世界是完全由规律支配的、自封闭的物质领域。这导致心理领域被分离出去，而新的心理学科学则应该研究此被分离的领域。胡塞尔经常谈到笛卡尔二元论（《危机》，§64）或二元论的自然主义，后者根据自然的类别性将心理（灵魂，心）问题视作一个自足的内经验领域（参见《危机》，§67）。

参见词条：Descartes，naturalism，objectivism，primary properties，subjective-relative properties

E

Ego (Ego, Ich): 自我，我

胡塞尔用“自我”或“我”一词表示第一人称的“经验我”(《逻辑研究》)或“心理我”(CM, §11)，它是经验的主体，并保证着经验的同一性；但也用此词表示“纯粹的”(rein,《观念1》, §57, §80)或“先验的”自我。在此问题上，胡塞尔采取了康德关于经验自我和先验自我的区分法。胡塞尔通常开始于对自然态度中的自我的思考，按此自我为具有世界中躯体的人自我(在《观念1》§29中称作“自我主体”)，之后进而探讨自我的构成层次，这些层次随着不同的态度而相互关联。他承认，“在其充分具体性中”的自我(CM, §33)，不是发送和吸引意识的“注视线”的一个空的“自我极”(Ichpol)，而是一个在时间流中的活生生的、具同一性的自我(《观念1》, §57)，一个具有着独一无二自我意义的个体，此个体具有历史和有限的时间延续性。自我生存着，经验着，最后会死亡。胡塞尔强调着此“具体自我”的统一性，甚至强调“具体自我诸可能状态和经验的无限多重性”(CM, §16)；自我必然将变化着的体验或我思行为统一起来。在此意义上，自我是体验之内在性里的一种超越性。然而，他同样承认自我的多种多样的变样体。他通常从充分醒觉的意识自我开始，但他也明了自我的睡眠、梦幻、迟钝、活跃等不同的样态体，例如睡眠中的自我没有时间意识，并显然没有“自为”，虽然它具有被醒觉的能力(XIV, 156)以及返回自我同一性的能力。存在有迟钝期和灵敏期(《观念2》, §26)。自我具有冲动和本能(IV, 255)，它追求其自我保存、欲望满足、快乐等等。胡塞尔甚至谈到一种称作“前自我”（Vor-ich）的被动性区域。自我通过其习惯发展自身。自我对于胡塞尔是一种动态的实体：“自我可以说在历史统一体内构成着自身”（CM，§37）。但是，当生存于时间中时，自我也在某种意义上成为时间本身的根源。每一自我具有自身的时间化作用（Zeitigung），但它也在一公共的时间化过程中发现自身的统一性（XV，576—577）。在由布伦塔诺影响下完成的《逻辑研究》第一版中，胡塞尔进行着一种休谟式的体验研究，表达了对一种稳定的、持存的自我之存在的怀疑主义（参见《观念1》§57内的作者注解）。在“第五逻辑研究”中，和纳托普相反，他声称不可能发现在康德意义上的纯粹自我，后者可作为一种“诸关系的原初的、必然的中心”（参见《观念1》，§8）。胡塞尔批评纳托普把自我设定为一种关系的主体或中心，此主体没有内容，不可能成为一个客体，而且他拒绝一切将自我客观化的努力。然而，在该书第二版的一个附录中，胡塞尔承认，自那时以来他发现了该纯粹自我。对纯粹的或先验的自我的发现，相关于先验还原过程（《观念1》，§34），胡塞尔在《观念1》和《观念2》中对此做了详细讨论。在《观念1》中，胡塞尔把自我解释为一种“内在性中的超越性”（§57），此一论点影响了萨特于1936年有关“自我的超越性”的论述。胡塞尔专注于自我在经验中的同一性（《观念1》，§80）以及专注于自我在采取设定、判断行为、回忆行为、思考行为等等中的活动，而在《观念2》
90 中他描述了具有被动性经验和习惯等等的躯体性自我。自我作为意义赋予（Sinngebung）的一种意向性中心，是在现象学反思中发现的。在《观念1》§80中，胡塞尔多多少少与新康德主义者一致地相信，在反思中发现的自我，除了是统一性中心外，欠缺着基本组成成分，因此其本身不可被描述：“它是纯粹自我，除此之外什么也不是。”在《笛卡尔沉思》中，他赞成“我思故我在”观念，并企图把一切经验都还原为仅只属于自我之自有域〔sphere of ownness〕者。每一自我都有其自身独一无二的经验流。他认为，此一方法抽象地看待着自我，似乎它是自存的，一种 solus ipse〔独一的自身〕。事实上，胡塞尔把自我永远看作是一种其他自我社群或单子社群的一部分。严格说来，决不可能只存在一个自存的自我。此外，自我永远相关于作为其环境的一个世界。先验自我包括着“体验之诸可能形式组成的世界”（CM，§36）。自我实际上包括“对自经验”（Selbsterfahrung）和“他者经验”（Fremderfahrung），及其与一般客体和其他自我的交遇。自我通过移情作用与其他自我相关。胡塞尔从来也未达到过对先

验自我的一种最后论述；他对自我进行的思考始终在流动中并日益变得复杂化。他甚至谈到自我通过时间意识内某种被动生成而出生的自我的自构成。自我与时间的关系性质成为胡塞尔在“贝尔瑙手稿”中的主要关切。自我作为经验的一个“极”，严格说来，并不在时间中，而是“超越时间的”（Hua XXXIII，202）。

参见词条：cogito，ego body，ego pole，intersubjectivity，living present，monad，person，Natorp，subject

Ego pole（Ichpol）：自我极，自我极轴

自我极或“我极”是胡塞尔经常用来表示主体或自我介入每一意向性行为的方式（CM，§33）。自我极是自我的一切行为、被动态和惯习的“中心”（CM，§44），而且是一意识所经验的同一性之根源。每一意向性行为都具有一实行该行为的主体和朝向着一作为该行为客体极的客体。胡塞尔经常将作为一同一性自我在经验流中之现前的自我极，与自我在其一切具体性中的充分经验即与在充分具体化中的自我相对比，他也称充分具体化中的自我为单子（CM，§47）。自我极往往是一种空形式，它使得每一经验都在某种形式的方式上成为我的。胡塞尔并不认为自我极概念具有内容。

参见词条：ego，monad，sphere of ownness

Egology（Egologie）：自我学 91

“自我学”一词只是偶尔被后期胡塞尔使用（参见例如CM，§13；此词并未出现在《观念1》和《形式逻辑和先验逻辑》中），用来表示研究自我和自经验域的现象学科学。胡塞尔谈到自我学作为一种“先验描述性的”科学（CM，§16）；它是关于自我以及关于在自我域中可能已被发现之一切的一种先天性科学（Hua XXXV，253）。在此意义上，自我学的问题包括全部现象学的内容。在CM中胡塞尔提出了一种方法论的唯我论（在§64中他谈到一种“唯我论地”被还原的自我学），按此唯我论，胡塞尔持续不断地要将自我以及他称作“自有域”之外的一切加以排除。一种真正的自我学也需要说明其他自我如何被把握到。胡塞尔常常把自我学与主体间现象学加以对比（CM，§13）。

参见词条：ego，self-experience，sphere of ownness

Eidetic insight (Wesensschau, Wesenserschauung): 本质看，本质直观

本质看（《观念1》，§3）可翻译为“本质明见”、“本质直观”、“本质视见”、“本质看”或“本质察看”，是胡塞尔的主要术语之一，并在其现象学方法中起着重要作用。特别是在《逻辑研究》的1913年修订版（参见该书卷2的导论，以及参见“第五逻辑研究”的§27）及以后的著作中，胡塞尔宣称，除了在感性知觉中看到特殊事物和事件外，我们也能通过一种非感性的直观看见本质，后者根基于感性直观并可与其相类比。胡塞尔的批评者（例如石里克）宣称，胡塞尔诉诸了一种神秘观，但胡塞尔否认此词具有任何神秘性意涵，虽然他不认为本质看要求经过训练的注意力。按照胡塞尔的说法，本质看实际上是由数学家在把握先天性真理如“2+2=4”时所实践的。本质看是一种特殊的范畴直观。在本质看中，出现了一种从事实性和特殊性中进行的精微的“观念化抽象”，从而可导致普遍性和必然性。与亚里士多德一致，对于胡塞尔来说，科学的主要目的是把握（“看”）本质，因此他需要维护本质直观的可能性。他在《观念1》中说道：

> 92 真理就是一切人都看见“观念”、“本质”，并〔可以说〕连续地看见它们；他们在思维中用它们进行运作，他们也进行本质判断，除非他们根据自己的认识论观点对其另行解释。（《观念1》，§22，41；Hua III/1，41）

为了证明知识，必须理解对本质的把握，部分地通过克服传承的认识论偏见。因此，本质直观部分地相关于概念化条件，在此条件下，纯粹形式真理，只依存于意义的真理才有可能成立。同时，本质直观或本质看也确立了某种客体的存在，此客体的存在纯粹源于形式，包括数、集合以及其他数学客体。本质直观把握着独立于经验性事实的真理。本质直观的方式即通过自由想象变异法（《观念1》，§70）。本质看就是达到先天性的方法（《现象学心理学》，§9）。为了具有此本质看，必须实行本质的或想象的自由变异法以及实行观念化方法。本质看可以从单一现象（与其是实在的还是想象的并无关系）开始，然后进而通过本质变异法和观念化方法以把握普遍物和不变物，即本质物。胡塞尔把很多不同的本质看都表示为对某一特殊领域有效的普遍必然法则，例如，一切有色物都是有广延的，每一种意识都必须具有一自我中心，如此等等。他认为，每一本质看都对一切可能的经验存在表达着一种无条件的规范（《观念1》，§78）。

参见词条：eidetic variation，eidetics，eidos，essence

Eidetic intuition (Wesensschau)：本质直观

参见词条：eidetic insight

Eidetic variation (eidetische Variation)：本质变异〔法〕

参见词条：imaginative free variation

Eidetics (Eidetik)：本质学

胡塞尔把现象学看作是一种“新本质学”（《观念1》，§71）。本质科学（《观念1》，§7）不关心事实或存在的质料，而是集中于必然的和本质的东西。存在有很多不同的本质科学，例如，几何学、“本质心理学”或本体论，所有这些本质科学都关心具有一种普遍性的本质。胡塞尔写道： 93
“本质被证明为那种如无此本质某一特殊种类客体即不可思议者，即如无此本质，该客体就不可能被直观地加以想象。此一般性本质就是艾多斯〔eidos〕，即柏拉图意义上的观念，但却是在其纯粹性中和排除了一切形上学解释后被把握者，因此正是相当于在以此方式呈现的观念中被直接地和直观地给与我们者。”现象学不同于其他本质科学处在于：它并不直接集中于任何世界区域，而是集中于意识。现象学的作用因此就是对那些使得我们经验世界能够成立的结构进行本质描述。存在有不同的本质区域（一切事实性科学都是根基于本质区域的），所以胡塞尔谈到了一种“区域本质学”（《观念1》，§8），例如“自然区域”。

参见词条：eidetic insight，eidos，essence

Eidos (Eidos)：艾多斯，本质

希腊词eidos意味着“本质”，胡塞尔自《观念1》开始经常运用这个词，视其为一个“术语上未受损害的”词（该书“导论”；Hua Ⅲ/1，6以及§2）。胡塞尔也把形容词“eidtic”解释为“本质的”，他把现象学看成是提供着一种“新本质学”。本质对立于事实性个例，例如三角形本身，直线本身，颜色本身（《观念1》，§5）。存在有物质物的本质，性质、关系的本质，以及心理行为的本质，如知觉行为、想象行为、记忆行为、认知行为等等。本质所指的是“一般”（überhaupt）的物或性质。甚至如一种“理论”这样的抽象观念也具有一种本质：理论本身（《逻辑研究》导论，§66 b）。胡塞尔说，“本质”或艾多斯是一种新的知识对象，它不同于在知觉中或经验直观中被给与的个别性实体（参见《观念1》，§3）。本质或艾多斯可以是精确的或不精确的（胡塞尔称其为“具形态性的”）。诸本质按照一种由一般性和特殊性组成的等级结构加以组织（《观念 1》，§8）。艾多斯是通过一种自由变异法从个别性事例中被把握的，这些个别性事例可能在知觉、想象、回忆等等中被给与（《观念 1》，§4）。关于本质的陈述并不涉及存在的问题或事实的问题。胡塞尔说，对先天性的正确理解就是将其理解为本质物。

参见词条：apriori，eidetic intuition，eidetics，essence

94 **Emotion（Gemüt）：情绪**

胡塞尔把情绪归类至“行为”域内（LU V，§29）。情绪是具有自身独特性的组成和结构的设定性的、客观化的行为（《观念 1》，§117）。胡塞尔在“第五逻辑研究”中讨论了布伦塔诺的在其心理行为三分法中的属于“爱恨现象”心理行为的情绪分类法。胡塞尔认为，情绪相关于评价行为。因此情绪不只是个人的被动性状态，而且相关于意志行为以及甚至相关于一种自意识的程度。心理学家们往往将情绪和感情（Gefühl）加以区分。感情可能是暂时性心理片段，而情绪则时延更长久。然而胡塞尔倾向于把情绪归类为感情。对于布伦塔诺和胡塞尔，情绪是意向性行为并在本质上朝向于或“相关于”某物：在爱中某人被爱着，在恨中某人被恨着，如此等等。情绪和感情都有一躯体性方面，躯体是感情和情绪被体验的处所（《观念 2》，§40）。胡塞尔否定伦理学中的情绪主义，然而他主张，道德概念是以感情或以情绪的或感情的意识（Gemütsbewusstsein）为基础的。

参见词条：feeling，will

Emotivism：情绪主义

情绪主义（不是胡塞尔本人使用的词）的观点是，伦理态度实际上是情绪的表达。胡塞尔反对伦理学中的情绪主义，因为他认为，如果道德性基于情绪，它将成为完全主观性的了。再者，感情是在不断改变中的，因此感情不可能为价值判断和道德性提供一正当的基础。

参见词条：ethics

Empathy（Einfühlung）：移情作用

移情作用〔emphathy，intropathy〕在胡塞尔现象学的用法中意味着

某人对另一人的意识或主体性所具有的个人的经验，即某人感觉（或设
想）进入另一意识、心灵或精神（包括动物）的第一人称的、经验性的生
活之方式。在当代分析哲学中，“心的理解”〔mind reading〕往往可用于
此处，并可认为比移情作用具有更大的广泛性，并首先用于指情绪性状 95
态。然而，胡塞尔在广义上使用“移情作用”一词，不只用其指情绪的而
且也指对于他人的一切认知的和经验性的状态。胡塞尔使用的德语自反动
词 sich einfühlen 在直意上意味着“设身处地体会”〔to feel one's way in-
to〕。移情作用概念是 19 世纪末德国心理学家们讨论的热门话题，例如蒙
斯特伯格（1863—1916）、Stephan Witasek、Johannes Volkert（1848—
1930）、Benno Erdmann、Oswald Külpe 和梅农（在《论假设》§§53—
54 中讨论了与艺术作品和运用“幻想情感”有关的问题）以及他人。狄尔
泰也把移情作用看作是对于理解历史人物的动机至关重要的。舍勒继续使
用较旧的词“同情”（Sympathie），虽然里普斯、舍勒和胡塞尔也使用德
语词“Mitgefühl”（按照亚当·斯密的用法，意思是“同感”）和
Nachgefühl（“模仿的感情”）。沿袭着慕尼黑心理学家里普斯的用法，胡塞
尔、史泰茵和舍勒都相信，移情作用的哲学阐明对于社会学和一般精神科
学的哲学基础是至关重要的。关于同情（后来改用移情作用）的哲学讨论
最初出现在 18 世纪英国道德学家 Shaftesbury、Hutcheson、休谟、亚当·
斯密、斯宾塞和 Alexander Bain 的讨论中，他们假定着感情的“同情”是
道德和美学经验的基础。休谟在《人性论》中将其定义为“我们对他人必
定具有同情心以及通过交流获得他们的性向和感情的倾向，然而该倾向不
同于或甚至对立于我们自己的倾向”。胡塞尔在其 1905 年的研究笔记中应
用了 Einfühlung 一词，明显地与里普斯的理论有关。胡塞尔对此词作为一
术语感到不安，他说道“移情作用是一错误的用语”（Hua XIII，335）。移
情作用指某人有能力把握或理解或经验另一人的意识生活、他人的“体验
流”、心理“状态”、“体验”或“心理过程”（Erlebnisse）以及“态度”
（Einstellungen）。我将另一人构成为另一自我，该自我通过移情作用有其
体验、感情和成就的自己之“中心”或“自我极”。胡塞尔区分了在第一
人称中被直接地、亲身地知觉者和通过某种“有根基的”或“有中介的”
直观所获得者。胡塞尔认为，我把握我自己的自我经验（我的意识流，我 96
的热感觉，我的时间流逝感觉，我的站立于此空间的感觉，我的白日感觉
等等），此经验直接地、最初地、在躯体上属于他所谓的我的“自有域”
（sphere of ownness），即确实存在于那里（selbst da）者。我以一种个人

的方式（in propria persona）认知我自己的个人经验。存在有经验的另一维面，即通过某种中介者所获得者，或者此经验是根基于某种直接被给与者。胡塞尔认为，我具有一种关于我自己身体的直接的体验，而且此体验出现在我对超越于我的事物的一切知觉中。每一在我之外者都在此意义上是“他者”：一切物质性实体，有生命物，动物，人，社会机构等等。但是，此有关“他者性”、“非我者”（非自我者）以及有关“自有”区域经验的问题，是极难加以表达的，而且在某种意义上涵括着现象学问题的全部范围、所与者的全部区域。对移情作用的典型方法主张说，人是通过某种类比性“推断”（胡塞尔使用着 Schluss 一词）把握他者的，此类比性推断基于人对自己心理状态、动机和行动的自理解。对此一推断理论的维护者（如 Benno Erdmann）认为，移情作用是根基于一种“假设”的（参见胡塞尔：Hua XIII，36）。里普斯、胡塞尔、舍勒以及史泰茵，均一致反对有关移情作用的“类比推论”说。胡塞尔反复指出，移情作用不是任何一种推论，不论是有意精心进行的还是无意识地实行的。我们并非先经验着他人的身体，然后推断出一种状态来，而是直接地经验着他人的状态：我们看见一张愤怒的面孔；我们并非是看见一张面孔并推断出愤怒状态。里普斯把移情作用看作是一种自身与他人之间的同一化或相互融合，其根据是对他人“表现”或“外在化”的“模仿”，此类表现就是他人内在生命的记号。里普斯谈到一种“客观化作用”，按此作用我自己的经验成为相对于我的客体。我可以关注事物、判断它们、欲望它们，如此等等，但是我也可以发现自己在对事物进行思考、判断和争取获得等等。这种“自客观化”或“现前化”〔apprentation〕已经是 Einfühlung〔移情作用〕了。通过此自客观化，我自己的经验成为我的对象，并（可以说）成为我的他者。我们看到，里普斯用 Einfühlung 一词表示我借以和我自己的先前状态
97 发生关系的方式，例如，在记忆领域内。胡塞尔、舍勒和史泰茵都批评里普斯所说的移情作用基于模仿的理论。舍勒说，我们从狗尾的摇动理解到狗看见我们时很高兴，但此非基于我们能够自己模仿此行为。胡塞尔将移情作用归类为一种“统觉”或“准现前”（Vergegenwärtigung），即不是一种知觉（知觉是亲身地、直接地在躯体中被给与事物），而是某种“准知觉的”认识，后者与这些知觉“交织”并以其为基础。胡塞尔在“被动综合”讲座中将其定义为“对于具有某种非原初呈现物的意识”。他使用着“准现前”一词泛指一广泛范围的经验域，包括记忆、幻想、预期、对物质物隐蔽侧面的认识等等。胡塞尔和史泰茵都认为，移情作用是一种经

验，其意义是一种第一人称经历的事件，它具有着不同于推断或推理样式的特征。胡塞尔批评里普斯把对他者的一种非经验性的统握看作是一种现前化的看法（Hua XIII，23），因为一切统觉都肯定是一种经验（Erfahrungsapperzeption〔经验统觉〕，Hua XIII，24）。但是，尽管强调着经验，相关于移情作用的此特殊经验并未被胡塞尔加以体认。胡塞尔的基本对比是设定在我们在自己直接领域内经验作我们自己者和我们在某种意义上共同经验作他者这二者之间的。于是，在其《观念1》§1中他已经区别了以下二者：在真正的（eigentlich）或原初的方式中所经验者（即在直接知觉中的外在超越物）和非原初的经验（如在记忆或期待中给与的客体）。例如，在《观念1》中胡塞尔说，我们在移情作用中对于他人并不具有“原初的经验”（§1，6；Hua III/1，8）。胡塞尔已经把移情作用描述为一种“直观的、给与的行为”，但不是原初地给与的行为。因为，在对超越物的正常外知觉中存在有一个过程，按此过程整体是在一系列侧面中被给与的，而且在任何一时间点上，实际知觉的只是一个侧面以及在一空的方式中的“连同现前”，或其他不在侧面的“准现前”。这是一种“连同经验”、连同知觉（Mitwahrnewhmung）或“连同给与的行为”。移情作用是一种对另一物的统觉经验，但是胡塞尔阐明二者不可能彼此准确地同一化。胡 98
塞尔在一知觉中区分了以下两种实在的因素：那种在他所谓的“第一原初性”（primäre Originarität）呈现（Darstellung）中被原初地给与者或自呈现者和那种在他所谓的“第二原初性”中呈现者，后者相关于在“空地连同呈现”的客体之其他的并未实际呈现的诸侧面。一想象性的准现前被其后真的知觉所充实。但是，他人的被统觉到的内部生活，将永远不可能通过移动到一新位置而被看到。这一事实清楚地使移情作用区别于知觉（Hua XIV，4—5）。他人的内部经验永远不可能在其可知觉的样式中被给与。此种知觉的证实是先天地被排除的（CM，§50，109；Hua I，139）。胡塞尔认为，每一统觉都有自己种类的充实或排除，而里普斯并不这样认为。此外，其统觉并不被实际的知觉所充实。于是，对于胡塞尔来说，作为准现前的移情作用的关键是，原则上它不可能以我证实我自己的想象的经验或预期的方式来证实。胡塞尔说，对作为主体的他人的知觉是根基于对另一躯体的另一种类比性知觉的，此躯体具有感觉、运动的自由、不同的观点、从该观点所见的不同事物方面等等。胡塞尔在Hua XIII 21ff的一段早期论述中（写于1909年前，但大约在1916年完成编辑）。把他人的躯体看成是“我的内在性的类比物”，此词组在后期手稿中经常出现（例如，

Hua XIV，5）。他认为，我对“我的身体”的统觉具有一种绝对的原初性。我对它具有一种内感觉的认知。它属于我的“内在性”（Hua XIV，4）。这导致胡塞尔甚至谈到我自己的身体按其被呈现为“主观—客观物”〔兼具主客观者〕的方式（Hua XIV，6），它并非只是“自在的”。胡塞尔后来强调这样一种意义，按此意义我永远在我自己的经验域内呈现于我自己。在此经验域中，我进而具有一种作为“支配者”（waltend）的我自己的意义。然而在1910—1911年的“现象学的基本问题”讲座中（Hua XIII，189）他认为，在我的心理流和他人的心理流之间并不存在沟通“渠道”，一种经验不可能存在于另一人的环境内，虽然（以及非常重要）它们属于同样的时间框架。甚至此时间的相符性是移情作用的一个主要的结构性特征，
99 如史泰茵所指出的那样。通过移情作用获得的经验，在同一现在时刻被经验作我自己的经验。他人的经验在一被准现前的“现在”（此现在与我的“现在”等同）中被给与，但是并不存在联结一个现在和另一个现在的渠道。他人的现在不可能被我直观到（Hua XIII，190），然而它被经验作“实在地现前着”。存在有对一“我”的多重体，即一单子多重体（Hua XIII，192）。另一个活生生的人不只是被把握为一身体，而是被直接知觉为躯体。胡塞尔谈到某种“统觉的转换〔transfer〕”或“转入”〔carrying over〕（Übertragung）（CM，§50），它根基于联想等作用（与此相关的问题是如何区分于里普斯的观点）。胡塞尔认为，在移情作用中，我直接把握着一“物理心理的”身心复合体，一活动性的身体，后者向其“注入”另一个心理生命。必定存在有联结两个身体的相似处，它形成了一种“类比性统觉”的基础。与里普斯一致的是，此观点不应理解作一种类比推理，因为它并不是一特殊的思维行为（CM，§50）。不妨说，在此问题上我们可回溯至一种元确立（Urstiftung），一种“最初设立的”行为，在其中具有一类似意义的某物第一次被把握到。此观点相关于一种类比性转移。在CM等著作中，胡塞尔强调了“对偶作用”（Paarung），即在两个身体之间的一种联想性关系，在其中一者（我自己）永远出现着，而对另一自我则存在有一种连续的“元构成作用”（CM，§50）：

> 对偶作用是我们称为“联想”的那种被动综合之最初形式，它对比于“同一化”的被动综合。（CM，§50）

在此似乎强调着两个意识的同时实在出现，或者至少是两个相互呈现的躯体的实在出现。也存在着对另一躯体生命的想象性渗入的因素。胡塞

尔有关我如何经验另一个人之理解，表达于 Hua XIV text no. 35（523—534）中，此文稿是为 1927 年的讲座准备的。胡塞尔对此问题简述如下：

> 对另一人的知觉，是相对于其身体性的原初知觉，相对于另一人的主体性，此知觉首先是空的准现前。（Hua XIV，523，此段由本词典作者译出）

在胡塞尔看来，移情作用意味着主体间共同体〔主体间性〕的一种意 100
向性环境的展开，在主体间共同体内存在着其他的诸自我，但不可能按照他们独一无二的意义加以把握。此词在胡塞尔的术语表中的出现呈现了一特殊的问题：需要“他者”在此现象学计划的展开中发挥一基本的作用。“移情作用”一词被胡塞尔在《形式逻辑和先验逻辑》§95 中用来阐明“唯我论怪影经常光顾的黑暗角落”（237；XVI，210）。然而直到胡塞尔思想发展的晚期他才理解到，为了以自己的自我构成他人的自我，他需要保持此被挪用来的词语。与移情作用相关的此一类词语并未出现在《算术哲学》或《逻辑研究》中。只有在 1905 年时有关于个人化的性质和范围的一系列思考中，“他人”的问题才被提出。胡塞尔在其中谈到此问题的第一篇文字的题目是《独特性、精神的个别性和自然客体的个别性》（Hua XIII）。在此文中，某人本身的自我对他人自我的可能构成被说成是理解世界的一个必要的和一般的原则。为了把握胡塞尔哲学中他人问题的复杂性和重要性，我们只需要检查出版于《论主体间性现象学》三卷本著作第一卷中的文本，此文稿写于 1905—1920 年（Hua XIII）。有关他人的问题，即主体间性问题，对于胡塞尔来说，很快成为这样的问题，现象学的一切其他问题其后都必须针对于此问题加以处理，因为通过和借助于有关他人的问题，一切意向性的发展都相互关联起来。通过和借助于有关他人的问题，现象学才通向一切其他客体域。因为，他人首先是通过对其身体的知觉，而不是作为任何呈现着的客体，才呈现于自我的，因为自我不可能把他人把握为一类似于其自身的主体，而是似乎赋予它以被体验的状态，后者本身永不可能在一直接的呈现中被给与，而只能作为一“准呈现”〔appresentation〕被给与。我们知道，这个问题当然是在“第五笛卡尔沉思”中加以说明的。但是在 1929 年巴黎讲演之前胡塞尔已经阐明了此问题——
是在与他人意向性自我交遇时提出的：在每一个个人主体和世界之间铭刻 101
着一个他称为“社会性本体论”的维面（Hua XIII）。虽然《观念 1》§1 明确表明“移情作用的统觉是一种直观的、一种呈现的行为”（此说法足以在胡塞尔的第一人称或现象学观点中消除对唯我论的任何怀疑），但因此行为不是一“原初的”呈现的或给与的行为，尚不足以逃避关于他人的意义之构成所提出的难题。在《观念1》第一部分§151中，胡塞尔将把一主体间世界的可能性理解为主体间经验的相关项。然而，在接受了这样的可能性后，胡塞尔将不再可能满足于这样的模糊描述。他将在该书§152中说道：“虽然基本上根基于以物理实在为基础的心理实在内，这些主体间共同体将成为更高层阶的新客体。”（《观念1》，365；Hua Ⅲ/1，318）在此意义上，在此须加以质疑的恰恰是现象学的先验基础性。通过此主体间性问题，构成性意义本身的可能性被加以质疑，包括其他自我的意义以及（对应地）自我本身的意义，后者也是他人之“他者”。关于主体间性、移情作用和其他自我的全部讨论，将在“第五笛卡尔沉思”中被再次重新思考和重新表述。在其重新表述中，移情作用概念将占据中心位置。因为胡塞尔在此不是简单地通过诉诸现象学还原，而是通过一种意向性域的彻底化类型，通过证明现象学还原必须补充以一种主体间的中介作用（在此作用中客观世界在意向性内和作为意向性被构成），来思考他者的问题的。“第五笛卡尔沉思”的文本在§42中宣称其任务：揭示和展开隐含的和明显的意向性，在此意向性中和从此意向性出发，先验自我宣布了和肯定了其他自我。而且此外，说明按照何种综合其他自我的意义在自我内被形成，即按照何种动机化作用其他自我作为对自我而存在者被肯定。对于胡塞尔，此任务对于一切客体的构成来说都是一必要的中介作用。所以，现象学还原，只有通过将一“对自身之自统觉”肯定为空间—时间者，即将其肯定为由其被体验状态的时间流和其躯体的空间性来重新使自我朝向自
102 身，朝向其与自身所体验状态之关系，而其躯体能够与众多躯体共存，在众多躯体中自我被迫承认自身为一第二领域，即“被自我构成为自我的”一自在领域，而且此自我也被给与其他自我。后者正是在自我内的领域，却对于自我来说是异他者。在此意义上，而且通过此在先验自我特有的构成运动内部的异他领域，人们不得不承认自我不可能是一独一存在，除此之外必须存在有移情作用在其中永远并已经在起着作用的其他领域。对于胡塞尔这基本上意味着：先验自我永远是、已经是被构成的，并正在进行构成的，如果它在主体间共同体内展开的话。

参见词条：apperception，intersubjectivity，Lipps，monad，other experience，pairing，presentification，transference，Stein

Empirical psychology (empirische Psychologie)：经验心理学

胡塞尔永远把经验心理学理解为关于人类和其他动物实际心理经验的一种事实性研究。布伦塔诺的《从经验观点看心理学》实际上并不是关于现在所说的经验心理学内容的研究，而是一种先天性描述心理学研究，即对于内知觉所与物的先天性描述。胡塞尔认为，经验心理学是一种归纳性科学，并认为其欠缺牢靠基础，是在通过与自然科学精确方法的类比而建立的。胡塞尔倾向于将经验心理学和描述心理学或他后来描述为本质的、现象学的心理学加以区分。事实上他认为，后者应该成为前者的指导："我确信，在不太久的将来人们会公认，现象学（或本质心理学）将成为对于经验心理学的基本方法论科学，其意义相当于实质性数学学科（例如几何学和音系学）成为物理学的基础"（《观念 1》，§79，190）。本质现象学研究可能经验，经验心理学研究实在经验。

参见词条：descriptive psychology

Empiricism (Empirismus)：经验主义

对于胡塞尔，经验主义代表着"一种哲学实践的彻底化"（《观念 1》，§19），它与一切迷信偶像和坏的思辨形上学相对立。胡塞尔在《观念 1》中说，在该意义上，经验主义"产生于最值得称赞的动机"，但是它承载 103
着一种概念的和未经检验的负担（《观念 1》，§19）。胡塞尔对于贝克莱和休谟"从底部"进行细致研究的努力及其所（至少）产生的对于一些概念进行一种原始现象学分析加以称赞。这类经验主义分析的一个例子是洛克的如下认知：固态概念起源于对阻力的经验。类似地，在其《视觉新论》中贝克莱解释说，距离的意义是如何根据对眼睛感官运动的某种直接感觉经验（相当于视觉提示）获得的，后者（尽管出于经验和习惯）是与客体同知觉者不同的距离联系在一起的。同样地，胡塞尔对于休谟根据相邻性和接续性进行的因果律分析印象深刻，将此分析解释为对"先验客体"之"主观生成"的一种诊断，此先验客体曾经被当然视为独立于主体的实在物（FTL，§100）。虽然胡塞尔称赞经验主义内真实的部分，却是一名对极端经验主义的无情批评者，称其为"一种荒谬的知识理论，正如极端怀疑论一样"（LU Prol.，§26 附录）。胡塞尔对经验主义的主要抱怨是：经验主义误解了"所与者"的性质并将其不正确地予以"理论化"，而此所与者正是其所依赖者。经验主义者开始于"未经阐明的、先入为主的意见"（《观念 1》，§20）。在《导论》（1900）中，胡塞尔写道：

> 极端经验主义正像极端怀疑主义一样是一种荒谬的知识理论。它破坏了对间接性知识进行理性论证的可能性，并破坏了它本身作为一种科学上可被证明的理论的可能性。(LU Prol.，§26 I，59；Hua XVIII，94)

经验主义打算达到一般性陈述，但这些陈述可能引自“对于经验的单个判断”？它通过归纳法间接地证明其原则和规律，但是什么原则证明此归纳法呢，什么原则支配着此间接推论呢？经验主义者不得不诉诸“素朴的、非批评性的日常经验”，极端经验主义对于此经验按照休谟的心理学规律性方式加以说明。于是，经验主义将“根据其假定的‘自然性’”所推导的判断之心理学根源（LU Prol.，§26 I，60；Hua XVIII，A85）与
104 其认识的正当性加以混淆。这就最终导致了一种心理主义。胡塞尔把休谟看作是一位“温和的经验主义者”，后者保持了逻辑学和数学，并给与它们以先天性证明，但是他仍然认为间接推论只含有一种心理学的说明却并无理性的证明（LU Prol.，§26 I，60；Hua XVIII，A86）。彻底的经验主义者假定，达到事物本身的唯一途径是通过直接感官经验。但是，对于胡塞尔来说，自然物并不构成事物的全部种类，因此经验主义至多只解释了自然之物。早在 LU 中胡塞尔就断言，经验主义不必要地以及相当任意地限制了对判断的可能证实或肯定的范围。特别在“第二逻辑研究”中，他强烈批评了经验主义者对抽象所持的心理主义观点，并根据对直观普遍项之条件的概念分析指出了他们的缺欠。一般来说，经验主义不理解认知的规范性。

参见词条：Berkeley，Hume，naturalism，objectivism，scepticism

Empty intention（Leerintention，Leermeinen）：空意念，空意向

〔虚〕空意念应当与〔充〕实〔full〕意念相对比，后者是人们在对一此地此时客体的知觉中所经验的，在其中客体是“在机体上”（leibhaftig）被给与的。空意念则是在对客体无直观的情况下所意念的客体，即空意念在某种空的或象征性的方式中代表着客体，或象征着客体，或（signitively，借助记号地）“意指着”它。例如，在《算术哲学》中，胡塞尔认为，我们可能将极小的数（如“3”）诉诸直观，而对大数的直观则实际上不可能被充实，因此成为空的或“非真正的”观念呈现。大多数谈话和写作都以一种空的方式涉及被意念的客体（而且因为记号是约定性的，观念呈现的方式就是任意性的）。例如，当我简单重复符号“$e=mc^2$”时，不能说

我以任何被充实的方式把握了这个公式。空意念欠缺对客体的充分感性的现前，如在直接知觉中所获得的那样。在知觉中，我从一个侧面对客体具有了一个被充实的直观，但对于客体的其他侧面则只有空的直观。空意念是最大的意念类，而且每一感性直观都包含着混合的实意念和空意念。

参见词条：fulfilment，intuition，signitive intention

Encyclopedia Britannica article“Phenomenology”(1929)：1929 年版《大英百科全书》词条“现象学”

胡塞尔曾受邀为第 14 版《大英百科全书》撰写“现象学”词条。他从 1927 年起撰写至 1928 年。该书最终出版于 1929 年。在 1927 年年末，胡 105
塞尔邀请海德格尔合作撰写该词条。在 1927 年 9 月和 1928 年 2 月期间，他们完成了多个稿本；一共有 5 个稿本，但是两人的观点差异极大。在最后送交的稿本内，胡塞尔删除了海德格尔所写的大部分内容，特别是其将现象学纳入基本本体论内的导论部分。胡塞尔的德文稿被 Christopher Salmon 翻译成英文。很长时间内这篇文章都是后期胡塞尔将现象学理解为一种先验性学科的重要来源。文章分为两部分：“现象学心理学”和“先验现象学”。第一部分概述了根基于意向性和本质直观的一种纯粹先天现象学心理学的发展。第二部分说明了先验性哲学起源于笛卡尔，并进而把主要的问题看作是对世界的先验性构成。按照胡塞尔，一切可能世界都相关于意识的绝对存在。

Epistémé：认知，知识

此希腊词的意思是认知（Erkenntnis，知识），胡塞尔用其指在科学意义上被证明的知识，即由明证性确保的知识。他将其与另一希腊词 doxa 相对比，后者意指全部前科学的日常信念或意见（《危机》，§44）。胡塞尔用德文词 Erkenntnis 表示此希腊词以及用认知理论表示“认识论”。

参见词条：doxa，knowledge

Epistemology or theory of knowledge：认识论或知识理论，认知理论

来自希腊词 Epistémé（“知识”，对立于“信念”或“意见”）的“认识论”是哲学的分支，其研究的对象是知识的性质。胡塞尔延续着康德的传统用“认知理论”指详细说明客观知识可能性之条件的任务。胡塞尔特别把康德意义上的主要认识论问题看作是客体如何在意识的主观行为中被

完成的问题（参见 IP）。例如，纳托普采取类似的方法，并在胡塞尔撰写
106 《逻辑研究》时对其产生过影响（LU V，§8）。在该书第一版中胡塞尔并未充分发展认识论概念，但在 1906—1907 年的“逻辑学和认知理论导论”讲座中返回了此主题，他在此发展了知识批评、形式本体论和形式逻辑之间的结构关系。按此概念，知识批评在笛卡尔的意义上成为第一哲学（Hua XXIV，§31），后者在某种意义上前于形上学，因为只有对一般客体性质的真正阐明才能为科学的形式本体论及实质本体论奠定基础。胡塞尔在其 1907 年的讲座“现象学观念”（Hua II）中表达了类似的认识论观点。在 1913 年之后，他倾向于不将自己的研究首先描述为认知理论。后来他将自己先前的认识论方向看作是忽略了先验性转向的性质并因此通向一种“认识论的心理主义”（FTL，§56，152；Hua XVII，160）。在《危机》和其他地方，胡塞尔把从笛卡尔到康德的近代哲学看作是向经验主义和唯理主义的展开，并忽略了知识作为先验主体性和主体间性的一种成就的性质。

参见词条：cognition，critique of knowledge，epistémé

Epoché（Epoche）：悬置，悬搁

此希腊词（有时翻译成德文词 Epoche，Hua VIII，21）被胡塞尔用来指将我们的经验信念成分纳入括号、排除、取消、使失去作用等等的一种程序。此词最初出现于希腊怀疑派哲学中。在希腊文中该词意味着一种对判断的“中断”或“停止”，它被希腊怀疑派哲学家（如 Arcesilaus）用作对基于不充分明证性的认知承诺予以克制的方式。希腊怀疑论者皮浪建议将悬置作为一种拒绝同意的方式。胡塞尔经常将他使用悬置的方式与他归于笛卡尔在《沉思录》中的怀疑法加以对比（《观念 1》，§31）。胡塞尔说，他的悬置概念并不相关于对经验真实性直接否定的那种怀疑论的怀疑，而宁肯说是终止对有关素朴经验问题进行一般设定。胡塞尔永远坚持
107 说，应用悬置和实行现象学的先验还原是现象学方法实践的必然特征。胡塞尔在 1905 年前后在其 Seefelder 手稿中声称发现了现象学还原法，而且此一发现标志了《逻辑研究》的描述现象学和后期的先验现象学之间的鲜明断裂。胡塞尔最初在《观念 1》§§31—32 的文本中引入悬置概念，但他在 1906—1907 年的“逻辑学和认知理论导论”讲座中以及 1907 年的关于“现象学观念”讲座中已经讲述过此概念。此词并未出现于 1910—1911 年的《作为严格科学的哲学》的著作中。在《观念 1》中，胡塞尔在引入

人们通常在日常生活中所持的自然态度概念后，建议将其终止使用，对其排除或彻底改变。严格说来，胡塞尔只建议终止或改变自然态度的一个方面，即其“一般设定”（§30）或其设定性特征，即那样一种方式，按此方式自然态度将世界中实体呈现为事实上存在的实在物。胡塞尔明确认为，一般设定不是一种清晰的存在论判断，而是：

> 归根结蒂，一般设定是某种持续延存于该态度全部过程的东西，即延存于自然醒觉生命中的东西。(《观念 1》，§31，57；Hua III/1，53)

胡塞尔把中止描述为一种悬置。在《观念 1》§18 中胡塞尔提到了“哲学的悬置”，它“应当包含我们完全中止有关任何先前哲学理论内容的一切判断”。但是此哲学的悬置只是现象学悬置之前奏，胡塞尔也往往把现象学悬置称作是“现象学还原”。事实上，在《观念 1》中胡塞尔使用的“还原”一词是多数的，因此出现了有关胡塞尔对此概念具有多少说法以及每种说法是否均相关于对“悬置”一词最初用法的大量讨论。现象学的悬置意思是使一般设定中止作用或将其排除：

> 对于任何设定我们都可完全自由地实行这一特殊的“悬置”，即一种判断的中止，后者与对真理的未被动摇的甚至不可动摇的信念相容，如果此真理是明证性的话。如果使设定“失去作用”，置入括号， 108
> 将其转变成“被加括号的设定”之变样，判断本身就转变成“被加括号的判断”了。(《观念 1》，§31，59—60；Hua III/1，55) *

目的在于以某种方式将全部“前所与世界”置于这样一种立场上，按此立场我们未被给与任何其存在有效性之承诺。悬置在胡塞尔的现象学的理解中起着极其重要的作用。与自然态度及其“世界的”承诺的断绝是具有决定性作用的。在其后期写作中，特别是在《危机》的手稿中，他强调中断自然态度是为了突入先验性态度。在对《观念 1》写的作者后记（1930）中，胡塞尔说，“现象学还原”应该更正确地称作是“先验现象学还原”（《观念 2》，412；Hua V，145）。悬置是《笛卡尔沉思》和《大英百科全书》词条目中的一个中心特征。在 CM §8 中胡塞尔谈到在笛卡尔的《沉思录》中的科学“颠覆”（Umsturz）概念，以及（类似地）有必要

---

* 本段引文直接录自中文新版《通论》。——中译者注

将一切设定行为均置入括号：

> 这种对此一公认意义的剥离，这种将相对于已给与的客观世界的一切立场的“禁止”或“使失去作用”……或者可以说这种“现象学的悬置”。(20；Hua I，60)

在同一节中他继续说：

> 悬置也可以说成是一种彻底的和普遍的方法，按此方法，我作为自我以及在我自己的纯粹意识生活中，纯粹地把握着我自己，在此方法中和通过用此方法，全部客观世界只对我存在并的的确确只对我存在。(21；Hua I，60)

按照CM，悬置是一种从心理学的主体性过渡到先验主体性的方式。我发现我自己是“为此世界之主体”，而且我发现，世界是某种只从我处获得其“意义和有效性”(Sinn und Geltung）的东西。成熟期胡塞尔一般
109 并未区分悬置和还原。悬置是一种与自然态度以及特别是与其“一般设定”脱离联系，或将其置入括号，或使其失去作用的形式。与此对比，还原开始于“哲学还原”，但也包括从特殊项向艾多斯（通过应用想象变异法）的过渡。还原通常被称作是现象学还原。于是，按照本质还原，存在有朝向将一切客体理解为先验主体之成就或生产的运动，从而有“先验还原”。在《危机》等晚期著作中，胡塞尔提出，悬置可被理解为克服自然态度之素朴性的方式。在还原中，存在有一种对人的承诺如此彻底的“颠覆”，以至于人们甚至“终止成为人”，失去了与经验的、自然的人自我及其心理学状态（mein natürliches menschliches Ich und mein Seelenleben*）的一切联系。特别是在《危机》中胡塞尔承认，他在《笛卡尔沉思》中对悬置和还原的“笛卡尔方法”的提出过于唐突，而且似乎使自我突然出现，而在这样处理时使其显示为“看起来没有内容”，并因此忽略了构成着“生活世界”的全部系统（《危机》，§43）。对于引入还原概念，胡塞尔有着很多不同的理由。首先，这使他能够脱离一切形式的习常意见，包括我们的常识心理学，我们有关争论问题所积累的科学共识，以及有关意向性性质的一切哲学的和形上学的理论化。似乎我们必须将关于我们信念

---

* 直译：“我的自然人自我和我的心灵生命”。胡塞尔把“心灵”一词看作是属于经验心理学层次的，参见《观念2》。——中译者注

的一切信念放置一边。其次，这使他能够返回并抽离主体性的主要结构。通过摆脱心理学的、文化的、宗教的和科学的假定，以及绕过在意识行为内通常支配性的意义设定或设定行为的片面性，这些行为的特征就会显示出来。最主要的是，还原意在防止我们通过明见所获得者被转变为或扭曲为另外一种经验，从一种经验变为另一种经验，一种“概念转移”（metabasis in allo geno）（《观念 1》，§61）。几乎存在有一种“将本质性对象加以心理学化”的不可避免的倾向。胡塞尔认为，如果没有从事实性对象向本质性对象的易于发生的转变，就没有必要存在还原概念。在几何学中即如此，如当几何学家从思考一种事实性形态向其观念化转移时的情况所示（《观念 1》，§61，139；Hua Ⅲ/1，116）。然而在其他领域中，特别在把握意识时，朝向本质性对象的转变是很难达到的，因此有必要提出悬置 110
概念以为提醒。胡塞尔以很多不同的方式刻画悬置之运用：对于世界以及对于我们所经验者之实在性通常具有不加怀疑的相信一事，予以“回避”（Enthaltung）、“脱离”，或“排除”（Ausschaltung）相关设定。他谈到了对以任何方式将世界设定为真实的（wirklich）或设定为存在于“那里”的、“直接现前着”（vorhanden）的一切判断，均予以“中止”、“忽略”、“放弃”、“置入括号”、“使失去作用”，以及“使失去影响”。但基本的特点永远是一种“态度的改变”，离开关于世界的自然主义假定，此假定既深深被嵌入于我们对于客体的日常行为中，又影响着我们的专深自然科学。方向的改变导致对一种先验观点的“返回”（Rückgang），导致重新发现一种新的先验经验领域。悬置于是就成为还原的一个部分。除此之外，先验性不应被简单地看作是通过心理学反思所达到的、对我自己心智的一个层面。胡塞尔永远把其对还原的表述看作是对他的哲学的实际发现，并看作是为了以非心理学的方法揭示意向性意识的本质和主体性本身的本质所必需者。经验还原就是经验对人的主观生命的一种丰富化，它在人面前无限地展开着。胡塞尔永远坚持说，还原提供了达到内经验的无限主体领域的唯一真实途径，而且谁要是误解了还原谁就会迷失方向：

> 但是，归根结蒂，一切都取决于此方法的最初要素，即现象学还原。还原是达到此新领域的手段，于是当人们错解了还原的意义时，一切其余部分也就跟着错了。在这个问题上，误解的诱惑是巨大的。例如，人们对自己这样说似乎是非常自然的：“我，这个人，是这样一个人，他实行着一种将态度予以先验改变的方法，因此他倒退入纯

粹自我；于是，这个自我难道不只能是此具体人的一个纯抽象的层
111 次，其纯粹心理的存在，是从身体中抽象而得的?”然而显然，这样说的人们正好倒退到素朴的自然态度了。他们的思维是基于该前所与的世界的，而非转移到了悬置域内。（“现象学和人类学”，Trans. Phen.，493：Hua XXVII，173）

参见词条：neutrality modification，phenomenological reduction

Essense（Wesen，Essenz，Eidos）：本质

现象学是一种关于本质的科学。由于德语词“Wesen”的含混性，从《观念1》往后，胡塞尔宁肯使用希腊词eidos。在《观念2》§2中胡塞尔区分了“事实”和“本质”。本质并不相关于事实上的存在者而只规定什么是可能的。某物的本质刻画着永恒属于它的东西，它的“什么”（Was）或“什么”〔Washeit〕，或者刻画着根据其普遍的和必然的属性所是者。它是一“新的客体种类”（《观念1》，§3），不同于经验直观的具体内容。胡塞尔认为，希腊哲学的伟大突破就是由苏格拉底和柏拉图对艾多斯或本质的认知。按照同一观点，胡塞尔认为近代经验主义的重大错误之一是：拒绝了本质概念以及在本质直观中统握本质的概念。胡塞尔区分了可以加以完全彻底规定的精确本质（如一圆形的本质）和形态学的本质，后者基本上是不精确的并具有模糊的边界（参见《观念1》，§74）。胡塞尔把现象学看作是一门本质科学，一门艾多斯的科学，对此他有时称之为一门“新本质学”。本质是通过使用想象变异法对具体个别性实体进行一种观念化抽象所把握到的。本质具有一种“不受限制的普遍性”，后者不同于与自然法则相联系的那种一般性（《观念1》，§6）。按照胡塞尔，存在有本质的单一体（个别性实体的诸本质），也存在有属于种〔species〕、区等等的本质。

参见词条：apodicticity，apriori，eidetic insight，eidos，exact essence，laws of essence，morphological essence

Ethics（Ethik）：伦理学

胡塞尔在哥廷根时期和弗莱堡时期常常讲授伦理学。1902年、1908—
112 1909年、1911年和1914年他在哥廷根开设过价值学和伦理学的讲座（参见Hua XXVIII）。他在弗莱堡的讲座“伦理学导论”（重复开设于1920年和1924年）后来出版于Hua XXXVII。在其“哲学导论”讲座中（1919—

1920年和1922—1923年，Hua XXXV），他在1922—1924年写出的《新生》出版于日本刊物《新生》（参见 Hua XXVII）。胡塞尔的伦理学大部分是对康德、费希特和布伦塔诺的回应。他的早先讲座强调个人的爱和整体论性质。在他看来，理智行为为感情行为和意志行为奠定了基础。在其早期讲演中胡塞尔提出了种种方法来克服康德的绝对命令中不能令人满意的、"玄奥的形式主义"（Hua XXXVII，415）。他认为，忽略所意欲的内容是荒谬的。他提出了修正的命令式，如"永远在自己实践生活范围内尽其所能"。胡塞尔认为绝对命令对于伦理学至关重要而且是认知伦理学客观性的一种方式。在其后期关于伦理学的著作中，他开始把爱看作是作用于一种不同于绝对命令层次的层次之上，并引出了目的论概念以及尽可能按理性方式生存的欲望。

参见词条：axiology，categorical imperative，Kaizo articles，Scheler，value，will

Europe：欧洲

胡塞尔特别在其"维也纳讲演"和《危机》中把欧洲看作是一个精神的概念，而不是一个地理区域。广义而言，"欧洲"意指着产生了西方哲学以及从哲学产生了科学的那种文化。如其在1934年的布拉格讲演中所说，正是希腊哲学创造了欧洲作为一"精神的、自足的、统一的生活形式"的观念（Hua XXIX，207），而不是作为一地理学上定位的地区。此主题在1935年的"维也纳讲演"中再次重复，在其中他说道，"欧洲"这个名称是指"一种精神生命、活动、创造的统一体，带有其一切目的、兴趣、关心和努力，并带有其目的性活动、制度、组织的产物"（《危机》，234；Hua VI，319）。欧洲思想传统的起源是希腊，而且胡塞尔还把那些赞成理论态度的人都称作是"欧洲人"。欧洲观念的扩展意味着北美和日本也可看作是参与了欧洲的统一理性前景，而那些如"吉卜赛人"等族群则可排除于欧洲人之外。17世纪以来发生的欧洲文化的科学性转化，按照胡塞尔的说法，是经由伽利略的"自然之数学化"所形成的（《危机》， 113
§9）。胡塞尔在其《新生》文章手稿之一中说，欧洲文化迷失了方向，偏离了自由所赋予的自主理性之天赋目标。胡塞尔说道，他的全部目的在于追求"欧洲哲学精神的复兴"（《危机》，299；Hua VI，347）。建基于希腊基础之上的西方正具有一种"完成人类（Menschheit）本身发展的使命（Sendung）"。正是希腊哲学，通过提出抽象和无限这样的观念，最初赋予了人类一种“革命性的”态度改变以及一种“转向”（Umstellung）或“转换”（Verwandlung）：

> 但是，随着希腊哲学的出现以及随着通过持续的观念化作用达成其最初关于无限性新意义的表述，在此问题上完成了一种彻底的转换，此转换最终导引一切有限性观念以及随之一切精神文化和关于人的概念进入了其领域。（《危机》，279；Hua VI，325，译文有改动）

按照胡塞尔的看法，通过观念化作用达到的无限性观念的出现是具有革命性的，并使得科学的文化与一切前科学的文化切割开来。

参见词条：Europocentrism，humanity

Europocentrism：欧洲中心论

胡塞尔，特别因为其后期著作《危机》和“维也纳讲演”，被人们责备为陷入了“欧洲中心论”或“欧洲中心主义”——假定着一切科学和哲学之根源都在欧洲，特别是源于希腊哲学中朝向理论态度的那种“突破”性发展。胡塞尔并没有使用这个词，而是把欧洲人的精神突破看作是提供了自身负责生活的一种新的普遍风格，它是向着一切人类开放的。

参见词条：Europe，Vienna Lecture

Evidence（Evidenz）：明证性

胡塞尔的明证性概念可以不同地译作“内部自明性”、“自明证性”，
114 或只是“自明性”。胡塞尔把明证性理解作“对如是存在的某物的一种经验行为；它正相当于对某物本身的一种心理的看行为”（CM，§5），“正相当于充分的自所与性”（IP，Hua II，59）。严格意义上的知识要求明证性，即在明见（Einsicht）中确定地所与的认知，它明确区别于盲目信念或心理学的信念感觉。一切真正的知识都基于明证性。对于胡塞尔，“正确性的最完善的‘标记’就是明证性”（LU Prol.，§6）。认知某物就是要能够通过将其溯源至充分作为其基础的某种明证性经验来对其加以证实。明证性可能是直接的，但更通常地则是一种渐进过程。胡塞尔在FTL中阐明说：

> 明证性……是指就意向性而言的实行，即某物本身的给与行为……某物本身的给与行为的原初样式就是知觉。（§59）

胡塞尔指出，对于经验性实体，由于其所与性的侧显性样式，不存在

确然的最终明证性。一种认知行为是明证的，当它以知识的一切必然要求显示着或“给与着”自身之时，或者当它具有自明性时，其意思是人们在持有此信念时是具有充分的保证的。自明性不应被理解为对某物的一种心理学的感觉，或任何一种直感，自明性是“对真理本身的直接提示”（LU Prol.，§6）。胡塞尔甚至认为，明证性只有经过漫长艰苦的努力才可达到。在“第六逻辑研究”中，胡塞尔把明证性说明为那样一种明见性，它是在被意念者（das Gemeinte）与所与者（das Gegebene）完全相符时才出现的（LU VI，§36）。胡塞尔说，自明性并不限于数学和逻辑学领域，随着知识领域的不同存在有很多不同种类的明证性。他的有关自证实的明证行为的典型例子是我们的正常知觉行为，例如看行为，此行为通过其对于确保“我看见 x”表达式判断所必要的全部连带明证性正常地呈现着客体。使另一人去看，只不过就是要求其目光对其注意。明证性是在一切认知中的一种持续的日常的“成就”（Leistung），在此认知中客体以令人满意的形式，以“直观的充实性”（anschaüliche Fülle）被给与，或者如胡塞尔喜欢说的那样，在认知中客体给与自身。胡塞尔强调，明证性涉及从空 115
意念向被充实的意念的转换，此即一客体本身的（“绝对的”）“自所与性”，因此这就是一客体的所与性样式，这就是某种属于我们行为的形式的东西。胡塞尔也在 FTL（§§105—107）和 CM（§6）中讨论了明证性问题。

参见词条：apodicticity，givenness，knowledge，truth

Exact essence（das exakte Wesen）：精确本质

精确本质存在于精确科学中，同时即是观念化作用（例如几何图形），胡塞尔认为它们相当于“康德意义上的观念”（《观念 1》，§74），因为它们提供了观念的界限。胡塞尔将其与形态性本质加以对比。

参见词条：eidos，essence，morphological essence

Expectation（Erwartung）：预期

胡塞尔用此词表示朝向于未来充实性的意向性意识。预期是一种基于预存的意向性状态。预期被认为是一不同种类的意向性行为。

参见词条：protention，time consciousness

Experience（Erfahrung，Erlebnis）：经验，体验

胡塞尔经常使用着两个词来表示经验：一个是更通常的德国名词 Erfahrung（直译：一种“交遇”），另一个是 Erleben，它通常被译为“体验”。胡塞尔通常保留着两个“体验”词（名词和动词）表示个人经受的经验，某种被经历者。胡塞尔把明证性说成是一种对如是存在〔being thus and so〕的经验，对“知觉经验”的经验，以及对“世界经验”的经验（均用 Erfahrung），并声称借助还原法发现了“先验经验”的一个新领域（CM，§5），此先验经验被理解作“自我经验”。胡塞尔批评近代经验主义采取的过于狭窄的感性经验概念。他称赞笛卡尔对“我思”的发现，因为这等于发现了一个确认明证性领域，并从自然的自我经验转移到先验的自我经验（CM，§11）。“他人的经验”被胡塞尔称作是 Fremderfahrung（CM，§42）。

参见词条：cogito，empiricism，lived experience，self-experience，transcendental experience

116 **Experience and Judgment**（***Erfahrung und Urteil*，1938**）：**《经验与判断》**

胡塞尔最后出版的这部书是在与助手兰德格里伯合作下完成的。该书于胡塞尔逝世的1938年在布拉格付印。德军对捷克的入侵意味着此书其后被压制下来，但有少数印本已经运至英国和美国。兰德格里伯将此书作为《形式逻辑和先验逻辑》的姊妹篇推出。他大量引用了胡塞尔的未刊讲稿，特别是《被动综合分析》，但也承认他依赖于对胡塞尔口头讲谈的记忆，因此不能保证语言的准确性。此书的部分手稿写于1930年，并由胡塞尔加了注解，但兰德格里伯将此稿搁置一边，直到1935年才继续处理。胡塞尔信托兰德格里伯将此稿视为为自己所完成者。此书影响颇著，因为它讨论了被动性综合以及前述谓经验。此书维护这样的观念：包括逻辑学在内的一切形式判断都依赖于一种前述谓的及前语言的经验形式。《经验与判断》宣称探讨了逻辑学的“生成学”并提出了有关经验起源的一种“生成的”论述。

参见词条：Landgrebe

Expression（Ausdruck）：表达（式）

表达式是记号的一个特殊类。与直接指示客体的纯指号〔indications〕（例如：旗帜，路标，警示记号）对立，表达式通过一种意义〔sense〕（Sinn）或意义〔meaning〕（Bedeutung）来指涉客体。胡塞尔认为，表达式主要是语言的行为，不包括姿态或面部表情（它们通过指示动作进行意指）以及信号、旗帜等。起着“表达式”作用的语言记号比指号更〔复杂〕，它们与客体的关系是借助（mittels）一种意义为其中介："一个表达式概念的一部分具有一个意义"（LU I，§15 I 201；XIX/1，59）。表达性的记号表达着意义，即它们例示着一种观念性的意义。一种"无意义的"表达式，严格说来，根本不是表达式。一个声音串列只有在由说话者赋予一意义意向或被一意义意向所"激活"（beseelt）时才成为一可交流的意义（LU I，§7）。在此意义上，一只鹦鹉不可能产生一表达性行为，即使它 117
能够清晰表达或模仿语音。声音系列要想成为表达式就需要一种行为赋予其声音以意义。胡塞尔后来写道：一个表达式意指着一个"意义"（Meinung）而且"在说话时我们实行着一种意指（Meinen）之内部行为，它与语词相互融合，似乎在激活语词"（APS，14；Hua XI，360）。

意义依赖于内部的意指〔intending-to-mean〕行为。对于表达式，胡塞尔在表达行为或意指行为、表达之人的心理状态、被表达的观念的同一意义以及被指涉的客体这四者之间做了区分。他也讨论了同一表达式的不同个例据以在物理性质（例如在不同的口音或不同的音高和声调中说出的同一语词）和同一被表达的意义中的区别方式。当诸单一个例是多种多样时，被表达的意义却是同一的，那么该意义必定是一观念的统一体，它完全不同于该物理的声音模式。这导致胡塞尔去讨论很多不同的情境，在其中同一意义可以在不同的表达式中表达，或者在其中不同的表达式指涉着具有不同意义的同一客体，例如，"拿破仑"可以用不同方式加以表示："耶拿胜利者"或"滑铁卢失败者"。胡塞尔也考虑到专有名词（如"苏格拉底"）的情况，以及他所谓的"基本偶然表达式"（如"在此"、"在彼"、"现在"、"这个"等指示代词），在此类表达式中被指涉的客体依赖于表达式被使用的场合。表达式当然也充作指号，因为它们向某人指示着一种意义在被传达着；这就是，它们促使听者相信说者在实行着一种心理过程，持有一种内容并企图将其传达（LU，§7）。胡塞尔称此为记号的"通告性功能"（die kundgebende Funktion）：当某人在说话时，我聆听着这个作为思想着、叙述着的某人。提问者通过说出问句来指示其问题。胡塞尔在此诉诸在穆勒处可见的相当传统的关于记号功能的论述。但是这类指号往往与表达性行为"交织"，因此在本质上明显不同于表达式本身的本质（参见 Hua XXVI，§3）。逻辑学只关心被表达的意义及其形式的联结（如推论关系）、其本质种类和差异（LU，§29），而现象学则专注于意指意义的行为。胡塞尔拒绝关于表达式的传统观点：一方面只根据物理声音或书写标记进行论述，另一方面心理状态系列又通过联想联结于物理声音。这种 118

论述忽略了观念性意义的作用。特意说出的语词指涉着意义。胡塞尔看来，声音意识和意义意识与一种复合统一体相交织，此统一体相当于进一步变样化的基础。在1908年重复此讨论时他说，他将不采取在语词和心理事件间不充分的区分，而是开始采取布伦塔诺的三分法：语词作为对某种信息的传达，作为对一意义的表达，以及作为对一客体的命名（Hua XXVI，§3）。我们在纸上看见书写语词时，通常注意于和“经历于”所意指者，而非注意语词本身，虽然这显然是以对该语词的视见为基础的（Hua XXVI，§4）。我们所关心的客体不是书写词的物理性或听觉性标记，而是语词所指涉者（Hua XXVI，§4b）。我聆听被说出者的内容，后者对立于（例如）个人的口音。对语词的意识具有着引导我们思考客体的特殊功能。在1908年的讲演中，胡塞尔明确认识到，对语词的意识本身具有这样的现象学特征：自行去除〔self-effacement〕和超出本身而朝向其客体。通常我们并不意识到我们的语词具有此“离开自身而进行指向”的特征。反之，我们亲历的是所意指者（APS，15；Hua XI，361）。这一判断甚至也适用于“单独心理生存”（LU I，§8），即当某人在心中面对自身进行思想时。胡塞尔相信，在此情况下，表达式的作用仍然相当于在公共性传达行为中一样，并非像作用中的通告性功能现在不必要了。人们不需要对自己进行通告。这一看法成为德里达在《言语和现象》中提出的问题。语词（不论是短语还是语句）仍然实行着表达意义的功能，但是思想者不必须对自己指示他正具有着此思想。于是，意义表达式基本上是不同于“传达”或“通告”的行为，虽然通常诸不同的功能共存于一个言语行为中。此外，我们通常将一表达经验作一个语词和意义的系列，二者如此统一以至于不可能将其区分开来。它们融合为一整体。

参见词条：indication，language，meaning，sign

F

Fact (Faktum, Tatsache)：事实

胡塞尔用"事实"，甚至引用休谟的英语词"matters of fact"〔事实，事态〕(《观念1》，导论)，对比于本质、法则、普遍项以及其他观念项〔idealities〕。休谟用"事实"对比于"观念之关系"。胡塞尔认为，事实是偶然的、实际的出现者，发生于时空内，并对立于纯可能性。人类的存在只是一种事实（Hua VII，55)。他偶尔谈到世界存在的"反理性事实"。科学知识永远不局限于一种事实之聚集。知识必须提供一种理论框架，在其内事实可被理解和解释。现象学是一种专注于本质的先天性学科，因此不关心与经验世界相关的事实。

参见词条：essence，facticity，Hume

Facticity (Faktizität)：事实性

"事实性"一词最初发现于德国唯心主义（费希特)，后被新康德主义者及逻辑实证主义者用来表示事实的、经验事实的性质，其偶然性与先天性、观念必然性、普遍性和价值（Geltungen〔有效性〕）相对比。这个词在胡塞尔那里并不常见，但他在1920—1930年代大致继续用其表示新康德主义的意思（参见Hua VII，35，54，139)。胡塞尔经常谈到世界、自然、历史以及人类的存在，视其为纯粹非理性的事实。人类生存中的一种一般事实性或偶然性是永远不可能被克服的。在其《第一哲学》中，胡塞尔谈到"生命的事实性"，此概念不属于现象学而属于形上学（Hua VII，394)。

在《危机》§52中，胡塞尔将个别的事实性与规则的一般性领域加以对比(CM，§64)。"事实性"一词在海德格尔哲学中更为重要。在其1920年代早期的弗莱堡讲课中，海德格尔企图发展他所谓的"一种关于事实性的解释学"。伽达默尔将事实性定义为："事实性显然是那种不可能阐明者，拒绝着任何达到理解透明性的企图。于是，显然在任何理解中仍然存留有某种未说明者，而且，因此人们必须探索促成每一理解的原因是什么"(参见伽达默尔著《主体性和主体间性，主体和个人》，《大陆哲学评论》33〔2000〕，281)。

参见词条：fact，Heidegger

120 **Fantasy (Phantasie)：幻想**

胡塞尔关心一切主要的心理行为，包括知觉、记忆和幻想。他把一幻想的或想象的行为(不同于将图画看作图画："形象意识")看作是一种特殊的知觉变样。如果没有知觉，就不可能有幻想。幻想被刻画为一种"再一呈现"或"准现前"(Vergegenwätigung)，因为它并不具有知觉的"躯体性"(leibhaftig)特征。胡塞尔区分了图像意识(Bildbewusstsein)和幻想。图像意识根基于对一现前物的知觉，它作为图像指涉着一种(不在的)对象(Hua XXIIII，82)。在对比下，幻想不根基于一现前物的知觉，而是对于一感性物的准知觉。幻想不同于知觉，因为知觉呈现着那种具有存在于现前物的特征，而被幻想的物的存在在幻想和想象行为中是不相干的。存在干脆被抛到一边。被幻想者不必然是过去的、现在的或未来的，而是"好像"〔as-if〕被呈现着(DR，§4)，但并不是一个实际的知觉。幻想本身的一个结构性特征是：它进行着"描摹"而非呈现(Hua XXIII，16)。在幻想中没有对客体的设定。胡塞尔在其1907年的"物与空间"的讲座中写道：

> 在幻想中，客体并不在一躯体的、实际的、当下的现前中存在着。它并不存在于我的眼睛前，而是作为某种当下被给与者；它可被看作是现在的，或者被看作是与当前现在同时者，但此现在是被看作现在者，而不是在躯体的、知觉的现前中属于现前者。被幻想者只是"被观念呈现着"(vorgestellt)者，它只是呈现于我们面前(stellt vor)或呈现着(stellt dar)而已，但它"并非当下呈现"为其自身者。(DR §4，12；Hua XVI，15)

想象作用使设定功能中性化或中止。人们不关心被想象物的存在性。再者，幻想中所见物并不具有被置于与那种在知觉中被理解物同样的空间 121 内的意义。幻想物“浮现”于我们眼前，它并不与周围物或空间具有连续性。其次，并不存在被经验到的时间距离或间隔，如存在于记忆中者。被幻想的形象在现在时态中被把握，虽然现在时态本身并不被经验作知觉的现在时态。同样地，被幻想的形象可以重复呈现和在记忆中被再发现，因此它具有超越幻想行为的某种同一性。第三，被想象物（在早期著作中胡塞尔谈到一种“观念呈现”〔Vorstellung〕，XXIII，18）并不具有和知觉物相同的同一性条件或“自性”（Selbstheit）。胡塞尔也区分了清晰幻想和不清晰幻想。不清晰幻想永远是突现的、出乎意料的、突兀的以及不连续的。幻想观念（Phantasievorstellungen）是以一种“观念呈现”为中介的（XXIII，24），知觉则无需此中介。与被想象物相联系的是一种“非现前性”（XXIII，58—59）。胡塞尔一生中多次改变对幻想的立场。萨特批评了胡塞尔对幻想解释的几个方面。萨特挑战着胡塞尔有关幻想作为知觉变样的观点；萨特认为，幻想是一种原初的和基本的意识形式。胡塞尔在几种著作中把幻想看作是一种原初的行为，而不是知觉变样。在这些著作中他认为幻想与知觉具有相同的原初性，而并非以知觉为根基。

参见词条：image，consciousness，memory，perception，presentification，representation

Feeling（Gefühl）：感情

胡塞尔的感情概念非常宽泛，包括快乐、不快、喜欢、不喜欢、赞成、不赞成、意欲、不意欲等（LU V，§15b）。他将感情置于意识所经受的被动性领域。在《逻辑研究》中，他讨论了感情是否仅仅是心理学状态或者感情是否是朝向意向性客体的意向性行为（特别是在 LU V，§15b）。胡塞尔认为，某些感情，像在听音乐时的愉快，在听到刺耳声音时的不愉快，欣喜、憎恨等都是相关于特殊客体的，因此是意向性的。另一些感情，例如，痛苦似乎是非意向性的，但是在这里胡塞尔跟随布伦塔诺的意见，认为这类感情似乎与感觉相叠合。于是，感情可能或者是意向性行为，或者仅是“感觉态”。然而胡塞尔认为，感情不仅是我们的心理物理性质的自然成分，而且是属于我们的意向性的和动机化的生命的。布 122 伦塔诺认为，感情本身是意向性的，虽然它们根基于判断和呈现。存在有某种我们必然用一种特殊感情品质加以经验的客体，对于胡塞尔来说，这意味着这些客体和我们的感情的关系不是偶然的。我们的感情促发着但并不完全控制着我们的意志和理性。我们的行为是自由的，当行为不是盲目的而是具有明见和理性时。感情从属于意志。在伦理学领域，胡塞尔责备康德将感情领域“感性化”了。胡塞尔认为，康德主张着一种自然主义的偏见，以为我们的情感意识只受到自然法则的支配。

参见词条：emotion

***Ficht Lecture* (1917)：“费希特讲演”**

这是在第一次世界大战最后几个月中在弗莱堡所作的三次讲演，讲题是“费希特的人性理念”。这些讲演使其获得了铁十字勋章，表彰他对支持战事的贡献（Hua XXV，267—293）。此一系列讲演是发表于1917年11月8日至17日，并于1918年1月14—16日以及停战前夕的1918年11月6—9日重讲。按照胡塞尔的看法，日耳曼的理想主义是“我们的民族所固有的”（Hua XXV，268），它曾被重复理解，而现在受到忽略和误解。但现在它返回了，因为“片面的自然主义的思想情感方式正在失去其力量”（Hua XXV，269）。胡塞尔将其与拿破仑耶拿胜利后德国的情况做了历史的比较。正是费希特能够发现在该次失败中的精神资源。作为“伟大的实践家”，费希特所提出的不只是理论的哲学（Hua XXV，271），而且是真正的实践理性批判，通过理论与实践的真正统一以及摆脱含混不明的“物自体”概念，使康德哲学落在了实处。胡塞尔概述了笛卡尔和康德如何推翻了对世界的素朴信念，指出“世界是由我们在思想中所设定的”（Hua XXV，272），以及指出空间、时间、因果性都是“不可分割地属于我们心智的一种基本思想形式”（Hua XXV，272），这导致康德这样的观点：“主体性是世界创造者，它与世界坚实法则一致地从先在的感性材料中形成了世界”（Hua XXV，273）。胡塞尔认为，康德的结果成为费希特的出发点（Hua XXV，274）。遗憾的是，康德认为超验物本身影响着我们的感性，
123 即使我们不可能对其有任何认知。费希特则将此教条主义残余扫除，并与此一同地排除了康德这样的假定：感性在能够活跃以前一定从外部被动地受到激发。在费希特看来，人的主体性本身不是事实（Tatsache），而是行动（Tathandlung），此行动导致世界经验的出现：

> 费希特的我……是自我设定的行动，从此行动中无穷无尽的新的行动产生了。（Hua XXV，275）

此外，这些行动是目的论的或目标朝向的，因此：

> 撰写关于我、关于绝对悟性的历史，于是就是撰写关于必然目的论的历史，在其中作为现象的世界成为进步的创造，成为在此悟性中的创造。(Hua XXV，276)

这个绝对“我”分裂为诸个别人。哲学即在于，通过渗入“我”的本质和使世界参与进步性再造，将世界把握为此自分裂自我之产物（Hua XXV，276)。再者，费希特的特殊天才在于确认了此唯心主义的道德维面。自我具有朝向理性的冲动，朝向一道德世界秩序理想（上帝的另一名称）的冲动。最后，对于费希特，人的自理解即是上帝的自显示。胡塞尔对费希特唯心主义的描述处处都是正面的和认可的：“此相关于人之存在的高贵自意识及存在的尊贵性的哲学是何等崇高，当它证明了全部世界创造都是在为此目的的绝对悟性中所完成之时。”（Hua XXV，279）费希特像胡塞尔一样怀具着一种乐观主义，并在黑暗时代追求着德国和人类的改进事业。

Fink，Eugen（1905—1975）：芬克

芬克1905年生于德国康斯坦茨，在那里上中学，并于1924—1925年在明斯特大学学习文学，1925年起到弗莱堡跟随胡塞尔学习，1928年时也随海德格尔学习。1928—1930年成为胡塞尔的带薪私人助手，之后作为“合作者”与胡塞尔共同工作，直到胡塞尔于1938年去世。在1929年他提 *124*
交了有关“准现前和形象”的博士论文，这是一篇对于想象作品所作的现象学描述。芬克协助胡塞尔完成了德文版的《笛卡尔沉思》，而且甚至撰写了自己的“第六笛卡尔沉思”（写于1932年，但直到1977年才出版），此文他本来打算作为教职资格考试论文提交的，但到1933年时，因为他与犹太籍的胡塞尔的联系，已经不可能提交了。芬克写过许多主要的文章来维护胡塞尔的哲学，包括1933年在《康德研究》上发表的《胡塞尔的现象学哲学以及当代的批评》。胡塞尔曾经为此文写了前言，支持芬克的观点。芬克参与了协助梵布雷达拯救胡塞尔手稿的计划，这些手稿被偷运出德国，送往后来建立的比利时卢汶胡塞尔档案馆。芬克在1939—1940年在那里研究这些档案，直到比利时被德国占领后他遭到逮捕。战争期间他被征召入伍，但后来返回弗莱堡成为教授。芬克对黑格尔深感兴趣，并在胡塞尔哲学和海德格尔哲学之间进行协调。他提出了一种“先验方法论”来证明现象学是一种批评性的活动，并发展了一种“现象学的现象学”。芬克相信，现象学研究一切经验中世界的“前所与性”本身。在世界之后存在着先验自我，相对于世界的存在，具有“非存在的自我本体性的性质”。芬克的目的是阐明“先验旁观者”立场的性质，此立场作用于现象学的先验悬置之内。在其晚年著作中，芬克对尼采产生了兴趣。他对梅洛-庞蒂和帕托奇卡产生过强烈影响，并参与过1959年胡塞尔百年诞辰时在Royaumont的重要会议。

First philosophy (erste Philosophie)：第一哲学

亚里士多德在其《形而上学》中用“第一哲学”一词（希腊文：proté philosophie；拉丁文：philosophia prima）指有关万物最终原则的科学，包括有关实体和原因的研究，以及任何最普遍、最一般的问题。第一哲学往往被视为等同于“形而上学”或“本体论”一词，关于存在的研究。笛卡尔的《形而上学》的全称涉及“第一哲学”（《关于第一哲学的沉思》），而且笛卡尔似乎在意指一种关于知识的自证明的科学，换言之，认识论。胡
125 塞尔往往用此词指有关一切科学的自根基的、自证明的无前提科学，即现象学。胡塞尔也称其1923—1924年度弗莱堡讲座为“第一哲学”（Hua VII，VIII）。此书第一卷提出了胡塞尔的“观念批评史”，包括笛卡尔的先验哲学的出现和笛卡尔精神其后在洛克研究中的自然化发展；也包括有关贝克莱、休谟和康德的详细讨论，使人预见到《危机》中的讨论。第二卷往往将思考推广至还原的性质。后来，莱维纳在西方哲学传统中反对形而上学占据的首要地位并主张伦理学才是第一哲学。

Flow of consciousness：意识流

参见词条：stream of consciousness

***Formal and Transcendental Logic* (*FTL*，1929)：《形式逻辑和先验逻辑》**

胡塞尔于1929年在《哲学和现象学研究年鉴》丛刊中发表了此书（现重印于Hua XVII）。此书的副题是“逻辑理性批评研究”。本书是对《逻辑研究》中首次讨论的问题持续进行的再思考，即真理客观性、意义以及构成意义之现象学结构等问题，但它也是有关先验逻辑可能性的一次持续的讨论。本书的特殊目的之一在于区分形式逻辑和数学；在有关形式结构、判断、命题学的研究和有关判断的可能形式客体的研究（形式本体论）之间作

出区分。本书包含了有关从笛卡尔到康德的先验哲学史的有趣讨论。他批评了康德未能处理有关意识成就中观念客体之构成问题。胡塞尔认为，传统逻辑学昧于先验性问题，所以其逻辑学只是一种实证性科学。*FTL* 一开始讨论逻各斯的性质以及判断的初级结构，然后讨论形式命题学、演绎系统理论和复多体理论。本书第二部分是有关先验逻辑学产生的长篇分析。

Formal ontology：形式本体论 126

在《逻辑研究》第二版中，胡塞尔使用“形式本体论”包括在“第三逻辑研究”中概述的关于整体和部分的纯粹理论。一般来说，胡塞尔把形式本体论定义为有关一切种类可能客体的理论论述（参见《观念 1》，EU，§1），即关于“物一般”之理论（FTL，§54）。形式本体论发展了布伦塔诺、特瓦尔多夫斯基、梅农等人的“对象理论”概念，客体理论，有关什么是客体、性质或关系的问题，统一体，多元体，事态，数目等等。在胡塞尔看来，数学的客体只是形式本体论的一个部分，但是还存在有与“数”无关的其他种类的形式客体。他说，形式本体论事实上可以独立于逻辑学加以研究。纯粹形式范畴包括客体、关系、属性、一、数、整体、部分、量（“第三逻辑研究”中所列）。在《观念 1》§10 中，他列举了属性、质、事态、关系、同一性、类似性、集合、聚集、数等等。部分和整体是可应用于任何实质性领域的形式本质。形式本体论的事态并不构成区域，但包括着实质性区域。

参见词条：material ontology，object，part，regional ontology，whole

Formal or pure grammar（reine Grammatik）：形式的或纯粹的语法

在“第四逻辑研究”中，胡塞尔概述了关于形式的先天法则的一种“纯粹语法”（第二版内“纯粹逻辑语法”），此语法支配着诸意义构成为统一体的结合或连接方式，正是此意义统一体形成了思想而非仅仅是产生了一种无意义的词语串列，而且一般来说，这也是他的“部分与整体理论”对语义学领域的一种应用（§14）。目的在于通过提出逻辑判断可能形式的基础来提供一种纯粹的意义形态学，逻辑判断的有效性正是形式逻辑本身的中心问题。胡塞尔明确地重新倡导有关一种先天语法的老观念，既反对当时主流语法的心理主义解释，又反对陷于一种错误典范（例如，将拉丁文语法假定为典范，LU IV，§14）的经验派理论家们。正像诸简单客 127
体能够被结合起来以产生复合客体一样，诸简单意义结合起来产生了复合意义（LU IV，§2）。此外，意义部分不必定反映客体的部分，反之亦然。意义有其本身的部分和整体。胡塞尔主张一切结合体都是被法则支配的，他的目的是发现最少数量的独立基本法则（LU IV，§13）。应该有可能先天地认识所有这些可能的有效结合体的规则，这些结合体产生了对立于无意义表达式（如“此不当心是绿色的”，LU IV，§10）的合乎逻辑规范的表达式。胡塞尔在无意义（Unsinn）和谬误（Widersinn）之间作出了著名的区分。“方的圆”概念既不是欠缺意义的也不是无意义的，而是构成了一种谬误〔absurdity〕，一种词语矛盾，一种不可能实现的“谬误”〔countersense〕。按照胡塞尔的观点，形式语法只可能排除无意义式但不可能排除谬误式，因此还不是在以下意义上的形式逻辑学：对于什么可能是客观有效者予以规定的。在其后期著作中，特别是在FTL和EU中，胡塞尔继续主张，形式语法为形式逻辑得以成立的意义性提供了基础性规则。形式逻辑法则奠定了这样一些原则，按照这些原则，（例如）意义的某部分应该被理解为一种名词化〔nominalization〕。

参见词条：meaning，merelogy，part，whole

Formalism（Formalismus）：形式主义

数学和逻辑学中的形式主义是这样的主张：两学科中的陈述句是由一系列一致性的、相互关联的但未经解释的记号或符号所组成的，这些记号或符号则是按照规则组织起来的。逻辑学和数学是纯粹形式的规则系列，但并不相关于任何事物。希尔伯特是一位形式主义者，他企图证明数学既是一致性的又是完全的。数学中的形式主义研究受到哥德尔的“不完全性定理”的挑战。

参见词条：Hilbert

Formalization（Formalisierung）：形式化

在《观念1》§13中，胡塞尔区分了形式化和一般化。形式化是从一所与实体的实质特性中进行抽象的结果，并根据纯粹的、空的范畴形式而专注于客体。于是，例如，一物理客体将被形式化为“一实体”〔an entity〕。

参见词条：generalization

128 **Foundation（Fundierung，Begründung）：基础化，基础**

胡塞尔用“奠定基础”〔funding〕或“基础化”指一种逻辑的、认识论的或本体论的依属关系（他所说的一种艾多斯法则或本质之法则），按此关系，某物 A 依存于另一物 B，不论是为其存在或为其本质性质或意义，而且如无此关系，它就不存在或不是其所是。胡塞尔在“第三逻辑研究”§14 中讨论了此基础化关系，用以说明部分依存于整体的方式。胡塞尔的基础化例子中包括颜色以外延为基础（依存于）的方式。某物如无外延也就无颜色，虽然颜色概念并不“包含”外延概念。相反，外延无颜色则能够存在。有根基的要素〔founded moment〕离开了使根基化的〔founding〕成分则不可能存在。根基化可以是单方面的或相互性的（即相互依存的），有中介的或直接的。按照布伦塔诺，一个判断是单方面依存于一观念呈现的（“第三逻辑研究”，§16）。胡塞尔也区分了直接的和有中介的根基化。一个充实化行为同样地根基于一个记号性行为，而一个记号性行为并不依存于其充实化。在一种不同的意义上，胡塞尔把现象学看作是“使自根基化的”〔self-founding〕因而为一切科学提供着一种绝对的根基化或“最终根基化”（Letztbegründung）。

参见词条：primal establishment

Foundationalism：基础主义

认识论中的基础主义通常指这样的理论：知识的框架基于某种基本的真理，后者是绝对确定的、不可怀疑的，而且它本身也不是其他推论的结果。基础主义常常对比于连贯主义〔coherentism〕，后者认为知识是这样被证明的：每一知识主张都一致性地相关于其他适切的知识主张，在其中没有哪个信念是绝对优先的。按照经验主义，这些基础性的真理都是自证明的感性的观察结果，而且对于此结果我是直接认识的，而唯理主义认为，这些基础性真理都是先天性直观，如无矛盾性法则或“我思故我在”，它们具有公理的性质，而且一切其他真理都可从这些基本直观中导出。胡塞尔在如下意义上是一名基础主义者，即他希望现象学是一种无前提的科学，它为一切其他科学提供着最终基础。然而，他的基础主义特点是，他 129
既不接受唯理主义也不接受经验主义有关绝对基础的假定。再者，胡塞尔并未预先假定，任何特殊科学（如数学）均对作为系统性知识的科学应该如何，提供了一种模式或规范性理念（CM，§3）。在某些方面，胡塞尔是一名连贯论者，因为他主张科学本身由一相互关联信念网络组成。胡塞尔的主要主张是，一切合格的知识都应该由明证性证明。

参见词条：empiricism，foundation，rationalism

Framework of sense (Sinnzusammenhang)：意义框架，意义关联体

胡塞尔用此词指作为意向性活动结果的、被组成意义的相互关联网络。Zusammenhang（“相互关联”，“组列”）一词通常被狄尔泰用来指生命的密封无间的相互关联性。胡塞尔也谈到“生命的相互关联性〔体〕”(Lebenszusammenhang)。

Frege, Gottlob (1848—1925)：弗雷格

作为德国数学家和哲学家，他对逻辑学进行了彻底的重新构思。弗雷格1848年生于Wismar，于1869年进入耶拿大学，1873年在哥廷根获得博士学位（他在哥廷根的老师之一是陆宰），于1874年在耶拿获得教职资格考试。其后弗雷格在耶拿大学教书，直到1917年退休。他死于1925年。弗雷格在《概念笔记》（1879）一书中概述了他的有关逻辑学的象征性观点。他的主要著作包括《数学基础》和两卷本的《算术的基本法则》(1893—1903)。弗雷格被认为是数理逻辑和现代分析哲学之父。弗雷格致力于将数学还原为逻辑学的逻辑主义研究。他的文章《论意义和指称》(1892）与《概念和客体》(1892）是对语言哲学的基本性贡献。弗雷格对于胡塞尔、罗素、维特根斯坦和卡尔纳普都产生过巨大影响。胡塞尔是德国第一个承认弗雷格研究成果的哲学家，而且两人虽然通信却从未谋面。胡塞尔在《算术哲学》（1891）中批评弗雷格有关定义和同一性的论述，而且在1894年弗雷格反过来以一种尖锐而严厉的方式评审了胡塞尔的《算术哲学》。弗雷格认为，胡塞尔简单化地把数看作是事物或聚集物的性质，
130 而非看作是概念的扩张〔extensions〕。胡塞尔把数看作是导出于我们对群或复多体的直观，而且因1和0都不是多重性的，严格说来，对于胡塞尔它们也不是正数。弗雷格批评胡塞尔对1与0的看法是对“多少”问题的否定性回答。弗雷格说，对于“地球有多少月亮”的问题几乎不是一否定的回答，如胡塞尔想要我们相信的那样。再者，弗雷格相信，胡塞尔似乎混淆了数本身和意识中的数观念，这类似于把月亮看作是由我们对月亮的思想行为所产生的。对于弗雷格而言，在将客观的数与主观的计数行为相混淆时，胡塞尔犯了心理主义之误，即错误地把逻辑学法则归结为经验的心理学法则。如果逻辑学被定义为有关思维法则的研究，就永远存在有这样的危险：这可能被解释为在意指着有关多少人实际上在思想或应该在思想的研究；例如，把必然蕴涵理解为任何人都是在心理学上这样被构成的，如果他相信P而且他相信P蕴涵着Q，那么他就不得不相信Q是真

的。对丁弗雷格，胡塞尔把判断的逻辑性质误判为私人心理行为，把真理和判断行为都误判为某种真的东西。按照1928年在弗莱堡随胡塞尔学习的吉布森所保留的日记，胡塞尔后来承认，弗雷格的批评如同“敲向头颅的一根钉子”。部分地为了应答弗雷格的批评，部分地通过研读鲍尔扎诺，胡塞尔在《逻辑研究》的《纯粹逻辑导论》（1900）中成为心理主义的严厉批评者。他写道：

> 不用说，我不再赞成我对弗雷格的反心理主义立场的基本批评，这些批评写于我的《算术哲学》I，129—132。有关《导论》中的一切讨论，我愿趁此机会在此诉诸弗雷格的最近著作《算术的基本法则》的序言。（LU Prol.，§45）

Fulfilment（Erfüllung）：充实

自《逻辑研究》以来，胡塞尔一直区分着空意念〔空意向〕和被充实的意念。一行为可以以一空虚方式意指一客体，例如，当我只是想着或回 131
忆着我的花园时。实际看见花园的行为现在就是一种直观的充实行为。充实经验实际上不只是在一躯体性现前方式中被给与的知觉对象的现前，而且是有关在被意念者和实际上被直观者之间被经验到的同一性感觉〔sense，意义〕。换言之，充实即是空意念和其充实性客体之间相符性的经验。一切知觉经验都包含着空意念和被充实意念的一种交织性混合物，例如，当我实际上知觉到客体的前侧时，客体的后侧就是以一空的方式在知觉中现前的（参见APS，44；Hua XI 9）。胡塞尔的从直观到充实的前进过程的例子是复杂的，并往往引自逻辑学或数学。例如，他谈到了这样的方式，按此方式，一复合数学表达式5^3必须通过一系列记号性的意念加以充实。他也谈到朝向充实的逐步性前进，当一大致被画出的素描被继续充实以成为一完整的图画时。

参见词条：coincidence，empty intention，intuition，signitive act

Functioning subjectivity（fungierende Subjektivität）：功能性主体，作用性主体

功能性主体是晚期胡塞尔使用的词（例如，《危机》§72，但最初在该书§13中引入；参见Hua XXXV），用以指那种匿名性的、背景性的、前反思的、被动经验着的主体，此主体在被动性中连续地发挥作用，以产生作为经验中前所与的世界之统一化经验。“生存着的……作用着的意向性”短语出现在 FTL §94，而且也出现在“内时间意识”的讲座中。此词组被梅洛-庞蒂选用于其《知觉现象学》(1945) 的前言中，在那里他谈到了“功能性的意向性”(xviii、xiii 页)，他将此短语译为“运作的意向性”(参见该书 418、478 页)，用其对比于“积极的意向性”。芬克称其为“实行的意识”(Vollzugsbewusstsein)，梅洛-庞蒂也引用了芬克的表示法。胡塞尔往往谈到“功能性的躯体”(CM，172) 以及“正常功能性的器官”(《观念 2》)，或者一般地说“功能性意识”或“功能性自我”(《观念 2》，Hua IV，337)。胡塞尔通常把“功能性的”看作是一种匿名性的被动过程，它前于自我的意向性活动并为后者奠定基础。

参见词条：intentionality，subjectivity

132 **Fundamental belief，primal belief or proto-doxa (Urdoxa，Urglaube)：元信念，基本信念，第一信念**

胡塞尔在《观念 1》§104 和其他地方使用此专门术语称呼这样一种“信念样态”或假定（在自然态度中，素朴的意识当然从未明确地成为主题），即我的知觉经验对于我具有无可怀疑的有效性（确定性），而经验的客体具有着存在的实在性特点。存在有很多不同的认识的或信念的态度样态，但是基本的或最基本的信念样态是纯知觉的信念或意义，知觉的确定性（《观念 1》，§103）。对于胡塞尔来说，此坚实确定的信念在我们的意识的信念态度中具有首要地位：“信念的确定性就是严格意义上的信念本身”(《观念 1》，§104)。此种确定性信念样态可被“样态化为”或“变样为”其他信念状态，如不确定性、可疑性、可能性、或然性等等。

参见词条：belief，doxa

G

Gadamer，Hans-Georg（1900—2002）：伽达默尔

伽达默尔 1900 年生于马堡，1918 年进入布雷斯劳大学，1919 年迁至马堡大学攻读哲学和古典学。他于 1922 年在纳托普和哈特曼指导下完成了哲学博士论文。1923 年他旅行至弗莱堡会见海德格尔，并在此期间参加了胡塞尔的研究班。1924—1928 年他随同海德格尔研究，并于 1928 年完成了教职资格考试论文，出版后的书名是《柏拉图的辩证伦理学》（1931）。伽达默尔最初在马堡大学作为私讲师任教，而从 1934—1935 年在充满争议的环境中在基尔获得一份暂时的工作，因为他所替换的是他的朋友 Richard Kroner，一位犹太裔讲师，后者因新颁布的纳粹排犹法被解职。伽达默尔于 1935 年返回马堡，1937 年成为教授。在 1938 年时他迁至莱比锡大学，战争期间一直在那里任教。在 1946—1947 年他被任命为莱比锡大学校长，但很快就离开莱比锡到法兰克福接受一个职位。在法兰克福他积极促成了流亡在美国的阿多诺和他人返国。1949 年时，伽达默尔被任命为海德堡大学教授，在那里任教直到 1968 年退休。虽然伽达默尔之前出版过书籍和文章（主要是关于希腊哲学和黑格尔的），但却是他的《真理与方法》（1960）才使他成为一名著名的教授。他在此书中与胡塞尔，特别是与其《危机》一书，在有关历史性概念上进行了很长的争论。伽达默尔大量使用着视域概念。在其自传《哲学训练》中他记录了自己对作为老师的胡塞尔的回忆。他在 1970 年退休后在美国和加拿大一些大学讲课，包括波士顿学院。直到 2002 年去世前他一直是海德堡大学的荣休教授。伽达默尔根据海德格尔的《存在与时间》中的观点（§§32—34）主张，理解为人的在世存在的主要样式，此世界是在语言中和通过语言所交遇和所限制的。对于他来说，解释学意味着根据人的有限性和“语言性”进行的不可能完结的理解过程。他在《真理与方法》中说，“语言是解释学经验的媒介”。

参见词条：Heidegger，historicity，horizon

Galileo Galilei（1564—1642）：伽利略

伽利略是意大利的数学家、天文学家、物理学家、哲学家以及实验科学家，他因以下成就而广为人知：维护哥白尼的日心系统理论并将其通俗化，将新发明的望远镜用于研究天体，发明了显微镜，以及实际进行了从塔顶和桅杆的落石实验（为了挑战亚里士多德的如下观点：重物比轻物下落得快）并研究了钟摆的规则运动。伽利略通过使用望远镜发现了月亮上的山峦以及太阳表面的黑点，以及观测了木星的卫星和金星的位相。由于缺乏统一的度量标准，他必须为量度长度和时间建立自己的单位和标准。胡塞尔极其推崇这些贡献。伽利略通过对沿倾斜平面运动的物体进行实验发现了自由落体规律，按此规律，一切物体在真空中会以与时间的平方成
134 比例的同样的加速度下降。伽利略以第一位近代实验科学家和创造了数学物理学的先天性学科而著称于世。但是历史学家们争论的是其生涯中最突出的贡献是什么。伽利略诞生于比萨，是一位乐师的儿子，最初在比萨大学学习医学，之后转学数学。1589 年时，25 岁的伽利略被任命担任比萨大学的数学教职。大约三年以后的 1592 年他迁移到帕多教授几何学、力学和天文学，直到 1610 年。伽利略发现一个摆在弧状运动时所费的时间是不变的，不管弧形有多长（等时性）。此一发现导致后来（1641）人们理解到摆可用于钟表。胡塞尔不仅在《危机》第 9 节中而且在若干其他文章中谈到伽利略，包括著名的《几何学的起源》（此名称实际上由胡塞尔的助手芬克所加）。虽然胡塞尔毕生关注数学，他对伽利略的特殊成就所突然产生的兴趣令人费解，而且多位作者都曾猜测其原因究竟为何。David Carr 特别提出，当时是作为伽利略学者的科依勒的访问引发了胡塞尔的兴趣并影响了他的解释。然而 Reinhold Smid 这位 Hua XXIX（对《危机》的一套补充资料）的编者认为，科依勒对胡塞尔的最后一次访问在 1932 年 7 月，早于科依勒出版其伽利略研究。此外，科依勒自己在 1937 年对胡塞尔的长期学生兰德格里伯说，他同意胡塞尔对伽利略的解释（参见 Hua XX-IX il），所以很可能是科依勒受到了胡塞尔的影响，而不是相反。古尔维奇

提出，胡塞尔相当地依赖卡西勒在《近代哲学和科学中的知识问题》（卷1，1906）中对伽利略的研究，胡塞尔曾经在其讲演中（参见《第一哲学》）大量引用该书对近代哲学的论述。不过，胡塞尔拥有的那本卡西勒的书并没有包含任何注解痕迹（而胡塞尔有对认真读过的书做标记的习惯）。事实上，胡塞尔从早年开始（1892 年左右）就对伽利略的几何学运用产生兴趣，那时胡塞尔正企图写（后来放弃的）《算术哲学》的第 2 卷。此后，对伽利略的提及经常出现在胡塞尔的著作中（参见 EU，§10，此书写于《危机》之后）。例如，在 1929 年的 FTL 的开头，胡塞尔提到伽利 135
略和笛卡尔均通过建立"新逻辑"而参加了对近代科学和哲学的"改造"。对于那个时代的德国哲学家（包括卡西勒和纳托普）来说，非常普通的是，把伽利略看作不仅是近代科学的而且是近代哲学的奠基者之一，而且强调他的理论的成就超过其实验和经验观察的成就。从一开始，重要的是，胡塞尔并不关心作为历史人物的伽利略，而是关心其作为近代科学世界观创始者的角色（参见 VI，58）。"伽利略"不是一个专有名词，如德里达在其《几何学的起源》导论中所说，而且胡塞尔把他的思考看作是对于我们当前哲学的、文化的情境所必要的一种更宽广的"历史思考"之一部分（《危机》，57；VI，58）。胡塞尔承认，他用"伽利略"其名表示一整套倾向，后者相关于对组成"自然科学"内容者的全部"意义赋予"（VI，58）。他的一般目的是达到一种相关于他所谓的近代科学之"元确立"（Urstiftung）的一种"反思的认知形态"（reflektive Erkenntnisgestaltung，59；VI，60）。伽利略科学对于近代哲学的影响中最重要者为一种二元论，一种将世界"分裂"（Zerspaltung，《危机》§16，73；VI，75）为具有"自存在"的"自然"和心理世界，后者即为具有"主观性—相对性"的世界。

参见词条：Descartes，Koyré，mathematization of nature，nature

Geiger，Moritz（1880—1937）：盖格

盖格于 1880 年生于法兰克福，最初在慕尼黑大学研究法律，后来被里普斯的哲学和心理学所吸引。于是他在一段时间内在莱比锡随同冯特学习，之后随里普斯完成了博士论文。他是那些先是在慕尼黑后来迁至哥廷根随胡塞尔研习的学生之一。他是《哲学和现象学研究年鉴》的共同编辑并亲自在该刊上发表文章。他在慕尼黑和哥廷根教书，但是，由于是犹太裔 1933 年被迫离开德国。他移民美国，任教于 Vasser，后来成为斯坦福

大学的访问学者。他撰写了大量文章，包括现象学、美学、感情的性质、
136 无意识等论题，也撰写了关于相对论和几何学的论文。他是实在论现象学的追随者，拒绝胡塞尔的先验论转向。

参见词条：realist phenomenology

General thesis or general positing (Generalthesis)：一般设定，总设定

在胡塞尔看来，自然态度的特征就是一种“一般设定”或普遍设定行为（希腊文 thesis 意思是“设定行为”〔positing〕），意思是，一切意识的意向性行为都涉及对相关经验客体存在及实在性之信念的一种假定性承诺（《观念 1》，§30）。胡塞尔称其为“设定行为”（Thesis，Position，Setzung）。不只是被知觉客体，而且是世界本身，永远被每一体验经验作对知觉者的“在那儿”、“在身边”，具有着事实上被给与的实在性或“现实性”的特征，并被经验作具有全面的统一性。再者，毫无疑问地，我将自己经验作属于此世界。我没有理由回忆这些经验。此外，一般设定具有“接受”特征或对基本信念不予质疑的特征。自然态度是以其对一般设定的素朴的接受为特征的。正是此“一般设定”在“现象学悬置”中使失去作用（CM，§8）。

参见词条：attitude，epoché，fundamental belief，natural attitude

Generalization (Generalisierung)：一般化

一般化是《观念 1》§13 中讨论的过程，在此过程中人们从个体过渡到种和属。人们从一个别的物质客体（如石头）开始转换到作为种的“空间的物质物”。一般化的一个例子是传统的逻辑树形表（波菲利树形表），它把人看作是动物，把动物看作是生物。胡塞尔将一般化与形式化加以区别。胡塞尔的例子是，个别的红色色调（胡塞尔称之为一种色泽）被包括在作为种的“红”之下，后者又包括在作为属的“颜色”之下，后者被包括在作为属的“性质”之下。与此对比，通过形式化达到的纯形式超越了此“种—属”等级结构，并产生了纯粹形式范畴，如“统一性”。

参见词条：formalization

Generativity (Generativität)：生成性

胡塞尔在其后期著作中（如《危机》，188；VI，191，XV，207—209）
137 制造了此词，用来表示构成性过程，文化的、人的世界通过该过程成为人

类在诸代历史中的连续性构成行为之结果。胡塞尔用此词既表示一般生成过程（他通常用此指“genesis”〔发生〕）也表示历史过程，此过程是通过语言、文化依存和传统而逐代传承下来的。人类社会是由生成的诸层次构成的。“生成”概念已经出现在狄尔泰的著作中，而且海德格尔在其《存在与时间》中讨论了属于人之生成的概念。胡塞尔在 CM §61 中谈到了生与死的生成性问题。胡塞尔偶尔谈到一种“生成的〔generative〕现象学”，它可被看成是发生〔genetic〕现象学的一部分。

参见词条：genetic phenomenology

Genetic phenomenology：发生现象学

胡塞尔在 CM §34 中使用“发生现象学”一词，此种现象学特别企图把握一种活生生的自我之构成行为，此自我是在时间中展开和前进的一具体个人，他具有一个人的历史（参见 APS，Hua XI，336）。胡塞尔大约在 1917 年谈到“发生”现象学，并将其看作是发现我们的客体经验下所沉积的构成层次，对此他称之为“客体化之历史”（Hua XI，345）。发生现象学必须说明，例如，世界概念如何对自我产生。在此意义上的发生现象学对立于静态现象学（CM，§37）。胡塞尔区分了现象学的发生和心理学的发生。心理学的发生，例如，关心早期婴儿如何最初学习与物体发生关系。反之，现象学的发生学研究在初始状态下客体概念在如是生成时所相关的结构性问题，此研究不是根据经验性方法而是根据本质变异法来把握这类客体构成之本质的，并将与此类事物的相遇称作是元确立（Urstiftung，CM，§38）。时间构成和时间中自我构成的问题属于发生现象学，而静态现象学则研究构成之“完成的”产物（APS，634；Hua XI，345）。

参见词条：active and passive genesis，phenomenology，primal establishment

Genetic psychology（genetische Psychologie）：发生心理学

布伦塔诺在《从经验观点看心理学》一书中用“发生心理学”一词指一种因果性的、生理学的研究，以对比于描述心理学。发生心理学研究心 138
理行为的生理学基础，并研究物理现象和心理现象之间的因果性关系，因此是一种归纳法科学。布伦塔诺也称其为“生理心理学”，此词类似于冯特的用法。按照布伦塔诺，描述心理学（也称之为“心理诊断术”〔psychognosy〕或者再后〔1889 年前后〕称之为“描述现象学”）是一门精确科学，像数学一样，独立于和前于“发生的”或生理学的心理学（DP，8），后者研究物理现象和心理现象之间的关系。布伦塔诺承认，心理现象依存于物理现象（PES，48），但是物理现象并不说明心理现象，心理现象只能根据自身情况才能够说明。发生心理学可以最终发现，意向性现象具有一种物理化学性的基底，但是这是独立于对心理状态的描述的。在其《描述心理学》中布伦塔诺加强了这一主张：认为意识能够被物理化学事件说明的看法，代表着“一种思维混淆”（DP，4）。

参见词条：Brentano，description，descriptive psychology

Genuine or authentic presentations（eigentliche Vorstellungen）：真实的或真正的观念〔呈现〕

布伦塔诺一般地区分了他所谓的“真正的”观念呈现（在此客体被直接给与）和“非真正的”或“象征的”呈现（Hua XII，193n1）。胡塞尔在其《算术哲学》中发展了这一区别理论。对于小额数（5、7 等）我们可以有真正的观念呈现，但是我们不可能直观大额数，而只能象征地表示它们，如“10 的 6 次方”。于是，《算术哲学》的第一部分的标题是“关于统一性、复多性和数的真正概念”，用以指那些根据不同具体复多体（小于 12 的数）的感性观念呈现可以直接把握的较小数。甚至在其 1887 年的论文答辩中列出了他将答辩的论题：“我们很难在真正的意义上去计数超过 3 的数”（PA，357；Hua XII，339）。胡塞尔在 PA 第一部分内对较小数的真实经验性质的论述，在后来的著作中基本上没有改变，对于空的或充实的直观概念也持此观点。于是胡塞尔在“被动综合”讲座中谈到这样的事实：被呈现的客体在空的和充实的观念呈现中是相同的（APS，Hua XI，
139 245）。空样态意味着一种朝向充实的潜能。胡塞尔说，“在空样态中”的这种思维方式（im Modus der Leere，Hua XI，245）在语言学的和逻辑学的思维中占据中心地位。较高阶逻辑运算完全是象征性的，因此这对于其合法性和正当性给与论证是具有挑战性的。

参见词条：intuition，presentation

Givenness（Gegebenheit）：所与性，所与者

“所与性”是胡塞尔现象学的中心概念之一。此词在现象学中如此经常引用，以至于海德格尔在其 1920 年的弗莱堡讲演中将其描述为现象学的“魔力词”（Zauberwort）。按照胡塞尔的原则中的原则，直观中被给与者

必须在其被给与的方式中加以准确把握。现象学的基本原则是：返回和关注一切形式的所与性。“所与性”刻画这样的事实：一切经验都是某人按照一特殊经验方式对某物的经验。某物显现着或在经验中被给与。在知觉中某物被知觉着；在想象中某物被想象着，等等。所与性同样意味着，存在有一有意识的主体，他进行着统握或经受着经验；在经验中存在有一种“给与的”成分，存在有一种经验性的“对谁给与”。存在有所与性的第三个方面，即存在有一特殊的方式或样式，在其中所与者被进行经验者所理解。例如，记忆和幻想对知觉提供了不同的所与性样式。存在有不同的所与性样式，并存在有不同的所与性程度；胡塞尔谈到充分的所与性和绝对的所与性。记忆的所与性，相对于知觉中被知觉客体的那种直接躯体性的所与性来说，永远是不充分的。知觉所与性从来都不可能是充分的，因为一切知觉经验都是在侧面中被给与的。胡塞尔在《现象学观念》和《观念1》中主张，体验本身是绝对地和充分地被给与的，如其所是的那样，但是他后来放弃了这一主张。因此，按照胡塞尔的说法，观念的实体也是绝对地被给与的。我思往往被当作是绝对所与者的例子。在其后期著作中，胡塞尔把绝对所与性看作是一种观念的限界，而不是某种可实际达到者。胡塞尔的“所与性”概念被海德格尔再解释为“揭露”或显示。在晚近法 140
国哲学中，例如在 Jean-Luc Marion 那里，所与性被再解释为“赠予性”〔donation〕。

参见词条：absolute givenness，appearance，fulfillment，intuition，phenomenology，principle of principles

Göttingen Philosophical Circle：哥廷根哲学小组

胡塞尔在其哥廷根时期（1901—1916）曾经吸引了很多杰出学生，如道贝尔特（1877—1947）、盖格（1880—1937）、莱纳赫（1883—1917）、舍勒（1874—1928）、康拉德-马修斯（1888—1966）、英加登（1893—1970）以及史泰茵（1891—1942）。他们都被胡塞尔通过与传统断绝的方式研究逻辑学和认识论的新方向所吸引。很多随 G. E. Müller（1850—1934）学习的心理学家们也参加了胡塞尔的研究班并发展了他的很多现象学观点，包括 Erich Jaensch（1883—1940）、Wilhelm Schapp（1884—1965）、David Katz（1884—1953）、Henrich Hofmann 和 Jean Héring（1890—1966）。1907 年时，Theodor Conrad 建立了哥廷根哲学学会，其成员包括 Katz、Hofmann、Schapp 等人。史泰茵参加过学会的周五聚会。

Governing, holding sway (Walten)：支配

胡塞尔谈到了自我与其作为一“支配者”的躯体具有直接关系的方式。我将我的身体作为一系列能力或胡塞尔所说的“我能”。我能够将眼睛左转，我能转动或翘起我的头，伸出我的手等等。我将我的身体首先经验作这样的支配中心。这就是，我对躯体具有直接自主的控制。这种支配的意义不为种种残疾人、病人或盲人所具有。

参见词条：lived body，will

Gurwitsch, Aron (1901—1973)：古尔维奇

古尔维奇毕生对现象学心理学，特别是对知觉的性质问题怀有兴趣。他特别接近格式塔心理学，并也发展了后来在萨特哲学中存在的对意识之非自我学的观点。1901 年他诞生于立陶宛一个犹太家庭，之后迁移至但泽，但他一生大部分时间都是一位无国籍者。1919 年他进入柏林大学，随同施图姆普夫和他人学习。1921 年他到弗莱堡跟随胡塞尔学习，但因无国籍而未能注册。于是他迁至法兰克福随同 Gelb 和 Goldstein 学习格式塔心
141 理学。他的博士论文题目是《主题现象学和纯粹自我：格式塔理论和现象学间的关系研究》。因为法兰克福当时没有人审阅此文，古尔维奇最后将其送往舍勒（当时预定要任教于法兰克福），但舍勒 1928 年突然逝世，论文最后由盖格审阅。1933 年，他移民至巴黎，在那里认识了列维-布吕尔、科依勒，并在马塞尔的家里遇见梅洛-庞蒂。梅洛-庞蒂承认读过《主题现象学和纯粹自我》并受其影响。古尔维奇曾将 Goldstein 关于施奈德案例的未刊稿借给梅洛-庞蒂。古尔维奇 1937 年在巴黎遇到过舒茨。古尔维奇发展了关于意识的非自我学理论（后被萨特所重复〔replicated〕）。1940 年，在舒茨帮助下，他移民至美国，在霍普金斯大学获得一职位。他曾在哈佛教授物理学，后又在布兰戴斯大学教授数学，最后于 1959 年在纽约社会研究新学院获得哲学教职。他的一部杰作《意识领域》出版于 1964 年，一本论文集《现象学和心理学研究》出版于 1966 年。

H

Habit（Gewohnheit，Habitus，Habitualität）：习惯，习性

胡塞尔用此德文词 Gewohnheit（有时也用拉丁语词根的词）表示这样一种方式，按此方式某些信念和行为方式固定下来成为自我特性的一部分并影响其个人风格。习惯概念能够在古典哲学中看到，如亚里士多德的 hexis；在中世纪哲学中，则有（例如）阿奎那的 habitus；在近代经验主义中，例如休谟的"custom and habit"。胡塞尔有时是在批评休谟时讨论习惯概念的，批评他在企图根据因果性理解习惯时犯了循环论证的错误，因为他同时又根据习惯概念来说明因果性（参见胡塞尔的《逻辑学和认知理论导论》〔1906—1907〕，§51）。他在《观念 2》中，特别在该书 142
§§54—56 中，讨论了习惯概念。在那里他讨论了动机化作为"精神生活的基本法则性"。在"第四笛卡尔沉思"中他谈到了"习惯"和"习性"。胡塞尔并不将习惯性限制在我们的前述谓的知觉生活或者本能和冲动生活内，而是也讨论了判断沉积为被动性信念的方式。一个人可以持有信念（例如选举时投票给工党）。胡塞尔谈到了"如是被决定"。人们养成了习惯地思考个人感情的习惯性风格。习惯也被胡塞尔理解为一种全面的"态度"或"立场"或"集体思想倾向"按其加以实行的那种方式（《作为严格科学的哲学》）。在该书中胡塞尔把习惯说成是（例如）自然科学家的一种全面性向：

> 与他们各自的理解习惯一致，自然科学家们倾向于把一切都看作

> 是自然，而精神科学家则倾向于把一切看成是精神，看成是一种历史的创造物，因此二者都对不应如此看待者作出了错误解释。（PRS，253—294；Hua XXV，8—9）

类似地，他主张：

> 我们并不容易克服自然主义态度中生活和思想的原始的习惯，因此不易克服按照自然主义误解了心理现象的习惯。（PRS，271—314；Hua XXV，31）

再者：

> 经验作为个人的习惯是生活过程中自然的、经验的、立场采取行为的沉积。这种习惯本质上是由这样的方式所决定的，在其中个性，
> 143 作为此特殊的个别性，是由其自身经验行为予以动机化的，而且也是被这样的方式所决定的，按此方式它通过将其赞成或拒绝的行为而注意着他人的和传递来的经验。（PRS，284—329；Hua XXV，48）

此外，在日常生活中的自然人的习惯和现象学家的习惯之间存在有区别。后期胡塞尔既把习惯理解为形成着自然生活的性格或态度的一个基本部分，也将其理解作表达着现象学家自觉采取的立场。他谈到了科学家和哲学家的“理论习惯”（Hua XXVIII，402），以及甚至谈到了“悬置习惯”（Hua XIII，208）。在 1924 年为《现象学的基本问题》所写的附录中，他写道：

> 现象学悬置的习惯是一种主题性习惯〔thematic habitus〕，目的是为了获得某种主题，发现理论的和实践的真理，以便获得某种纯粹自足的知识系统。然而这种主题习惯在一定程度上排除了肯定性习惯〔habitus of positivity〕。只有在其对后者断绝后，才能够通向作为“第一”哲学，即作为先验纯粹主体性科学的现象学统一体。（GPP，123；Hua XIII，208）

参见词条：ego，sedimentation，style

Heidegger，Martin（1889—1976）：海德格尔

海德格尔 1889 年生于 Messkirch 并在康斯坦茨读高级中学。在短期就读于一所天主教修道院后，他进入了弗莱堡大学，最初学神学，但很快转

攻哲学。他的博士论文是《心理主义中的判断理论》。胡塞尔在海德格尔于1916年到达弗莱堡后不久就与他见面。他的教职资格考试论文《斯考特的范畴理论和意义理论》是经李凯尔特审阅后通过的，胡塞尔曾写信向他索取一份该论文，并协助他将该论文于1916年底发表。该论文出版时曾向胡塞尔致谢。两人一直保持接触，直到海德格尔受召入伍。当1919年1月海德格尔退役返回弗莱堡教书时，最初曾担任过胡塞尔的带薪助手。他在
弗莱堡任教直到1923年迁往马堡大学。整个20年代两人来往密切，海德 144
格尔曾多次参加胡塞尔的家庭假日。胡塞尔曾经协助海德格尔获得马堡大学的教席（向纳托普写推荐信），而且于1927年在《哲学和现象学研究年鉴》第8期上发表了《存在与时间》。胡塞尔还曾协助海德格尔在出版前检查清样。后来此书又在Max Niemeyer出版社（图宾根）出版，该书扉页有献于胡塞尔字样。在受到高度赞扬的《存在与时间》出版后，胡塞尔促成海德格尔成为自己在弗莱堡大学哲学教席的继承人，该职位将在1928年出缺。海德格尔哲学起源于将胡塞尔先验现象学极端化为一种基本本体论，然而其中心不是朝向现象的意向性视域构成的发展，而是通过说明存在本身的时间性而朝向存在之意义问题。在1927年底的一次思想合作计划中，胡塞尔邀请海德格尔合写《大英百科全书》上的“现象学”词条。从1927年9月到1928年2月两人几易其稿，但彼此观点的分歧严重，在最后提交的定稿中胡塞尔删除了海德格尔所写的大部分，特别是有关后者所写的导论部分，该导论把现象学纳入了基本本体论。类似地，胡塞尔最初满意于海德格尔1928年编辑出版的《内时间意识》讲稿，但他很快发现了所出版的讲稿被海德格尔进行了删节，并因此责备了海德格尔。1930年代，胡塞尔和海德格尔关系僵化，特别是在1933年纳粹上台不久海德格尔担任了弗莱堡大学校长之后。虽然海德格尔其后不再担任校长（仅在位10个月），他称病而未参加1938年胡塞尔的葬礼。在1930年代，海德格尔的思想转到新的方向，离开了现象学而朝向所谓的“存在思想”。在此转向中海德格尔最值得注意的学术影响是有关尼采、谢林、赫尔德林的研究，并包含着向前苏格拉底思想的回归。

Heraclitean flux（Heraklitischer Fluss）：赫拉克利特流 *145*

胡塞尔经常使用“stream”、“current”、“flow”等“流”的形象词来表示意识的性质（意识流，Hua XXV，362；体验流，生存流）。他用“赫拉克利特流”（CM，Hua I，18，191）来指这样的事实：意识是经验之连

续变化的时间流，正如赫拉克利特的河流比喻，以示永无静止。一切意识体验基本上都是时间性的，而且每一“现在时刻”都流入一种持存态。没有两个意识体验可能是相同的（甚至在同一方式中的同一客体均如此），因为二者出现于不同的时刻。每一自我都有不可能与他人分享的自身意识流。至多是两个意识流平行地流动着。

参见词条：consciousness，stream of consciousness，time consciousness

Hilbert，David（1862—1943）：希尔伯特

希尔伯特是德国数学家，任教于哥廷根大学，他曾协助胡塞尔从哈雷转至哥廷根。希尔伯特支持了康托尔的无限集合论和超限数。他是数学形式主义最早的拥护者之一。他曾在 1900 年概述了数学中众多重要的问题，这些问题对于 20 世纪的数学起过主导性作用。

参见词条：Cantor，formalism

Historicity（Geschichtlichkeit，Historizität）：历史性

成熟期胡塞尔使用两个德文词来表示“历史性”，他可能是从狄尔泰的著作中发现这两个词的。在英译本《危机》中，卡尔将 Geschichtlichkeit 译为“历史性”，而将 Historizität 译为“历史发展”（336；Hua VI，271），但是胡塞尔并非一直将这两个词加以区别。胡塞尔所用的“历史性”一词与海德格尔在《存在与时间》中对此词的用法不同。海德格尔倾向于使用此词表示人的存在有能力采取历史性的生存方式。没有直接的证据表明胡塞尔受到了海德格尔的此概念的影响，甚至情况有可能正相反，即在 1920 年代两人的讨论中（当两人同时阅读狄尔泰时）是胡塞尔对此词
146 的用法影响了海德格尔。对于胡塞尔，每一文化族群都有自己的历史轨道，即一种“历史性”。人类生存于族群、民族以及其他超民族的统一体中（如“欧洲”、“中国”等等）。在其后期著作中，胡塞尔谈到了各民族均有其自身的“活生生的〔lebendige〕历史性”。他也谈到具有不同历史性层次的诸社会，即其自身的集体性的社会的、政治的和精神的发展。严格来说，胡塞尔写道，不存在“最早初的”人类（Hua XXIX，37）；反之，家族产生家族，一代人产生下一代人。诸民族生存于一个“家园”（Heimat，Hua XXIX，9）或一个“家园世界”（Heimwelt）中，意思是其中有熟悉者、生疏者和陌生者（每一民族都具有对立民族，Hua XXIX，

38—39，41）。人类文化起始于一种自然的“泛灵论”（Hua XXIX，4；38），而自然本身被经验作一种活生生的人。对世界的神话性知觉是泛灵论的。事物不被经验作纯事物；例如，死人被认为继续生活在世界上（胡塞尔回应着在列维-布吕尔著作中可能发现的类似主张）。然而，一种历史性的第二阶段是通过对理论态度所产生的科学的突进而达到的（Hua XXIX，41）。在 1934 年 11 月起所写的文章中，胡塞尔谈到了法国、德国和其他民族之间的区别，它们各有不同的特殊历史感，甚至各自都有形成“高阶次人格”的不同方式，而巴布亚人严格说来没有事件记载、生活史或“民族史”。精神生活依存于传统（《危机》，354；Hua VI，366）。

参见词条：generativity，horizon，spirit

Homeworld（Heimwelt）：家园世界

在 1930 年代的晚期生活中，胡塞尔经常使用“家园世界”一词（Hua XV，Hua XXXIX，《危机》，Hua VI，303）来表示这样的观点：世界永远呈现于一家园环境内（例如，作为“正常生活世界”的世界观，Hua XV，210）。胡塞尔也使用同义词“近世界”（Nahwelt，Hua VI，303），即熟悉的世界。他也谈到“人的环境”或“生成的家园世界”（Hua XXXIX，335）。世界既不是物理意义上的客体总和，也不是我们全部主体活动的总和。反之，我的现前世界（充满着意义、精神价值、文化价值和客体）必然根植于传统和习惯（Hua XXXIX，附录 XLIII）。这样的家园世界是现前视域和意义的特殊统一体。“家园世界”强调着世界与他人，特别是与生 147
活于我们周围的人共享的方式。家园世界与陌生世界对立。并不容易在家园世界和陌生世界之间作出区别。胡塞尔把家园世界和陌生世界之间的区别看作是先验性的。每一世界都是按照正常性和反常性的条件被构造的（Hua XXXIX，58）。这就是，世界必然在邻近性和遥远性的关系内展开。胡塞尔说，如果世界是在我们历史统一体内连续出现的有意义的视域（《危机》，附录 V；Hua IX，附录 XXVII），它就必然是通过不同的角度和距离被体验的。在此连续的运动中，我们可以区分熟悉的和生疏的成分、习惯和人民。再者，不同的世界可以相互交织。例如，我们可以与那些在习惯或世界观上与我们极其不同的他人分享相同的地域或城市。这样，我们不会把他们看作是我们的“家园人”。按照家园和陌生世界展开的世界，相关于历史问题（《危机》，“维也纳讲演”；Hua XXXIX，48）：世界永远是在一种历史的和主体间的视域中有意义的。我们的世界不只是联系于我们自己的经验和回忆，而且也在其核心内带有他人（陌生人和家园人）的印迹（Hua XXXIX，17）。

参见词条：alien world，historicity，normality，world

Horizon（Horizont）：视域，视界，边缘域

胡塞尔使用的“视域”一词是与日常语言中该词的意义类似的。一个视觉的视域规定着人的视见之范围，并包括着可以从一特殊观点所见的一切。于是视域就是我们的经验界域，它相当于一显然不可超过的界限（希腊词 horos 意味着“边界”）。视域可以是时间性的、空间性的、历史性的、文化性的等等。存在主观个人的视域和共同的视域（如一种语言或一种文化的视域）。胡塞尔谈到了生存于人类历史性视域内的人（《危机》，§2）。关于视域概念的书面讨论出现在《观念 1》内，即所提到的“诸可能研究的集体性视域”（§1）。在胡塞尔看来，客体不是被孤立知觉到的，而是相对于一种背景（Hintergrund）被知觉到的，而且是在由其他客体及其他躯体（也包括其他人、动物等等）组成的一种“周围世界”（Umwelt）之
148 内被知觉到的（《观念 2》，§51）。“由一切视域组成的视域”就是世界（《观念 1》，§27），它具有一种在一切方向上均无界限的意思。胡塞尔谈到了一个“世界界域”（Welthorizont）并承认一切个别的意向性都相对于一世界界域背景而出现。同一客体如何被众多共同主体经验作相同的，正是有关一个“世界”如何形成的问题（《观念 2》，IV，80）。按照胡塞尔的看法，每一体验都具有一系列独一无二的基本可能性，这些可能性构成了他所谓的经验的“视域”。这些视域不只是空的可能性，而且是“在内容方面意向性地被限定的”（CM，I，82）。存在有一种嵌于经验本身的“诸关涉性之视域”〔horizon of references〕：

> 真正出现的一切作为显现着的物，只是通过与一意向性的空视域之交织及渗透，也就是通过被一相关于显现的空晕圈〔halo of emptiness〕所围绕才形成的。此空晕圈内的空不是一虚无，而是一有待被充实的空；它是一可被决定的不定性。（APS，42；Hua XI，5—6）

物是在一“视觉场”内被给与的，因此实体是在内外视域中被经验到的（《危机》，§47）。一被知觉物具有由诸直接现前物所组成的一环境，但也有由诸可能物组成的一环境。一个词语或句子的意义，是相对于由诸语言内一切其他意义组成的背景环境形成的。出现在一侧显系列中的客体

之侧面，永远预示着更多的侧面，在此存在有指向其他侧面及一内侧的指示者。但是，诸视域并不止于此。并不只是存在有该客体的其他侧面，而且还存在有这样的可能性：知觉本身可能以不同的方式（从不同的角度、距离）被实行。于是，例如，我知道如果我更靠近木桌，纹理特征就会更清楚。这些情况导致对客体经验内的某种不确定性，而且也导致某种确定性以及某种有待进一步决定者之系列。客体成为相对于一系列经验的一种“同一极”（CM，§19），“一个常量X”，一个不变的基底（APS，42；Hua XI，5）。内视域是由我在接近客体时心中已有的诸预期及诸预见系列所组成的（APS，43；Hua XI，7；也参见CM）。胡塞尔把知觉一客体的 149
过程看作是一涉及逐渐性充实及虚空化的动态过程。某些预见被直观所充实，而新的预期又展开来。但是，在APS中，胡塞尔更清晰地规定了此过程中的持存之作用。成为不可见者并非消失了，而是在看见客体的新侧面时被保存下来了（APS，45；Hua XI，9）。于是，每一知觉都引起一整套知觉。不存在能够完全把握事物的最后知觉。甚至，作为一物理物正是本质上不可穷尽其知觉的。每一体验都具有一过去，此过去淡入一未决定的“过去视域”，而且同样，它也有“未来视域”。我们的视知觉具有一视域〔边缘域〕。一视域的特性具有一永不可能逾越的界限，而且此特性在人们靠近客体时似乎就退却了。因此，一视域是不可客观化的以及不确定的。在FTL中，胡塞尔说道，在LU时他还不知道“视域意向性”概念。“视域”概念其后被海德格尔并特别被伽达默尔所借取。后者认为相互理解是通过某种“视域重叠”而发生的。在其《真埋与方法》中，伽达默尔把一视域说成“不是一固定的界限，而是某种随着人而移动并促使人进一步前进者”（245）。

参见词条：life-world，world

Horizontal intentionality（Längsintentionalität）：纵向意向性

胡塞尔特别在其时间意识分析中区分了“纵向”意向性和“横向”意向性（Querintentionalität）。二者都是持存意识的形式。纵向意向性是对逝去时间相的持存意识，而横向意向性则指所意念行为的或穿越时间相之客体的持续意识。

参见词条：horizon，time consciousness，transverse intentionality

Humanity，humanness（Menchentum，Menschheit）：人类，人性

胡塞尔用以上二词表示人类〔人性〕。他常常用此词的多数（Men-

schheiten)，意指着人类社会于其中发展的不同文化途径。他的目的是使哲学在理性的自我负责的人类发展中发挥一种主导作用。按照完成《危
150 机》写作计划的草案，第 5 部分（从未写出）包括“哲学的必不可少的任务：人类对自身的责任”。他把“欧洲人”看作是发展了哲学和科学，并经验着“理论态度”之突破性推进者。

参见词条：Europe

Hume, David (1711—1776)：休谟

大卫·休谟是《人性论》(1739—1740) 和《人类理解论》(1748) 的作者。他是一位古典经验主义者，虽然他被同时代人广泛地视作一位怀疑论者。按照康德的说法，是休谟把他从教条主义的昏睡中唤醒。休谟批评这样的观点：因果性是自然界内的一种可观察的实在联系。反之，他认为，人类观察者在某些基于连续地、直接相续地出现的事件之间假定着一种恒定的联结性。一般来说，休谟认为我们应用于外界自然的假定都是基于习惯而已。他也否定着：在意识经验流背后存在有实在的自我。胡塞尔毕生受着休谟的影响。他曾在《逻辑研究》中讨论了休谟关于观念和事实的关系与自己有关观念的论述之间的区别，而且在其《第一哲学》和《危机》§§3—4 中再次讨论了休谟。在他看来，休谟是伟大的先验哲学家之一。休谟的成就是承认了因果性不是客观世界的特性，而是一种主观性的成就。然而，休谟哲学却以虚构主义结束。胡塞尔也批评休谟诉诸“习惯”、“人性”、“感官”等概念，它们含有超越性意思并因而基本上与自己的立场矛盾（参见 IP，17；Hua II，20）。

Hyle (Hyle)：质素，素材

此词是一古代希腊词，最初由亚里士多德用来指这样的物质性原则，此原则由形式性原则形成以产生物质物。胡塞尔用此词改写后的形式 hyle 或“素材的质料”〔hyletic matter〕或“质料”〔stuff，素材，材料〕来表示我们意向性经验的感性构成物，例如知觉、意欲、评价等行为。在《观念 1》§85 中，胡塞尔引入此希腊词 hyle，用以指此可感的、时间上流动的经验质料，以对比于意向性的形态〔morphé〕或形式。感性物被形式所
151 激活或赋予灵性。胡塞尔未对如下可能性下结论：可能存在有“无形式的素材”或“无素材的形式”（《观念 1》，§85）。

参见词条：hyletic data，matter，morphé，sensation

Hyletic data（hyletische Daten）：素材

在《观念 1》§85 中胡塞尔用此词指我们意向性经验的感性构成物，例如看行为、触行为等等的纯感性内容或“素材”（Stoff）。“hylectic”一词来自希腊词 hyle，意思是质料〔matter〕，胡塞尔也将其表示为“感性的素材”，用以和行为的意向性形态（morphé）对比。胡塞尔认为，意识经验具有某种属于行为的质料，例如，存在有某种东西，它属知觉感、痛苦感、渴感、性欲、快感、痒感等等（《观念 1》，§85）。他认为，素材不应当被认为是原子式的、分离的感觉材料；素材是感性的，但包括着关于冲动、感情、情绪等经验，它们都是被意识统握的状态。他把素材描述为内在的或“实在的”（reell）经验内容，即它们是具时间维的体验本身的真正组成成分。它们随着体验本身出现和消退（看见的颜色，听到的声音）。素材作为体验之质料部分而现前，但不是首要的被意念客体。于是，素材只是被体验的，而其本身不是意向性的。胡塞尔在“第五逻辑研究”中说：我看到的是箱子，不是我自己的感觉。同一客体可通过不同的素材加以把握（我可以在视觉上看见约翰或在电话中听见约翰），或者同一素材可以成为不同意向性客体之基底，这取决于如何达及这些素材，是被统握到的，还是被解释出的。存在有不同的素材，不只是感官的材料，而其也是想象的、情绪的以及其他经验之特殊被感觉的性质。胡塞尔也区分了经验的被感质料和通过该经验传达的该客体的客观性质，例如人们可以区分手指上的特殊感觉和被触表面的光滑性或粗糙性。胡塞尔对于自己有关素材的论述从来不满意。

参见词条：content，hyle，intention，matter，perception，sensation，stuff

I

Idea of Phenomenology (1907)：《现象学观念》

在 1907 年 4 月 26 日和 5 月 2 日间，胡塞尔在哥廷根大学做了 5 次讲演，讲稿于 1950 年发表，书名为《现象学观念》，作为《全集》第 II 卷。这些讲演是作为同年夏季学期的“物与空间”讲座之导论而构思的。“现象学观念”讲演着重于作为从心理域转向真正认识论领域之途径的还原问题。在此系列讲演中，胡塞尔把现象学描绘为“关于纯粹现象的科学”，并特别集中于认知现象学和知识客观性之证明可能性问题。胡塞尔讨论了怀疑主义对认知可能性的挑战，特别是对一切均加以质疑的笛卡尔式怀疑。现象学是以与康德相关的先验性立场提出的。康德的问题是知识的“如何”（wie）问题。知识的本质必须相对于纯直观加以阐明。在该系列第 3 次讲演中，胡塞尔根据对自然态度的克服引述了“认识论的和现象学的还原”，将对存在现实性的关切终止，只关注体验或我思以及其中所与物的问题。在此次讲演系列中胡塞尔提出了悬搁概念。

参见词条：absolute givenness，evidence，givenness

Idealism (Idealismus)：唯心主义，唯心论，观念论

“唯心主义”一词有多种意义，首先出现在 18 世纪的近代哲学中。此词的拉丁文于 1734 年出现在沃尔夫的《理性心理学》§36 中，它表示这样一种理论：在上帝和其他灵魂之外什么也不存在，明显地涉及爱尔兰哲学家贝克莱，而后者本人没有使用这个词。这个词也出现在狄德罗的《百科全书》(1750 年代)中。1702 年莱布尼兹，像笛卡尔的后继者们那样，称柏拉图为一名唯心主义者。贝克莱在《人类知识原理论》(1710)中主张“存在即被感知”，任何客体(除心灵外)都是被一心灵(不论是神的还是人的心灵)感知的，这一主张通常被看作是开启了近代唯心主义并对 153
其进行了典型的表述。这种唯心主义产生于解决怀疑主义对心灵达至“外在世界”担忧的需要，此外在世界被认为具有一种绝对的自存性。康德把贝克莱的唯心主义描述为一种“实质的”或主观的唯心主义，后者把实在看作是依赖于心的。在《纯粹理性批判》第一版中(1781)，“唯心主义的”一词正是根据一种外在世界的存在引入的：

> 因此，一名唯心主义者，不仅必须否定外在感觉客体的存在，而且不承认外在感觉客体可以通过直接知觉被认识，并因此推论说，我们永不可能根据任何可能经验来充分肯定其实在性。(A368—369)

在该书第二版(1787)的拒绝唯心主义的章节中，康德反对着他所谓的“心理学的唯心主义”或“实质的唯心主义”：

> 唯心主义(我用其指实质的唯心主义)是这样的理论，它声称我们身外空间客体的存在应该或者是纯粹可疑的及不可证明的，或者是虚假的及不可能的。(B274)

在回应贝克莱的挑战时，康德提出了一种新的唯心主义，即先验唯心主义，它主张，客体和主体存在于一种先天性的相互关系中。胡塞尔在《逻辑研究》中维护着种、普遍项、本质和事态的观念性，而且这种观点被批评者解释为对柏拉图唯心主义的一种回归。在《逻辑研究》第二版(1913)中胡塞尔承认，他的立场可以在某种意义上称作是唯心主义。他写道：

> 谈到“唯心主义”〔idealism，观念论〕当然不是谈到一种形上学理论，而是谈到一种知识论，它将“观念”〔ideal〕看作是一般客观知识可能性的条件，而并不以心理主义方式对其加以排除。(LU II, Intro. II，238；Hua XIX/1 112)

在 1907 年以后，胡塞尔开始明确地将其哲学描述为一种“唯心主义” 154
(观念论)，并特别描述为先验唯心论的最后发展。这种唯心主义第一次正式宣布于《观念 1》中(没有使用此词)，而且此唯心主义转向被胡塞尔在慕尼黑和哥廷根的追随者们普遍反对。胡塞尔后来承认，此“传言”影响了人们对《观念 1》的接受(参见 V 150)。在《形式逻辑和先验逻辑》、

《笛卡尔沉思》、《危机》以及在《观念1》英文版（吉布森译）的作者前言中，他明确主张唯心主义。胡塞尔永远拒绝任何把客观物质世界看作是虚幻或只是一种意识内容的那种主观唯心主义（Hua XXXV，276）。他看到在自己的新形式的唯心主义和德国唯心主义发展的那种先验唯心论之间的类似性。然而他认为，先验唯心论的真正奠基者是发现了我思之断然确定性的笛卡尔（而不是康德）。胡塞尔的唯心论包括着他的有关“消除世界”的名声不佳的思想实验。也就是，即使经验流发生了混乱，仍然存在有经验着此经验流的一个意识。于是意识成为绝对性的。如不相关于意识主体就不可能想象客体的存在。主体是绝对的，因为它是自构成的，并纯粹是自存的（Hua XXXV，278）。胡塞尔相信，世界是由诸主体共同体、行为一致的单子共同体所构成的。

参见词条：absolute being，annihilation of the world，consciousness，correlation，transcendental idealism

Ideality（Idealität）：观念性，观念项，观念体

在《逻辑研究》中，胡塞尔维护了承认“观念体”的必要，即这样一类观念性实体，它们在时间中具同一性，可称之为超越时间的。数学和逻辑学研究“数4”或“毕达哥拉斯定理”这样的观念体。这些观念体具有一定的自存在。存在有不同种类的观念体或观念性单元，例如，意义（“狗”一词）、概念、普遍项、本质、判断内容、艺术性客体等等。例如，胡塞尔相信，一件艺术品具有一观念的、非时间的同一性，后者在其一切例示情况中保持着同一性。于是，例如，一曲音乐无论用什么方式（唱片、录音带、CD、模拟式或数字式的）演示都将保持同一的观念。胡塞尔因其维护观念体概念而被谴责为柏拉图主义。胡塞尔本人承认受到陆宰对柏
155 拉图观念论的影响，这使他得以把鲍尔扎诺的“命题本身”（Sätze an sich）理解作观念的陈述意义，而不是理解作存在于某天国世界内的神秘物。

参见词条：being in itself，Platonism

***Ideas Pertaining to a Pure Phenomenology and to a Phenomenological Philosophy, First Book*（*Ideen zu einer reinen Phänomenologie und Phänomenologischen Philosophie* 1913）：《纯粹现象学和现象学哲学的观念：纯粹现象学通论》〔观念1〕**

1913年胡塞尔在《哲学和现象学研究年鉴》上发表了三卷本计

划中的第一卷《观念1》*。此卷的副题是“纯粹现象学通论”，代表着胡塞尔作为一种“方法”的许多现象学“导论”的第一部。正像他的很多其他出版物一样，此书也是在1912年夏季8周间一气呵成的。在最初计划中，此书只是一本作为当时已脱版的《逻辑研究》之替代读物的现象学入门书，但是胡塞尔改变了计划，反而将《逻辑研究》修订后，伴随《观念1》同时出版。《观念1》提出了许多现象学的新课题，包括自然态度（§27），现象学悬置（§32），现象学还原，一般设定（§30），纯粹的或先验的意识（§33），一切原则的原则（§24），诺耶思和诺耶玛（§§86—96），素材概念（§85，97），中性变样（§111），以及其他。此外，胡塞尔阐明了事实性和本质性的区分，以及区分了形式化和一般化（§13）。《观念1》目的在于提出“关于现象学还原的一般学说”（xxi；Hua Ⅲ/1，5），使达到纯粹的或先验的意识，以及提出关于纯粹意识的先天的（本质的）结构的一般说明（§34）。现象学作为一门全新科学，一门关于本质的先天性科学，一门“新本质学”被提出（§33）。他说，他将尽可能地避免使用“先天性”一词，而是用希腊词“艾多斯”代之。而先天性应该被理解为以本质为基础。《观念1》提出了自然态度和按此态度及其理论衍申所形成的常规科学概念（“自然理论态度”，§1）。在此书中，胡塞尔强调了自然态度科学的“俗世性”性质及教条主义性质，此种 156
性质现在必须面对着一种由一种悬置法所引生的批评性转向，即使意识的一切世俗化设定失去作用，以便把握其本质。本书抱负不凡，因为它甚至企图为一种理性现象学奠定基础。在该书§49中胡塞尔提出了关于世界之可能消除或瓦解的一种思想实验。他主张，意识不可能经此实验而被看作是消失了，因此应该将其看作是具有“绝对的存在性”，而现实则应该被看作是依属性存在。他也将意识世界描绘为一种“内在性存在”。体验被理解为“内在的”，而超越性的知觉则是在其中客体呈现于侧显中；一种体验不是在侧显中给与的（§42），而是如其本然那样被知觉的。胡塞尔也在意识中突显了作为人所共知概念“我思”的纯粹自我（§37，46）。本书获得纳托普的好评，他把胡塞尔看作是通过将现象学表现为一种先验哲学而朝向与康德思想一致的一种发展。反之，本书在胡塞尔的实在论追随者中间造成了惊诧不解，他们认为胡塞尔偏离了《逻辑研究》的实在论立场。海德格尔批评胡塞尔的意识观点是内在性和绝对性的，就像是笛卡尔形上学前提的

---

* 中译本也可简称《通论》。——中译者注

一种延续。胡塞尔在此书出版后的十余年间没有出版其他书籍，很多哲学家认为此书仍然是胡塞尔现象学的权威性导论。1931 年本书被吉布森译为英文，胡塞尔为该译本写了前言。1950 年本书被保罗·利科译为法文。*

参见词条：Ideas II

***Ideas Pertaining to a Pure Phenomenology and to a Phenomenological Philosophy, Second Book* (*Ideen zu einer reinen Phänomenologie und Phänomenologischen Philosophie. Zweites Buch: Phänomenologische Untersuchungen zur Konstitution, Ideen II*)：《纯粹现象学和现象学哲学的观念：现象学的构成研究》〔观念 2〕**

157 本书是有关构成现象学的一个系列研究之结集，是胡塞尔的最具原创性的和最成功的著作之一，虽然它是一部遗著。胡塞尔在 1912 年刚写完《观念 1》后就继续写成了本书初稿，而从 1916 年到 1918 年间他的助手史泰茵继续改善此书稿，加入了关于心灵性质（该书第三部分）的新材料。后来另一位助手兰德格里伯于 1925—1928 年也在与胡塞尔商讨下继续加工此稿。本书最后于 1952 年经比麦尔编辑后出版。《观念 2》开始于讨论一般“自然观念”的性质问题，之后继续讨论物、动物、人的性质，最后部分相关于人格和心灵领域。在讨论个人性的“我”时，胡塞尔谈到了我们借以相关于我们躯体和周围世界的方式。胡塞尔关于躯体构成的论述影响深远，特别是关于视觉和触觉的双重感觉及其交叉关系的论述。他也谈到运动感觉的作用。海德格尔在《存在与时间》中承认了《观念 2》手稿的重要性，梅洛-庞蒂于 1939 年在胡塞尔档案馆阅读过此书的打字稿并深受其影响。在此书中，胡塞尔提出了动机化观念作为心灵法则。他也区分了自然主义态度和人格主义态度。

参见词条：Ideas Pertaining to a Pure Phenomenology and to a Phenomenological Philosophy, First Book

Ideation (Ideation)：观念化

一般来说，“观念化”一词用于心理学中形成观念的过程，例如，自杀的观念化指接受自杀思想的过程。胡塞尔偶尔在《逻辑研究》和他处使用此词（参见《观念 1》§3，在此他把观念化等同于本质看；参见《现象

* 此法译本附有利科数万字的详细注释，1987 年完成的中译本译稿参照了此词条提到的英、法二译本，并译出了法译本注释和导言。——中译者注

学心理学》，Hua IX，83）。他把观念化描述为一种直接非感性的看行为，此行为发生于理智层次并朝向于普遍项或本质。在《观念 1》中胡塞尔说，他在 LU 中使用“观念化”一词表示一种本质看，后者在一充分的方式中把握本质，但是现在他想更广泛地使用此词，甚至使其包括对本质的模糊的统握。观念化相关于把握一概念，而且此把握行为或者通过抽象的一般化或者通过形式化来进行。在抽象作用中和在本质明见中涉及的观念化之类型不同（《观念 1》，§74）。

参见词条：essential insight，intuition

Image（Bild）：形象，图像 158

胡塞尔批评这样的观点：体验或意识片段应该像古典经验主义者那样理解作内部形象或观念。他关心那类可以知觉为不仅是物质性客体而且是通过独一无二意识形式形成的形象，此形式他称之为“图像意识”（Bild-bewusstsein）。按一种特殊复合的心理过程，我们看见一图像或类似图像者。例如，我们可以看见一印有桥形的明信片并看见那是一物质性的纸片，但也看见那是一桥的形象或图像（胡塞尔称之为该图像的“主题”或主题内容）。通常对物质形象的知觉是被压制的，被看见的只是被观念呈现的形象（“图像客体”）。图像意识是一种特殊的“看入”〔seeing-in〕（胡塞尔术语），如其在美学中所描述的那样，按此一特殊物质性组合物（照相、绘画、雕塑）被理解作某种形象。这种“图像客体”被胡塞尔描述为非实在的以及描述为一种“无”或“不在”。

参见词条：image consciousness

Image consciousness（Bildbewusstsein）：图像意识，形象意识

和记忆与幻想一样，形象意识也是一种准现前或“观念呈现”。胡塞尔认为，形象意识是一种准现前，但也涉及一种知觉，在知觉中实际被意念的与感性呈现的不一样。例如，在看一个人的照片时，我们实际上最先看见的是那个“人”，而此“看见”是根基于对照片的实际知觉性的看的（就如一张上面有颜色的纸一样）。在《逻辑研究》中胡塞尔区分了知觉行为、想象行为、“图像意识”、记号意识或“记号性意识”（§14）。后来他在哥廷根讲演中（特别参见 Hua XXIII）进一步使这些心理行为研究精细化。幻想是某种使某人朝向不存在物的方式。形象意识（或图像意识）是一种新的但很复杂的观念呈现性意识。它是一种特殊的意识样态。近代哲学的错误是将知觉本身错解为一种形象意识。实际上，知觉和形象意识完全是不同的构成性过程（《观念 1》，186）。把该知觉看作是相关于一种描
159 绘就会导致一种无穷的倒退。他认为，看见一张照片或带有桥形的明信片，同时相关于看见一物质性客体和想象着一（桥的）图像。存在着一种知觉行为和想象行为的混合物。照片是一被知觉的真实客体（Hua XXIII，19)。它是一种纸，可被感觉到、触摸到等等。但它是一特殊种类的物质物：一“图像物”（Bildding，Hua XXIII，489)。照片上的实际“形象”（桥）某种意义上脱离开该物质物而浮动着，成为一显现物。在其 1904—1905 年讲座中，胡塞尔称形象本身为“再现性的客体”（das repräsentierende Objekt）或“图像客体”（Bildobjekt，Hua XXIII，19)，它不同于被呈现的实际客体（照片显示的实在桥梁)，胡塞尔经常称之为图像的“主题”（Bildsujet，Hua XXIII，489)。图像客体是一“显现物”（Scheinding，Hua XXIII，19)，属于“显象世界”（Scheinwelt)，但它显现得毕真生动，就像一知觉客体一样。胡塞尔说，它不是物质性客体的一个实在部分。颜色和线条都是照片的实在部分，但形象客体不是其一部分。他把该形象看作是一种“无”（Nichtigkeit，参见 Hua XI，351)，看作是幻想中的一个形象。形象意识不同于幻想，因为幻想不需要物质性基底或支撑物（Bildding)。幻想不是根基于一物质客体的，甚至是属于意识本身的。此外，想象的形象随着想象行为或幻想行为的结束也就消失了，而以物质客体为根基的形象则可长存。图像物在时空上不同于物质物，它是一观念性客体。一图像意识也不同于一幻觉意识（Hua XXIII，486)。一个雕塑不是一个幻觉；它是在知觉中把握的一实在客体，但是也存在有一图像意识在起作用，将其看作是一雕塑（如拿破仑像)。当我们看着蜡像馆内一蜡像时，知道我正经验着的东西，之后看见它再现着一妇女。但是我甚至可能错误地把它知觉为一妇女（LU V；Hua XI，350—352；Hua XXIII，487)。在此情况下，这是一直接知觉事例，但却是错误的。只有“探讨”了被假定的客体之后我们才看见它是一蜡像，在此蜡像上叠加着妇女像，此时我们具有了一复合的情境：部分知觉和部分图像意识。

参见词条：fantasy，image，memory perception，presentification

Imaginative free variation（Phantasievariation，freie Variation，Variation）：自由想象变异

160 “自由变异”概念（CM，Hua I，167)、“想象变异”（Phantasievaria-

tion；Hua IX，74）或“自由任意变异”、“本质变异”，或自由幻想，是胡塞尔从个别性事例转向本质看的主要方法论，但却很少在他的著作中被详细讨论。对此课题的研究主要是在《现象学心理学》（1925，特别是 Phen. Psych. §9，53—65；Hua IX，72—87）和《经验与判断》（1938）中讨论的。自由想象变异法在使现象的本质显现为其本质可能性结构（在一切可能变异中保持不变者）方面起着重要的作用。胡塞尔所关心的是，想象变异是“纯粹的”（rein），即在指涉于实际存在时以及在有关实际存在的客体或过程的实在特征的假定中，想象变异是不受限制的。在开始时选择的特殊例子应该是不相干的（Hua IX，74）。目的在于使自身摆脱一切来自世界的限制并进入纯粹可能性领域。胡塞尔区分了想象变异和改变（变化相关于改变有关客体的实在部分）（Hua IX，75）。在《现象学心理学》中他提出了这样的例子，从一特定红的色调开始，通过变异法达到作为本质的红（Hua IX，82）。在《笛卡尔沉思》中胡塞尔提出的例子是寻求一知觉行为的本质，他从任何当下知觉开始，例如看见一张桌子（甚至是在想象中形成的桌子，即想象着看见一张桌子），然后试图改变该物的组成部分，同时在行为中保持该知觉的成分。本质特征是那些在我们的想象中不可能改变者。胡塞尔写道：

> 例如从此桌子知觉开始，通过完全自由的选择，我们改变着此知觉客体桌子，但是在这样的方式中：我们始终使知觉固定为对某物的知觉，不管它是什么。也许我们开始通过虚构完全任意地改变该客体的形状或颜色……换言之，通过排除其存在性，我们将此知觉事实改变为一纯粹的可能性，即诸完全“随意的”纯粹可能性之一，但这些可能性都是可能的知觉。我于是说，将此实际知觉变为非实在物领域，即似乎如此〔the as-if〕之领域。（CM，§34，60；Hua I，104）

自由想象变异法采取我们原初直观的诸方面，并如此替换诸部分，即 161
使本质被显示出来而抛弃任何纯偶然部分。自由变异法的全部要点在于展开经验的各种新的方面，特别是那些不变的方面，属于该经验本质的诸方面。胡塞尔区分了变异和一般化。纯粹普遍项是通过自由变异法达到的，而经验普遍项是通过归纳性的一般化达到的。在《逻辑研究》中（LU III，§5）作为达到真正普遍项和必然物之方式的变异法概念已经被提到，变异法也在《观念1》的想象或幻想的标题下被讨论过。胡塞尔承认，不可能穷尽个别性例子，只要看到相关本质的同一性并承认验证性举例过程可无限进行下去就已足够。存在着“无限的开放性”之例子，但一旦人们看见这些例子中没有任何一个威胁到该本质的同一性而且继续下去（不断进行“如此等等”）变得毫无意义时，就算达到了该本质。变异法应该是完全任意的（与现实情况没有任何联系），但存在有关于（例如）从什么客体开始以及如何抽离有待变异的性质等问题。在这方面，本质变异法被批评为犯了循环论证：人们必须知道例子属于什么类型，以便对其变异以发现本质。在《现象学心理学》中，胡塞尔提出了从一声调开始的例子，但是我又如何知道最初的例子是一声调呢？

参见词条：eidetic insight，edios，essense，fantasy

Immanence（Immanenz）：内在性

“内在性”一词对于胡塞尔有若干意义。它主要被用于指意识、体验及意向性客体在现象学还原后借以被理解的方式。胡塞尔把内在性与超越性相对比，并把现象学看作是运作于内在性之内的。在还原后，意识中的实体，甚至自我本身，都必须被理解为一种“内在性中的超越性”或“内在性的超越性”（CM，§47）。胡塞尔批评了笛卡尔之后近代哲学中出现的误导性的和错误的内在性概念。在其《现象学观念》中，胡塞尔把这样
162 的近代哲学关于内在性的理解斥为谬误，即认为知识客体被理解为意识中的观念以及认为认识论的任务就在于确定这些观念如何超越自身指向世界上的超越性客体。胡塞尔说，现象学提出了一种新的内在性概念以及“内在性之内的超越性”概念（CM，§169）。他经常谈到笛卡尔对自我之纯粹的或“原初的”内在性之回溯。自经验是纯粹内在性领域，胡塞尔认为一种新的“内心理学”对于探讨此领域来说是重要的。

参见词条：transcendence

Inauthentic presentation：非真实观念呈现

参见词条：genuine presentations

Indication（Anzeichen）：指示，指号

在“第一逻辑研究”中，胡塞尔区分了表达和指示〔指号〕。指示性记号在没有意义中介时直指客体。一切记号都意味着“某物”。一些记号纯粹作为“指号”起作用，即直指自身以外的另一物。此种指示作用具有在诸存在物之间建立某种联系的形式：冒烟指示着火，一化石是一哺乳动

物的记号，一面旗帜代表着一个国家，一个手帕结起着提醒的作用等等，在这些情况中不存在内在的“意义”或“内容”把记号和所意指者联系起来，而且在记号和被指示者间的“指示关系”是因果性的或约定性的，即外在的（LU I，§2；Hua XXVI，§3）。指号本身并不表达意义。信号是指号的一个例子。

参见词条：expression，sign，signitive intention

Inexistence（Inexistenz）：非存在

“意向性的非存在”一词是布伦塔诺在其书 PES 中用来描述意念行为中的意向性客体的存在样式的。一种意向性行为可以朝向可能存在或可能不存在的客体。我可以希望我找到渴望物，或追求一理想伴侣，接受一“圆之方”概念等等。布伦塔诺所用的“非存在”是他对中世纪经院哲学的 inesse（直意：“在内”或“存在于”）一词的翻译，用于表示一偶性存在于一实体内，例如，“白性”存在于“白纸”内的方式，或知识存在于认知者的方式。概念“in”在此并不具有空间性含义，而是表达着依属性。 *163*
后来在该书 1911 年版内，布伦塔诺承认自己早先的观点是含混的（PES，180n），打算用“意向性的”一词取代“客体的”一词（经院哲学的另一专门术语），但是这会引起那些不熟悉“客体的存在”（esse objectivum）一词之经院哲学意义者的误解，其意思是事物是“客观地”存在于心中之方式，以对比于事物的“形式的存在”（esse formale）之方式，即事物如何在实在中存在。例如，笛卡尔在其“第三沉思”中讨论了此经院哲学的术语区别。后来布伦塔诺反复强调，意向性客体最好不被描述为具有“非存在”性的特殊客体，而应描述为由心“所想的”实在客体。布伦塔诺反复援引笛卡尔有关客体实在和形式实在的区别来说明意向性客体的性质。胡塞尔在“第五逻辑研究”中表示自己不满意于“非存在”一词，他在讨论布伦塔诺的意向性概念时认为此词具有误导性。

参见词条：Brentano，intentionality

Infinity（Unendlichkeit）：无限性，无穷性

“无限性”一词（apeiron，直意是“无限制”）由亚里士多德在其《物理学》中提出。亚氏否认无限性可以实际上被实现。他认为，每一无限性都只是潜在的。实际的无限性在中世纪成为上帝的一种性质。在中世纪的神秘主义中，上帝被描述为一个无限领域，其中心无所不在，而又无边无界。胡塞尔把无限性的发现看作是希腊哲学伟大的突破性概念之一（《危机》，§9）。从其早先作为数学家时起，胡塞尔就对康托尔关于超限数的研究和布伦塔诺对无限性概念的探讨发生兴趣。他认为，科学应被理解为担负“无限任务”的一种无限的研究计划。经验应被理解为诸可能经验的一个无限的界域（《危机》，§42）。科学中的时空应被理解为相对于生活世界经验的一种无限性概念。

参见词条：Cantor，Vienna Lecture

Ingarden，Roman（1893—1970）：英加登

英加登是波兰哲学家和现象学家，因其有关形上学和美学的著作而闻名。他于1893年生于克拉考夫，并在哥廷根和弗莱堡跟随胡塞尔学习。
164 1918年他出版了关于柏格森的博士论文。他在1925年发表了题为“本质问题”的教职资格考试论文（写于波兰）。他是史泰茵的近友并与胡塞尔经常通信，直到后者于1938年去世。他曾在波兰Lvov担任哲学讲师并发表过两部重要的著作：《文学的艺术作品》（1931，德文版）和《文学作品的认知》（1936，波兰文版）。战后他任教于克拉考夫的Jagellonian大学，死于1970年。他对胡塞尔唯心主义的批评发表于《论导致胡塞尔走向先验唯心论的动机》，由Arnor Hannibalsson翻译（The Hague：Nijhoff，1976）。

Inner perception（innere Wahrnehmung）：内知觉

内知觉指当主体进行外知觉行为时意识行为本身在反思中被把握的方式。布伦塔诺在其PES中提出一种基于“内知觉”的心理学，他将内知觉对比于“内观察”或内省。布伦塔诺如此说明他在心理现象和物理现象之间所作的区别：“一内知觉的客体只是一心理现象，而一外知觉的客体只是一物理现象，如一声音、气味等。”（PES，210）人们在拥有自己的心理状态时并不能观察它们。但是，经过细心的训练，人们可以在接触外部现象时知觉到自己内部的心理状态，而且此知觉所把握的是心理状态的全部。布伦塔诺说，内知觉可直观地统握“最终心理成分”（PES，45；DP，13），即心理行为的实在部分。内知觉产生了必然的、确然的真理。对于布伦塔诺来说，心理行为的一个特征是它们以确定性呈现着，虽然该确定性可能被忽略并因种种原因而模糊不清。他写道：“我们在内部知觉到的思想物（该物具有功能，该物进行判断，该物具有意欲），正是我们所知觉者。但是所谓外知觉所呈现于我们者，并非以其实际方式显现于我们。”

他认为，内知觉是一种伴随的或附加的意识（Bewusstseinsnebenbei），按此意识基本行为的本质特征是“偶然地”（en parergo；PES，276）被把握的。没有知觉行为就不可能有统觉（DP，171；PES，153）。我们内在地所知觉者只是现在以及在直接记忆中现前者。他认为，在内知觉内所给与 165
的一切，都是以某种确然的明证性所与者。胡塞尔在“第六逻辑研究”附录和他处，批评了布伦塔诺关于内知觉的观点。

参见词条：Brentano，cogitatio，cogito，descriptive psychology，outer perception，perception

Insight（Einsicht）：明见，直观

胡塞尔认为“明见”，特别是“本质明见”，是一特殊认知过程，在此过程中某客体被明证地统握。明见是认知的一个基础特征，而且胡塞尔认为必须在认识论中对其给与充分重视。明证性必须根基于原初的经验和明见性（Hua I，6）。在逻辑学公理、数学公理以及我们的直接意识体验中具有明见性（《观念1》，§78）。确认明见性模型即为笛卡尔在“我思故我在”的确认真理中所发现者。

参见词条：eidetic insight，evidence，intuition

Instinct（Instinkt）：本能

胡塞尔认为，自我是行动和感受的中心，而且被动地受到本能、欲望和冲动的作用。在自我之基底存在有一种“本能自我”（Instinkt-Ich），在那里冲动、需要和本能或许在意识不出现时起着作用。胡塞尔认为，在我们的意识的、意向的生命下存在有一本能复合体，它触动着和唤醒着自我的兴趣并促使它进行反应。在其研究手稿中，关于冲动和本能问题他曾进行过大量详细的讨论，主要是在“C组”稿件内（现在出版于胡塞尔的《资料卷VIII》〔*Materialen Band VIII*〕内）。存在有一种使得经验具有意义、将我们的诸时间性经验联结成整体、将过去经验稳定地传递到未来等深度的本能。本能和冲动具有一种已可描述为意向性的“指向性”〔directedness〕，他称冲动和本能的此指向性为“元意向性”〔proto-intentionality〕。此元意向性成为全意识性活动的意向性实行的基础。胡塞尔甚至谈到“先验性本能”及“本能性理性”。他认为，生命永远是追求满足的冲动或奋斗。然而，自我回应本能性动力的方式是非常复杂的并具有多个层次。本能可以在意识的层面上被把握及被解释，而且可被同化为习惯。也存在

有对他人的一种本能性的元意向性，它为主体间的较高层次的构成性成就
166 提供着基础。按照胡塞尔的观点，母子关系是一切关系中最基本的。儿童本能地朝向着自己的母亲。

参见词条：drive，stimulus

Intending (Meinen，Meinung)：意念〔意向〕行为，意念作用

胡塞尔经常使用 Meinung 一词（现在分词）或动名词 Meinen，用其意味“意图”〔intend〕、“意指”（mean）或“指涉”〔refer to，指、指示〕，以表示我们的意识状态的意向性。意念〔意向〕是对某物的一种意指，一种“想要说某物”或“想要思考某物”。利科将意向性翻译成法文 vouloir-dire*。一切意识的行为都是意念着某物的意念行为〔intending that intend something〕（CM，§20）。例如，在 CM §4 中，胡塞尔说，“判断行为就是意念行为”（Meinen）。他也在 CM §15 和他处谈到“前意念行为”〔pre-intendings〕或“预期性意指”〔expectant meanings〕（Vormeinen）以及“伴随性意念行为或意指行为”（Mitmeinen）（CM，Hua I，84）。此种意念行为可以是“空的”或“实的”，这取决于被意念的客体是否以其“自现前”（即明证性）满足〔相符于〕该意念行为。

参见词条：cogito，intentionality，meaning

Intentional content（der intentionale Inhalt）：意向性内容

胡塞尔在“第五逻辑研究”中试图通过一系列复杂的区分法来克服布伦塔诺关于意向性讨论中的缺欠。布伦塔诺不够严格地将意向性行为所针对者称作是其“内容”或“客体”。胡塞尔认识到，内容和客体可以在松散的意义上用来指出行为的同一客体极，但是在此需要进一步的细致区分。在胡塞尔看来，“意向性内容”一词意义含混。在一种意义上，它可指被意向的客体。然而胡塞尔要区分被意向的客体〔the object that is intended〕和当其被意向时的客体〔the object as it is intended〕（LU II，V §17）。同一客体可以以不同的方式被意念〔被意向〕，例如，拿破仑可以呈现为“耶拿胜利者”或“滑铁卢失败者”。一行为的意向性内容也包括行为性质和行为质料。在《观念 1》中，胡塞尔提出了诺耶玛功能来克服内容和客体概念中的含混性。

---

* 直意：“想要说”。——中译者注

参见词条：content，intentional essence，noema，objcct

Intentional essence (intentionales Wesen)：意向性本质 *167*

按照胡塞尔的“第五逻辑研究”（§21，§37），一意向性行为的意向性本质是由该行为的质料和该行为的性质组成的统一体（胡塞尔甚至称之为同一体），二者结合起来形成了该行为的描述性内容。胡塞尔以一种非常复杂的方式分析了意向性行为，以便克服他认为是布伦塔诺的行为内容二分法模式中的缺欠。胡塞尔用“意向性本质”一词表示行为的意向性客体的性质，此行为被客体据以被统握的行为种类（行为性质）所变样。于是如果意向性行为是“约翰想象着一匹白马”，该行为的意向性本质就并不是意向性客体“白马”，而是此特殊意向性的客体：“被想象的白马”。存在有并不从属于“意向性本质”概念的一意向性行为的其他方面，例如“感觉”〔sensations〕。胡塞尔说，意向性本质并不能通过现象学方法穷尽该行为（LU V，§21）。胡塞尔同样区分了行为的意向性本质和行为的语义学本质。语义学本质是那种具体意指行为，它在该行为中使得该意义可被抽象出来。意向性本质意在表示那种使得在其观念呈现中实际上不同的两个行为（胡塞尔的例子是格凌兰的冰区被两个不同的人思考）在本质上所相同者。并非是说该二行为需要共享一共同的部分或者甚至彼此类似，而是说二者的行为性质和行为质料结合起来产生了同一的意向性本质。

参见词条：intentional content

Intentional object：意向性客体

参见词条：intention，intentional content，noema，object

Intentionality (Intentionalität)：意向性，意向关系

意向性可被描述为我们意识状态的“关于性”〔aboutness〕或“指向性”〔directedness〕。胡塞尔认为，现象学方法广义而言即意味着意向性方法。他甚至说，“作为标题的意向性代表着进行说明、进行解释的唯一实际的和真实的方式”（《危机》，§49，168；VI 171）。胡塞尔谈到有必要返回“意向性始源”并企图追踪意义的形成（sense formations），后者是我们最终以一完全直接的方式经验作完全的、被直观的生活世界，理解作一 *168*
种“意义关联体”（Sinnzusammenhang，《危机》，284；VI 331）或者“意义结构”（Sinnbildung，《危机》，378；VI 386）。胡塞尔是从赞赏经院哲

学的布伦塔诺处继承了意向性概念的。胡塞尔最初详细讨论“意识”，不考虑意识行为与一自我的关系，并只专注于来自布伦塔诺再发现的意向性的意识经验的意向性性质。然而，胡塞尔认为布伦塔诺的意向性描述有误导性和不够适当，陷入了笛卡尔的主客二元论以及内在于该再现主义的一切疑难。他以“客体化行为”概念对布伦塔诺所说的“观念呈现”（Vorstellung）给与一种更准确的论述，并进而讨论他所谓的“现象学的基本问题”即判断理论（LU，Hua XVIII，14）。胡塞尔特别批评了布伦塔诺的传统“观念”概念中的许多未澄清的含混性并细致区分了该词的许多意思（LU V，§44），然而强调指出，逻辑学必须决定“观念”的哪种意义是最适合于其需要的。逻辑学并不遵循语言学的习惯，因为逻辑学的定义是一种人为的规定（LU IV，§3）。布伦塔诺在其 PES 中主张，一切心理行为都由“指向性”或“关于性”加以刻画：

> 每一心理现象都由中世纪经院哲学所说的一客体之意向性的（或心理的）非存在所刻画，而且我们（虽然并非没有含混处地）可以称之为对一内容的指涉，对一客体（在此不应被理解为意指着一物），或者内在的客体的指向。（PES，88）

在一般意义上，每一心理行为都意念着一客体，虽然并非必然是存在物。胡塞尔解释说：“在知觉中某物被知觉，在想象中某物被想象，在一语句中某物被陈述，在爱中某物被爱着，在恨中某物被恨着，在欲望中某物被欲念着，如此等等。”（LU V，§10，II，95；Hua XIX/1，380）布伦塔诺本人开始了解，他的“意向性的非存在”表达式（他曾用以表示经院哲学的
169 “存于其内”概念）被误解为一种特殊种类的独立存在。在其后期著作中他声言自己从未企图说，意向性客体只是我们心中的某种客体，某种纯内在物。胡塞尔拒绝了布伦塔诺区分“心理现象”和“物理现象”的企图，但视其发现意向性具有独立价值（LU V，§9）。胡塞尔同样地对于不加限制地使用“行为”一词持谨慎的态度，但首先希望避免关于“内在性客体”的误导性说法。他坚持说，一切思想客体（包括幻想和记忆的客体）都是超越心的。甚至当我想象某种不存在物时，例如，如果我思考着神话中的朱比特神时（该神祇绝不存在于我思想之内），它不是该经验的一个实在成分或部分（LU V，§11）。反之，甚至虚构的客体也是超越我们的心理经验的，意向性经验永远是超越自身指向客体的，其特性是一“超越自身指向于”（über sich hinausweisen）某物。胡塞尔在意向性行为的质料和性质之间作出了一种新的

彻底的区分。不同性质的诸行为（判断行为、愿望行为、疑问行为）可能具有同样的质料。并非我们的一切经验都是意向性的，即并非都将某物呈现于我们的注意前。胡塞尔认为，感觉（sensations）本身就不是意向性的，它们不是我们意念的对象，而是伴随着意向性行为并使其充实。感觉属于"质料"（而且只在反思中被如此把握），而行为性质提供着行为的形式。胡塞尔也区分着体验的内容和超越心的客体之性质。当我看见一客体时，我只从一侧、在某种照明条件下、从一定角度等等看见它。例如，当我围着箱子走时，我看见了箱子的不同"侧显"或"侧面"，但我知道我正在不同知觉行为中看着同一个箱子。同一客体在不同的样态中对我呈现。在"第五逻辑研究"中胡塞尔区分了被意念的客体和客体在特殊样式中被意向的事实，此区分构成了他在《观念1》中后来提出的诺耶思和诺耶玛之间的区别。在FTL中胡塞尔说，布伦塔诺未能认识意向性的真正意义，因为他未曾把意向性看作一"实行之复合体"，后者最后以这样的方式分层次地沉积下来以形成意向性客体的统一性：

> 因为布伦塔诺的意向性发现显然从未曾导致可在其中看见一种成就关联体〔Zusammenhang von Leistungen〕，后者作为一种沉积的历史包含在一被构成的意向性统一体内及其相应的给与方式内，对此历史，人们总能通过严格方法加以揭示。（FTL，§97，245；Hua XVII，252）* *170*

胡塞尔认为，诸意识行为的最重要和最具统一性的特征是，它们都是意向性的，都针对某客体，都"相关于"某物。是布伦塔诺使得胡塞尔认识到一切意识行为、一切心理过程或体验（用胡塞尔和狄尔泰习用的这个词）都具有意义或"意向着某物"（etwas "im Sinne zu haben"，《观念1》，§90）。胡塞尔在《逻辑研究》中将此主张表示为这样的观点：一切意识都由一系列意义意向〔meaning intention〕（不要将其等同于期待，后者是意向的一个较窄的类）和充实组成。意识的关键是其在一种"超出自身的意指"（hinausmeinen）中"超出"（hinausreichen，LU VI，§10）其所实际经验者。胡塞尔经常使用"Meinung"一词或动词"meinen"来表示"意念"或"意在指示"，用以表达我们的意识状态的意向性。心理行为是带有内容的、指向客体的行为，它们具有对某客观物〔ein Gegenständliches**〕的

* 本段译文录自中译本。Leistung一词的译法多样，前面按英译本译为"实行"，此段按中译本译为"成就"，二者实为一词。——中译者注

** 此德文词直译为"一对象物"。德文和中文一样都有"客体"和"对象"的不同名词，而英文、法文中没有相当于二者的对应词，故基本上均译为"客体"。——中译者注

关系（Beziehung）（LU V，§13，II 101；Hua XIX/1，392）。此外，胡塞尔认为，任何心理行为的一个结构性特征是它可被反思，因此可相当于客体起作用，或者如胡塞尔所说，相当于其他心理行为的“目标”（《观念1》，§98）。意识行为的自反性是一种非常重要的结构性特征，它使人们能够反思行为本身，而通常我们关心于通过行为显露出来的客体。胡塞尔并未说明我们的心智如何能够勾连世界。胡塞尔只是假定，我们能够进行意向性的指涉。他的兴趣毋宁说在于对无数种类的意向性的指涉进行分类并论述支配着意向性行为的先天结构性法则。这就是描述心理学领域，后来被胡塞尔称作是“现象学”。胡塞尔对布伦塔诺的主要批评是，后者认为一切意向性呈现的样式都是同样的，而他察验出了大量不同的种类。后
171 来胡塞尔更一般地根据世界和主体之间的一种先天相互关系来谈论意向性。意向性之关键在于，现象学是主体的一种成就。胡塞尔断言：“一切实在的、世界上的客体都是被构成的成就。”（《危机》，§58，204；VI 208）

参见词条：correlation，descriptive psychology，noema，noesis，phenomenology

Interpretation（Interpretation，Deutung，Auffassung）：解释

在其“第六逻辑研究”（§26）中胡塞尔说，在不同的直观形式中，在解释性把握和其质料间，存在有不同的复杂关系。例如，纯粹记号性〔signitive〕意向不需要感性标记和被意念客体间的关系来形成客观的意指关联性；而在其他的准现前形式中某种内在的关系（基于类似性和相似性）是必要的。一般来说，胡塞尔并未详细讨论他说的“解释”是什么意思，而只是暗示说一种直观的把握或统握并不涉及推论或推理。

参见词条：apprehension，hermeneutics，matter，sensation

Intersubjectivity（Intersubjektivität）：主体间性，主体间关系

“主体间性”一词在德国唯心主义（特别是费希特）中有其根源。胡塞尔在1910—1911年的哥廷根讲座（“现象学的基本问题”）中已经使用了这个词，而在CM中对其进行了深入讨论。他将此概念联系到克服“先验唯我论”问题。胡塞尔的研究手稿，特别是那些现在作为主体间性专卷所发表的，包含着有关此主题的丰富的相关内容。在《危机》中，相互作用中的主体间性现象被追溯至“对一切人”的一个共同世界经验：

我们在连续醒觉状态时也共同活动，以各种不同方式共同评价、计划、行动。(《危机》，§28，109；VI 111)

这就是胡塞尔所谓的“我们—主体性”(Wir-Subjektivität) 领域(《危机》，109；VI 111)，而且他认为这是自从此问题为心理学予以假定以来传统心理学思考所未曾触及者(《危机》，§59)。在其“第一逻辑研究”中胡塞尔已经谈到了言语中交流功能的问题。“其他自我”的经验课题他已 172 在里普斯的著作中遇到过。

参见词条：solipsism，transcendental intersubjectivity

Intuition (Anschauung)：直观

德语组合词 Anschauung 用来表示“看”、“注视”、“望着”(schauen) 等动作，正像拉丁词 intuitus 相关于动词 intuire (看)。康德明确区分了两种不同的机能：感性 (Sinnlichkeit) 和悟性 (Verstand)。康德认为，这两种机能提供了两种不同的“知识来源”。他用“直观”一词取代了更通常的“感觉”(Empfindung) 一词，因为他希望能够说时空是在直观中而不是通过感觉被统握的。康德认为，直观涉及质料和形式二者。质料是“感性印象素材”，而形式是空间与时间。按照康德，诸感官印象结合为一复多体不可能是感官印象本身的作用结果，而应该是来自直观形式。康德指出了，人类只具有感觉性的直观，但他否认人类具有理智直观的能力。康德认为，引入直观和概念之间的区别是使自身脱离莱布尼兹—笛卡尔传统的一种方式，按照该传统感觉被认为是“混乱的思想”。笛卡尔在其“第二沉思录”中将感觉和想象均纳入他的心理思维活动表列内。笛卡尔认为，感觉 (sentire) 是一“特殊形式的思想”。胡塞尔在《逻辑研究》中提出了对康德的直观与概念二分法进行完全改造的建议。胡塞尔首先将感性直观概念看作是对客体的一种直接的把握，像在直接知觉中一样，但是将直观概念扩展至包括了非感性的范畴直观。他认为，认知应该溯源至“给与性直观”中的“元根源”(Urquellen)(《观念1》，§1)。直接的看不是由感性的看构成，而应视之为对任何与相关认知层次相适应者的原初给与性直观(《危机》，§19)。胡塞尔把一种“原初给与性直观”说成是一切认知的基础。

参见词条：categorical intuition，eidetic intuition，givenness，principle of principles

J

Judgement（Urteil），judging（Urteilen）：判断，判断行为

胡塞尔有关判断的观点，是通过其逻辑学研究（鲍尔扎诺、陆宰）以及通过他对亚里士多德、笛卡尔、康德和布伦塔诺诸人的判断理论的研究而形成的。胡塞尔的判断理论是在反对布伦塔诺观点中加以发展的。布伦塔诺对作为主词、谓词之综合的传统判断概念进行挑战，并把“天空是蓝色的”判断解释为对“蓝色天空”的一种断定或设定。布伦塔诺认为一个判断是由对于一观念呈现认同进行肯定或否定所构成的。判断行为即一种对于一观念呈现“说是”或“说否”的行为。当我认为或说“天空是蓝色的”时，我是在肯定该蓝色天空观念。在《逻辑研究》中胡塞尔否定判断可以被看作名词性行为，如对复杂事态的简单称名（LU V，§17）。我们当然可以通过将判断内容名词化使一判断转变为一名词性行为。后者作为一种先天本质可能性属于判断（LU V，§36）。于是，判断“猫是黑的”相符于名词化“是黑的猫”〔the cat's being black〕，后者于是可看作是进一步判断的基础。但是在判断行为和名词化行为之间的这种内在关系并不意味着它们基本上是同一种行为。胡塞尔按照鲍尔扎诺的观点宣称，判断本质上不同于观念呈现。判断断定某物为如此这般（LU V，§33）。胡塞尔说，一判断将情境的诸部分在一“多射线行为”中联结和规定，此情境则被一名词化行为在一“单射线行为”中加以呈现。布伦塔诺并未描述在观念呈现和判断之间的关系，而只是说一判断根基于一观念呈现。一判断的客体是一“事项综合体”，一事态或“情境”（Sachlage）。胡塞尔在 FTL

中发展了有关判断行为的最详细论述，他认为，判断相关于判断者的一种立场或“设定采取”。于是一判断涉及（如笛卡尔所想的那样）一种意志行为。判断能够沉积下来。我可以是相信全球变暖的人。我“如此”坚定，即可以导致对生活的改变。它可以成为一种持久的信念 174
（Überzeugung）。判断对知识以及对作为理性主体的人类是极其重要的。我们的生活是为认知而奋斗的，而且这意味着为判断而奋斗。胡塞尔谈到我们的“判断的生活”。判断与真理相联结并确定其有效性。他将判断看作是一种高阶层活动，此活动建立在更基本的知觉、想象、回忆等行为之上。他多次努力于发展一门判断现象学（例如，LU Ⅵ、APS、FTL 以及最后在 EU 中）。早在 LU 中他即注意于区分知觉和作为行为的判断，后者具有基本上不同的结构。虽然知觉能够充分激发判断，但其本身不是判断。它们是不同的意向性形式（APS，94；Hua Ⅺ，54），虽然在胡塞尔以及康德看来显然存在有一种作为不同重要类别的“知觉的判断”。以前的哲学家们在判断理论上没有取得多大进步，正因为他们错解了判断行为的主观的方面（FTL，§85）。判断行为被混淆于被判断的命题。虽然早先他按照现象学的方法对作为“命题”的被判断者之结构颇多讨论，他特别关心的是作为一实行、作为设定采取的一自我行为、作为一范畴活动、一范畴之行为的判断（EU，§47，198；233）。判断是意志的自觉行为，而且当我持有一判断时，我连续地意欲着它（EU，§48）。他也应用康德的术语说，尽管知觉属于受动性，判断行为则是“述谓自发性”〔predicative spontaneity〕的一种高阶层活动（EU，§49）。判断行为基本上相关于概念化和一般化。当我判断“S 是红色”的时，已经涉及一种对“红”的关系以及一种本质一般性（EU，§49），虽然此一般性（“红”）并未被明显主题化。胡塞尔从判断的最简单例子即知觉判断（他视此为“S 是 P”公式的一种范畴形成物）开始，在其中一确定客体统一体 S 成为中心并由对其予以断定的一述谓词 P 所丰富化。在 APS 和 EU 中，他讨论了连续性知觉（在连续性知觉中对一客体属性的凝聚逐渐强化着）如何成为这种知觉判断的直观性基础，例如，在注视一铜碗时我遍视该碗并能专注于特征以及对其进行个别的察验，却仍然意识到该客体本身的持续统一性。

> 在整个过程中我们连续地朝向该客体全体，我们统握它并始终视其为一个主题之基底。（EU，§24，117，130） 175

从此知觉链中“主词”概念出现，正如“谓词”概念出现一样。胡塞尔甚至断言，判断中涉及的一切概念范畴都以“前述谓经验”为基础：

> 的确，我们在述谓判断领域内只能在真正的意义上谈及逻辑范畴……但是一切出现的范畴和范畴形式都是在前述谓的综合基础上建立的并在其内有其根源。(EU，§24，115，127)

在FTL和EU中这是其判断形式“发生学”（胡塞尔用语）的基础。胡塞尔批评布伦塔诺把判断看作是对一表象的承认（Anerkennung）或“说是”（或“说否”）的观点。判断不能被解释为某种伴随一客体表象的信念态度。开始时，虽然判断具有一“行为—客体”的意向性结构，一判断的客体是一“事态”或“某物如是这般之事实”，但不是像在一知觉中那样的一简单客体或客体串列（LU V，§28）。但是，在LU中，胡塞尔主要关心于将一判断的客体（一事态）及内容（所判断者，“命题”）表达为某种观念物。与弗雷格及布伦塔诺的观点相反，胡塞尔把亚里士多德的判断观恢复为一种主谓关系。他比亚氏更明确地强调，判断是一设定行为，而不仅是对一命题的接受。判断是一设定行为〔thetic act〕。判断涉及设定或“构成”高阶范畴客体（“猫在席子上”）。在FTL中，胡塞尔把这些被构成的判断客体视作非实在的：“在判断行为中，某种非实在物被意向性地构成。”（§63）在其后来的讨论中，胡塞尔主要集中于信念的不同层次上：一判断可相关于被判断的情境加以表达。在真正“述谓性”意义上，判断根基于出现在知觉及知觉之“意义确定性”中的诸样态：

> 176 在穆勒、布伦塔诺和希格瓦尔特以来的晚近逻辑学运动中的判断理论框架内，人们如此热烈争论的问题，就其核心而言不是别的正是对存在和存在样态确定性的逻辑功能之本质所作的现象学阐明。(APS，66；Hua XI，28)

判断只从知觉产生，当存在着该知觉的一种“分裂”时，以至于判断的内容的某一部分被含混地给出并寻求着一个决定。“协调性的”知觉“包含着”一个决定（APS，104；Hua XI，63）。但是，知觉本身并不包含判断。对一客体的未现前侧面的此空的直观把握，不是一个推理的问题。胡塞尔并不接受这样的观点：一切看行为都是命题性的“看……”〔seeing-that〕，例如，看见“该球是正圆的和绿色的”。看行为是对客体现前中之存在的一种体验。它还不是对该客体的充分肯定，但它为此肯定提供了基础：

当自我简单知觉时，当它仅意识到、统握到：何者存在、何者自身呈现于经验中时，并不存在采取一种设定的动机，如果并无其他呈现者的话。(APS，93；Hua XI，53)

胡塞尔部分地设想，知觉和判断之间的区别必定与自我的作用相关。判断行为是自我的一种活动（FTL，§63；EU，§47）。采取设定的一种特殊行为要求一定量的不确定性、对立动机的相互作用。判断行为能够发生于“一种动机性知觉的原初性领域”，但这只是当一种冲突被把握时才发生。在其中无冲突性因素呈现的通常“平滑的”知觉中，并不存在自我的作用。判断行为，通过对比，就要求自我的积极介入了。当我判断某物正确时，此判断成为我的信念的一个持久的部分；我认为它是解决了。诸知觉不会以同一方式被结合，但必须连续地被更新。与判断相比较时，知觉中有不同的时间关系（如果我中断一知觉，我仍然知觉着该客体；如果我在判断行为中间中断知觉，判断就不会被实行）。判断行为具有不同的 177
清晰性层级。一判断可能是完全模糊的（FTL，§16），但它可以改进其表达的清晰性。

参见词条：apophantic logic，presentation，proposition，state of affairs

K

Kaizo articles, 1923—1924：《新生》文章

在1923—1924年，胡塞尔在日本思想杂志《新生》上发表了三篇文章（现在重印于Hua XXVII），李凯尔特和罗素都曾向该刊投稿。胡塞尔的题目是通过创造一种普遍道德秩序并通过狭隘民族主义来促进哲学和科学的新生，以便为真正的共利社群奠定基础。在文章中他应和着许多德国人的情绪抱怨着魏玛共和国的骇人局势，在那里“心理的折磨”和经济的屈辱取代了战争。胡塞尔认为克服“现实政治”和重建一个民族信心的唯一希望在于从精神上恢复人的目的意义，一种欧洲启蒙精神（胡塞尔认为日本近来正在参与此欧洲文化）理想的新生。当然，此一新生体现在作为一种严格科学的哲学，但是现在需要一种人类精神的科学对此给与补充并为精确科学提出道德目标。胡塞尔提出了“有关人类精神本质的先天科学”（HSW，329；Hua XXVII）。人本质上是理想动物：

> 人被称作理性动物，不仅因为他有理性能力而且只是偶尔按照理性的明见调节和证明其生活，而且因为人在其全部积极的生命中永远地并处处地按此方式生存。（XXVII，33）

这种合理性产生于实践的奋斗中，此奋斗为自身提供了理性目标，这个理性在观念的极限上也即是上帝观念（XXVⅡ，34）。“一切特殊的个人生存都是积极的生存，并服从着理性的本质规范。”（XXVⅡ，41）从本质上说，在这些年月里胡塞尔将其哲学发展为一种“高级人本主义”，此观点在其最后一部著作《危机》中会加以发展。

参见词条：renewal

Kant, Immanuel (1724—1804)：康德

伊曼努尔-康德于1724年出生于普鲁士哥尼斯堡一个信奉严格虔敬派宗教的家庭里。他毕生都住在哥尼斯堡并在那里的大学学习和教书。他最初接受晚期中世纪哲学教育和研究莱布尼兹。他自言在1771年左右休谟的怀疑主义将他从“教条主义的昏睡”中唤醒。他写出了使其名满天下的三大批判，包括第一批判《纯粹理性批判》(1781；第二版1787)。康德赞成一种批评的哲学，即探究客观知识可能性条件的哲学。他主张一种先验唯心主义，声称时空是感性直观的形式，而非作为世界一部分的简单独立存在。康德断言一切人类知识都具有两个根源：感性和悟性；而且他排除了一种纯粹理智性直观的可能性。胡塞尔与康德的关系是复杂的，并一生中多有变化。最初，胡塞尔追随布伦塔诺因而忽略康德。但在哥廷根时代早期，特别在1905年以后，胡塞尔开始在其讲座和研究班中涉及康德。例如，1907年在其“现象学观念”讲座中他承认自己的问题和康德在其《未来形而上学问题》中的讨论相类似，即在知觉判断和经验判断的区别中客观性如何起作用。但是，胡塞尔区别于康德之处在于，康德未能摆脱“心理主义和人类主义”的制约：

> 康德没有达到在此必须加以区别的最终意图。对我们而言，这不是一个纯主观有效的判断的问题，判断的有效性被限制于经验性主体，而客观上有效的判断是对一切主体均须有效。因为我们排除了经验性主体，而且先验性统觉，意识本身，将立即为我们获得一完全不同的意义，此意义绝非具有任何神秘性。(IP，36—37；Hua II，48)

在1907年的“物与空间”讲座中他否认自己根据康德的问题（康德在1772年的著名的《致 Markus Herz 的信》中提出）提出了客体构成的问题：主观的再现如何超出自身获得客体知识。以此方式提出问题已经是向再现主义屈服了。胡塞尔说，这类问题是“被反方向提出的”(DR，§40，117；Hua XVI，140)。对于胡塞尔来说，问题并不在于被知觉者的存在，而在于知觉或认知的本质以及被知觉物或被认知物本身之本质。正如他后来在《危机》中所说：“关键不在于获得客体而在于对其理解。”(Hua VI，193) 179

在此意义上，胡塞尔同意康德所说的一种“先验性”研究意在寻求

“可能性之条件”。胡塞尔在其《第一哲学》和《危机》中广泛地讨论了康德。胡塞尔认为康德承认素朴的客观主义忽略了匿名性的操作性的主体的作用。康德正确地探索了客观经验世界的主观条件（《危机》，§29）。胡塞尔批评康德没有认真看待探索笛卡尔最初发现的先验自我域的必要性。康德的确承认“认知性主体”的作用（《危机》，§27），但仍然囿于自己的自然主义偏见中，因此他是在一心理学的意义上理解主体性的。结果，康德从未发现生活世界的匿名性结构，而且从未显示出世界问题。康德也假定着神秘性实体，如机能和“物自体”，对此胡塞尔视之为荒谬而加以拒绝。胡塞尔在很多领域内接近康德，特别是在其承认综合、时间意识和先验自我的作用等方面。

Kaufman, Felix (1895—1949)：考夫曼

考夫曼生于维也纳，毕业于维也纳大学的法学和哲学专业。他是一位热心的胡塞尔现象学的读者，参加过围绕着 Hans Kelsen（他的博士论文负责人）、经济学家 Von Mises 以及最终以维也纳学派著称的小组所形成的诸团体的会议。考夫曼对于年轻的舒茨的社会现象学产生过重要影响。而且他的《数学中的无限及其排除》（1930）的书曾受到胡塞尔重视。考
180 夫曼在维也纳学派的聚会中经常讨论胡塞尔（据说引起石里克及他人的厌烦），而且也写过关于现象学和逻辑经验主义之间关系的著作。1938 年考夫曼移民至美国，作为学者他在纽约新学院讲授法律和哲学。他写过很多关于现象学和分析哲学关系的文章，而且甚至与移民同事卡尔纳普就归纳法性质和真理问题进行争论，并发表于新创刊的《哲学和现象学研究》上。由此学术交流中显而易见的是，卡尔纳普对考夫曼颇为尊敬，而且考夫曼被认为是在现象学和新出现的逻辑实证主义传统之间一位有影响的调节者。他在 1940 年法伯编辑的《纪念胡塞尔的哲学文集》中发表了重要的文章《现象学和逻辑经验主义》。考夫曼特别维护胡塞尔关于本质直观（Wesenschau）的概念，用以反驳石里克的批评（对此我们后面会讨论），而且澄清道，胡塞尔的明证性概念被很多批评者误解，他们把此概念视作一种关于确定性的主观感觉。

Kinaesthetic sensations (kinästhetische Empfindungen)：动觉，运动感觉

动觉感或运动感觉是这样一类感觉，在其中我使自己运动，即我以此“感觉”意识到在我身上和身内的运动（有时这类感觉被称作是“运动的

感觉”〔motor sensations〕)。此词在19世纪德国、英国和美国心理学家中经常使用（例如：缪勒、蒙斯特伯格和詹姆士），不只是胡塞尔。“动觉”一词并不很精确，而且胡塞尔本人对此词的用法前后也不一致。例如，并不清楚动觉包括一切本体感受的〔proprioceptive〕经验，包括肌肉感、努力经验、力量经验、平衡经验等，还是说仅只含有相关于知觉和运动的经验。他曾谈到：感觉，综合体，环境，显象，过程，动感（《危机》，§47)，动感过程，系统等等。胡塞尔沿袭着德国心理学的用法，多多少少令人误解地称这些概念都是“动觉感”，他似乎以此指它们都是关于运动（kinesis）的感觉，而不可能是自由进行的（虽然它们并非完全是意志的样式）。在EU中他说道：

> 我们称这些运动是“动觉”，它们属于知觉的本质，而且尽可能地使知觉客体从一切方面都成为所与者。(§19，84，89) *181*

它们被纳入系统：

> 就视觉言，从眼运动中的有序感觉系统中，从自由动作的头部运动中等等，都有某种视象系列按此方式展开。在此情况下，在知觉上开始此运动时所把握的物的“形象”，以及在一切情况下属于物的视感觉，都在动机化的秩序中展开。在如此的距离上，在这种方向上，具有这种颜色等等，如人们所见，要是没有这样的动机化关系，是不可设想对物加以把握的。(《观念2》，§18，63；Hua IV，58)*

对于动觉，胡塞尔并非以其指身体的生理学运动（身体能够进行的身体性运动），而是指我们的第一人称的经验性运动感，如眼睛运动，头的上翘和转动，仰望和俯瞰等等，特别是在这些运动是自由地进行时。胡塞尔使用此词于头部运动等经验，但他也用其指看、听以及举高、负载、推动等经验（《危机》，§28)。胡塞尔认为，在此意义上，躯体是一“自由运动的感觉器官”(《观念2》，61；Hua IV 56)。当然，在理发师移动我的头时，仍然存在有一种自由成分，因为我选择了配合，而不是维持颈部肌肉的僵直，不过他转动和抬起我的头部的行为并不相同于我自己运动的行为。有时，他将这类运动称作是“内部的”感觉，以对比于在实在世界中

---

* 此段译文基本转录自胡塞尔原书，中译稿文字略有更动。莫兰本段引文略有删节。——中译者注

实行的实际运动。胡塞尔认为，一种动感必定在身体的特殊部位有其“位置”（Stellung）；它也具有“我能够”的性质，而且可通过“练习”对其加以控制。胡塞尔在《危机》§47中谈到“动觉过程”，后者具有“我做”、“我动”、“我握住”等特性。与外部身体运动相对应，存在有内部的动感过程。胡塞尔在此谈到一种“双侧特性”（VI，164）。要继续将我的眼睛凝注于某物上时，就要求一种有意识的注意或“集中”行为。在转过头去时，我具有一种对某种知觉持续性的期待。我的知觉经验具有一种
182 “如果—那么”的特性，一个动觉能力系统存在于每一知觉确定性的背后。在动觉系列和客体显象系列之间存在有一种严格的相关关系。胡塞尔使用“动觉”一词表示自我本身的能动性〔motility〕（《危机》，106；VI，108）。它包括我们支配（walten）躯体的很多经验（《危机》，§28，§62）。我和我的动觉的关系是直接性和熟悉性之一。我知道移动眼和头的感觉，但我也知道移动它们以从特定角度监督它们。我的支配行为都是每一知觉所特有的（《危机》，§62）：用眼来看，用指来触。我的诸动觉并非像身体运动一样是出现在空间内的。它们只是间接地“被并置于”运动中（§62，217；VI，221）。我的动觉进而构成了客观空间经验，因此它们本身不可能同样地是客观空间性的。

参见词条：sensation，sensings

Knowing or recognition（Erkennen）：认知

胡塞尔强调，知识并非仅仅由其客观侧组成，即诸真命题或诸真理系列，而是也具有主观侧，即认知行为（das Erkennen），即在一特殊非心理学意义上理解的不可排除的认知活动或成就。胡塞尔坚持说（不仅是在其先验性转向后），客观知识是主体的一种成就或完成，或者更准确地说，此诸主体是在一主体间协同方式下共同合作的。他认为，系统的知识（科学）不只包含着关于客体域的一个真命题系列，而且也包含着一个诸认知主体的成就、完成或实行（Leistungen），即“一个思维行为统一体，一个思想性向统一体”（LU Prol.，§62）。每一知识项目都是在一特殊判断行为中被获得、被达到和被保存的。任何认知理论都必须认知主体侧的此基本贡献，而非将其“心理学化”。胡塞尔关心认识论，而非关心认知心理学。在“第六逻辑研究”§8中，胡塞尔把认知行为看作是被意念者和被直观呈现者之间的同一性经验（通过一种同一化综合达到的）。

参见词条：achievement，epistemology，fulfilment，knowledge，

synthesis of identification

Knowledge（Erkenntnis）：认知 183

在《逻辑研究》中胡塞尔把现象学和认识论或认知理论（Erkenntnis-theorie）相联系，后者他有时称之为“知识批评”。在其早期著作中，现象学被看作是具有这样的功能：通过阐明主体性和客体性之间关系的基本假定来为科学认知提供一牢靠的基础。在笛卡尔之前，认知被素朴地理解为主体和世界之间的一种直接接触。胡塞尔对康德有关发现知识可能性之必要条件的计划持同情态度。然而，他把自己的研究看作是比康德的更为意义深远。他认为，最高种类的认知是一种直接的直观，在这里意念是通过被意念客体的现前所充实的。胡塞尔将认知等同于一意念的充实（Hua XX/2，735），即当在被意念者和在被直观中充分把握者之间存在有一种相符性的认知时（“第六逻辑研究”）。胡塞尔也将认知看作是等同于明证性，并区分了知识和信念。知识是对真理的明见。在其后期著作中，特别是在《危机》中，胡塞尔认为客观性是通过主体间一致性达到的。

参见词条：epistemology，evidence，fulfilment，knowing，science

Koyré，Alexandre（1892—1964）：科依勒

科依勒出生于俄罗斯的犹太家庭。他曾于1908—1911年在哥廷根大学随胡塞尔和希尔伯特学习，而且是哥廷根哲学学会的成员。然而他后来离开了哥廷根到巴黎随同柏格森学习。1914年他加入了法国驻外兵团。战后从1922年起他在高等研究实践学院教书。由于德国入侵他离开法国到了开罗，并再后移民美国，在美国他曾在纽约社会研究新学院、霍普金斯大学教书，最后落脚于普林斯顿大学。他专长于数学，特别是近代数学的发展，撰写过关于伽利略和牛顿的学术性论文。在其《从封闭世界到无限宇宙》（1957）中他描绘了早期近代神秘哲学家如 Nicolas of Cusa 和 Giordano Bruno 等人思想中的无限宇宙概念。科依勒参加过1929年胡塞尔的巴黎讲演并在1930年代早期到弗莱堡访问过胡塞尔。他对胡塞尔的最后一次 184
访问是在1932年7月。科依勒和胡塞尔都同意将伽利略视为一位革命性天才，其真正突破性成就是借助柏拉图的数学形式来设想自然的（用数写成的关于世界的书），而不是将其视为一名经验的科学家。科依勒于1939年在《伽利略研究丛书》系列中发表了他的伽利略研究著作。

参见词条：Galileo Galilei

L

Landgrebe, Ludwig (1902—1991)：兰德格里伯

兰德格里伯于1902年生于维也纳并于1921年进入维也纳大学。在舍勒的影响下他迁移至弗莱堡随同胡塞尔学习，并于1923—1930年成为其助手。1927年在胡塞尔的指导下他完成了博士论文《狄尔泰的精神科学理论》，之后到布拉格随同布伦塔诺以前的学生克劳斯完成了关于《马尔提的语言理论》的教职资格考试论文。1920年代末期他开始随同胡塞尔工作，为其收集和整理手稿。他部分参与了《观念2》的编辑工作。他也从胡塞尔的关于被动综合问题手稿中选择资料，完成了1938年出版的《经验与判断》这部最后著作。1939年他继续前往卢汶新成立的胡塞尔档案馆工作，但稍后被入侵比利时的纳粹遣返回德国。战后他的资格考试论文提交给汉堡大学，遂于1947年开始在那里教书。他在那里的学生包括Hans Blumberg。1954年他迁往科隆，成为那里新成立的胡塞尔档案馆的馆长，直到1971年退休。他于1991年去世。出版物包括：《现象学之路》(1963)、《现象学和历史》(1968)以及《现象学和实践》(1976)。

Language (Sprache)：语言

185 一般来说，胡塞尔并未将语言设为其研究的主题，但是他承认语言对于思想表达的必要性。胡塞尔在《逻辑研究》中已经承认，系统的知识依赖于语言，而且认知性判断必须要在语言中表达。在“第一逻辑研究”中，他主要从说话者的观点讨论了语言。一个说话者意指着一意义（Be-

deutung)，而且具有一沟通的欲望。语言因此具有一表达功能（表达一意义）以及一沟通（kundgebende）功能，因为说话者希望向听话者传达什么（例如，一命令，一问题，一同意，一不同意等等）。一语言表达式表达着一意义（即体现一观念性意义），也企图向一听者交流或传达什么。有时胡塞尔似乎坚持一种哲学上纯化的语言观念。在 LU《导论》§9 中他承认语言是不完善的，因为语言是含混的。他随着穆勒观点认为，逻辑学应该对语言加以澄清（LU《导论》，§1）。他认为，形式逻辑必须根基于一种形式语法，后者为将诸意义结合为有意义的单元提供了形式法则。胡塞尔的还原法程序受到挑战，因为它未曾为日常语言提出基本假定。在其关于“生活世界”的著作中，他承认了语言意义的历史性和语境关联性。然而胡塞尔从未像海德格尔那样发展一种关于语言解释学的理论。在其《几何学的起源》中，胡塞尔承认在保持历代传承的意义同一性方面书写记号的特殊作用。胡塞尔有关语言记号和书写的讨论对于德里达的研究颇有影响。胡塞尔相信，语言中得以流行的新意义需要一种原初的或“原始的基础”（Urstiftung〔元确立〕）或需要这样一种机制，此机制使得新意义得以成立并使其构成为在时间中具有一持续相同的意义。

参见词条：Derrida，expression，grammar，meaning

Lask，Emil（1875—1915）：拉斯克

拉斯克是一位独立的哲学家、广义新康德主义者和李凯尔特在弗莱堡的学生。他随温德尔班完成了教职资格考试论文，之后在海德堡大学任教。他曾受到胡塞尔“第六逻辑研究”中范畴直观的影响并企图在其《哲学逻辑和范畴理论》中发展自己的范畴理论。他曾与胡塞尔通信，胡塞尔 186
非常重视其研究但对其表现出的过于抽象和形式化感到遗憾。拉斯克接受了胡塞尔对意向性的论述并认为价值必须在经验中被给与，同时相信经验中所与的一切都必须置于范畴之下。他于 1914 年成为教授，但学术生涯不久中断，他死于 1915 年第一次世界大战的一次战斗中。他的著作包括《费希特的唯心主义和历史》（1902）、《法律哲学》（1905）、《哲学逻辑和范畴理论》（1911），以及《判断理论》（1912）。拉斯克对于也是李凯尔特学生的年轻海德格尔具有深刻的影响。

Laws of essence（Wesensgesetze）：本质法则

现象学的目的之一是辨识支配经验中的物、情境及一切实体之本质的先天必然法则。在其描述心理学中，布伦塔诺也试图确立支配心理领域的本质法则，例如，每一判断依存于一种观念呈现。胡塞尔声称发现了支配着本质之每一实质区和形式区的很多先天法则，例如不存在无广延的颜色："不存在没有广延表面的颜色"（LU III，§11）。胡塞尔的著作中充满了这些本质法则，例如，不存在无躯体的心灵。存在有逻辑法则、意识法则、认知法则等等。胡塞尔的本质变异方法涉及对假定的本质描述法则的检验。在纯粹幻想中起作用的本质自由变异目的在于产生可能的反例，以对所假定的法则证伪。此种由反例可证伪的存在特性，根据纯经验的一般化作用形成了本质的描述法则。

参见词条：analyticity，essence

Levinas，Emmanuel（1906—1995）：莱维纳

莱维纳于1906年生于立陶宛并见证了1917年的俄国革命。他移民至法国，并于1923年在斯特拉斯堡大学注册，最初研究古典学、心理学和社会学。1928年他在弗莱堡停留两个学期，参加了胡塞尔和海德格尔的研究班。1929年他在斯特拉斯堡获得博士学位。莱维纳参加了胡塞尔（用德文）1929年在巴黎和斯特拉斯堡的讲演会，并与Gabrielle Pfeiffer一同翻译了胡塞尔的《笛卡尔沉思》。莱维纳的博士论文的题目是"胡塞尔现象
187 学的直观理论"，出版于1930年，此书对于法国接受胡塞尔起到了巨大作用。1939年第二次世界大战爆发，莱维纳参加了法国军队并被德军俘虏，整个战争期间在战俘营渡过。因为他是一名军官，免除了对其作为犹太人的迫害。然而他的家庭全体成员都死于纳粹大屠杀。战后他被任命为东以色列师范学院校长并出版了关于犹太经典塔木德的研究。他也继续撰写关于现象学和哲学史的著作，包括若干批评胡塞尔和海德格尔的论文，并发展了自己的哲学思想。他的哲学专注于"他人"的特殊性问题，此他人特殊性，莱维纳认为，既不能归结为胡塞尔的意向性视域，也不能归结为海德格尔的与他人的共在。1961年他发表了《整体性和无限性》，阐明"超越"先验现象学和基本本体论的伦理学"步骤"。此"超越性步骤"，于1974年在其《存在以外或超越本质》中被进一步彻底化。莱维纳特别批评了胡塞尔在"第五笛卡尔沉思"中的主体间研究方法。他认为胡塞尔从一种唯我论方法出发，导致将"他人"的个别性还原为"另一自我"。结果，在这两部书中，莱维纳批评地重新解释了西方使存在与整体性，也就是使真理和意义优先于他人个别性的传统。莱维纳认为，伦理学作为对他人的

责任性（而不是关于存在和整体性的问题）必定带有第一哲学的名称。他成为 Poitiers 的哲学教授（1963），之后是巴黎南特利大学教授（1967），最后成为索邦大学教授（1973）。他的著作包括：《存在与存在者》（1947）、《时间与他人》（1947）、《与胡塞尔和海德格尔一起发现存在》（1949）、《整体性和无限性》（1961）、《存在以外或超越本质》（1974）、《伦理学和无限性》（1982），以及《论来到心灵的上帝》（1986）。

Lévy-Bruhl，Lucien（1857—1939）：列维-布吕尔

列维-布吕尔是法国著名的知识分子，哲学家、社会学家、人种学家以及理论人类学家，几乎与胡塞尔生活于同一时期，他对卡西勒等哲学家、皮亚杰等心理学家以及列维-斯特劳斯、普利查德等人类学家均产生过巨大影响。1879 年他在巴黎高师获得教师资格，之后在 Poitiers *188*（1879—1882）和 Amiens（1882—1883）教授哲学，之后迁回巴黎，于 1884 年在巴黎大学完成了博士论文《论责任观念》。从 1886 年起他在巴黎高师任教，并于 1904 年被任命为索邦大学近代哲学史教授。最初他只发表纯粹哲学著作。他对经验主义（特别是休谟）和实证主义（孔德）具有强烈兴趣。然而在社会学家杜尔凯姆的影响下他开始对社会学和理论人类学产生浓厚兴趣。对异他文化的这种兴趣首先表现在他的出版物《伦理学和道德科学》（1903）中，在此书中他强调道德研究应以不同道德体系（包括原始社会）的一种科学社会学为基础，从而拒绝一种绝对普遍伦理学的可能性。在此书中他承认不同文化中思想体系间的不可通分性。从那以后他开始介入很多关于原始人心态的研究（他创造了“原始心智”〔la mentalité primitive〕短语），专注于前文明社会和近代欧洲文化之间的差异。这些作品中的第一部是《低等社会中心智的功能》（1910），接着是《原始心智》（1922）。1925 年，和 Marcel Mauss、Paul Rivet 一起，在索邦大学建立了人种学研究所，以之纪念死于 1917 年的杜尔凯姆。他于 1927 年辞去研究所和大学职位，专事于写作和旅游。他后来在哈佛、霍普金斯和加州大学开设讲座。1939 年死于巴黎。列维-布吕尔参加过 1929 年巴黎胡塞尔的讲演。他与胡塞尔通信并赠其著作。1935 年胡塞尔给他的信重印于《胡塞尔通信集》（舒曼夫妇编辑）。此信对于梅洛-庞蒂产生过很大影响，在信中胡塞尔谈到生存于流动性之现在的原始民族“欠缺着时间性”观念。在其《几何学的起源》中胡塞尔（无疑是针对着列维-布吕尔的）写道：“每一民族都有其‘逻辑’，因此，如果此逻辑在命题中被说明，此逻辑即其‘先天性’。”

Life（Leben）：生活，生命

189 胡塞尔经常把现象学的目的描绘成对意识之生命的描述。他把生活看作是一种连续性的时间性体验流。胡塞尔吸取了狄尔泰的意识生活的统一“生命关联体”（Lebenszusammenhang）观点。此外，生命最初是由本能决定的。存在有生存的欲望，克服痛苦、饥饿、不适、达到满足的欲望。按照胡塞尔的看法，一切生命都是“奋斗”（Streben）。意识的生命永远是以自我为中心的，一种无自我的意识的概念，在本质上是不可能的。此外，意识永远是具有躯体的。他不仅谈到自然态度中的生命，也谈到先验性生命，后者，按照作为个人的理性目标，努力朝向活生生的自我责任，此个人是与相互承认关系中的其他个人相互关联的。这样，胡塞尔相信，虽然个别人必然有生有死，先验性生命是没有止境的。

参见词条：consciousness，life-world，lived experience，living present

Life-world（Lebenwelt）：生活世界

作为我们经验的一种横向背景的世界之概念，已经在《逻辑研究》中讨论过了。世界是经验之始终现前存在着的视域，一切假定的基础，一切“设定行为”的背景：“生存永远是在世界确定性中之生存”（Inweltgewissheitleben，《危机》，§37）。“生活世界”或“生活之世界”这个胡塞尔用词，在其后期写作中用来表示如下概念：日常经验的具体世界，“日常世界”（Alltagswelt），“经验之直观世界”，在自然态度中所经验的世界。这个生活世界具有主观与客观两个方面。此词非胡塞尔所首创，它或许已经存在于诗人 Hugo von Hoffmannsthal 以及哲学家齐梅尔和倭铿的著作中。Lebenwelt（生存者之世界）也被古生物学家用于表示生存者的地域范围。胡塞尔本人在《观念 1》§50 中曾用 Lebenwelten 一词，该书编辑者舒曼将其改正为 Lebewesen（生存物）。胡塞尔承认，在其生活世界概念形成之间，曾受到阿万纳留斯和马赫的影响。这两个人都赞成返回直接经验的前科学世界。他们想要在科学理论化之前，甚至在物理世界和心理世界之前，规定“自然的世界概念”（natürlicher Weltbegriff）。胡塞尔本人，特
190 别在其 1910—1911 年讲演“现象学的基本问题”中，明确地将其“自然地被经验世界”概念与阿万纳留斯的“前所与的”经验世界概念相联系。在《观念 1》§28 中，胡塞尔谈到“我的自然的周围世界”。这是这样一个世

界，在其中我自己一直存在着，而且它为一切意向性行为提供必要的背景，是一切可能生存于其内的其他世界（例如，科学世界，数学世界，宗教信仰世界等）之“基底”（Boden；《危机》，§40），“意义基础”。1920—1930年代“生活世界”一词频频出现，用以描述前所与的周围世界之特性。在《笛卡尔沉思》§58中，胡塞尔提到“自然的周围世界”。“生活世界”是涵括全面的词，包括兼有自然和文化的“周围世界”，人类及其社会（“自然世界”），事物，动物，我们的全部环境。胡塞尔谈到我们的“生活世界”，我们的“自然世界生活”（《危机》，§43），而且甚至把人类描述为本质上属于此世界的，描述为“世界之子”。生活世界特别包括从主体侧影响我们的场域，经验之波动性场域，胡塞尔所说的信念（一般称作意见）场域或“相对于主体的”场域，后者始终是为人类起作用的，甚至当他们沉浸于科学实践中时。生活世界并非只是“我的”世界，而是“相对于每个人的”或“为一切人的”世界。它具有先天的普遍性，后者可被解释为客观性。它是一“预先被固定的普遍领域”（《危机》§36）。生活世界被胡塞尔描述为“前科学的”、“被具体直观的”、“前所与的”、“永远已经存在着的”（immer schon da）、“在身边的”（vorhanden）、“熟悉的”以及“视为当然的”世界。他甚至认为，“生活世界”不是一局部性的哲学问题，而是普遍性的哲学问题（《危机》，§54）。此世界永远被经验作“一存在着的世界”（die eine seiende Welt）（《危机》，317；VI，296）。胡塞尔说，对于世界而言，“多数是无意义的”（《危机》，§37）。换言之，世界概念如此无所不包，以至于用多数谈及生活世界是无意义的。按其说法，现代西方文化的生活世界，实际上充满了科学观点 191
和技术决定因素。虽然他经常将生活世界与科学世界相对比，他也断言科学世界“属于”生活世界（《危机》，§34e）。对于他来说，然而，生活世界具有一种充分的首要性和基本性，从中产生了一切科学。但是伽利略开始了一种转换，它将生活世界实际上加以切割，以至于成为科学之“被遗忘的意义基础”（《危机》，§9h）。对此胡塞尔写道：

> 我们发现，这个世界（前所与世界）是一切已知和未知现实的世界。时空形态连带包含其内的一切物体形态都属于此实际经验世界，正是在此世界中我们自己亲身生存着。但是在此我们根本没有发现几何观念体，没有发现几何空间或数学时间，连同其一切形态。（《危机》，§9h；VI，50）

生活世界为一切人类活动（包括科学活动）提供着一系列视域。生活世界是一切实践的基础（《危机》，§37）。生活世界为科学世界“奠定基础”（《危机》，§34e），它是科学的“奠基性基底”（gründende Boden，VI，134）。它是我们以躯体附属亲身介入的世界。我们体验的时空是被体验的时空。胡塞尔的“生活世界”概念提出了很多问题：如果近代技术实践是生活世界的一个组成部分，我们如何能够区别经验世界和科学世界呢？仅仅根据原始的、前科学的世界来设想生活世界是否存在有危险呢？对于胡塞尔来说，这难道不是追求有目的的社会和文化生活的实际环境吗？此外，对于胡塞尔来说，关注生活世界意味着关注历史、传统和文化。如果生活世界不断随文化和历史而变动，胡塞尔如何能够谈到“生活世界的不变特征”？在《危机》中，胡塞尔关心于追溯生活世界的不变特征。因为我们永远生存于被视为当然的生活世界中，我们很少使其清晰呈现。事实上，胡塞尔宣称，生活世界以起着我们实践“基础”（Untergr-
192 und）作用的方式，从来未曾被研究过。生活世界可以按照现象学的观点从不同角度加以研究。一方面，有可能获得某种一般的“生活世界科学”（《危机》，§38），记录生活世界的“本体论”，属于我们经验世界的那种人的、社会的实体（握手、亲吻、工具、装备等等）。他谈到，此一般生活世界科学将识别与生活世界相符的规律性的“诸本质形态”。他认为，这是研究生活世界的一种直接的或素朴的方式。另一方面，此科学不可能是客观的和逻辑性的，但无论如何必须前于这一切（《危机》，§34a）。然而，不应将其理解为任何自然主义意义上的心理学。通过运用悬置法有可能在“其所与性的如何”中揭示生活世界（《危机》，§38）。胡塞尔承认企图获得一种生活世界科学包含着矛盾性。生活世界不可能在没有揭示其意义前被客体化。实在的挑战是去理解客观逻辑思维和直观之间的关系。芬克和胡塞尔强调，人类通常完全陷于世界之中，以至于为其所“俘获”或“羁绊”（相当于海德格尔的“陷入”概念）。胡塞尔的“生活世界”概念，在哲学、社会学和其他人文科学中被广泛接受。海德格尔早在1919—1923年就在其弗莱堡讲课中讨论过生活世界概念。像胡塞尔一样，海德格尔集中于世界异化和自我异化问题，二者均产生于客观主义，后者存在于形式逻辑科学及其有关不加质疑地接受我们文化中权威所引导的共识。然而和胡塞尔不同的是，海德格尔将此问题置于科学客观性的特殊非历史性的特征内，此科学客观性倾向于反对生活世界和生活世界经验的真正历史性。海德格尔对于理论化的首要性持批评态度。舒茨在其《社会世界现象学》(1932)中撰写了关于人的自然和社会经验的问题。他认为，承认他人是社会生活经验的基础。在其1932年的著作中，他区分了包含“在前者之世界”(Vorwelt〔前世界〕)和“继后者之世界”(Folgewelt〔后世界〕)在内的不同世界维面，与现前社会世界之间的区别。他按照胡塞尔的观点强调社会现实构成的时间性之重要。通过舒茨，生活世界特别在美国社会学中成为一种重要的课题。帕托奇卡用捷克文出版了自己的教职资格考试 193
论文，题目为《作为哲学问题的自然世界》。

参见词条：Avenarius，Heidegger，natural attitude，nature，Schutz，world

Lipps，Theodor(1851—1914)：里普斯

里普斯是德国哲学家、美学家和心理学家，他生于Wallhalben，曾在艾尔兰根、图宾根、乌特莱希特和波恩学习神学和自然科学。1884年成为波恩的哲学教授，之后任教于Breslau(1890)，最后任教于慕尼黑(1894)，取代了施图姆普夫，在那里一直待到1914年去世。里普斯因其心理学方法、美感经验研究，以及最重要的，因其移情作用理论而颇具影响力，其移情作用论曾强烈影响舍勒、史泰茵和胡塞尔。里普斯采取一种内省主义心理学研究法。心理学就是研究“内部经验”，而内部经验可以通过内知觉加以研究。里普斯支持无意识观念并获得弗洛伊德的高度称赞(他曾经引用里普斯论幽默的著作)。里普斯把移情作用看作是一种进入他人心理生活的方式。此一过程是通过一种近似于本能的和引起运动的“内部模仿”来完成的。他的著作包括：《心理生活基础》(1883)、《美学》(1903—1906)、《滑稽和幽默。心理学入门》(1909)以及《心理学研究》(1926)。在《逻辑研究》出版后的十年间，很多里普斯的慕尼黑学生们都开始追随胡塞尔。胡塞尔批评了里普斯的移情论。里普斯对慕尼黑现象学学派以及舍勒、史泰茵均产生过影响。

参见词条：descriptive psychology，empathy，realist phenomenology

Lived bodiliness (Leiblichkeit)：躯体性

“躯体性”一词是胡塞尔用来表示第一人称的人的存在经验的，此经验体现于这样一种方式内：人将自身经验作在一具有意志性自我运动感之身体内的“支配作用”。

参见词条：body，lived body

Lived body or animate body（Leib）：躯体

躯体即作为有机体的身体，胡塞尔在很多著作中将其区别于被理解为物质世界一部分的物体（Körper），如在《观念2》、《观念3》、《笛卡尔沉
194 思》和《危机》中。在某种意义上，人的躯体动作可以正像自然界任何其他物体一样，它介入了与世界上其他物体间的因果性和引力性关系。在此意义上，借用笛卡尔的词语说，物体是“广延物”；它具有容积、质量、重量、物理部分等等。然而，躯体和物体之间的主要区别是，躯体永远是作为我自己的身体被给与的（《危机》，§28），而我把自己经验作对我的身体具有“支配作用”。躯体不只是一种经验的中心，而且也是一种行动和自控运动的中心。自我是由一系列“我能”组成的。我对我自己的身体经验是独一无二的，是以独一无二方式被给与的。我对“我的身体”的统觉，对于胡塞尔来说，具有一种绝对的首要性。我的身体是作为一统一体被给与的，但是我不是作为“人”被给与我自己的，而是如胡塞尔所说，作为一个具有运动（kinesis）能力、感觉场等等之“我是”（参见“我思”）被给与我自己的。我当然可以从外部（如我的手）将我的身体知觉作一外在的超越性客体，但同时我对它也有一内部的感觉意识。它属于我的“内部性”（Innerlichkeit，Hua XIV，4）。这一事实甚至导致胡塞尔把我自己身体被给与的方式视作“主观—客观的”（Hua XIV，6）。它不是一个简单的“自在”。胡塞尔后来强调指出这样一种感觉：按此感觉我永远在我自己经验范围之内对自呈现。在此区域内，我进而感觉到自己具有的“支配作用”。胡塞尔谈到一种“躯体的自我性”（leibliche Ichlichkeit）（《危机》，§28）。我们每一个人都以一原初性方式在我们自己的特例中经验着我们的躯体性“心灵”（《危机》，§62）。躯体永远不出现于知觉场内（《危机》，§28，106；VI，108）。胡塞尔把躯体看作是分“层次”被构成的：知觉的，行动的，等等。然而躯体也是我们经验的中心。它是我与世界间知觉性接触的工具。躯体是“知觉之器官”。胡塞尔使用了很多同源的表达式来强调我们的躯体经验的不同方面，包括“自我躯体”（Ichleib）、“躯体物体”（Leibkörper）等等。身体主要通过触觉和运动觉被把握。在《观念3》中（V，118），胡塞尔解释说，躯体不应被看作是一种在其上具有意识的物体（如笛卡尔所说的那样），而必须看作是一个感觉场，一个感觉定位场。胡塞尔关心于我们如何在我们的经验中构成躯体的问题。一物体成为一躯体不只是通过被看见（这样只会呈现一物质性物体），而是通
195 过在其中被定位的触感、视觉、运动感（《观念2》，§37）。对于胡塞尔来

说，身体具有一正常最佳状态：直立和前视。他认为，身体只是一“非完全被构成物”。他列举了躯体的种种特性。它是定位中心，我的空间之“零点”。它也是我的“现在”之中心。它是我对一切感觉经验和动觉经验（视觉、触觉、味觉、嗅觉、身体运动感）进行统一化的位置。它是“我的意志器官”，而且我通过我的身体将我的自由运动能力经验作一种直接的“支配作用”（《危机》，§62）。

参见词条：body（Körper），ego，governing，kinaesthetic sensation，lived bodiliness

Lived experience（Erlebnis）：体验

胡塞尔用“体验”一词指个人经验的并以第一人称所经验的意识状态。它可被翻译成“被经历的经验”、“心理过程”、“意识过程”、“心理片段”。在德文中表示“经验”的更普遍的词是 Erfahrung，但胡塞尔用 Erlebnis 表示在意识流中可被识别的个人的心理事件、状态或过程。在《观念 1》§78 中胡塞尔说，每一体验本身都是一“发生之流动”。胡塞尔从狄尔泰、里普斯等人处取用了这个词。在《逻辑研究》中胡塞尔一般以这些意识过程指心理行为，虽然在“第五逻辑研究”中他并无意将意志性活动或行为包括在内。一体验也被称作是一“思想”（cogitatio，此词取自笛卡尔），在广义上被理解作包括意识流中一切可识别的或可区别的片段。严格来说，没有任何心理片段是意识流中的一个独立部分；心理片段永远是嵌入于一密接的意识流中的。在《笛卡尔沉思》§20 中，胡塞尔说，意识过程先天地并不具有最终成分。再者，意识生命不是一团混乱的意识过程，而是一种高度结构化的、分层的和统一的综合体：存在着一种“统一化的、构成性的综合”（CM，§21）。按照悬置法，意识被认为是独立于现存的因果性物质世界，以便被把握为一种自存的显象；意识被理解为由诸体验、心理过程所构成，其中每一个都具有“我思—我思过程—我思对象”结构。每一体验包含着持存和预存。于是胡塞尔谈到了“先验性经 *196*
验”领域，后者可通过悬置法和先验还原法达到。

参见词条：act，cogitation，cogito，consciousness，content，Dilthey，life，Lipps

Living present（lebendige Gegenwart）：当下现在，活生生的现在

“当下现在”是胡塞尔后期著作中通常用来描述自我经验时间的方式

的。他认为，自我在当下现在持续地经验着自身，此当下现在被描述为一“不断流动的”连续性现在。此当下现在不同于意识体验之“现在时刻”(Jetztmoment)，意识体验永远相关于一过去和一未来。不变的、流动的现在是这样一种方式，按此方式自我将自身把握为时间中的展开，它包括着持存过去、现在时刻和预期性预存。当下现在既具有聚集为一统一体的特性（“不断的”），也具有一逝去的经验（“流动的”）。胡塞尔认为，“当下的”〔活生生的〕概念刻画着意识之流动本身（Hua X，301）。当下现在概念是对“我思故我在”的 sum（我在）中的关键因素之再思考。

参见词条：cogito，now moment，protention，retention，time consciousness

Logic（Logik）：逻辑学，逻辑

胡塞尔在广义上用“逻辑学”表示一种一般“科学理论”。对逻辑学学科的概念需要也提供着对一般科学的需要。逻辑学研究科学的形式，而且这也包括对逻辑本身性质的研究（LU Prol.，§42）。纯粹逻辑是一系列自明之理或自明句，它们因自身之故而为真（Selbstverständlichkeiten〔自明性〕）。在《逻辑研究》中胡塞尔概述了逻辑学的三分法：一种理论科学，一种规范科学，以及一种关于“技术”〔技艺〕（Kunstlehre）的实践学科。一种理论科学研究纯粹理论性真理本身。例如，如果我们说“在两个矛盾的命题中，一者为伪，一者为真”，这表示着一种观念性法则，无关于人们“该”如何思考。一种规范科学关心于为应予以遵循的规范或价值奠定基础，假定这些观念性真理正确的话。因此，每一纯粹理论法则都具有其规范性转换。于是，根据无矛盾性的观念性法则，作为规范性科
197 学的逻辑学（例如）将规定人们应该认知，在两个相互矛盾的命题中只有一个可能是真的。作为一种规范科学的逻辑学支持着一种一切其他科学都应效法的科学“观念”（LU Prol.，§11）。作为一种实践学科的逻辑学关心于具体的实现过程（ELE，§9；Hua XXIV，28）。例如，叔本华否认人可能经由教育而为善，因为一切道德行为都依赖于内在的特性。因此他否定作为一种技术的道德性之可能性，但主张作为一种规范性学科的道德观（LU Prol.，§15；ELE，§9；Hua XXIV，28）。

胡塞尔把自己的任务看作是阐明传统的逻辑观念，强化以下这些概念的精密性：先天性，形式，分析的性质，等等。他非常熟悉历史上的和当时的逻辑学（如穆勒、弗雷格、施洛德）。他特别受到莱布尼兹、鲍尔扎

诺和陆宰的启发。他赞赏莱布尼兹的"普遍科学"概念。在采取了鲍尔扎诺和布伦塔诺的观点后，他批评康德有关分析性的论述具有含混性。然而，他也认为自己的任务还在于从若干层面丰富逻辑学的概念，包括阐明必然性和可能性概念，并指出这些模态形式如何产生于范畴判断。在LU《导论》中以及以后，他采取了鲍尔扎诺传统，后者把逻辑学刻画成"科学理论"，而且他从未放弃过此概念，虽然他赋予它以独一无二的和原创性的特征：在其最高形式中包含着一种"复多性理论"或"理论形式的理论"。从最早开始，他就认为在逻辑学和数学之间存在有深刻的理论联系，而且二者具有共同的根源。从一开始，他就看出了形式逻辑和数学之间的本质同一性：一切形式的计算本质上都是逻辑演绎法过程（ELE，§19；Hua XXIV，84）。大致而言，他与弗雷格和罗素（稍后）均赞成将数学还原为形式逻辑学。要说有什么区别，胡塞尔过高估计了形式逻辑的可能性，因为他赞成希尔伯特的完全形式化构想（连带其一切数学问题可解性公理）而似乎并未预见到哥德尔的不完全性定理所提出的问题。然而他本人不是一名形式主义者，他也未献身于符号逻辑。他在当时一种纯粹外延逻辑的计划中看出了错误，而且认识到，甚至预见到罗素的（或策梅洛的）集合论悖论。但在撰写LU时，胡塞尔的主要关切是，认为那些赞成 198
将算术还原为逻辑学的人错误地将逻辑学概念看作是一种规范性的或实践性的学科，因此易于陷入心理主义（ELE，§15；Hua XXIV，56）。在LU导论中胡塞尔揭示了将逻辑学看作是具有三重任务的一种复杂的和广泛的认知理解：首先，它是一种关于初级命题学范畴和形式本体论范畴的法则以及将它们结合在一起的学说。其次，它根据推论法则包括着诸范畴间的联结，可如此广泛地理解为包括着逻辑学和算术。最后，它包含着一种有关可能理论形式的理论以及相应的形式本体论的复多体理论。逻辑学要求形式语法（支配意义性的规则）、推论逻辑（Konsequenzlogik，只受无矛盾性原则约制）以及所谓的"真理逻辑"。在某些方面他的逻辑学讨论相当传统，集中于判断或命题（希腊词：apophansis）概念，因此沿袭着亚里士多德传统，称之为"命题逻辑"（LU，§14，II，72；Hua XIX/1，344；ELE，§18；Hua XXIV，71），虽然他对判断的详细讨论超越了亚里士多德。胡塞尔一直坚持把判断或命题称作是逻辑学中的最高范畴，特别是命题形式"S是P"，作为绝对基本形式的系辞判断。类似地，他把无矛盾性法则视为绝对基本观念性法则之一。他的创新之一表现在这样的观点上：在蕴涵形式科学的意义上，形式逻辑需要补充以一种纯形式语法，它最一般地规定着意义性法则，提供着严格相对于其意义的一种“命题之分析学或形态学”（ELE，§18；Hua XXIV，71）。关心于判断中表达的真理和谬误的形式命题学，建基于此形式语法上。在某物为真或为伪之前，它必须满足作为一种可能真理或作为一可能知识的一致性和意义性的最少条件。胡塞尔永远在一致性规则之提升（一种游戏规则）和被理解作真正知识项目的可能判断形式规定之间加以区分（FTL，§33；EJ，§3）。胡
199 塞尔承认，形式本体论事实上能够独立于逻辑学而发展。他的形式本体论发展了布伦塔诺、特瓦尔多夫斯基和梅农的对象理论〔客体理论〕概念，即有关于什么应该是一客体、一属性、一关系、统一体、多等等的论述。胡塞尔认为，数学的对象形成了形式本体论的一部分，但是存在有其他种类的与数没有任何关系的客体。他认为，数学本身排除了对客体的迷恋而集中于对自身方法的反思。于是，几何学并不必须固着于几何图形，而可能根据公理和纯形式演绎法表达其结果（ELE，Hua XXIV，80）。反之，出于对生成逻辑学的关切，胡塞尔想要强调，作为属性、多等等形式本体论概念实际上发生于具有某种功能的“名词化”之中，此名词化存于判断中和形式命题学中。胡塞尔在晚年日益关注有关判断形式出现的一种生成性理论。他关心于论述逻辑形式从生活世界中、“元逻辑”领域中的产生。他的《逻辑研究》即开始于论述“一般科学观念”（LU Prol.，§11），也就是属于科学本身者，每一种科学，包括有关可能事物、观念事物的科学。他按照鲍尔扎诺（以及费希特）的方式称之为“科学理论”，而且他进而赞同鲍尔扎诺的如下看法：逻辑学为此科学提供了本质。一种科学理论即是一种“诸理论的理论”，一种有关任何结构化领域（事物的体系、数、意义、命题等等）的讨论。一种理论就是一种关于任何所与领域命题的统一系列。此外，胡塞尔主张，逻辑真理系列，因此即诸科学真理，都是彼此相关的，因此，他像卡尔纳普一样，致力于科学同一性理念：科学是系统地连接在一起的真命题组合（LU Prol.）。一切理论的研究，不论如何进行，最终都表达为一组陈述（LU Intro.，§2）或命题。于是，逻辑学就是研究命题的。对于逻辑学和科学来说重要的是在所陈述者之间、在诸命题内容本身之间的推理性联系，此命题内容本身与引生它们的陈述和判断的偶然行为没有任何关系。逻辑学正像任何其他理论科学一样，是“一种观念性的意义综合体”（eine ideale Complexion von Bedeutungen）。
200 胡塞尔区分了作为一种科学理论的逻辑学和作为一种推理技艺的逻辑学。他也区分了作为一观念真理系统的逻辑学和被理解为一规范性实践的逻辑

学。胡塞尔的逻辑观拒绝心理主义。纯粹逻辑学是一种先天分析科学（Hua XXVI，§1，4），它由“自明之理”或“同语反复”组成。它关心于纯粹形式概念，胡塞尔写道：

> 对我来说，纯粹逻辑法则都是观念性法则，它们的全部基础存在于：意义，真理概念的本质或内容，命题，客体，属性，关系，结合，法则，事实，如此等等。（LU Prol.，§37，I，82；Hua XVIII，129）

一切违反这些法则的东西都是谬误的：

> 一种证明，其内容与存于真理本身意义上的真理原则相冲突的话，是自否定的。（同上）

此外，“一切逻辑性内容都属于意义和客体这两个相互关联的范畴”（LU I，§29），而且“在特殊统一体意义上的意义构成了纯粹逻辑领域”（LU II Intro.，I，238；Hua XIX/1，112）。纯粹逻辑包括形式先天性的全部领域（对立于在 LU III 中说明的实质性先天领域），包括数学，并可能更准确地被描述为“形式本体论”（在第一版中未使用的短语，参见 LU I，28，121；Hua XX/1，285）。

参见词条：formal grammar，formal ontology，theory of science

Logical Investigations（_Logische Untersuchungen_，1900—1901）：《逻辑研究》

1900 年和 1901 年胡塞尔在 Max Niemeyer 出版社出版了两卷本的《逻辑研究》。第一卷副题为《纯粹逻辑导论》，它出版于 1900 年 6 月。第二卷副题为《现象学和认知理论研究》，分两部分出版于 1901 年，它包含了 6 个长篇论文或“研究”。胡塞尔匆忙将著作付梓却始终对其不满意。他最初计划进行大幅度修订，后来却改为重新撰写（例如 1929 年的《形式逻辑和先验逻辑》），打算以其替换《逻辑研究》。在胡塞尔在世期间出现过 4 个 *201*
版本：《导论》和前 5 个“逻辑研究”的修订版出版于 1913 年，“第六逻辑研究”修订版出版于 1921 年，稍有改动的第三版出版于 1922 年，第四版出版于 1928 年。一部包括胡塞尔在该书自用本上亲笔修改部分和增补部分的两卷“批评版”，出版于《全集》系列。胡塞尔坚持说，这部庞大著作不是一“系统的逻辑学呈现”，而是一种认识论阐明的努力和对逻辑知识基本概念的批评；此书由对基本认识论问题和逻辑哲学进行的一系列分析性研究组成，也包括了有关符号学、语义学、整体—部分关系学〔mereology〕、形式语法（有关任何语言的部分的先天性研究，相关于诸部分一致地结合为有意义的统一体而言）以及意识行为性质（特别是观念呈现和判断）的广泛而复杂的哲学讨论。实际上，正是特别在最后两部研究中根据意向性行为、内容、客体对意识的本质结构以及真理把握特性进行的细致的描述心理学分析，为胡塞尔在现象学名义下加以推进的新兴学科，确立了实践计划。胡塞尔的《逻辑研究》根源在于他一直从事的数学、逻辑学和心理学研究，它们分别曾由自己的老师维尔斯特拉斯、布伦塔诺和施图姆普夫所启发。如他所说，《逻辑研究》最初产生于追求“对纯粹数学的一种哲学阐明”（Hua XVIII，5）。胡塞尔那时所挂心的是，数学可以产生良好结果，但应用着关于数的性质和其他数学运算的不同的甚至相互冲突的理论。它们的直观程序需要哲学的基础论证。在探求此数学的基础论证时，胡塞尔被引导至一般地和最终地思考形式系统，以便对有意义的思想、此思想与语言陈述的联系及其在真正明证认知中达到的真理之全部性质作一概观。胡塞尔提出，《逻辑研究》最初是受到布伦塔诺改革传统逻辑学努力的激发。胡塞尔从未完成该写作。这是一部篇章散乱的巨著，胡塞尔称之为一部“大杂烩”。《导论》作为一部独立的论述，目的在于确保
202 逻辑学的真正意义是成为一门关于观念意义和支配观念意义的形式法则的纯粹、先天性的科学，这使其完全不同于一切心理学的行为、内容和程序。《导论》对当时有关逻辑学的支配性的心理主义解释提出了最强而有力的可能反驳，胡塞尔认为由穆勒和他人赞成的逻辑心理主义通向了一种相对主义怀疑论，后者威胁着客观知识的可能性。相反，胡塞尔反归莱布尼兹、鲍尔扎诺和陆宰的较早逻辑学传统，将逻辑学视为一种关于科学的纯粹理论，即“科学之科学”，在此过程中他精心发展了此纯粹逻辑学可借以转化为一种规范科学或发展为一种实践学科或“技艺”的不同意义。第二卷《逻辑研究》包括两部分：第一部分包含着最先5篇研究，而第二部分的“第六逻辑研究”是一部长篇密实的著作，这部著作的写作相当地推迟了其出版，因为胡塞尔开始理解到他发现的现象学纲领的深度。虽然《导论》对于转变心理主义潮流颇具影响力（弗雷格沿同一方向进行的努力在当时相对而言少为人知），特别是第二卷《逻辑研究》对于关心意识和意义问题具体分析的哲学家产生了很大影响，导致了现象学的发展。胡塞尔的《逻辑研究》对于欧洲几代哲学家们产生了巨大而持久的影响。此

书被当时领先哲学家们承认为一种巨大的哲学成就，如纳托普、狄尔泰、冯特和李凯尔特。然而布伦塔诺似乎忽略了此书，海德格尔是在1909年初读此书的。《逻辑研究》早在1909年就被翻译为俄文，并对雅克布森的形式语言科学概念产生了很大影响。通过用波兰文对其写过书评的英加登，此书对波兰哲学产生过重要影响，例如，影响过莱斯涅夫斯基的部分与整体理论的发展。此书于1929年被翻译成西班牙文。根据第二版翻译的三卷本法译本出版于1959年和1963年，但是胡塞尔对法国哲学的影响开始早得多，先是通过胡塞尔早先在哥廷根的学生，如赫灵，其后通过莱维纳、萨特、梅洛-庞蒂、利科和德里达的著作，他们都是通过批评地研究胡塞 *203*
尔开始自己的哲学生涯的。与欧陆哲学状况形成对比的是，《逻辑研究》在英语地区则要持缓许久才获得承认。罗素于1920年4月19日写信给胡塞尔说，他曾携带一部《逻辑研究》入狱服刑，有意要在《心灵》刊物写个书评，但此书评从未出现过。然而1924年时罗素承认此书是一部“纪念碑式著作”，将其与自己的《数学原理》（1903）、詹姆士、弗雷格、摩尔（他也适巧称赞胡塞尔此书）的著作并列，因为它们均致力于拒斥德国唯心主义。

Lotze，Rudolf Hermann（1817—1881）：陆宰

陆宰是一位颇具影响的德国哲学家，他曾是弗雷格（在哥廷根）、温德尔班和施图姆普夫的老师。他反对心理主义并维护逻辑实体和意义的观念性。他于1817年生于Saxony的Bautzen，在莱比锡研究医学和哲学，并于1838年在这两个科系内毕业。1840年他完成了关于无穷级数的资格考试论文。他的出版物包罗广泛，涉及医学、心理学、美学、人类学、形上学和逻辑学。他的关于人类学的著作《微世界：关于人及其与世界关系的研究》（1856—1864）曾经对胡塞尔产生过重大影响。青年时期的胡塞尔称赞陆宰有关柏拉图理念的讨论开启了自己对逻辑学所研究的观念性客体真正性质的视野，有助于他把鲍尔扎诺的“命题本身”（Sätze an sich）理解作陈述之意义，而非理解作某种神秘物，因此避免了柏拉图的实体化〔hypostasization〕。然而胡塞尔不满意于他在陆宰的《逻辑学》（1874）中发现的某种“普遍项的心理学化”，特别是在该书§316中。胡塞尔在其《评M. Palagyi。论近代逻辑学中心理主义者和形式主义者之间的争论》（EW，201；Hua XXII，156）中感谢陆宰。胡塞尔在其《逻辑研究》中（LU II，§10，I 322 n5；Hua XIX/1，138）对陆宰进行过批评。

参见词条：Bolzano，Frege

M

Mach, Ernst (1838—1916): 马赫

马赫是奥地利科学家、物理学家和哲学家，他被看作是一位早期实证论者和现象主义者。他生于当时属于奥地利、现在属于捷克的 Churlitz。他于 1855 年进入维也纳大学，于 1860 年在该校获得物理学博士学位，并于 1861 年通过资格考试论文。他曾先在 Graz 大学教授数学，并于 1866 年成为该校物理学教授。次年转任布拉格大学物理学讲座教授，在那里一直待到 1895 年，之后返回维也纳大学。1901 年他从教授职位退休并成为奥地利国会上院一名议员。马赫也对生理学感兴趣，曾随费希纳学习，并受其《心理物理学原理》（1860）影响。他的科学研究专注于晚近发现的多普勒效应，而且他对声音的研究导致声音速度单位以其名字命名。马赫是《感觉分析和心物关系》（1902）的作者。他的立场被视为现象主义。他主张，物理学应该尽量精确地描述经验本身。胡塞尔把他看作是现象学的前驱者之一，因为他企图精确描述经验中的所与物。他曾经对维也纳小组的逻辑实证主义产生过深刻的影响。他也赞成一元论，并在《一元论者》刊物发表文章。

参见词条：phenomenalism

Masaryk, Thomas (1850—1937): 马萨里克

马萨里克生于莫拉维亚的 Hodonin 一个贫穷家庭，曾于 12 岁时辍学成为铁匠，但在 Brno 大学注册，后于 1872 年在维也纳大学就学。他的第一篇论文《社会学原理》（1877）遭到否决，主要因为那时社会学尚是一门受怀疑的学科。但是他在 1878 年的第二篇文章《论自杀》由于布伦塔诺的支持而被接受。1880 年他从天主教转宗新教。作为一名积极的捷克民族主义者，他最终于 1918 年当选为捷克总统，并一直在位至 1935 年。马萨里克是胡塞尔的终生执友。他于 1884 年劝服胡塞尔跟随布伦塔诺学习，后 205
来又积极鼓励胡塞尔阅读英国经验主义。马萨里克对于胡塞尔改宗基督教也产生过影响，这导致胡塞尔于 1886 年 4 月 26 日在路德教会受洗。1915 年马萨里克曾为伦敦国王学院斯拉夫语教授。作为捷克总统，他曾企图利用自己的地位保护胡塞尔免受德国纳粹的政治迫害。

Material thing in space：空间物质物

胡塞尔认为，带有硬性边线的空间固体物是“物”的典型概念。它被直接在知觉中把握，而其他种类的物质实体、流体、水、空气等等，永远是相对于固体物被把握的（《观念 2》，§16）。

参见词条：adumbration，object，thing

Mathematization of nature（Mathematizierung der Natur）：自然之数学化

胡塞尔认为近代科学的突破表现在将物理自然重新定义为一种数学复多体。伽利略说过，数学是解开自然界秘密的关键。在《危机》§9 中胡塞尔写道：

> 由于伽利略的自然数学化，自然本身在新数学的引导下被观念化了；自然本身成为（为了以近代方式表达）一种数学的复多体（Mannigfaltigkeit）。（23；VI，20）

如此定义的自然，是根据其可度量的属性（所谓的自然之“第一性质”）加以理解的。数学以一“观念的外衣”包裹着自然。一切相对于主体的属性（例如颜色、味觉、粗糙、光滑、热、冷）都被重新定义为纯主观的，并被排除于客观自然领域之外。

参见词条：Crisis of European Sciences，Galileo Galilei，primary qualities，subjective-relative qualities

Meinong，Alexius（1853—1920）：梅农

梅农生于当时属于奥地利、现在属于波兰的 Lemberg。他在维也纳大

学学习并于 1874 年获得历史博士学位。之后他随布伦塔诺学习并撰写了关
206 于休谟与唯名主义关系的资格考试论文，发表于 1878 年。之后他成为维也纳大学一名无薪讲师（Privatdozent），并于 1882 年迁至 Graz，于 1889 年担任教授，在那里任教直到 1920 年去世。梅农发展了“对象论”[*]，罗素曾对该论有所批评（梅农“对象论”由齐思和译为英文，收入文集《实在论和现象学的背景》，1960）。梅农提出，每一思维对象均必须有某种本体论性质，以便被读者理解。他区分了实际存在的实体和其他持存着的实体，后者包括不存在的、可能的、想象的以及甚至不可能的对象（如“方的圆”）。一个对象被理解为诸真实属性之载体，对此，罗素曾予以批评。特别是梅农觉得我们必须克服“一种偏重于实际物的偏见”，以便有可能接受代表一切意向性行为的“对象物”。梅农试图说明思想指涉一切种类事务的能力，从实际的事物到不实存的可能事物（如“金山”），为此他假定存在有不同于实际存在的那些特殊种类的实体。梅农主张，一“方的圆”也具有一种存在性，“如是存在”（Sosein），它意味着它确实具有方属性和圆属性，即使二者永不可能实际存在。罗素在与梅农的通信中质疑是否一种“存在的〔existent〕方的圆”意味着该表达式能够存在。梅农回答说，它确实具有存在的属性，但这不同于说它实际存在着。马尔提也维护说，“A 的非存在”概念是思想的一个真实对象。梅农的《论假定》（1902）一书将“假定”作为一种心理行为类加以研究，此心理行为类并不涵蕴着其对象的存在性，而胡塞尔认为该书为对自己观念的一种剽窃。

参见词条：theory of objects

Memory（Erinnerung）：记忆

胡塞尔在 1904—1905 年讲座中，以及在其毕生研究写作中，讨论了记忆问题（Hua XXIII）。他认为，记忆是一种观念呈现〔再现，表现〕或准现前（Vergegenwärtgung），它依存于先天性原初经验，即一种知觉经验。胡塞尔一般地将知觉的自所与性（FTL，§86）与一极大意识形式的类别
207 加以对比，此即“准现前的”类型或一种现前性变样的类型，胡塞尔称其

---

* 德文词中存在有“客体”和“对象”的区分，中文词中也有，但英、法文中没有，故将二德文词均译为“客体”。由于此二词大多数情况下意思相同，混译并无大碍。中译者在由德文直接翻译时则尽可能地按照原文将二词分译，因为其中还是有意涵重点上的不同，在由英、法文本翻译时则随从英、法文词直译。但本词条中英文词“object”显然系德文词 Gegenstand 的对译，故均改译为“对象”。——中译者注

为诸准现前变样〔presentification，presentiation，calling to mind〕（不只在记忆中，也在幻想中、愿望中等等）。知觉发生于现在、当下，其对象被统握为直接的现前，“躯体性地”〔in the flesh〕（leibhaftig，如胡塞尔的用词所示）。然而，在记忆中体验存在于现前，被回忆物不被体验为存在于现前，反而是不存在于现前或“曾经在”。记忆内含本质上的不充分性，因为事物可以被呈现但它实际上从未被知觉到（《观念1》，§141），或者不同的记忆可以融入一个记忆。胡塞尔认为，持存（或按照在先的用语“原初记忆”，Hua II，67）不是严格意义上的记忆，虽然它形成了被动的和主动的回忆之基础。回忆将客体呈现为完整实体，而一持存是一知觉认识的一部分，它是在修正的意义上仍然在着的“刚过去”。它仍然具有一种“印象性”。类似地，预存是指那种还未充分丰实的预期意识行为，但它已是任何体验的一个结构性成分。回忆行为将某物呈现于“现在”，而该被把握者并不属于该“现在”。当我们回忆一客体时，其意思是我们并不真地具有该客体之直接的、实际的、躯体性的以及时间性的现存。在记忆中我们甚至肯定该客体并非当下存在着，但仍然存在有对其存在的某种关涉，它仍然以特殊的方式被设定着（作为过去）。记忆设定着某物的实在的“曾经是”。想象并不意涵着对其客体在任何时间样式中真实存在的这种设定。此外，记忆与图像意识并不一样（X，316）。它是一种设定行为，但其客体被呈现为“过去者”、“曾经存在者”（XIII，164），呈现为“曾经被我知觉者”（VII，252），以及最初在非记忆样式中被经验者。换言之，在一回忆行为中，被回忆的经验被呈现为一原初被我经验者，但现在具有着一时间性距离，后者使其与我当前经验相分离。此时间性的距离化，正是记忆之一种特性：

> 回忆并非就是再次意识到该客体；反之，正像一时间性客体的知觉带有时间性边缘域一样，回忆也重复着对此边缘域的意识。（ZB，113；X，108） *208*

胡塞尔由于很多理由而极其强调回忆行为的结构重要性。意识正是在回忆中首次遇到作为对象的自己。因此，反思本质上涉及记忆。在进行回忆的自我和对被回忆的自我之经验之间已经存在有裂隙。例如，我对我自己孩童时荡秋千有一记忆，我通过对该荡秋千孩子的不同的意识知觉到我自己。在此存在有一意识的分裂或其双重化，以及存在有一种特殊的差异性兼同一性的经验。我对他人认知生命的移情作用把握，对于胡塞尔来说，也属于一般“准现前”范畴，而且他经常将移情作用和回忆行为加以比较。必须将记忆和幻想加以细心区分。布伦塔诺企图说明，记忆中的客体是一种被想象的或被幻想的客体。胡塞尔认为，记忆是一种知觉变样，它是对一先前知觉行为的复制。

参见词条：imagining，perceiving，presentification，representation，retention，time consciousness

Mental process（Erlebnis）：体验，心理过程

参见词条：lived experience

Mereology（Mereologie）：部分论

此词来自希腊词 meros，意思是“部分”。部分论是有关支配着整体和部分之间可能关系之先天法则的形式理论。此词从未被胡塞尔本人使用过，虽然他启发了部分论科学，此科学后来被波兰数学家和逻辑学家莱斯涅夫斯基在其《一般复多性理论基础》（1916）中以及被他人所发展。胡塞尔特别在“第三逻辑研究”中企图为支配着诸部分内在于整体中的一切可能种类规定先天性法则，即对内在于一般部分—整体关系中的先天可能性规定先天性法则。

参见词条：*Logical Investigations*，part，piece，whole

Metaphysics（Metaphysik）：形上学，形而上学

“形上学”一词是在亚里士多德之后发展起来的，首先用来指他那些
209 讨论存在和实体（ousia）性质的讲演笔记。形上学科学研究实在的最终原则和组成成分，不只是实际的，而且也包括必然的、可能的和不可能的。“形上学”一词被胡塞尔用来首先指“在绝对和最终意义上的”存在之科学（IP，Hua II，32），“对存在的最终认知”（CM，§60），“关于存在的普遍学说”（Hua VII，186）。一般来说，胡塞尔同意康德所说形上学必须从一种批评的观点加以研究（IP Lecture One），以及特别是唯理主义发展了一种无根据的思辨形上学，胡塞尔所说的一种“历史上蜕化的形上学”（CM，§60），其中充满了“思辨性的多余物”。胡塞尔甚至把康德对物自体的讨论均视为此种多余的形上学思辨的一部分。在《第一哲学》中胡塞尔说，形上学的问题包括事实、事实性、死亡和命运（VII，182）。在《笛卡尔沉思》中胡塞尔探讨一种新的形上学，它是有基础的并且克服了传统

形上学的素朴性（CM，§64）。按照此形上学，不可能设想存在有彼此互不交融的诸单子。每一单子都“预先勾勒”了一封闭的可能单子之世界（CM，§60）。决定性的第一存在是“先验主体间性”。

参见词条：*Cartesian Meditations*，first philosophy，formal ontology，intersubjectivity，monadology

Modalization（Modalizierung）：样态化

胡塞尔用“样态化”一词描述一种对某命题或判断的信念态度（如“相信”）可转化为一种不同态度的方式，例如，确定性可以转换为怀疑、质疑、假定、实现等等。存在有不同的信念样态，而且胡塞尔特别注意“中性化样态”这样的样态（《观念 1》，§117）。

参见词条：belief，neutrality modification

Mode of givenness（Gegebenheitsweise）：所与性样式〔样态〕

所与性样式是一意向性客体如何呈现于一意向性行为的方式。所与性样式是胡塞尔在 LU 中所说的行为性质的一部分。

参见词条：givenness

Modification（Modifikation）：变样，变样化，样式改变

“变样”一词最初出现在语法中，即一动词可从一种样式改变为另一种样式，例如，从直陈式改变为疑问式。胡塞尔用此词表示意向性行为中的一种改变，此改变产生了意向性客体中的一种相应的改变。于是，一种 *210*
记忆就是一种知觉的变样。中性变样是最重要的，而且是变样中包括最广的，因为它通过将自然态度置入信念承诺之终止态而改变了对其的一般设定。移情作用相关于我自己的一种变样，于是我自己被归属于〔attributed to〕他人。

参见词条：neutrality modification

Moment（Moment）：要素

胡塞尔用此词“moment”表示一种从属的或“抽象的”部分，即其存在依存于另一部分或一整体的部分（“第三逻辑研究”，§17）。一个要素被认为是一客体的某组成方面，此方面可加以识别，但不能独立存在，例如一苹果的特殊红色是一要素或抽象，即该苹果的从属部分。

参见词条：mereology，part，whole

Monad（Monad）：单子

胡塞尔特别在其关于移情作用的后期著作以及《笛卡尔沉思》中有意识地从莱布尼兹处借取了“单子”和“单子学”等词语，用以表示一具体的、自我中心的、个人的生活之完整统一的过程，后者在现象学的意义上被理解为一系列流动的经验，此经验流围绕着嵌入其周围世界的具有其习性、能力、个人“持久性风格”的自我。此词已经出现在胡塞尔的“作为严格科学的哲学”之论述中。胡塞尔认为，在其充分具体性中被理解的自我即是一单子（CM，§33）；“我的单子的自有性”（meine monadische Selbsteigenheit，CM Hua I，125）。在 CM §57 中胡塞尔谈到“单子的自我客观化”。单子的观念相关于一个人，包括其全部生活、行为、意义等。一自我是一个别的、活生生的、具体统一体（eine lebendige Einheit）（Hua I，157；XIV，34），形成于时间中（CM，§33），具有自己的时间场（Zeitfeld）以及自我发展一种生活的能力。它是一“生成统一体”（Werdenseinheit）（XIV，34）；它不只包括一现在的个人，而且包括他如何演变或成长，即包括种种沉积下来的意向性层次（XIV，35）。单子也包括一种具体生存的那样一些部分，在其中自我不是醒觉的或者“呆滞中”呈现的，例如睡眠（XIV，46），因为不存在无素材的意识（XIV，52），一
211 个属于它的独一无二的素材系列。单子是“习性的基底”（Hua XIV，43），而且在时间中获得了一种个性的风格或性格。单子是一包含其人全部历史的自我。单子似乎也在自身中包含着自身可能发展内容的可能性。莱布尼兹相信，单子是最基本的可能实体，并因此在自身中包含着自身全部的生存经验，但是简单的和没有部分的。莱布尼兹的诸单子是“无窗”的，因为它们在自身之外不进行交流，而且同时它们展现出一种前定的“和谐性”。与此形成对比的是，胡塞尔特别在其后期著作中，坚持认为，他的单子有“窗子”（Hua XIV，260），即由移情作用提供的窗子。胡塞尔谈到单子的一种主体间的、相互交流的、开放的社群（“单子社群”为“先验主体间性”的另称），他也使用“单子学”一词（CM，§§55—56）。诸单子处于“和谐”中，而且一共享的、公共的世界之意义乃是单子社群谐和性的一种成就。胡塞尔的确承认，引入单子概念导致了形上学（CM，§60），但他无意用“单子”一词表示一种思辨性的形上学假设，而是用作一种通过直观达到的描述性现象学的词语，以其表示一自我生存的严密

无隙的统一体。但是，胡塞尔的确把生死视作内在于单子者，此单子本身却不可能被产生或被消灭。

参见词条：ego，ego pole，empathy，intersubjectivity，monadology，person，subject

Monadology (Monadologie)：单子学

后期胡塞尔使用取自莱布尼兹的“单子学”一词表示现象学的先验唯心主义，后者开始于主体间性或“我们—主体性”的具体实在性，以对比于只集中于自我之自经验的现象学之狭隘方法论的唯我论。世界本身是由协调行为中的诸单子之社群所构成的。胡塞尔说，不可能想象生存于彼此完全分隔的诸世界中的诸单子。一切单子必然属于一个世界（CM，§60）。只可能存在一个单一的单子社群。诸单子是独一无二的，“绝对分离的”个体（I，157），然而它们是在诸单子组成的一个社群中，在“诸单子的和谐关系”中（I，138），“被公共化的”（EP II，Hua VII，190）。存在着一个先验的“单子大全”（Allheit der Monads，Monadenall，XV，609）。胡塞尔对此问题的疑惑在于，一单子如何将自身既把握为一绝对的为自存在又把握为“一个”单子，此单子朝向着此可能的“诸单子多元体”开放着（Hua XV，341）。诸单子不仅具有“对自”存在，而且也在真实的社群中具有“互为彼此的”存在（für-einander-Sein，I，157）。自我不仅有一“我感觉”，而且有一“我们感觉”。这些他人彼此具有相互共同的关系，从而通向一开放的单子社群之观念，后者即“先验主体间共同体”（I，158）。 212

参见词条：intersubjectivity，monad，transcendental intersubjectivity

Morphé：形态

此一希腊词意味着“形式”并特别由亚里士多德用来指这样的原则，当与质料（素材）结合后赋予事物以特殊的性质。亚氏认为，一切物质物都具有一“形式—质料合成体”，此理论通常被称作是 hylomorphism〔形式质料说〕。胡塞尔在《观念 1》§85 中使用“意向的形态”指那种在一经验中赋予感性质料以形式的行为（他有时将质料称作素材或素材的质料，或只说“原料”）以形成该特殊实体的经验。“形式”的功能是以一特殊方式激活、活跃化经验并使之形成。他把“形式化”看作是意义赋予行为。在《观念 1》§§73—74 中胡塞尔区分了“精确”本质（如数学中出现者）和他所谓的“形态的本质”，后者是更模糊定义的实体之本质的形式（如海岸线对立于几何学图形），也就是自然科学所研究者。胡塞尔甚至把关于诺耶思和诺耶玛的描述性现象学称作是“本质的形态学”。

参见词条：form，hyle，matter，morphological essence

Morphological essence（das morphologische Wesen）：形态的本质

胡塞尔在《观念 1》§§73—74 中区分了“精确”本质（如数学中出现者）和所谓的“形态的本质”，后者是更模糊地定义的实体之本质形式，如自然科学中所研究者。形态的本质不是错误的或有缺欠的，反而是对于这些本质所属的描述领域来说绝对恰当的；而且它们不可能被相应的精确本质所替换。自然科学和精神科学可被说成是研究形态的本质的。在其中不可能有精确的定义。精确本质是观念性的而且在“康德的意义上”起着观念的作用（《观念 1》，§74），它们提供着观念的界限。

参见词条：essence，exact essence，morphé

213 **Motivation（Motivation）：动机化，动机关系，促动化**

胡塞尔把在企图说明个人和社会行为时的“动机化”或“动机化的因果性”（《观念 2》，§55）看成与“因果性”不同。他认为，因果性是自然世界中诸事件间的实在因果性联系，而“动机化”是因果性的一种较少具精确性的形式，后者所说明的事件是由有意向性的行为者人所产生的（自我作为“诸意向性的主体”）。按照胡塞尔的看法，因果性属于物质物概念的本质（《观念 2》，§60），而动机化表达着“心灵生活的法则性”（《观念 2》，§56）。他认为，当我们问询是什么促使我们如下思想时，我们就是在探讨动机化问题：

> 我如何想到此事的？是什么导致我想到它的？提出这类问题即可描绘一般动机化的特征。（《观念 2》，§56，234；Hua IV，222；译文〔被作者〕有所调整）

没有因果性说明可以取代人们通过理解某人的动机化所达到的个人性理解（《观念 2》，§56〔f〕）。动机化根基于有关具有自由意志、选择、目的等等的某人在特定情境下将做什么的假定。在此意义上，动机化一般来说是对历史和精神科学的一种基本的解释性工具。现象学家普梵德尔区别了冲动和动机化，而且“动机化”一词也被狄尔泰用来说明与自然科学相对的精神科学中的行为（胡塞尔在其“现象学心理学”讲座中相关处讨论了狄尔泰）。在《观念 2》§54 中胡塞尔把动机化说成是“个人生命法则”。按照动机化，个人关注某事，为了朝向它和实现关于它之事，例如知觉促动判断。在其他地方他谈到持存〔retentions〕促动着预存〔protentions〕（Hua XXXIII，18）；意识中某种内容促动着另外一种内容的显现。胡塞尔承认一种微弱的“被动的动机化”是基于联想的，但他认为在完全意义上的动机化涉及自我之主动性的立场采取。在此意义上，他区分了在被动领域内起作用的动机化（通过联想作用）和涉及自我通过自由意志采取立场的主动性动机化。他认为，动机化比因果性更为基本，其意义是，意识本身涉入一“动机化网络”。动机化可以是明显的或隐含的。按照史泰茵的说 214
法，动机化穿流于自我内，意思是，实际被动机化的是自我，接着自我促动着行为。理由可以明显地或隐含地促动我（因为理由不一定再次起作用）。一些动机化可以被直接把握，另一些动机化存在于意识层下部，只能够通过精神分析学一类程序被发现（《观念 2》，§56）。我可以被实际事件促动（如实在情绪或激情），甚至被幻想情绪所促动（如在剧院里）。

参见词条：causation，position taking，spirit

Movement sensations（Bewegungsempfindungen）：运动感觉

胡塞尔在研究手稿和“物与空间”讲座（1907）中谈到“运动感觉”。运动感觉非常不同于视感和触感，而且主要并不根据其本身特征构成身体。行、坐等经验主要是由触感构成的。

参见词条：kinaesthethic sensations

Multiplicity（Vielheit）：多，重数

胡塞尔认为，概念“多”包括“某物”（ein Etwas）概念以及某种“聚集”概念。他说，多概念具有某种不定的外延，可标志以“等等”（und so weiter）。这种不定性（“等等”）包括在一种多概念中（Hua XII，81）。于是，一般概念之外延，例如“动物”，必须包括某种不定性，被不断地应用着，而“等等”概念可以很好地满足此要求。于是数就是通过“多之计数”而产生的（PA XII，182）。我可以通过把它们搜集在一起而忽略其性质或“内容”而把不同的东西看作是同一个“多”的部分，并在集中于每一个数时只作为“某物”的一个例子。于是，我可以把一支笔、一张桌子、一盏灯看作一组客体，忽略它们彼此的差异。一种数学的“多”

之特殊性在于它可以是任何一种聚集："物理的或心理的，抽象的或具体
215 的，经验所与的或想象所与的"，例如，一个天使，月亮，意大利（Hua XII，16）。数并不指示概念本身，数是一定的多或集合的总称（Hua XII，182）。例如，"数字 5"并不指"概念 5"，而是指任何 5 个物件之集合（Hua XII，181）。为了形成一定的多，我必须把"某物"与另一物结合，此事引出了关于 2 的概念，等等。例如，如果我想计算一个苹果、一本书和一种因素，我就把每一个当作一"某物"，抽离出使其成为该物（苹果、书、颜色）的特殊性质。我只是计数 3 件个体物。

参见词条：collective combination，*Philosophy of Arithmetic*

Mundanization，enworlding（Mundanisierung，Verweltlichung）：世俗化

"世俗化"是胡塞尔以及芬克用来指这样的构成性过程的语词，在此过程中先验主体将自身构成为自然世界、时间、历史中一个躯体性的人主体。按照自然态度，人在与他人同在的世界内将自身把握为实体，人主体。自然态度中的此主体是"世俗性的"。先验自我不是世界的一部分，而是构成着世界者。然而，它在世界中将自身构成为一人主体。先验现象学的目的在于通过揭示自然态度本身的构成性活动来发现此世俗化的性质。自我通过还原法可以离开其世俗性存在去把握其先验的性质。

参见词条：constitution，transcendental ego，world

N

Natorp, Paul（1854—1924）：纳托普

纳托普是一位颇有影响的德国哲学家和新康德主义马堡学派的成员，其著作相关于古典希腊哲学和心理学。他生于杜塞多夫，最初在波恩大学和斯特拉斯堡大学研究古典学，之后对哲学产生了兴趣。他在马堡随同科亨撰写资格考试论文（1881），其后在马堡教书直至1924年去世止。他的出版物包括《柏拉图的观念理论》（1903），在此书中他提出一种作为法则的观念观。纳托普于1923年负责安排海德格尔在马堡任教（经胡塞尔推荐）。他也是伽达默尔博士论文的导师。他的其他学生包括 Karl Barth 和卡西勒。他与胡塞尔保持通信，直至去世为止。他正面评述了《逻辑研究》和《观念1》。他在1901年的《康德研究》上为《纯粹逻辑导论》所写的书评中，将胡塞尔描述为扩展了本质上是康德式的有关经验可能性之必要条件的研究，并正确地预言胡塞尔将向新康德主义靠拢。在《逻辑研究》第一版（1901）中胡塞尔否定了纳托普的作为经验的一种必然非客体化主体以及“诸关系中心”的纯粹自我概念。然而在该书1913年修订的第二版中，胡塞尔承认他自那时以来发现了先验性自我。纳托普的心理学研究，包括其重要的论文《论知识之客观的和主观的基础》以及他的《心理学导论》，胡塞尔都认真研读过。纳托普所关心的是科学认知的性质和作为科学的哲学性质。他主张，一切客观化都是由主观性意识产生的，而且不可能被一种反思性直观把握。纳托普为此种不可客观化的主体性铸造了新词 Bewusstheit（意识）（参见胡塞尔在“第五逻辑研究”§8中的批 216

评）。作为新康德主义者的纳托普不接受胡塞尔的本质直观概念，并断言把握意识活动的方式是通过“再造”作用，而非通过直接直观进行的。

参见词条：Platonism

Natural attitude（die natürliche Einstellung）：自然态度

一种态度就是对世界的一种立场，一种由兴趣决定的使世界显现的方式。自然态度是人类在其与世界接触中所采取的最原初性的态度。自然态度的特点是某种“自然性”、“直接性”和“素朴性”（例如参见《危机》，§38）：物质物世界和我们的身体是不断地对我们存在的（《观念1》，
217 §39）。自然态度是一种复合的诸态度之结合，此态度将世界呈现为“前所与的”和直接对我“在那儿”的，在时空中展开的等等。在《观念2》§11中（以及他处）胡塞尔谈到“自然科学的态度”。我们可以说是胡塞尔发现了“自然态度”。他在《观念1》§§27—31中引入了“自然态度”一词（但是早在1907年的《现象学观念》中他就讨论过这个概念）。自然态度是人类在任何怀疑论的质询前具有的正常的、日常的态度。它是“自然的俗世生活”的态度（《危机》，§43）。在自然态度中注意力朝向于任何方式下所与的事物，后者是在一种共识形式下被给与的。素朴地在世界中生存着的自然态度对立于质询世界之存在性的一种怀疑论态度（胡塞尔称之为哲学的态度）。自然态度是生存于世界中的人的“原始”态度，胡塞尔在1924年的康德学会的讲演中宣称（现在收入《第一哲学》）：

> 自然态度是人类全部生活按其实行于自然的、实践的进程中的形式。它曾是千万年来唯一的形式，直到科学和哲学的出现后发展了独一无二的革命化动机。（《第一哲学》卷一，Hua VII，244）

他在《观念1》§30中说，自然态度贯穿着一种特殊的假定，胡塞尔称之为“普遍的设定”或“总设定”（Generalthesis），即假定着世界及其中的实体的存在性。此“总设定”即是一般的、无异议地假定着世界及其中的一切之客观的存在性。按照自然态度，自然世界被视为当然。在我们的自然经验中，我们“素朴地”生存于此世界，“游泳于”其所与者洪流中，其中所与者具有“在身边”（vorhanden）和“实际地”（wirklich）存在的特征（《观念1》，§50）。自然态度前于科学态度。于是，胡塞尔在《物与空间》中将科学家描述的白金的性质（原子复合体）和手在经验中把握的重物块作了对比（DR，4；XVI，6）。再者，一切科学探讨，包括数

学和逻辑学，均发生于自然态度中；这些科学对世界以及自己科学客体的存在性作了简单的假定（如“数”）。这些科学的素朴性正表现在它们将世界看作是“现前的”或“在身边”和“实在的”。自然态度通常被视为当然如此，以至于它自身对此一无所知。胡塞尔在《观念 1》中引进了悬置法来打破自然态度的魔咒。只有先验的态度（胡塞尔特别在《危机》中以及在相关的维也纳讲演中描述了此态度）才突显了自然态度的真正性质。自然态度进而包含着这样的危险，即它可能进一步蜕化为胡塞尔所说的自然主义态度，后者将此世界物化和绝对化。他的助手芬克将自然态度与柏拉图洞穴囚徒所见幻影相比较。我们受到自然态度的“俘获”。由于此自然态度的俘获作用，自然态度对此世界进行的组织化和过滤化的方式才不能显现。当胡塞尔关注刻画自然态度及与其相联系的科学时，他也关注将其置于“括号”内以“中止”其作用。后者被称为悬置法（《观念 1》，§50）。 *218*

参见词条：attitude，naturalism，naturalist attitude，nature，personalistic attitude，phenomenological attitude，philosophical attitude，theoretical attitude

Naturalism (Naturalismus)：自然主义

胡塞尔认为，自然主义只认识到可能知识领域的一个区域，即自然，当其呈现于自然科学中时（Hua XXX，18）。自然主义对于获得科学知识也只承认一种方法，即经验观察和归纳法（Hua XXX，20）。两种基本的自然主义即唯物主义和心理主义（Hua XXX，20；Hua XXV，9）。这两种自然主义均把自然基本上理解作由数学上可表达的因果规律所统一的时空物理世界（Hua XXV，8）。一种唯物主义的自然主义宣称，一切心理现象实际上都是物质现象。胡塞尔有时也提到另一种自然主义，即一种感觉材料一元论，后者把一切心物存在均归结为感觉的聚集（Hua XXV，9），如被胡塞尔的同时代人马赫和阿万纳留斯所赞同的一元论。胡塞尔也将休谟归为此种“感觉主义”（Hua XVII，264）。所有这些种类的自然主义所共同信奉者为经验主义，即认为一切科学知识的最终证明应该在知觉经验中 *219*
探求（Hua XXX，18）。胡塞尔把这种对科学证明可能方式的限制看作是自然主义的根本性错误（《观念 2》）。他认为，自然主义均被近代自然科学的显著成就所遮蔽。自然主义昧于科学知识的另一重大来源：本质直观。特别是，自然主义的经验主义偏见导致对意识和理性的绝对规范的错解

(Hua XXV，9)。他认为，逻辑规律的这种自然化的后果是一种荒谬的和自否定的相对主义和怀疑主义。胡塞尔主张，对意识本身进行自然化思考的努力导致同样的荒谬性。胡塞尔本人使用的短语“意识自然化”，是使认识论成为一门真正科学的一般企图的一部分，而自然主义将此真正科学就等同于自然科学（Hua XXV，15）。然而胡塞尔质疑，有关意识如何能够对于客观实在的有效经验进行理解问题，其本身不可能由一种自然化的认识论加以解答，此认识论把意识只看作是客观心物世界内的另一种存在。一种有关意识本身的真正科学所要求者，是从自然态度转变到现象学的态度，后者使得一种本质性意识研究有可能成立（Hua XXV，15）。

参见词条：attitude，empiricism，natural attitude，naturalistic，nature，physicalism

Naturalistic attitude（die natüralistische Einstellung）：自然主义态度

在《观念1》§§27—31中，胡塞尔对“自然态度”概念给与了最重要的描述，但是在1910—1911年的《作为严格科学的哲学》中以及在同年“现象学的基本问题”讲座中，他已经对自然态度和自然主义态度着重加以区别。《观念2》§49对“自然主义态度”给与进一步讨论，将其与自然态度和人格主义态度作了对比。自然主义态度在日常生活中从属于人格主义态度（§49e）。胡塞尔把“自然主义态度”描绘为一种将个人性自我从世界中抽离并将物质物世界绝对化的特定过程（《观念2》，§49e）。自然
220 主义态度是由近代科学所决定的态度。甚至在《观念2》§11中以及在他处，胡塞尔还谈到了“自然科学的态度”。自然主义态度是与自然主义联系在一起的。一切意识活动，包括一切科学活动。甚至一切知识，最初都发生于自然态度中（Hua XIII，112）。胡塞尔在此也谈到“自然主义的态度”。自然主义态度是人格主义态度的反面，后者是人类借以彼此相关和与世界相关的最具体和最基本的方式。

参见词条：attitude，natural attitude，naturalism，nature，theoretical attitude

Nature（Natur）：自然〔界〕

胡塞尔根据现象学的观点把“自然”理解作一种非常特殊的理论态度的客体侧相关项，胡塞尔将此理论态度称作是自然主义态度，即理解作由近代自然科学所研究的一种非常特殊的构造物（“一种人为方法论的产

物”，《现象学心理学》，§5）（参见《作为严格科学的哲学》和《观念2》，§§1—2，§11）。在此意义上，自然是根据物质性、空间、时间和精确因果性（有时胡塞尔将它们概括在笛卡尔的语词“广延物”名下）所进行的科学研究。“自然”被自然科学理解为一个由严格规律约制的领域并与价值领域分离（《观念2》，§2：“自然本身不包含价值”），它与自然主义态度相互关联（《观念2》，§49）。在科学中，自然被当作“超越性的特别是时空的诸实在领域”被加以研究（《观念2》，§1）。此自然并不特别被理解为感性经验的（以及“相对于主体的”）领域。在人类日常经验中，通过对比，个人的和文化的世界（一切胡塞尔认为属于前所与的生活世界），都是前于自然的。在自然态度中人所经验的自然是文化上分层的，而且是按照利益和价值加以经验的（例如，美、功用、适当性等等，参见《观念2》，§1）。然而，作为由伽利略开创的近代自然科学相关项的自然，并不包含“国家、教会、宗教”等概念（《观念2》，§11）。在此意义上，胡塞尔将自然与精神相对立。作为自然一部分的人，被理解为物质性身体或心物统一体，但从不被理解为人格。但是，胡塞尔认为，自然领域和精
神领域是相互渗透的（《现象学心理学》，§5）。他主张，“物质自然”是 221
一切其他自然的奠基性基础（例如，生物界，《观念2》，§49）。因此，他说“物—心的”一词比“心—物的”一词更能正确地反映此奠基性秩序。自然中的一切都混合着某种物体性。

参见词条：life-world，natural attitude，naturalism，naturalistic attitude，spirit

Neutrality modification（die Neutralitätsmodifikation）：中性变样

特别在《观念1》§109中，胡塞尔提出了“中性变样”一词，它表示意识相对于其任何信念态度所能够采取的极其重要的能力或立场。与自然态度一般采取的立场相反，人们也可以采取一种“零”态度或非设定的态度。按照胡塞尔，中性变样是普遍性的，因为它能够不只改变信念，而且改变一切种类的立场采取。它相当于对判断内容的纯粹受取，而并不作出任何明确的判断或采取任何立场，包括怀疑论立场。他认为，现象学的悬置法的实行就只是一种中性变样。在对不信仰的审美中止中，在对现象的种种科学注意中等等，都涉及中性变样。此外，胡塞尔看到，中性化并非直截了当的否定，而是一种非常不同的种类之取消和中止：

> 现在问题是，一种变样以一定方式完全消除着它所相关的每一信念样态，并使其完全失效——但它是这样一种变样，其意义完全不同于否定，后者如我们所知，在被否定项中有肯定功用，一个非存在本身再次是一存在。这个变样并未抹消，并未“实行”任何东西，它是一切实行行为在意识上的对立物，即它的中性化。它被包括在一切如下形式中，如终止实行，使失去作用，“置入括号”，“延缓实行”，继而“延缓了实行”，想象实行，或仅仅想着被实行者却并不“同时去实行”。(《观念1》，§109，258；Hua III/1，222)[*]

胡塞尔说，这样的取消变样，以前从未被作为主题研究课题。此外，他希望独立于一切自主行为概念来思考这些变样。它们是这样的行为，在其中“设定性”因素失去效力。中性变样是一“对……仅仅想着”〔a mere-thinking of〕，它并不必须达到予以肯定的层次；它也不是一种幻想行为，虽然中性变样也贯穿幻想和悬置。不可能对一中性化进行重复，像
222 在一幻想中那样（《观念1》，§112）。中性变样是一切设定的对立面，“一切产生行为的对应者”，一种“影蔽”（Schatten），一种指向意识中的“根本分裂”（eine radicale Scheidung）（《观念1》，§114，269；Hua III/1，232）。他认为，中性变样是意识的一个完全独特而又普遍的结构性特征并极其重要，因为其呈现使得对意识生命的哲学思考具有了可能性。悬置法，无意义的幻想等等，都是各种各样的中性变样。胡塞尔说，中性变样是意识的极深部分，但因为它无关于真理或正当性，故很难达到。

参见词条：doxic modalities，modalization，neutralization，positing act

Nexus（Zusammenhang）：〔相互〕关联域，相互关联体

胡塞尔借取自狄尔泰的此词语经常指意识之具体的、流动的和统一的生命，它相当于诸内部交织的心理状态或体验的一种〔相互〕“关联域”（例如，参见《现象学心理学》，§1）。对于胡塞尔，在一切心理经验之间都存在有一复杂的交织行为，而且这些心理经验从不以分离的方式单个出现。

参见词条：consciousness

---

* 此段中译文录自中译本，比原引文开始长出一句。——中译者注

Noema（Noema）：诺耶玛，所思对象

“诺耶玛”（希腊词的意思是“所思者”）是胡塞尔于1912年左右的研究手稿中提出的一个关键的术语。诺耶玛意味着被知觉的、被判断的、被愿望的意向性客体；一般来说，即“被意念者”〔被意向者〕。在《观念1》§96中，胡塞尔宣称，掌握诺耶玛理论“对于现象学极为重要”。在他处他说，作为诺耶玛的意向性客体的论述，为思考过程〔cogitationes〕可能经验之全部复多体提供了一种“先验性提示”。胡塞尔有关诺耶思和诺耶玛的分析对于理解先验还原方向的现象学实践非常重要。诺耶玛是意识之本质描述的关键性因素，它是一“属于意识的客体但极为特殊”（《观念1》，§128）。诺耶玛永远是一诺耶思行为的或“诺耶思”的相关项，它是被知觉、被思考、被想象等行为的客体。在诺耶思和诺耶玛之间存在有一种先天相关关系，而且胡塞尔批评传统倾向把这些因素分离开来（如心理学企图独立于客体研究心理行为，此客体是该行为所朝向者，《观念1》，§128）。“诺耶玛”一词首先在1912年《观念1》的铅笔稿中使用，而且 223
胡塞尔也是首先在《观念1》中发表关于诺耶玛和诺耶思概念的。然而，“诺耶思的”〔noetic〕概念早在1906—1907年关于“逻辑学和认知理论导论”的讲座中就出现过（Hua XXIV，§27），而且关于诺耶玛的一般概念在1908年关于“意义理论”的夏季研究班中讨论过（但并非以该名称）（Hua XXVI）。胡塞尔以诺耶玛设定一复杂独特的实体，它将弗雷格所说的“意义”（Sinn）、观念呈现样式和行为的指涉功能（即行为的意向性客体）结合在一起。胡塞尔写道：“诺耶玛本身具有一客观侧关系，更特别的是，此关系是借助它自身意义形成的”（《观念1》，§128）。因此，胡塞尔的诺耶玛并不完全等同于弗雷格的“意义”概念，虽然它似乎包含着该概念（“意义”在《观念1》§132中被看作是内在于诺耶玛的一种抽象形式）。胡塞尔基本上重新思考赋予意义行为、意义和被意念客体之间的关系。诺耶玛意在取代先前在含混概念“内容”和“客体”名下所讨论者（《观念1》，§129）。诺耶玛不可能就是客体本身，因为客体是在不同种类的行为中以不同方式达到的（知觉行为，回忆行为），它也不可能就是一种达到被理解作超越于意向性客体之某物的途径。诺耶玛多多少少既包括作为内在于某物的被意念客体，又是该客体的观念呈现之样式。诺耶玛理论的根本特点可在“第五逻辑研究”中看到，在那里胡塞尔区分了“被意念的客体”和“当其被意念时的客体”（LU V，§17），例如，德国皇帝可以理解为“弗里德里希三世之子”或理解作“维多利亚女王之孙”。后来胡塞尔说，《逻辑研究》首先关注诺耶思侧，即分析了意向性行为，但未充分讨论相应的诺耶玛（《观念1》，§128n）。在其1906—1907年关于“逻辑学和认知理论导论”的讲座中，胡塞尔谈到内在地把握此被意念的客体，如其所与的客体，而未考虑其存在问题（Hua XXIV，§38，232）。胡塞尔将实在时间性内当下意向行为与被把握的客体本身之观念性的或非实在的性质加以对比。这个问题是：作为意识中一内在性实体的诺耶玛是否是当下思想的一个实在部分；或者是：它是否指涉着思想之外的客体；或者
224 是：它是否是抽象的观念性意义（Sinn），客体通过此意义被给与。在胡塞尔的讨论中，诺耶玛的精确的意义和准确性质是有争议性的。它引起了有关现象学的意义理论性质和意向性客体的性质的广泛讨论。按照古尔维奇最初提出的一种标准的解释，诺耶玛是观念性实体（直意即“抽象的观念性意义”），它可使一种意向性行为指涉其意向性客体。胡塞尔本人说，实在的树可能被燃烧、毁坏，但作为诺耶玛的“树”则否（《观念1》，§89）。然而尚不清楚，诺耶玛作为一抽象意义是否意味着是一普遍“种”或一个体。其他人，如John Drummond和Robert Sokolowski则主张，诺耶玛只是作为被意念者的意向性客体。按此解释，诺耶玛是一专门术语，用来指意向性客体，后者在现象学还原中被明确地加以主题化。不管按哪种解释，诺耶玛都是一复杂实体，而且胡塞尔说它具有若干不同的部分或要素。他谈到“全”诺耶玛、诺耶玛“核”（《观念1》，§129），而且也谈到诺耶玛内的“最内在要素”（《观念1》，§129），后者实行着作为属性承载者的任务，通过不同的指涉行为维持着统一性，客体成为“可规定的X”（《观念1》，§131）。在《观念1》中的此论述充满着含混性。在其后期著作中，胡塞尔似乎较少关注规定诺耶玛的专门性定义，而此词在《笛卡尔沉思》和《危机》中较不普通，在两书中通常谈到的是“诺耶思—诺耶玛”相关关系，而未对其再加以深入讨论。

参见词条：act，intention，intentional content，noesis，noetic act，object

Noesis：诺耶思，所思作用

诺耶思是“具体而完全的意向性心理过程”，其研究方式是：明晰地强调其诺耶思的组成成分（《观念1》，§96）。诺耶思包括胡塞尔在《逻辑研究》中所说的行为“性质”，即一切希望、回忆等行为所共同具有者。但是，诺耶思具有一种更重要的功能，因为它完成着意义赋予、所理解者

意义的构成。诺耶思与诺耶玛永远处于相关关系中。

参见词条：act，intention，noema

Nominal act（nominale Akt）：名词行为

一种名词行为是表达式的一种意向性的行为，它通过一意义命名或识别一客体。这可能意指一种行为，按此行为某物被一名词或（更一般地） 225
被一名词化识出，例如，“此猫之是黑色”〔being-black of the cat〕。主谓判断可以永远通过名词化被转换。《逻辑研究》和《形式逻辑和先验逻辑》均讨论了名词行为。

参见词条：nominalization，positing act

Nominalization（Nominalisierung）：名词化

在 LU §38 中，胡塞尔提到某复杂表达式可转换为其本身的行为可相当于一述谓主词之名词的行为。复合陈述句或判断式“此猫是黑色的”可转换为名词化的“此黑色的猫”或“此猫的黑色”，后者可在新述谓性陈述句中起着一逻辑性主词的作用，如“此黑猫走开了”、“此黑猫的黑色是显眼的”。名词化是一意识实行的一种有力的行为，用以将复合行为转换成简单客体。

参见词条：proposition，state of affairs

Non-participating spectator（unbeteiligter Zuschauer）：非参与的观察者

参见词条：disinterested spectator

Normality（Normalität）：正常性

后期胡塞尔引用“正常性”观念来表示世界必然在一熟悉性视域内被给与的方式（EU，§46，§93）。我们可以把握的种种客体是通过现在、过去、未来的统一体在经验中被揭示的。按此方式，被回忆的经验呈现着一本质性秩序的轮廓，按此轮廓我们按照先前所与的世界期待着去经验新的客体。于是，每一种呈现于意识的东西都被描述为“正常的”（按照一概略性显示的风格）或“反常的”（因为，出现有某意向或预期中的断裂）。正常性概念相当宽泛，它不仅刻画主体借以面对某些客体而且面对主体间世界经验的方式（《观念 2》，§52，§59）。在相对于生活世界时，胡塞尔根据“家园世界”和“陌生世界”概念展示了正常性和反常性之间的关系。正常性和其对立者反常性的不同意义可加以识别。正常性可被理解为知觉客体的协适性（EU，§21），被理解为与某种经验和环境的熟悉
226 性（《观念2》，§59），被理解为欠缺某种官能和能力（CM，§55；在此段落中胡塞尔也根据反常生活谈到动物生活），被理解为我们在共同文化中（家园世界）共享的熟悉习惯和传统，如此等等。此外，不同的正常性意义可以相互交织：例如，相互一致的盲目性可被体验作正常的（我永远以此方式经验着此世界）以及同时体验作某种反常物（在与他人的关系中发现他们具有一种对我陌生的意义）。从这些基本特点出发，我可以检验其他作为“典型性”〔typicality〕的正常性形式。

参见词条：alien world，habit，homeworld，life-world，type，world

Now moment（Jetzmoment）：现在时刻

“现在时刻”是对“现在”的经验，此经验属于每一当下出现的体验。它永远相关于保持着一过去之回响的持存和针对一未来将发生者的预存或预期。“现在时刻”永远是完全体验的一个部分或时相。每一“现在时刻”都被另一“现在时刻”所取代，后者通过被经验作当下现在而与先前的“现在时刻”相区分，而现前的现在时刻现在就被刻画为“曾经存在”。在贝尔瑙手稿中的现在时刻被描述为一先前的预存之充实以及被描述为存在于预存和持存的交叉点上。“现在时刻”逐渐退却并被另一具有相同内容意识的“现在时刻”所取代。每一现在都具有一“将将过去”〔just before〕作为其界限（《观念1》，§82）。每一现在都具有围绕着它的诸时刻之“晕区”〔fringe〕。原初的现在被变样为具有相同感觉内容的一“过去现在”〔past-now〕，但其现在被标志为“已逝去”。在聆听一超越性的时间客体（如曲调）时，我们听到作为“现前”之现前音调系列，但也听到它们接续着一个先前的音调系列，以及听到它们即将被下一组音调或静默所取代。此一“现在”之现前是扩展的和分享的，它可包括若干“共时间的”〔co-temporal〕项目。但是问题是复杂的：现前的音调作为现前的，具有着“继后”和“待前”的特征。其中牵扯到“持存”和“预存”（X，84）。此外，过去的音调不只是刚听到过，而且是具有作为被回忆者而被保持着的特征，“曾经发生过”的特征，作为“曾经是现在”的特征，它
227 们也具有“引领至现前音调”的特征；它们连续地标志有新的特征。胡塞尔绘制了“时间图”来说明这样一种更新的显象如何延存于意识中（X，§10，§43；X，330—331）。每一时间相或片段（Querschnitt）似乎都牵

扯到或交叉于其他时间相。这种“持存”当然不是原始的现在之实践再现，而是某种在当下现在时相内意向性地所持有者：“一逝去音段连续体在同一现在中被意念着”（X，275）。它们继续呈现，但以一变样化方式。存在着从现前向直接过去的回溯，而且该过去（胡塞尔说）永远不是空的。当其有关时间问题的思想发展后，胡塞尔理解到，有关现在的意识不可能自身是“现在”的，所以他提出了不存在于时间中的一种绝对意识观念。

参见词条：absolute consciousness，primary impression，protention，retention，time consciousness

Nuance（Nuance）：色调，色泽

胡塞尔在《逻辑研究》中以及在他处（如《现象学观念》、《观念 1》）用“色调”一词指某特殊属性的个别性出现，例如某台球的特殊红色。他以个别的红色泽（Rotnuance）与作为“种”的“红”相对比（Hua II，57）。

参见词条：moment

Number（Zahl，Anzahl）：数

在其《算术哲学》中，胡塞尔按照维尔斯特拉斯的思路假定，数学根基于算术，而算术以基数为基础。因此胡塞尔提出要阐明数概念。他从作为一切其他数概念之基础的正整数或基数（1、2、3 等等）开始，包括无理数、虚数、实数等等。然而当《算术哲学》写出后不久，他就摆脱了该假设，因为它不能处理数学的更复杂方面，特别是所谓的虚数（例如 $\sqrt{-1}$）。在 1901 年的哥廷根讲演中以及在《逻辑研究》的前言中，胡塞尔承认，数学完全超越了其原初的数和量的领域。现在他把数学看作“诸理论的理论”，“一般理论体系的科学”，甚至将其视作属于他的更一般的复多性理论（Mannigfältigkeitslehre）。

参见词条：*Philosophy of Arithmetic*

O

Object (Objekt, Gegenstand)：客体，对象

胡塞尔用上列两个德文词表示“客体”。康德也使用这两个词。按照胡塞尔的定义，“客体”在形式的意义上指任何可作为真正属性之承载者的东西（参见《观念1》，§3）。在逻辑学的意义上一“客体”就是某种对其可予言说者，某种属性可对其适用的任何东西。在此意义上，被理解为任何东西的“客体”是形式本体论中的术语。在《观念1》§15中，胡塞尔区分了他视之为非自足的范畴形式“客体”和相关于实质性客体的抽象，后一客体被视为具体的实体（concreta）。客体是一反常宽泛的范畴，它包括实在的、观念的、具体的、抽象的、个别的和一般的客体。胡塞尔通常保留“对象”（Gegenstand）一词来表示知识的客体，表示“面对”者*（gegen =“against”，stehen=“to stand”）以及面对着认知行为主体者，后者往往被称作是意向性客体。这样把握的以及在此方式中被把握的客体，也被称作是诺耶玛。布伦塔诺将意向性行为的客体和内容相等同，而其学生们（如特瓦尔多夫斯基）企图将二者区分开来。按照特瓦尔多夫斯基的理解，内容是内在于行为的，而客体（行为所相关者）是外在于该行为的。当我看见一株树时，客体（树）是外在于我的行为的；然而我的行为也具有一树的内容，后者使其成为一“看树行为”，以对立于其

* 原文为：what “stands over”，译者猜测作者用此短语翻译德文词“gegenüber stehen”。——中译者注

他行为。胡塞尔在评论特瓦尔多夫斯基的论述（1894）中以及在“第五逻辑研究”中，企图澄清“内容”和“对象”的不同意思。

参见词条：concretum，content，noema，objectivity，thing

Objectification（Vergegenständlichung，Objektivierung）：客体化，对象化

“客体化”占据着一意向性行为的核心（《观念1》，§102）。某物以某种方式呈现为一客体。纳托普宣称，自我不可能被客体化。

参见词条：reification

Objectifying act or objectivating act（objektivierender Akt）：客体化行为 229

在“第五逻辑研究”§37中，胡塞尔区分了客体化行为和非客体化行为以作为进一步澄清布伦塔诺描述的观念呈现（Vorstellung）概念之途径。客体化行为可包括名词化行为，后者直接指涉一客体或事态以及相关于一客体的判断。胡塞尔相信以下这些行为属于非常不同的客观化行为类别：为一客体称名的行为，名词化行为，或知觉一客体的行为以及判断。客观化行为可能或者是设定的或者是非设定的。设定性的行为（setzende Akte），如知觉或记忆，肯定着该客体为存在者，而非设定性行为（如幻想）以一变样的形式呈现该客体，但并不对其实际的存在性予以承诺。胡塞尔断言，每一行为或者是客体化行为或者以一客体化行为为根基。非客体化行为包括感情、愿望、需要，胡塞尔认为它们都不指涉该客体（此客体由客观化行为支持），而是决定客体被呈现的方式。非客体化行为以客体化行为为根基。

参见词条：act，foundation，intentionality，perception，presentation

Objectivism（Objektivismus）：客观主义

胡塞尔主要是在后期著作中（《笛卡尔沉思》、《危机》，此词在《观念1》中没有出现）使用“客观主义”一词来表示任何这样的哲学或科学中的理论立场，后者把自然世界（包括意识）看作具有客观属性的完全客观的客体物领域（《危机》，§14），并完全忽略构成性主体的作用。客观主义假定，存在着一个作为自存在的世界。胡塞尔把“唯理主义的客观主义”或“素朴”客观主义与《危机》第二部分中的“先验主观主义”相对比，后者把世界看作是一种主体性的成就（也参见CM，Hua I，5，46）。胡塞尔认为，客观主义受到笛卡尔对我思确然真理之发现的挑战，但笛卡尔也并没有对自我的先验性身份了解清楚，而且他的哲学也陷入了一种客观主义（《危机》，§18）。

参见词条：naturalism，transcendentalism

Objectivity（Gegenständlichkeit）：客体〔一般〕，对象〔一般〕，对象性

“客体〔性〕”一词被布伦塔诺学派用来表示任何具有客体性质者，不
230 论它是一个别性实体还是一判断的复合的相对方，后者通常称作是事态（Sachverhalt）。胡塞尔往往用此词指“某客观物”（ein Objektives），后者不一定是一物或一个别的具体物，而可能是一性质、一关系、一范畴形成物、一事态、一观念性事实等等。自我永远是处于和某客体〔一般〕的意向性关系中（Hua I，25；CM，§30）。

参见词条：object，state of affairs

Objectivity（Objektivität）：客观性，客体性，客体

胡塞尔关心于知识的“客观性”，但对忽略知识成就中主体性作用的客观主义加以反对。在CM中胡塞尔说，主体间所构成的自然是客观性的第一种形式（§55）。他也谈到作为世界中一身体性存在的先验自我的自身客体化。

参见词条：objectivity（Gegenständlichkeit）

Objectless presentations（gegenständlose Vorstellungen）：无对象观念，无客体观念

“无对象观念”是布伦塔诺学派（如梅农）用来指不代表任何现实存在物的观念呈现或观念〔ideas〕，例如关于“无”、一“独角兽”、一“圆的方”、一“绿的德性”或一“金山”、“法国目前的国王”。无对象观念实际上可以是不存在的或被想象的、可能的或甚至是不可能的所指者。此概念最早由鲍尔扎诺在其《科学理论》卷1§67中加以讨论，其后被布伦塔诺、特瓦尔多夫斯基、马尔提、梅农、罗素等继续探讨。胡塞尔在评论特瓦尔多夫斯基著作和其1896年的《论意向性客体》的论文中讨论了无对象观念的问题。该问题是：意识如何可能意念着并不存在的某物。

参见词条：intentionality，object，presentation

Occasional expressions（occasionale Ausdrucken）：随机性表达式，随境表达式

胡塞尔认为，存在有一整套这样的表达，此类表达只是相对于它们在

其中被使用的语境或情境才获得意义的。它们通常被称作是“指示词”〔indexicals〕，但胡塞尔称其为“本质上主体性的和随机性的表达”（LU I，§26）。胡塞尔使用这些表达式代表那样一些意义类别，其意义随着不同个人、不同情境而改变着。例如，表达式“看那儿”会有不同的意义，取 231
决于何时说出。基本的随机性表达式包括：我，在此，在彼，在上，在下，后来，昨天，现在，等等，但它也可包括“总统”这样的表达式，当人们不清楚所指的是哪位总统时（LU I，§26）。

参见词条：expression

On the Concept of Number. Psychological Analyses (_Über den Begriff der Zahl, psychologische Analysen_, 1887)：《论数的概念。心理学的分析》

此题目是胡塞尔教职资格考试论文的标题，写于哈雷，指导教师是施图姆普夫，印于1887年，但未予发行。数学家康托尔（1845—1918）是该论文评委会的一位成员。此论文其后被并入胡塞尔发表的第一部著作《算术哲学》，作为该书的前4章，现在重印于Hua XII。在此论文中胡塞尔在布伦塔诺描述心理学的意义上进行了“心理学分析”，即对介入基本算术运算中的特殊意向性行为的必要成分进行了描述性分析。在此研究中他相当地倚重于布伦塔诺在“物理关系”和“心理关系”之间的区分，并以此主张，为了计数而进行的项目识别和聚集的方式要求把握诸项目间较高层次上的“心理关系”和“形上学关系”。在一复多体内将诸客体结合起来（复多体的诸项目于是可被聚集或计数）的集体性行为，要求这些客体的相互关联行为不以诸客体本身的任何属性为基础，而是只以它们被看作诸单元或诸物为基础。

参见词条：*Philosophy of Arithmetic*

Ontic meaning (Seinssinn)：存在意义

胡塞尔经常使用“存在意义”一词，卡尔将其译为“ontic sense”（《危机》，§33，122；VI，124）或“ontic meaning”（《危机》，§27，100；VI，103），用以将某物对我们具有的意义和本体论的性质视为意向性构成的一种结果。胡塞尔在CM中说，一切意义，存在和有效性，都是先验自我的一种成就（§41）。

参见词条：sense

232 **Optimality（das Optimale）：最佳性**

胡塞尔发展了“最佳性”概念（通常表之以形容词形式：das Optimale），例如，“最佳所与性”（《观念2》，IV，75；IV，131），表示那样一种赋予意识的可能性，按此可能性以期达到对被知觉物、被思考物等的一种更深入、更清晰的知觉和认知。在主体上和主体间关系上给与我们的每一物，不只提供了一种正常特性（按照经验的统一性），而且提供了借其可指出达到已把握客体或经验的新的和更好的方法。一方面，对我们知觉中的预期落空或缺欠的认识，以及另一方面对于朝向更完善充实的开放性，是最佳性概念的主要特征。关于知觉中的最佳性（《观念1》，§44）：某些位置或环境更适合于一种充分的视与听。在剧院中存在有一观看舞台和倾听演员的最佳位置。对于我们来说最佳的颜色是在明朗天空下的颜色，而不是在昏暗中的颜色。记忆、空间思考、移情作用和想象，在决定经验中所与性方式之最佳性方面，起着一种关键性作用。在较高层次上，即社会世界和主体间产物层次上，最佳性概念也是最重要的。最佳性在感性经验中较易识别，但在主体间层次上实现最佳性的方式较难识别。

参见词条：normality，perception

***Origin of Geometry*（*Ursprung der Geometrie*，1936）：《几何学的起源》**

《几何学的起源》是胡塞尔于1936年所写的手稿标题，于1939年首次发表于《国际哲学评论》纪念胡塞尔逝世的专辑上。其中标以“作为一种意向性—历史性问题的几何学的起源”的部分实际上由编辑该著作的助手芬克提供。它构成了作为手稿汇集的《危机》一书的组成部分。此手稿后来被比麦尔作为《危机》的“全集版”的附录予以发表，其中包括两段（被芬克版所删除）关于伽利略的讨论。比麦尔认为此部分应该与有关伽利略的材料汇合（《危机》，§9）。《几何学的起源》被德里达于1962年翻
233 译成法文，并附以一影响颇著的长篇评论。从表面上看，此文是有关于几何学从一种（埃及人）土地仗量实践技术转换为关于纯粹观念性客体或观念体的一种观念化科学之研究，其目的在于通过揭示其历史发生学以使得几何学获得自明性（《危机》，371；VI，380）。胡塞尔的困惑在于，一种科学如何能够通过诸明见性的相互叠加而发展成一长列的明见性，却无需使原初基本明见性重新发挥作用。反之，这些结果呈现为科学的现成明见性。然而，几何学被看作是一切观念化形式的当然典范，在其中意义形式（兼含科学形式和文化形式）历史地达到了一种不变的、自同一的身份

（毕达哥拉斯定理，英语中的词“狮子”）。本研究发展为一种朝向传统之意义的“回溯式研究”或“回溯式质询”。它包括对人的历史性性质之深刻思考以及经验的历史形式依存于一种历史先天性之方式。书写语言被确定为在固定几何学观念形式和使诸形式逐代保持同一性的方面，发挥着基本的作用。几何学获得了一种活生生的语言体现，一种“语言躯体”（Sprachleib）。此文讨论了意义沉积于传统中并传承下来而不需原始奠基性明见性被重新激活的方式。胡塞尔声称，历史的真正性质和人类文化及传统的发展，只有当回溯式研究导致了人类历史性如何发展为传统之后，才能够被理解。这就要求对生活世界及先天性结构（它们起着一切人类活动之基础的作用）进行一种回溯性研究。

参见词条：*Crisis of European Sciences*

Original sphere（Originalsphäre）：原初域

“原初域”（Originalsphäre，CM，§47；《危机》，VI，246）、“原始域”（Primordialsphäre，《危机》，VI，189）或“自有域”（Eigensphäre，CM，§44，Hua I，125；Eigenheitssphäre，CM，§44，§49）是胡塞尔特别在CM§50中用来指还原法中直接第一人称的经验领域。自有域指实际的和可能的经验的全部领域，这是我作为一自我，通过一特殊悬置法，并将一切异他者排除后，能够直接地在第一人称方式中所有者。同时，胡塞尔承认，移情作用中他人的经验，虽然永远不可能直接地以第一人称方 234
式被给与，仍属于原初经验领域。胡塞尔对此领域的讨论是含混的和不令人满意的。他也谈到“我的原始世界”（meine primordinale Welt；CM，§49）。在“第五笛卡尔沉思”中他说明，他人原初域如何在某人自己的原初域中被促动：“他人以准现前方式被统觉为一原始世界之‘自我’”（Hua I，146；CM，117）。

参见词条：cogito，ego，sphere of owness

Other（das Andere，Anderer）：他人，他者

胡塞尔以很多不同的方式谈到“他人”〔他者〕。现象学企图在一切形式中描述他者之经验。他者一般来说是任何被经验作不属于自我经验领域者。“他者”可以是外部世界中的客体、其他主体（Anderer）、躯体、个人、动物或有生物，或作为一异他世界的全部经验。按照胡塞尔的说法，第一个他者是其他自我（CM，§45）；有时更特殊的是“母亲”或“父亲”或其他家庭成员（Hua XV，604）。其他主体是在移情作用中被统握的。

参见词条：alien world，other experience，self-experience

Other experience（Fremderfahrung）：他人经验

后期胡塞尔使用作为通称的“他人经验”（CM，§43）一词指“他者”、“陌生者”、“异他者”的一切经验，包括客体、其他主体（包括动物）、个人、文化世界，以及自身以外的整个世界（CM，§44），任何可形容为“非我”者（nicht-Ich，CM，§45）。他认为，一个极为深刻的现象学的问题是去说明，如何将所接遇的其他个人或自我视作一个人或自我，而不只视作一空间物质世界内的客体物。胡塞尔使用“他者”一词首先指面对着我的其他个人，他存在于“那里”，相对于我存在于“这里”。此其他个人作为也具有一自我者，作为另一“自我”（alter ego）被给与了我。

参见词条：alter ego，empathy，experience，other，self-experience，sphere of ownness

P

Pairing (Paarung)：偶合，对比化

在 CM 中胡塞尔将“偶合”定义如下：“偶合是称作‘联想’的被动综合的一种基本形式，以对比于‘同一化’的被动综合”（§50），在同书稍后说：“‘偶合’作为我对另一人的经验的一种联想构成成分”（§51）。偶合是一种联想作用，它根据类似性而不是主动通过一种集体性组合或主动综合的特殊行为，而被动地发生者。在 CM §51 中胡塞尔声称，偶合是一种普遍的先验领域现象。两种现象在主动意向性进行任何行为以综合诸显象之前即被统握为类似的。这些物（如两种颜色）直接呈现作经验上类似者。偶合是一种移情作用的关键成分。当我们通过一种“统觉转换”把一观念与另一观念相结合时，偶合即发生了，例如，另一人身体的姿势是通过一统觉转换或通过“转移作用”（Übertragung）与我的身体姿势相互偶合的。我的躯体对于我是以感觉方式显露的，但他人身体是通过一种偶合性联想被类似地把握的：“自我和其他自我永远是并必然是在一原初的‘偶合’中被给与的。”（CM，112；Hua I，142）

参见词条：analogizing apperception，association，empathy，passivity

Part (Teil)：部分

一个“部分”就是可被识别为属于一客体的任何物（“第三逻辑研究”，§2），不论它是可以独立存在的还是可以以脱离方式分离地存在的。在施图姆普夫启发下，胡塞尔在“第三逻辑研究”中发展了有关“整体与部分之纯粹理论”的概述，现在人们更熟悉的名称是 mereology〔部分论〕（来自希腊词 meros，意思是“部分”）。在该书第二版中，胡塞尔把部分—整体理论置于“形式本体论”下。任何独立实体都是一整体；而一部分被定义为属于一整体的任何物，不论它是否能独立于整体而存在。诸整体本身可以成为更大整体的部分（如爱尔兰是欧洲的一部分），而部分可以具
236 有部分（州可以具有县）。胡塞尔区分了独立的、可分离的部分或片段与依属的或“抽象的”部分，后者他称之为 moments（Momente）〔要素〕。如果一个杯子的杯把断掉，杯把就是一“片段”或独立部分，因为它可继续独立于杯子而存在。一个非独立的部分的例子是一种颜色，它只能随广延物而呈现，离开了该广延物就没有独立的存在。然而不是一切部分都可以成为整体。整体和部分彼此处于种种依属性（Unselbstständigkeit）关系中，以至于一个部分根基于另一个部分。但是具独立性的诸片段不可能互为根基，因为它们是彼此独立存在的。胡塞尔也谈到近距部分和远距部分。某物 P 可以是某整体 W 的一个直接部分，而该 W 本身又是一更大的整体 Y 的部分。在此情况下，P 是 Y 的一个居间的部分或远距的部分。

参见词条：concretum，mereology，moment，piece，Stumpf，Whole

Passive synthesis（passive Synthesis）：被动综合

胡塞尔区分了主动综合和被动综合。一种综合涉及一种结合行为。一种被动综合是在没有自我主动参与下发生的联合行为或结合行为。他认为，时间中意识经验流的原初统一化是一种被动综合（《观念 1》，§118；Hua XV，203），因为它是这样一种综合，即它通过联想作用以一定方式将诸感觉模式呈现为已经被结合者。他认为，每一主动综合形式均假定着一种被动综合。可感的世界通过被动综合呈现为已经被组织者。在一切经验中世界的“永远已经存在着”的特性是通过被动综合加以解释的。胡塞尔区分了（Hua XV，203）第一综合与第二综合。第一被动性指我自己生存经验流的统一化；第二被动性指社会主体间被构成的世界的经验，此世界已经是前所与的和被形成的。

参见词条：passivity，synthesis

Passivity（Passivität）：被动性

后期胡塞尔使用“被动性”一词指意识生活的“前所与的”层次，它前于一切主动的判断、意欲行为和其他主动综合（明确结合、分离、比

较、区别等行为）以及立场采取。被动性领域是并不通过主动综合而被高度组织和控制起来的。就此而言，胡塞尔经常谈到“被动综合”和属于被 237 动领域的先天“法则性”。被动区具有自己的结构组织和调节机制。一切活动都以被动性为前提（《观念2》，§54）。在EU §23中胡塞尔说，在经验（特别是感觉经验）内永远存在有前于一切活动的一种被动性。被动性的最基本形式是时间经验流，在此经验流中持存和预存作为对现前之经验行为的部分出现着。时间要素和感觉经验要素（例如将一片颜色统握为一齐一性颜色）被联想作用结合在一起。胡塞尔在《几何学的起源》中将被动性说明如下：“一般来说被动性是诸物的领域，诸物通过联想作用结合在一起并彼此相融合，在此领域中一切发生的意义都被动地结合在一起。”（《危机》，361；VI，372）被动性的第二法则是联想作用。

参见词条：active and passive genesis，association，receptivity，synthesis

Perception（Wahrnehmung）：知觉

胡塞尔写过大量关于知觉（包括内知觉和外知觉）问题的研究，从“第五、第六逻辑研究”、“物与空间”讲座开始，直到“被动综合”讲座，而且甚至谈到“现象学的知觉研究”（DR第一部分），这个词后来被梅洛-庞蒂取用了。胡塞尔详细描述了以下各项之性质：知觉行为，被知觉客体及其诸侧显，知觉的意义，知觉内容的意义，知觉行为中时间的作用，伴随的视域之性质，等等。胡塞尔也区分了知觉和其他意识状态，包括记忆、幻想、形象意识和符号意向。胡塞尔从形成着一切意识之基础的直接的、非中介的知觉经验开始。基础的心理行为就是知觉。此外，知觉提供了一种典型的意识种类，在该意识中意向被充实，知觉活动获得了直接的、经常的肯定和配合。所以，胡塞尔这样说：知觉是一种典型的明证性，直观性的“原始样式”（Urmodus〔元样式〕）（APS，110；Hua XI，68；也参见《危机》，§28，105；Hua VI，107）。最基本的知觉形式就是对空间物质客体、其属性和与其他客体的关系的知觉行为。胡塞尔断言，我们看见个别的“物”及其特点（Markmale）、“属性”（Eigenschaften）、 238
“规定”（Bestimmtheiten）、其独立部分和依属要素。知觉可以是静态的实体（桌子）或动态的事件和过程、落叶、飞鸟等等。此外，胡塞尔认为，事件和事态（铅笔在桌子上一事）是实际上被知觉的，虽然在此他将知觉概念扩大到包括范畴直观。我们知觉着关系，而且我们看见物相对于一背景被推至于前。看见一红方块就是看见它背靠着一白色背景。胡塞尔在其“物与空间”讲座（1907）中概述其知觉观如下：

> 知觉本身是对一被知觉物的知觉；其本质就是使某客体呈现并将呈现者设定为被相信的某物：设定为一存在的实在物。（§40，118；Hua XVI，141）

同样，在CM中他写道：

> 外知觉（虽然不是确然的）也是对某物本身、对物质物本身的一种知觉：“它本身存在着”。（§9，23；Hua I，62）

胡塞尔对知觉的论述被看作是一种直接实在论的形式。他强调，感性知觉本质上是以如下事实为特点的：客体作为“自在者”（selbst da）被给与。知觉的特点是，给与我们如其所是的物本身，“其本身”（es selbst）。他在LU中说，客体的自显现属于一知觉行为的意义（LU VI，§14，II 221；Hua XIX/2，589）。客体“自身”（selbst）被给与，“在那儿”（da）被给与，“躯体上”（leibhaftig）被给与，亲身被给与，在当下事件现前中被给与，在其自存中和“如是存在中”被给与（EP VII，251）：

> 客体存于知觉中有如在躯体中，更准确地说，有如实际现前者，有如在当下现在中自给与者。（DR，§4，12；Hua XVI，14）

239 胡塞尔强烈反对再现主义观，这种观点用形象、记号或图像取代知觉客体本身（《观念1》，§43）。例如，在LU中他不断地批评洛克、贝克莱、休谟、穆勒等人关于知觉的再现主义观点（包括在《观念1》中对格式塔心理学家考夫卡、科勒尔等人的再现主义的批评）。他特别严厉批评这样的观点：认为人们实际上知觉的是一种感觉材料。他也反驳这样的主张：认为知觉意识中每一感觉因素都相关于一种概念的运用。知觉的特殊本质不同于判断的本质。胡塞尔也拒绝现象主义，后者认为客体是直接由一系列感觉材料的显象组成的。他对意识流性质的认同导致他拒绝一切将知觉“感觉主义地”视为一种“其中不含意义的”内容流；反之，意识永远相关于对客体、意义和构成的意向性行为。胡塞尔也拒绝有关知觉的因果观。他认为，对一客体的知觉并不相关于物与我们之间因果联系的认知，反之，存在的只是客体直接现前的有意识的感觉。听到门铃响时并不是听到按钮被按动，即使按钮被按动引起了导致听见门铃的该因果链。胡塞尔认为，我们根本没听见按钮；我们只知道按钮被按动，因为我们已经假定了某种科学的和因果的观点。我们把因果性加入到对知觉过程的理解中，而不是直接视其为存在着的。他认为，按照布伦塔诺，知觉行为相关于不容置疑的承认。胡塞尔常常评论这样的事实：德文中的“知觉”一词，其直意为“视为真”（Wahrnehmung）。胡塞尔对知觉的分析同时探讨了诺耶玛侧（客体）和诺耶思侧（心理侧）。在诺耶思侧，知觉行为是一目了然的，具有确定性特征；在诺耶玛侧，被知觉客体具有实际存在的特征（CM II，§15）。知觉相关于“知觉的信念”和“知觉的确定性”，胡塞尔在《观念1》§103中如是说。在其“被动综合”讲座中他写道：

- 人们谈到一种内在于知觉行为中的相信行为。（APS，66；Hua XI，28）
- 每一正常知觉都是一有效性意识。（APS，71；Hua XI，33）
- 元样式是确定性，但它具有最直截了当的确定性形式。（APS，76；Hua XI，37）

胡塞尔认为，知觉通常伴随着一种“原初的相信或元信念”（《观念1》，§104，252；Hua III/1，216），后者是“未样态化的”（《观念1》，§104）。此未样态化的确定性可变样为不确定性、似乎性，或可变样为可疑物（《观念1》，103），但是确定性的“未变样的”或“未样态化的”形式永远具有一种优先的作用。再者，他认为，知觉基本上是简单的或“直截了当的”（schlicht，LU VI，§46），这意味着在知觉本身中不涉及推理过程。胡塞尔在“第六逻辑研究”中写道： 240

> 但是因此其意义就是：对象也是在如下意义上的直接所与对象，后者作为具有确定对象内容的被知觉对象，并不是在关系性的、联结性的或以任何其他方式被联结的行为中被构成的，这些行为是以使其他的、另外的对象被知觉到的其他行为为根基的。（VI，§46，146）*

如他所说，我们是“一下子”（in einem Schlage）就获得客体的。知觉是直截了当的事实意味着，它在现实性和确定性样式中立即产生了客体。但是当然，这并非意味着我们只看到单一的客体。我们能够具有关于复杂客体的直截了当的知觉（一堆书，桌子上一本书，等等）。胡塞尔的著名主张是，在知觉中，客体是如其所是地被给与的，同时它又是在侧显

---

* 中译者将本段改为直接由德文版译出，因此“客体”都译为“对象”。——中译者注

中被给与的。作为整体的客体是从未被完全给与的，客体永远是从某一角度或从某一侧面呈现的。然而，虽然客体是从一侧被看见的，在知觉行为中被给与的是整个客体。外知觉具有整个客体的“意义”（Sinn），即使只有一侧被“正式”看见。胡塞尔解释说，即使知觉只是关于客体的一侧和一个方面，在知觉行为中显然是整个客体被意念着和“被意指着”。他认为，客体的其他未见侧面是以空的方式“被共同意念的”。想象作用可以填充这些空的意念行为，例如当我想象桌面的棕色会与桌子下部的颜色相连续时。胡塞尔关于知觉的讨论，特别是身体在知觉行为中的作用，对于古尔维奇、梅洛-庞蒂和他人具有重大的影响。

参见词条：adumbration，fantasy，image consciousness，memory，presentification

241 **Person（Person）：个人，人格**

胡塞尔沿袭康德和他人使用“个人”一词，用其意指在充分具体性中的特别是在与其他主体的社会关系中的人主体，并强调其具有执行、意愿、判断、评价以及一般运用理性的自行负责的特点（《观念2》，§60）。关于“个人”的讨论是在《作为严格科学的哲学》内提出的，特别是在《观念2》（§§49—51）、《笛卡尔沉思》（§32）以及关于主体间问题的著作中详加分析的。个人是社会集群（例如家庭）和社团的成员，并与一环境或周围世界相互关联（《观念2》，§50）。个人主要通过“个人式〔人格的〕态度”接触世界（《观念2》，§34），此态度根据人的内部的、主观的、心理的生活和动机机制进行判断。诸个人处于价值关系中并通过移情作用相互理解和相互交流（在胡塞尔所说的“单子社群”中）。舍勒在《伦理学中的形式主义》（1913）中发展了一种人格现象学，区分了个人和自我，因为舍勒认为一个人不需要与他人对立（所以舍勒认为上帝为一个人）。胡塞尔把自我看作是构成性源泉，而把个人看作是社会世界中完全具体的行动者。作为个人的主体不是在自然主义态度中可显示的，后者把一切物质性实体均看作是自然的客体（《观念2》，§51）。个人是道德观的焦点和权利的承载者。个人发展了一种特殊的生活风格并在一定环境下按定式和习惯行动（《观念2》，§60）。胡塞尔也将广义的“个人”概念应用于具有个人性自我的动物（CM，§32）。

参见词条：ego，monad，personalistic attitude，Scheler

Personalistic attitude (die personalistische Einstellung)：人格〔主义〕态度

“人格态度”一词被胡塞尔用于表示人对自身和作为个人的他人所采取的正常态度（在此态度中人们彼此以“我”、“你”和“我们”相对待），表示人们在社群中相互对待的方式，以及对待动物的态度等等（《观念 2》，§49）。特别在个人互动中，在彼此交谈时、握手时人们采取人格态度。一般来说，人格态度不是理论态度（“个人的生活一般不是理论的生活”，《危机》，318；VI，297），它主要是实践的和直接的。自然科学特意排除 242
个人和人格态度。甚至此种对个人自我的自忘却性（《观念 2》，Hua IV，184）是近代自然科学中“一致的但无意识地应用的障眼术”（Hua XXV，25），它也同样排除价值问题。在《观念 2》中胡塞尔把自然态度看作是基于并从属于人格态度，后者是诸个人相互之间对待时所持的基本立场。首先，个人是真正客观物，在时间中被构成并属于时空世界（IX，418）。相比之下，其本质完全不同于“实在物”（Ding-Realitäten）的本质（VIII，493）。个人特有的态度是：

> 我们永远处于人格态度中，当我们彼此共同生活、相互交谈、握手问候或相互爱恋或憎恨时，以及当我们怀有意向和在行动中、话语中、讨论中时。（《观念 2》，§49，192；Hua IV，183）

它是一种“前理论的态度”。在《观念 1》中“自然态度”包括我们与作为个人的他人以及在社会角色中的正常关系。在《观念 2》§62 中他谈到自然态度和人格态度之间的“相互关联”（incinandergreifen），但是明确地区分了人格态度和自然态度，甚至主张自然态度事实上是“从属于”人格态度的（《观念 2》，§49）。自然态度实际上是通过一种自我忘却或抽离出人格态度的自我而达到的，即通过抽离个人性因素，在某种绝对化的方式中将世界呈现为自然世界（IX，419）。

参见词条：attitude，natural attitude，naturalistic attitude，person

Personality of a higher order (Personalität höherer Ordnung)：高阶个性

“高阶个性”一词是以布伦塔诺学派特别是以梅农著作中出现的“高阶客体”为基础形成的。胡塞尔认为，“高阶个性”（此词主要出现在有关主体间性著作中和《新生》刊物文章中，但也参见《危机》，§55；Hua XV，421）指社会实体的性质，如机构或社会群体，这些现象可被视为有如主体。高阶个性即群体、社群、民族、教会、国家等等（参见 CM，

243 §37；《危机》，§55）。机构、团体、民族可被看作是具有类似于一个人主体的某种同一性、意识和自意识。高阶个性是根基于诸个别主体的，但具有其自身的高阶同一性（CM，§58）。在真正的社群中，个人不是融合于群体中，而是通过群体及通过与其结合来表达自身的。真正的社群是集体，后者自下而上形成但并不压制其自身组成团体的诸个体。高阶个性必然通过规范相互结成整体（XV，421）。

参见词条：person

Phänder，Alexander（1870—1941）：普梵德尔

普梵德尔是德国哲学家，生于 Iserlorn。他最初学习工程但后来到慕尼黑随同里普斯转攻描述心理学。他的最初著作《意志现象学》（1900）先于胡塞尔（在《逻辑研究》第二卷中）一年使用了“现象学”一词。他继续出版了心理学和现象学著作，讨论意志、感情、动机和伦理学问题。他是慕尼黑现象学小组成员。他曾申请弗莱堡的教授职位作为胡塞尔的继任者，但没有成功。该职位在胡塞尔支持下由海德格尔获得。

Phantasy（Phantasie）：幻想

参见词条：fantasy

Phantom（Phantom）：幻象，幻影

“幻象”一词被胡塞尔用来（参见 DR，§23；《观念 2》，§10）指对一种空间物质物的经验，当纯粹按其波动性的知觉特性（其感性图式〔das sinnliche Schema〕，Hua XVI，343）加以理解而不视其为一个关联域的一部分时。胡塞尔认为，“幻象本身还不是一物”（Hua XVI，345），甚至当一幻象处于常态流动中时，因为（例如）一客体的有色表面依存于变化的光线，而在指涉感觉物时人们倾向于假定该颜色是固定的和不变的。作为纯粹视觉把握的物（Sehding）即是“视觉幻象”，而且同样地可能有“触觉幻象”或纯粹听觉幻象（并不相关于较广范围的环境、背景、空间、时间、因果关系等等）。胡塞尔也认为世界上存在有具体出现的个别幻象，如彩虹。

参见词条：perception，thing

Phenomenalism（Phänomenalismus）：现象主义 244

现象主义是这样的理论，它认为物质世界是完全可按照主体经验，特别是按其感官经验加以说明的。哲学家 G. F. Stout 将现象主义解释为：关于物质客体的存在、持存、性质和行为均可翻译为有关在其彼此关系中的实际的和可能的感觉的等价性命题（参见其《现象主义》，载于《亚里士多德学会会刊》，1938—1939，2—18）。马赫主张一种现象主义，认为物理物应被理解为感觉之逻辑构造物。应该区别现象主义和现象学，后者并不将显象局限于感性显象或感觉。

参见词条：Mach，phenomenology

Phenomenological reduction：现象学还原

参见词条：reduction

Phenomenology（Phänomenologie）：现象学

“现象学”一词的直意是“关于现象的逻辑学或科学”，此词最初出现在 18 世纪的哲学著作中，如兰贝尔特、赫德、康德、费希特和黑格尔的书中。约翰-兰贝尔特是沃尔夫的追随者，他在其《新工具》一书第四部分标题中使用此词表示一种关于显象（Schein）的学说。他启发了康德，康德在其早先若干书信中偶尔使用此词。例如，在其 1770 年 9 月 2 日致兰贝尔特的信中说，“形上学之前必须有一完全不同的但仅为否定性的科学（Phaenomenologica generalis）〔一般现象学〕”。同样，在其 1772 年 2 月 21 日致 Markus Herz 的信中康德谈到了“一般现象学”（die Phänomenologie überhaupt），此部分最终发展为《纯粹理性批判》的先验感性论。康德在其后期著作中继续使用此词。在他看来，“现象学”是有关事物对我们显现方式的科学的一部分，例如，相对运动、颜色，依存于观察者人的性质。康德在 1770 年的前批判阶段的博士论文中使用过此词，他将其理解为预备性的哲学态度，此态度能够界定感性的内容，以此通过排除偶性保存理性。此时康德仍然属于“前批判的”形上学传统，后者区分着主观感性显 245
象和悟性客观实在，因此主张此分界，按此分界理性的理解必须始终排除感性并因此主张理性在经验知识构造中是首要的。《纯粹理性批判》（1781）所开创的以及《致 Markus Herz 的信》（1772）所准备的批判革命导致人们对此“前批判的”区分产生怀疑，并因此不再专注于由可感现象产生的有关客观知识合理性的困惑，而是转而专注于对客观知识可能性的条件问题。此“先验性的”转变引生了对“现象学”一词的置换，作为其任务在于限制感性偶然性以保卫理性知识客观性的预备性哲学态度的现象学，被代之以感性论〔aesthetic〕，后者被理解为对一切或任何可能直观的先天条件的先验性阐明。康德对（从主观侧看待的）客观性之可能性条件的研究被黑格尔批评为未能发展出一种不同于意识的心智概念。为此理由黑格尔说康德哲学仍然“只是一种心智现象学（而不是一种哲学）”。康德之后，“现象学”一词在德国唯心主义发展中经受了一种深刻的、彻底的再定义。黑格尔使此词重新兴起但完全转换了其定义。他以思辨方法将现象学定义为历史上的精神表现。按此方式，作为黑格尔绝对哲学知识体系第一部分的《精神现象学》(1807)，回溯了意识将自身理解为精神自认知运动的方式，因此将自身理解为“实体”和“主体”之间有效的和被预示的和谐作用。他认为，如果人们不能从绝对自我开始，现象学就是介入作为绝对之意识自认知漫长过程中的必然而首要的因素。于是，现象学被看作是一种运动，在此运动中意识由显在而演变为作为思辨性的自认知。在黑格尔思想中的现象学，构成着哲学知识系统的一部分，其直意是“从现象到逻各斯”。在此意义上，哲学知识被理解为历史的“生成”运动：它
246 首先被看作是“直接性”，合理的确定性，通过其自身显示形象的必然展开并在此展开中，通过其中介化的本质过程，连续地演进到其作为精神的同一化和认知。现象学的概念被用来描述此“生成”和中介化运动，因为它把连续演进为其自身自同一化和实在化的哲学知识显现刻画为精神。这样，现象就完全永远地被看作是存在于精神“成长”的本质过程中，而且在“再现的主体”和“被再现的客体”之间的近代对立，就在精神的历史意义展开中被辩证地超越了。关于意识的现象学的任务正是去经验此运动，因而现象学就成为此前进性经验的名称，在此经验内一切对立或矛盾都被超越和转换为其相互的理解。这样一种任务意味着哲学知识被设想为存在并在存在之中，进而再者，知识栖于存在中，从来也不被看作是外在于存在的观察。费希特也在 1804 年的《知识论》中使用“现象学”一词，用以指示显象世界的方式，此显象虚幻地显示为独立于意识本身。胡塞尔不是从黑格尔或康德那里发现“现象学”一词的，而是从布伦塔诺那里得知的。布伦塔诺在 1889 年的“描述心理学”讲演中应用“描述心理学”或“描述现象学”短语来区分此科学和生成的或生理学的心理学。在 1891—1901 年，胡塞尔主要把现象学理解为有关他所谓的“知识观念”的根本性“阐明”(Kärung) 和“认知批评”，陈述出基本上介入认知和知识本身的

概念和行为的先天性结构。特别是，胡塞尔寻求涉及客观认知所需的一定主观条件认定的一种特殊分析，并试图区分这些“现象学的”条件以及介入人类认知的经验的、事实性的或“心理学的”条件。1907 年后，他开始认识到自己的方法和康德的方法之间的类似性，并重新将现象学表述为一种新的和彻底的先验哲学。胡塞尔在《逻辑研究》导论中临时提出的现象学概念，只是在“第五、第六逻辑研究”内充分展开的过程中才被进一步揭示，此概念在该书第一版中首先呈现为一种“方法”，并在 1907 年的 247
《现象学观念》中被确定下来（Hua II，23）。在《逻辑研究》第一版中，现象学被作为研究认识论概念的一种无前提的样式提出来，以便“极其清晰地”展现出其概念内容和与其他概念的联系（Hua XIX/1，10）。对概念的阐明不是通过语言学讨论进行的，而是通过将这些概念回溯至其直观中的“根源”（Urspung）达成的。在其 1902—1903 年讲座中，胡塞尔已经阐明了描述心理学和现象学的区别，他将现象学描述为一种纯粹本质理论（Hua XIX/1，xxx-xxxi）。在 1903 年的《关于 1895—1899 年德文逻辑学著作的报告》中，他明确地摈弃了早先把该书称作“描述心理学”学科内的系列研究的说法。在重复《导论》中的说法时他要求独立于形上学和一切对自然的、实在的存在的关系来“阐明”（Aufklärung）知识，暗示着他已经朝向还原论转变了：

> 此阐明要求一种知识现象学；因为逻辑观念起源于其中的认知体验，必须固定于阐明过程并在其内加以分析，但须排除一切超出那些体验的实在（reellen）内容的解释。（EW，251；Hua XXII，206）

他又说：

> 因此现象学不能不加进一步限制地指称描述心理学。在严格的真正意义上它根本不是描述心理学。它的描述无关于经验性个人的体验或体验的类别；关于个人，关于我自己和他人，关于我的和你的体验，它并不认知，什么也不假定。对于这些主题它并未提出任何问题，并未给与定义，也未提出假设。在现象学的描述中，在最严格的 248
> 意义上，人们所见者只是所与者，只是如其所是者。（EW，251；Hua XXII，206—207）

胡塞尔继续说，现象学的目的在于，通过基于直观的充分抽象作用，达到对逻辑学的概念和法则之本质的明晰理解，此观念化的抽象作用概念将在逐年发展中被精确化（例如在《观念 1》中）。在《逻辑研究》第二版中，胡塞尔增加了下面一段：

> 关于现象学的事实的陈述从来也不可能根基于心理学经验，或基于通常意义上的内知觉，而只能够基于观念性的、现象学的本质直观。后者在内直观中获得其启示性的起点，但此内直观并不必定是实际内在的知觉或其他内部的经验，例如回忆：其目的也可以并更可取地由任何内部想象之自由虚构所达成（in freiester Fiktion gestaltende Phantasie）[*]。

在 1901—1913 年，胡塞尔重新把现象学理解为一种本质科学，而且在《逻辑研究》第二版出版时（1913）他把现象学相关于描述心理学的大部分内容都删除了，而且全书各处都插入了那类强调着现象学的纯粹、先天性、本质性特质的短语，现象学是通过纯粹内在性的、本质性的直观达到的，并不牵扯到任何实在性或现实性。这些插入语的一个典型例子可在“第六逻辑研究”的附录中看到：

> 因此现象学是一般经验理论，包括一切经验中所与的，并明显可在其中发现的实在的和意向性的内容。因此，纯粹现象学是关于纯粹
> 249 现象、纯粹意识的或纯粹自我的现象的本质理论：它并不建立在通过超越性统觉所与的物质性、动物性以及心理物理性的基础上，它不提出经验性陈述，它不提出相关于超越意识之外的客体之判断：它不确立相关于自然现实的真理。（LU VI，App II，343；Hua XIX/2，765）

在同一附录中胡塞尔强调，对内在于意识并在其中如其所是地给与者，是非理性的（unvernünftig，Hua XIX/2，768）。换言之，现象学的方法涉及追溯概念至其直观中的来源，虽然在第二版中胡塞尔坚持说，这不应被理解作一种有关概念如何发生于自然现实中的经验的—发生学的研究。胡塞尔继续发展着和扩展着他的现象学概念。于是，在《大英百科全书》文章的第一稿（1927）中他写道：

> “现象学”一词一般被理解为指称一种哲学运动，它产生于本世纪初，为一种科学哲学以及一切科学提供了一种根本性的新基础。（Hua IX，237）

---

* 直译是：“在形成性想象之最自由的虚构中”。——中译者注

从1907年左右起，胡塞尔把现象学解释为本质上是先验性的。在上文第一稿中他写道：

> 实际上，先验还原展开了一种全新的、可被系统研究的经验：先验经验。通过先验还原，在隐蔽中起作用的绝对主体可在其先验性生存中得到阐明。(Hua IX, 250)

1917年左右，胡塞尔开始区分构成性现象学和发生学现象学。他认为，现象学需要这种对存在的临近性并拒绝有关一种再现性主体和被再现客体的简单认识论的外部观。在此意义上，胡塞尔现象学的宗旨口号就成 *250*
为要求“回归事物本身”。胡塞尔认为，现象学并不而且甚至不可能确立一种绝对的无所不包的理解，按此全面的理解，知识和存在可以按思辨方式彼此相互意指为精神之“被内在意指的”辩证要素。胡塞尔现象学在于说明现象从其被构成的视域，也即说明事物从其显现出来的平面。在此意义上，他认为，现象学意味着返回事物在其中被给与的明证性来源。于是胡塞尔认为（与黑格尔相反），现象学是一种无限的规划，按其定义，它不可能在作为精神的绝对知识内构成自身。现象学说明着客观现实世界在经验中对我们具有的意义。此意义在此方式上可以被显示、被揭示，但其本身不可能被改变。因为，现象学首先回应着对真理体验进行描述和理解的必要性，而不堕入心理主义及其蕴涵的相对主义。现象学所蕴涵的第一形式于是就是对思想和认知之体验状态的纯粹说明。“纯粹的”在此只意味着相关于直观中所把握的体验状态，而非相关于经验中发生的体验状态。在此意义上，现象学实行的纯粹描述揭示着客体在其中被朝向的样态性，以及揭示着这些客体按其被呈现的直观。于是，现象学将其描述活动一般化为全部意识活动，不论是精神的还是知觉的，可以说现象学对一切被经验的意识状态进行着一种普遍说明。现象学是一种本质科学，其任务是对意识的内在形态进行纯粹描述。所以，现象学描述对古典的唯心主义和实在论图式都加以批评，因为它对主客区分原则提出了根本的质疑。因为，在现象学中，客体超越性意义被看作是一种心理产物或一种简单的外部所与物。然而，现象学为了使此类批评具有任何意义，必须发展一种对先验性的革新的理解，此先验性将被胡塞尔赋予一种“普遍本体论”的意涵并将其颁布为“第一哲学”。在此意义上，现象学研究这样的样态性，借助此样态性并在其中意识原初地构成着一切存在之客观意义。现象学的还原概念正是在此原初性的构成中被理解的。还原于是被理解为一种对被 *251*

确定的和被构成的知识的悬置或将其纳入括号，被理解为那样一种按其可达至先验主体和一般世界之间的先天相关关系的样态性。胡塞尔认为，“自然的意识”规定着科学的活动和态度，它也直接属于世界存在的确定性，因此由于其不理解自身参与着世界形成而始终是素朴性的。现象学还原的重要性在于，它使意识对自身揭示，因为它在世界所与性的构成中展示着意识的活动。在此意义上，现象学还原通过揭示在所与世界构成中的运作性样态，而重新具有了意识。然而，对于胡塞尔来说，把意识设定为一切超越性立场的根源，并非提出一种经验的发生学或一种因果性联系。为什么？因为，构成性的样态性独一无二地标志着诺耶思和诺耶玛之间的相关关系，即意向性的意识体验状态和其相关项之间的相关关系。当然，属于世界存在意义的超越性是内在于主体性的，但并非在包含于其内的意义上，因为，对于胡塞尔而言，世界绝对不应该理解为自我之组成部分。胡塞尔宁肯谈到一种“超越性”，此超越性即“非实在地被包括在内”（irreellen Beschlossenseins；CM，26；Hua I，65），因此意味着他打算阐明一种与一切心理唯心主义对立的、对其批判的新先验唯心论。所以，在现象学中人们应该理解，“现象”不是简单可观察之物；同样，现象也不是一种未知的或不可知的存在之表现。胡塞尔在 CM 中表示，宁肯说现象是“我的纯粹生命，连同其全部纯粹体验状态及其意向性客体”（§18）；这就意味着，现象构成着物本身的原初性显现行为。

参见词条：genetic phenomenology，intentionality，phenomenon，static phenomenology

Phenomenon（Phänomenon，phainomenon）：现象

胡塞尔从康德处借取了“现象”一词。它是希腊词“phainomenon”的音译，意思是“显象”。胡塞尔认为，现象学处理一切被给与为或被呈
252 现为一种现象之物。现象学并不寻求一种“物本身”或现象背后的“实体”（noumenon），而是关注在其所与性样式中的现象本身。现象概念包括显示着自身者的观念，因此也包含着对该显现作用的经验。在《现象学观念》中胡塞尔说：“‘现象’一词的意义由于显现行为和显现者之间的本质相关关系而具有双重性。‘现象’本来的意思是‘显现者’，但它主要被用于指显现行为本身，后者为一主观现象。”（Hua II，14）海德格尔后来把此希腊词解释成“从自身显示自身者”，“自显示者”。在《存在与时间》§7 中他写道：“显示自身者（在真正原始意义上的现象），同时即作为某

物的一种产生物的‘显象’，此某物在该显象中隐蔽自身，一种自呈现的产生物。”这一判断使得现象与纯粹显象脱离了联系，并因此将其理解为一种被显示的所与物，它也从其所与性中追溯自身。然而，此种彻底性只能通过胡塞尔在对现象一词的再定义中所起的开创性作用才可能形成。胡塞尔在“现象”一词中所揭示者（即展示先验现象学领域本身）即是一种意向性结构，在此结构中“物自身”相对于我们按照使自己呈现于现象的方式对我们显示着自身。先验现象学的著名口号“回归事物本身”正是在此意义上被理解的。于是先验现象学的悖论在于，事物本身是现象，而且因为它们本身并不对意识的自然态度显现（按此态度意识只是直接意识到所面对者或所显示者，但还没有显示于事物本身作为现象借以呈现于意识的方式、样态、条件或可能性），这就要求一种先验现象学的作用，以便事物如实呈现自身。然而，注意到此决定性事实是重要的，因为现象只通过一种现象学的研究才如是呈现（也就是通过应用一种精确的命题学逻辑样态，并因而通过实行一种现象学还原和对意识自然态度的悬置才如是呈现），现象的结构和本质在一开始就成为有问题的。胡塞尔在 1907 年的“现象学观念”的哥廷根讲座概要中着重指出现象的此一成问题的特征。 253
在此说明性的导论中胡塞尔指出，对于认知样式的现象学研究必须始终理解为对本质的研究，从此本质中产生了其内在的意向性，即知识客体和客体知识的可能性和条件。再者，此一定义意味着，认知现象学是在此双重的意义上的关于认知现象的科学：一方面，认知科学，作为对给与意识之显象、图像、观念的说明，在意识中配置着这些所与物，后者（或主动地或被动地）成为一种意识的客体；另一方面，对客体本身的分析，即对行为、目的以及在客体从其中形成的视域结构化中对意识的构成性样式的分析。于是，“现象”一词对于胡塞尔具有双重含义。现象通过“并合作用”同时意指着对意识显现者（das Erscheinende）和意识的显现行为本身（das Erscheinen selbst）。在现象内的此内部区分，展开了胡塞尔的现象学规划的可能性：从显现于意识者反归意识的显现行为本身，此意识本身并不显现。在此意义上，对于胡塞尔而言，现象即是显现者，因为显象中永远是和已经是由显现者和本身未显现者的显现行为本身所安置的。“现象”一词的双重意义组织着和支配着现象学还原的“逆向”运动和无限样态。在此意义上，现象学还原（Re-duktion，Zurückführung）只是终止了符号意识自然态度的世界的有效性，以便引生和介入在其透明性和意向性结构中的“纯粹世界图景”。所以，现象学还原运动只有当在这样的条件下才完成自身，即当——从单纯描述回归到意义赋予行为以及回归到内在于这些行为所假定的诺耶思活动意义后——“先验意识生命”的意向性现象被揭示时，即当在意识中展示了其“活生生现前”（lebendige Gegenwart）的
254 内在生命时。正是在此“意识的活生生现前”中，现象的无限动力过程，现象繁衍的无穷内在性，被真正揭示了。在《存在与时间》§7 中，当海德格尔说明了现象学方法对基本本体论的期待时，他不仅重复着胡塞尔的现象学全体，以便导致其极端的可能性，而且也证明此现象学的规划的潜力在何种方式上已经在希腊思想中通过对“现象”和“逻各斯”词语的真正分析被讨论过了。海德格尔沿着胡塞尔最初的思想突破认为，在此方式上现象学的意义相符于哲学的意义，因为二者都说明同一任务：使显现者显现于显现行为（apophainestai ta phainomena）。

参见词条：appearance，givenness，phenomenology

Philosophical attitude（die philosophische Einstellung）：哲学态度

胡塞尔在《现象学观念》中将自然态度和哲学态度相对比。按照自然态度，世界以及我们对世界的知识，被视为当然存在。由希腊智者派（例如高尔吉亚）和怀疑论首先提出、被笛卡尔以其普遍怀疑加以彻底化的哲学态度，对世界加以质疑，并对知识成就加以质疑。然而，传统哲学，包括康德哲学，并不承认其自身观点的新颖方式。现象学要求对哲学态度的意义和彻底性进行阐明（参见 PRS）。在此之前，哲学不可能成为一种严格科学。

参见词条：attitude，naturalistic attitude，personalistic attitude，phenomenological attitude，theoretical attitude

“Philosophy as a Rigorous Science”（*Philosophie als strenge Wissenschaft*, *Logos* 1910—1911）：《作为严格科学的哲学》

这是一篇颇有影响的论文的标题，此文是胡塞尔在《逻辑研究》和《观念 1》之间唯一的出版物。李凯尔特邀请胡塞尔为其新创刊的《逻各斯》刊物撰写了此文。此纲领性论文对导致相对主义和怀疑主义的自然主
255 义和历史主义提出持续性批评。在此文中，胡塞尔明确地回溯了在《导论》中对心理主义的批评，特别在§§25—29 中他讨论了无矛盾性原则。胡塞尔判断自然主义在自身包含了一种“悖论”或“悖论循环”，它类似于其早先的主张：心理主义包含着一种“荒谬”或悖论。在此文中，胡塞

尔对先前心理主义的批评扩展为对各种自然主义的批评，包括冯特的自然主义心理学。但是他也在影响力日增的狄尔泰历史解释学中发现了新目标，将此解释学视为一种导向相对主义的历史主义并因此导致科学使命的瓦解。胡塞尔特别举出狄尔泰的“世界观哲学”，后者否认了文化形成物的客观有效性。年迈的狄尔泰对胡塞尔的激烈批评感到不快，写信否认关于相对主义的指责。直到多年后胡塞尔修正了说法，承认狄尔泰对于描述心理学作出了贡献（Phen. Psych.；Hua IX）。

参见词条：historicism，naturalism，monad

***Philosophy of Arithmetic*：*Logical and Psychological Analysis*（*Philosophie der Arithmetik*，1891）：《算术哲学》**

这是胡塞尔所发表的第一部出版物，目的是阐明“独立于任何算术理论”的数的性质（Hua XII，12）。在书中他提出了通过分析概念的“心理学构成”对“本质和起源”进行阐明（Hua XII，15）。他的方法是将布伦塔诺的描述心理学方法应用于证明维尔斯特拉斯数概念的合理性。按照布伦塔诺的思路，胡塞尔的基本原则是“任何概念如无具体直观中的一种基础都是不可想象的”（Hua XII，79）。他想要发现我们的基本数学概念的“根源”（Ursprung，Hua XII，17，64）、“发生”（Entstehung，Hua XII，17）、“来源”（Quelle，Hua XII，179），例如“多”（Vielheit）、“单位”（Einheit）、“集体性结合”（kollektive Verbindung）、“较多”、“较少”等等（Hua XII，64），这些基本概念都应用于构成特殊数学概念。胡塞尔曾计划撰写此书第二卷，处理代数和几何学问题，但他后来放弃了此计划。

参见词条：*On the Concept of Number. Psychological Analyses*

Picture consciousness（Bildbewusstsein）：图像意识 256

参见词条：image consciousness

Piece（Stück）：片段

在“第三逻辑研究”中胡塞尔称一独立的部分为片段。例如一匹马的头可以离开该马匹独立地存在（§17）。一片段可与整体分离（杯把可以脱离杯子）而继续存在。同理，一非独立的部分不能脱离整体而存在（颜色不可能独立于颜色物而存在）。

参见词条：mereology，moment，part，whole

Platonism (Platonismus)：柏拉图主义

纳托普曾批评胡塞尔在《逻辑研究》中对观念性实体提出一种柏拉图式的观点。按此理解，柏拉图主义意味着观念性实体或观念体（如数、单元、同一性、等价性等概念）是具有一种独立的、无时间性的、非物质性的存在，后者非常不同于时空性物质存在。胡塞尔承认在此意义上自己是一柏拉图主义者。他认为是陆宰在其《逻辑学》中的柏拉图观念的独立有效性帮助他理解了鲍尔扎诺在谈到“命题本身”时所获得的结论（EW，201；Hua XXII，156。在其1933年7月17—21日致Paul Welch的信中重复了这一点，《通信集》VI，460）。在其《逻辑学》卷3第2章（§§313—321）中陆宰试图阐明柏拉图的“观念世界”的意义，他主张它们都是在此世界中的事物之属性，后者被看作是通过“构成一不可改变的思想体系”（§314）而被结合在一整体中的诸一般概念，它们规定着一切可能经验的界限（§315）。陆宰认为，柏拉图承认，在赫拉克利特的变化世界中，黑色物变成白色物等等，但是黑色本身不会改变，即使一物只是暂时地与黑色相关。即使当一临时性出现的声音或颜色直接被另一不同的声音或颜色取代时，情况仍然是此二者彼此处于一定的对比关系中。这些关系以及甚至实在物和事件的可理解内容可被说成是具有有效性（Geltung，§316）。陆宰否认柏拉图会如此荒谬地一方面承认变化的物质物存在，一方面又主张一种关于独立性观念之存在。他责备有关如下事实的误
257 解，即希腊语言没有能力表达此有效性而只将它们说成是“存在”（ousis）。事实上，形式是观念的统一体（henades，monades）。陆宰认为，柏拉图的观念被误解为具有分离于物的“存在”（Dasein），实际上柏拉图只企图为它们规定“有效性”（Geltung）。柏拉图并未企图通过断言它们不存在于空间内而将诸观念实体化，而只是想说它们并不存在于任何地方（§318）。在那时，胡塞尔对观念性实体的自存在观点被责备为一种柏拉图主义。胡塞尔在《逻辑研究》第二版中拒绝了关于柏拉图主义的指控。胡塞尔称赞鲍尔扎诺的“真理本身”理论具有独创的启示性，并称赞陆宰关于“柏拉图观念论的杰出解释”使其获得对此理论的理解（LU 36，128—129；Hua XX/1，297）。它相当于用一种“柔性的”柏拉图方法来把观念性客体看作是稳定的诸单元，它们具有同一性条件但无时空中的存在。称其为“柔性的”，因为胡塞尔并不素朴地将这些观念性客体设定为存在于另一界域。胡塞尔将柏拉图共相实在论视为一种已被否定的素朴本体论而加以排除（LU II，§7）。观念性实体并不存在于“上天某处”（to-

pos ouranios，LU I，§31)，也不是“悬置于存在与非存在之间的神秘实体”。科学要求存在有这样的稳定统一体〔单元〕，数3必定在其出现的一切句子或公式中同一。同样，整个句子由于其观念性意义和其相应的观念性事态而形成了观念性统一体。胡塞尔强调，甚至一错误的命题都具有一超时间的观念性（ELE，Hua XXIV，37）。它具有一观念的同一意义特性和一真值。此外，两个判断可被视为同一，如果由这些判断中可形成或导出严格相同的陈述而非其他陈述的话，而且在此意义上，它们具相同的“真值”（Wahrheitswert，LU V，§21）。

参见词条：eidos，ideality，Natorp

Positing act（setzender Akt）：设定行为

胡塞尔在“第五逻辑研究”§38中说，“设定行为”是一种客观化行为，它将客体看作是实际存在的，而“非设定行为”以一种变样的形式呈现客体，却并不承诺其实际存在性，客体“只是被呈现”而已。名词化行为和判断可能是设定性的或非设定性的。知觉行为或记忆行为是设定性行为，而幻想行为是非设定性行为。

参见词条：objectifying act

Position taking（Stellungnehmen，Stellungnahme）：立场采取 258

胡塞尔经常使用“立场采取”一词表示自我对待自身信念、思想、判断、情绪等等采取立场的方式。例如，在接受一命题为真时，人们就是对该信念采取一立场，将其纳入自己的信念之一，肯定其为一明确信念〔conviction〕等等。存在有意识可采取的很多不同立场。胡塞尔认为，一切生命都关系到立场采取。胡塞尔将立场采取看作是自我的一种主动的、自由的决定。立场也可以被改变，对待同一信念采取不同立场的能力，属于人的意识性质的一部分。在自然态度中，对待知觉、判断等对象这类实体之存在，存在着一种普遍的立场采取。

参见词条：attitude，conviction，judgement

Possibility（Möglichkeit）：可能性

可能性意味着可与现实性（存在者）及必然性（必然存在者）对立存在者。胡塞尔的现象学宣称不只是根据其对现实性的把握来研究意识，而且也企图理解意识如何能够使自身相关于可能性。意识具有种种样态形式。胡塞尔甚至经常把作为一种先天本质科学的现象学就视作关于可能事物的科学，而将实体和意识状态的实际现实性（Wirklichkeit）通过现象学还原视作不相干而加以排除。稍后海德格尔在《存在与时间》中会宣称，可能性高于现实性，而且现象学主要是一门关于可能性的科学。胡塞尔关心于某物之本质属性经过本质自由变异法穿过种种可能性改变着相关客体以察看始终不变者的方式。可能性属于被经验的客体之视域。因此当我看到一客体的前侧时，其后侧被看见的可能性也是同时被意指着的。

参见词条：essence，horizon，imaginative free variation

Prepredicative experience（die vorprädikative Erfahrung）：前述谓经验

259 “前述谓经验”是后期胡塞尔使用的词语（特别在《经验与判断》中）以表示这样的经验区域，此经验出现在它被明确表述或“被主题化”于判断之前以及被表达于外在语言形式之前，即在它为明晰的意识被组合之前。胡塞尔说，一切述谓性认知活动假定着一种前述谓的区域，后者是被动地前所与的。再者，述谓性经验是对在前述谓层次上被经验者的一种表达。在《经验与判断》中，胡塞尔将该书头一半篇幅用于论述前述谓的（感受性的）经验。简单统握及说明（§§22—32）与对关系之统握此二者（§§33—46）构成了前述谓经验的主要结构。感受性，触发性，确定性样态化，时间统一性，联想和被动综合，都是胡塞尔用来描述前所与世界的被动性构成部分的一些课题。

参见词条：experience，passivity

Presentation（Vorstellung）：观念、观念呈现、再现、表象

Vorstellung是从洛克意义上的“idea”一词译为德语的常用词。此德文词通常译为英文“presentation”或者“representation”。德文词Vorstellung往往在18世纪德国哲学（如康德）和19世纪德国心理学（如布伦塔诺、梅农及其学派）中指在一切心理行为中任何直接出现在心间者，这些心理行为包括知觉、想象、回忆或概念化。布伦塔诺区分了观念呈现（包括形象、思想、印象、概念等）和判断，他认为后者是肯定着或否定着观念的行为。早在1893年，胡塞尔就仔细区分了在视知觉行为中被经验对象的那种“观念呈现”（Vorstellung）和在幻想或符号表达行为中的，或在当我们对知觉中未直接给与的立方体侧面进行“共直觉”〔co-intuit〕时所实行的那种空意念行为中之“再现”（Repräsentation）。在《算术哲学》中，胡塞尔区分了在直观中直接或“真正”呈现的低位数，而通过符号表示的高位数的思想则涉及对其“非真正地”把握。这导致胡塞尔区分了空观念及其可能经受的各种“充实”形式。在“第五逻辑研究”中，胡
塞尔对布伦塔诺的“观念呈现”一词提出了批评，并用通过现象学方法澄 260
清的一种客观化行为概念取而代之。胡塞尔承认，能够获得空意指方式或符号性意向是重要的，符号思想能力为科学本身奠定了可能性基础。反之，当下我眼前看见的在其物体性呈现中的某物，即是我们经验中那种物体性充实之典型。客体的呈现行为或现前行为的一种不同形式，出现在当其不在时（不论在记忆中还是在想象中或期待中）记起该实体的行为中。

参见词条：intuition，objectifying act，presenting，representation

Presentation or presencing（Gegenwärtigung）：现前化

胡塞尔使用取自德文词“现前”（Gegenwart）的“现前化”一词，用以指那样的体验，在其中意向性客体在直观经验中无中介地、直接地、“躯体性地”（leibhaftig）、此刻现在地、充分现前地被给与，例如这样的方式，在其中客体在知觉行为中被呈现。胡塞尔将此种现前行为（此行为带有现在存在的时间性概念）和他所谓的“再现”、“现前化”〔presentiation〕或“准现前化”〔presentification〕（Vergegenwärtigung）相对比，在后者中事物以一种较少充分呈现的方式被给与，例如在记忆、想象、符号表示等等行为中。在知觉中一物质物的现前行为中，现前行为永远以侧显方式发生，而且也存在有被再现的或被现前化的（即被空意念的）客体方面。大多数直观形式都关系到观念呈现和准现前的交织行为。

参见词条：apperception，presentation，presentification，representation

Presentiation：现前化

参见词条：presentification

Presentification（Vergegenwärtigung）：准现前（化）

胡塞尔一般区分了知觉和再现、准现前或（按照某些翻译法）“现前化”*；前者直接地呈现着被意念的客体，他称之为“观念呈现”，而且具

* presentiation，英文中没有德文“准现前”的对应词。——中译者注

261 有着“躯体性”、此刻现在的现前性，后者不具有此种躯体性的所与性。记忆和幻想是典型的准现前行为，虽然二者的设定性特征不同（记忆呈现的客体是曾经实际存在过的，而幻想并不具有这种设定性）。在规则的知觉中，客体是通过一种侧显作用被呈现的，而被共同意指的不在的诸侧面是通过一种空的准现前作用被给与的。

参见词条：apperception，perception，presentation

Presuppositionlessness（Voraussetzunglosigkeit）：无前提性

胡塞尔将“无前提性”看作是现象学方法的一个主要假定。此词首先在《导论》§7 中提出，在那里他谈到“免除前提”是认识论研究的一个前提。其意思是克服这样的“素朴”科学的缺点：科学应该从科学本身不可能质疑的假定出发。在其后来的写作中，他将现象学看作是一种无前提的科学，意思是一种科学的主要概念是可以用现象学阐明的。从科学、宗教或其他来源导出的假定是不可能有用的。例如，在其 1930 年为《观念1》英译本所写前言中，他将一般哲学看成是一种彻底的质疑法，此质疑法要求一种“朝向绝对无前提性的还原”（Hua V，160）。此观点是与胡塞尔对自己的科学之绝对基础性或最终基础性的探索相联系的。关于无前提性假设的目的是要达到充分正当的知识，并有可能对胡塞尔所说的“自主的自我责任”承担完全的认知责任（Hua V，162）。

参见词条：phenomenology

Primal consciousness（Urbewusstsein）：元意识

胡塞尔认为，特别是在 1917 年左右的贝尔瑙手稿中，“元意识”是意识的绝对基础，并且是时间的根源（Hua XXXIII，146，161，163，264，267）。胡塞尔谈到一种“只能够在反思中把握的原初意识流”（Hua XXXIII，285）。

参见词条：time consciousness

Primal establishment，primal instituting（Urstiftung）：元确立

262 后期胡塞尔经常使用“元确立”或“元基础”（Urstiftung，CM，§51；《危机》，§15）来描述一特殊感觉形成物首次被如是构成的过程。例如，此词未出现在《观念 1》中。在其《几何学的起源》的论文中胡塞尔宣称，几何学具有元基础，当最早的仗量者对于被理解为由先天规则支配的一种自足性实体的空间具有一直观时。他认为，一切文化产物都有其元基础，例如，第一次看见一把剪刀时（CM，§50）。胡塞尔声称，“每一日常经验都牵扯到一原初性确立的客体意义向一新事例的一种类比性转换，带有其对于作为具有一类似意义的客体的预期性把握”。一旦我们把握了其性质，我们就可以知觉到类似的剪刀，即使它们具有不同的大小、形状、颜色等。存在有一种类比性转换法，按此转换法，我按照“已熟悉者”推测出了新对象和“尚不熟悉者”。现象学的部分任务就是在想象中去重构这些元基础。存在有近代数学科学（伽利略，《危机》，§16）、近代哲学（笛卡尔，《危机》，§16）之元基础，如此等等。在《危机》§15中胡塞尔不只谈到“元基础”，而且也谈到“重基础”〔重确立〕（Nachstiftungen），甚至谈到“最终基础”（Endstiftung），后者表示某种最终形式，例如，现象学就是先验哲学的最终形式。梅洛-庞蒂将“元基础”译为“机制”（institution）并专门对其进行过一次讲演。一切形式的人类基础化都涉及对已经被基础化者的重基础化。不存在彻底的绝对开端。

参见词条：constitution，genetic phenomenology

Primal impression，primordial impression（Urimpression）：元印象

胡塞尔认为，每一时间经验都有一可称之为“元印象”的时刻。在早期著作中他有时称其为“元感觉”（Urimpression〔元印象〕，Hua X，324）。他将此元印象描述为创造的时刻（Hua X，105），它是活生生现在之核心。然而，一必然的本质法则是，此元印象必定变样为一种持存。元印象可被说成是为持存奠定了基础，但元印象本身可以只显现于持存内。不存在对元印象本身的绝对经验。

参见词条：living present，now moment，protention，retention，time consciousness

Primary properties：第一性质 263

“第一性质”一词最早由伽利略用来指自然界那样一类性质，它们可按照精确度量被归为一种客观的特性。洛克将第一性质（被理解为独立于观察者）对比于“第二”性质，后者被人主体所把握，如颜色、味觉等。笛卡尔认为，虽然物质客体实际上是广延性的，具有形态、位置等，但非真正具有颜色，而只是对进行把握的人主体显现出颜色。贝克莱主张，一切性质都是相对于主体的，因此是依存于心的。胡塞尔则认为，具有实在、准确、客观性质的实在世界概念（自存在），是从生活世界进行观念化抽象的结果。胡塞尔将自然科学探求的第一性质或客观性质与生活世界中主体体验的“主体相关的性质”加以对比（《危机》，§16，§34）。

参见词条：life-world，subjective-relative properties

Primordial reduction（die primordiale Reduktion）：原初还原

胡塞尔有时将“原初还原”和“自我学的”或“现象学的”还原加以区别。在“第五笛卡尔沉思”中，他谈到第二种更根本的还原。自我学的还原揭示了主体间关系问题，但未直接对其论述。胡塞尔认为，一种第二还原是必要的，以便从一种先验性观点说明对他人的统握以及他人在统握共享世界中的作用。于是，胡塞尔在“第五笛卡尔沉思”开头说，自我承认其他主体的现前并将世界理解为在主体间被显示的。在《笛卡尔沉思》中胡塞尔称原初还原是“自有域（Eigenheitsphäre）还原”（CM，§44，92：先验经验向自有域的还原）：“目前我们从主题领域排除了一切现在成问题者：我们忽略了直接、间接相关于其他主体的一切意向性的构成性效果，并首先限定了现实的和潜在的意向性的全部关联域，在其中自我在自身构成着一种独特的自有性。”（CM，§44，93）例如，他按此想法说：“如果我将他人还原为包含在我的自有性之内者，我就将身体也包含在内
264 了。”（CM，§44，97）后期胡塞尔经常强调主体间关系的首要性：“先验主体间性是存在的绝对基础（Seinsboden），从中产生了一切客观存在者的意义和有效性。”（Hua Ⅸ，344）按照“第五笛卡尔沉思”，在先验的自有域内他人不仅是作为一身体被构成，而且作为一其他自我〔alter ego〕被构成：“然而，在此自有性内和通过此自有性，先验自我构成着作为一存在领域的‘客观’世界，此世界与他自己不同，并在第一层次上以如下样式构成着他者：其他自我”（CM，§46，100）。在主体间性和自有域之间的张力，在胡塞尔的现象学中始终是极成问题的。

参见词条：intersubjectivity，primordiality，reduction

Principle of principles（Das Prinzip aller Prinzipien）：诸原则中的原则

在《观念1》§24中，胡塞尔宣布了支配着现象学实践的“一切原则的原则”。按此原则，“每一原初呈现的直观都是认知的一种合法化根源，因此，每一在直观中原初地（即在其‘个人性的’现实中）被给与我们者，都应该直接被理解为作为存在物而呈现者，但也只在它于其中被呈现

的此界限内”。一切原则中的原则所要求的是，现象学只关注在直观中所给与者以及对象在其中被给与的方式。胡塞尔的口号“回归事物本身”应被理解为表达着此原则。

参见词条：evidence，givenness，intuition，phenomenology

Proposition（Satz）：命题

胡塞尔用“命题”或“句子”一词表示判断行为的内容。命题是判断所论断或肯定的东西。命题表示或表达一事态，后者是命题内容的客观相关项。

参见词条：judgement，propositions in themselves，state of affairs

Propositions in themselves（Sätze an sich）：命题本身

“命题本身”和“真理本身”（Wahrheiten an sich）是鲍尔扎诺在其《科学理论》中提出的概念，后为胡塞尔所取用。在该书第一部分§19中鲍尔扎诺将一命题本身定义为“任何说某物系如此或非如此的论断，无关于是否有人将其表之以语言，甚至无关于它是否被想到过”。一“真理本 265
身”为一真命题（§25）；它论断事态如何，无关于是否有一思想者思考或肯定该命题。一命题本身的例子包括：“不存在思想的存在者”或“存在有无人知道的真理”。鲍尔扎诺明确区分心中的主观观念（作为主观命题的部分）和命题本身的客观意义内容：

> 在此意义上，“观念”是我们心中任何现象的一个通称……于是，当某人在我面前手持一支玫瑰花时，我所看见者是一观念，即一红颜色的观念……在此意义上，每一观念都要求一活着的存在物作为一主体，观念出现在其中。因此我称之为主观的或心理的观念。所以，主观观念是某种实在物。它们在呈现于一主体内时具有实在的存在，正像它们产生一定的效果一样。对于与每一主观观念相联系的客观观念或观念本身，情况则不如是。客观观念意指着某确定物，它构成着一主观观念的直接材料（Stoff），但它不存在于实在领域。一客观观念并不依赖于一主体，它只是持续存在着（bestehen），它的确不是存在物，但肯定是某物，即使无思想者具有着它；当它被一个、两个或多个人思想时，它也不会增加，这与相应的主观观念不同，后者会多次呈现着。所以称之为“客观的”。（§48）

鲍尔扎诺强烈地影响了胡塞尔，使其认识到，逻辑客体，即命题和其部分以及彼此的关系，都是观念性的、非时间的客观实体，它们并无现实的存在（在占据时空位置的意义上），即他所说的观念体。

参见词条：Bolzano，ideality，Lotze，proposition，state of affairs

Protention（Protention）：预存

按照胡塞尔的时间意识分析，现在时刻、持存和预存是每一意识体验
266 的三个相互相关的非独立部分 。按照《观念 1》§77，一预存是一持存的“准确对应项”。正如持存还不是记忆一样，预存还不是充分意义上的预期，它是一种准现前。预存使已经流逝的持存变样。就此问题，胡塞尔谈到持存中预存的一种回流或“后射”（Rückstrahlung）。持存促动着预存，预存根基于持存。预存和持存均属于被动经验。

参见词条：now moment，retention，time consciousness

Psychologism（Psychologismus）：心理主义

心理主义是这样一种学说，它认为数学和逻辑的法则可还原为或依赖于支配思维的法则。“心理主义”一词最初于 1866 年由黑格尔学者 Johann Erdmann 提出，用来描述一种他所批评的立场：一切哲学知识都必须根基于心理学。心理主义对胡塞尔提出了一种真正的思想挑战。他的《逻辑研究》第一卷《导论》就是相关于对所谓“心理主义争论”的一种批评性评价的。《导论》可能是德语地区哲学中最有影响的反心理主义著作。在此书中胡塞尔说，虽然由赫尔巴特、纳托普、陆宰等作者提出的反心理主义论述中含有真知灼见，但他们均未能表达出由穆勒、赫里普斯所主张的逻辑心理主义的真正问题。胡塞尔反对逻辑心理主义的主要观点是，逻辑法则是精确的，可以先天地认知的，并不包含任何关于心理学的事实主张。他说，反之，心理学到目前为止只产生了关于事实的经验性的概括。因此，心理主义的基本错误是混淆了时间性的认知行为和认知行为的观念的、非时间的主题，此认知行为其后导致将逻辑法则还原为心理学法则。所知者为真理，而真理与认知行为相对立，在认知行为中真理是非时间性的；它们没有开端和结束，因此必定不同于事实。胡塞尔继续断言，心理
267 主义未能认识到逻辑法则的观念的或非事实的特性，结果被束缚于一种自我否定的相对主义，因为真理变成相对于人类的特殊心理学了。弗雷格是心理主义的另一位批评者，而胡塞尔是看重弗雷格著作的第一位德国哲学

家，而且虽然胡塞尔在其《算术哲学》中批评了弗雷格关于同一性性质的论述，但两人之间的关系是友好而相互尊重的。但是1894年弗雷格发表了一篇对《算术哲学》的尖刻批评，责备了胡塞尔书中犯了许多基本性的错误。弗雷格认为，胡塞尔简单化地把数看成是事物或聚集物的属性，而非看作是概念的外延（一概念的外延是该概念包括的诸客体之集合）。胡塞尔曾经把数看作是来自对集群或复多体的直观，因此对于胡塞尔来说，因为1和0都不是复多体，严格说来，它们都不是正数。弗雷格批评胡塞尔关于0和1的观点是对“有多少”问题的否定性回答。弗雷格说，对“地球有多少月亮”这个问题的回答并非是一否定的回答，如胡塞尔要我们相信的那样。再者，弗雷格认为，胡塞尔似乎将数本身混淆于意识中的数观念，类似于把月亮看作是由我们对月亮的思想行为所产生的。弗雷格认为严重的是，胡塞尔在将客观的数与主观的计数行为相等同时，犯了心理主义，错误地将逻辑法则溯源于经验的心理学法则。如果逻辑学被定义为对思维法则的研究，就永远存在有这样的危险：这会被解释为意指着有关有多少人实际上思想或应该思想的研究；例如，把必然蕴涵理解为：每一人在心理学上都是如此构成的，如果他相信P以及如果他相信P蕴涵着Q，那么他就不得不相信Q是真的。弗雷格认为，胡塞尔误将判断的逻辑性质变为私人的心理学行为，随之把真理和判断行为都误当作真的。按照1928年和胡塞尔在弗莱堡学习的吉布森保留的日记，胡塞尔后来承认，弗雷格的批评“直击要害”。然而，有证据显示（特别是从他对施洛德的《逻辑代数》的批评中看出），当弗雷格的书评发表时，胡塞尔已经离开了他自己先前的心理主义。胡塞尔已经采取了鲍尔扎诺的“科学理论”，连同其关于“事态”和“真理本身”的理论，这些概念的精确性质，他已经从研 268
读陆宰关于柏拉图观念的著作中获得理解。在《导论》的一处脚注中（§45，I，318；Hua XVIII，172n）胡塞尔提到弗雷格，他写道：“我几乎不需要说，我已不再赞成自己在《算术哲学》中对弗雷格反心理主义立场的批评了”。胡塞尔在该书出版不久就放弃了该研究方法。他理解到，基数不是一切数的基础，特别是心理学的方法不可能处理更复杂的数（例如虚数）。在《导论》中，他明确否定了数本身应通过计数行为加以理解，虽然它们只能通过计数行为被触及：

> 数5不是我自己或任何他人对5的计数，它也不是我或任何他人的5观念。（《导论》§46，I，109；Hua XVIII，173—174）

然而只有通过计数我们才能触及数，数不只是心的产物。这会否定数学的客观性。算术概念的心理学根源并不弱化这些概念作为“种”的独立观念性存在，后者非常不同于“我们心理行为的偶然性、时间性和短暂性”（《导论》§46，I，110；Hua XVIII，175）。在其1906—1907年讲座中胡塞尔说，两个苹果可被吃掉，但不是数2被吃掉。他认为，逻辑概念不包含达到逻辑概念所经历的过程中的任何东西，这和数与计数的心理行为之间的关系一样。数和命题，如毕达哥拉斯定理，是观念的“对象”（Gegenständlichkeiten），它们是判断的基底，正如任何实在客体一样。与和时间具有某种关系的“实在”物（如果不是与空间）相对立，逻辑学的纯粹同一体是“非实在的”或“观念性的”。胡塞尔将它们在亚里士多德的意义上描述为“种”，使其与其他“意义单元”并列，例如“狮子”一词的意义，此词在语言系统中只出现一次，但在说话和写作行为中可有多重性的例示。虽然胡塞尔在1887年开始假定心理学为一切认知行为奠定了基
269 础，他在《逻辑研究》前言末尾引述歌德的话说，人对其最近放弃的错误反对的最强烈，以此表示了他对心理主义的“坦率批评”（LU I，3；Hua XVIII，7）。

参见词条：Frege，idealities，logic，psychology，relativism

Psychology（Psychologie）：心理学

胡塞尔一直把心理学看成是一门经验的“事实科学”，相关于作为属于物质自然中动物属之人类心理状态的研究（《导论》，§50）。最初胡塞尔从布伦塔诺区分描述心理学和生成的或生理学的心理学开始（《逻辑研究》第二卷，§6，注3）。他熟悉布伦塔诺、施图姆普夫和他人以及冯特的实验心理学。然而，他很快看到，一切经验心理学都涉及关于自然主义的假定（从洛克开始；《危机》，§22）。心理学研究世界中实际躯体存在物的心理状态，因此是关于纯粹意识的先天科学的对立面。心理学通过对实际事例施以一般化运作进行。胡塞尔认为，为了澄清心理学，必须诉诸后来被理解为一种先验科学的现象学（《观念1》，§78）。经验心理学充满着概念混乱，因为它未能对相关基本概念的本质进行现象学的阐明，例如对知觉、记忆、想象、意愿等等概念。在其后期著作中胡塞尔相信可以通过研究心理学进入现象学。存在有通过心理学进入先验现象学的一种“途径”，因为经验心理学的每一陈述都在先验现象学领域内有其对应物（《危机》，§§55—60）。在《危机》中，胡塞尔把心理学描述为被概念混乱所

严重困扰，认为它在处理数学自然科学内自然事物第一性质之缺欠的方式极不可取。自然科学中的素朴客观主义和集中关注可量化的所谓“第一”性质，意味着主体性被近代哲学和科学心理学所误解。在19世纪自然主义环境内出现的心理学，其形成是为了探讨一个只能说是“副现象的”领域，因为实在已经按照素朴客观主义加以规定了。在《危机》第三部分 *270*
§72末尾胡塞尔写道：

> 我们研究的令人惊讶的结果似乎也可以表述如下：作为实证科学的纯粹心理学，要对真正事实世界中存在的人类进行普遍化的研究，并类似于其他实证科学（既包含自然科学又包含精神科学），这样的心理学并不存在。存在的只有先验心理学，它相当于先验哲学。（257；VI，261）

参见词条：Brentano，descriptive psychology，empirical psychology，Wundt

Q

Questioning back (Rückfragen)：回问，回溯性质询

胡塞尔在其后期著作中偶尔地（极其偶尔地）使用“回问”或“回溯性质询”一词（他也提到“回溯反思”〔Rückbesinnung〕）指现象学承担的一种“拆卸”运作，以对主要概念（例如伽利略的自然数学化的意义）的“元确立”进行揭示（《危机》，§15，§53）。在《危机》§28 中胡塞尔谈到通过从生活世界的“回问”进入先验现象学的方式。

R

Rationalism (Rationalismus)：理性主义，唯理主义

在哲学中理性主义往往被看作是有关知识的主张，即认为知识首先来自理性而非来自感觉经验（如经验主义所说的那样）。胡塞尔把笛卡尔看作是近代“客观主义派”理性主义的奠基人（《危机》，§21），而且把康德看成是对古典理性主义的一位批评者（《危机》，§28）。胡塞尔认为，欧洲启蒙运动的经典理性主义过于狭隘和简单化（《危机》，§6）并囿于自然主义，但他认为放弃理性主义的理想就会最终导致非理性主义。因此他提出把现象学看作是一种新形式的理性主义（《危机》，§56）。按照维也纳学派的看法，欧洲科学和文化的危机之根源在于一种误导的理性主义。

参见词条：empiricism，reason

Rationality (Rationalität)：合理性

胡塞尔经常使用“合理性”一词来指示狭义的 ratio 领域，即逻辑推论、计算以及程序规则的领域，它们是近代数学科学中加以突显的原则。胡塞尔跟随康德将人类看作是在目的论上朝向于理性的。他认为，近代性导入了一种“片面的”合理性概念，后者企图按照几何学方式说明世界的合理性（《危机》，§10）。启蒙运动的旧的“合理性”过于狭隘并导致一种休谟怀疑论所暴露的狭隘的、谬误的合理性（《危机》，§6）。必须发展一种更广义的合理性概念，哲学即朝向于一种“较广的合理性……一种真正的和充分的合理性”（《危机》，§73）。此种新的合理性必须不限于科学的合理性，并应以生活世界为根基（“维也纳讲演”，VI，343）。非理性主义是一种巨大的危险，其产生源于未能为理性提供充分基础并倒退至怀疑主义或神秘主义。

参见词条：rationalism，reason，Vienna Lecture

Realism（Realismus）：实在论，现实主义

胡塞尔在很多不同的意义上使用“实在论”一词。《逻辑研究》中的知觉论述可以说成是实在论的（直接实在论），因为胡塞尔认为，知觉者对被知觉者是直接地及无中介地知觉到的。客体是“一下子”被给与的，尽管它也是在侧显中被给与的。胡塞尔也是一位实在论者，认为一切物理客体和心理行为都是存在于时间中的。他也在柏拉图的意义上被看作是一
272 位实在论者，因为他肯定观念性实体（观念体）和事态的实在性。在此意义上，他是关于数、逻辑实体和价值的实在论者。然而1907年之后，胡塞尔越来越偏向于现象学的唯心主义，主张一切意义（Sinn）和存在（Sein）都是先验自我构成性行为的结果。一般来说，对于知觉世界，胡塞尔仍然是一位直接的、素朴的实在论者。在其先验性转向后，他把此直接的实在论看作是自然态度及其“总设定”的结果，涉及对经验客体的存在性承诺。

参见词条：idealism，realist phenomenology

Realist phenomenology：实在论现象学

胡塞尔的《逻辑研究》启发了哥廷根（如莱纳赫）和慕尼黑（如康拉德-马修斯，盖格）一小批学者将其现象学应用于哲学问题。里普斯和其慕尼黑的一些学生把他们自己看作是在把胡塞尔的现象学发展为一种本质性描述（不涉及《观念1》中宣布的先验性转向）。英加登、康拉德-马修斯和他人均为《逻辑研究》的实在论所吸引。这些学生们均未接受其还原论（除了从事实向本质的还原论外）或其先验唯心论。胡塞尔后来把实在论现象学描述为“经验现象学”，以对立于自己的先验现象学。史泰茵把胡塞尔看作是复兴了阿奎那和其他中世纪新亚里士多德派哲学家们的那种实在论。

参见词条：Conrad-Martius，Geiger，realism，Reinach，Stein

Reason（Vernunft，ratio）：理性

胡塞尔的理性（有时用其拉丁词ratio）可分划出三个不同类型：理论

的，实践的，以及价值学的或评价性的，它们分别处理不同的本体论域。纯粹理性可在理论领域由逻辑学进行形式地研究，但也可在价值学领域及实践领域内加以研究（《观念 1》，§147）。胡塞尔认为，理性在唯理主义和经验主义传统中均遭到误解。他本人在探索一种新的“具体性的理性理论”（《观念 1》，§152）。理性从来不仅是程序性的、逻辑性的计算，而且
具有一种评价性的、批评性的维面。理性本质上是目的论的，即由目标和 273
价值所动机化的。在《观念 1》§§136—145 中他谈到了“理性现象学”，它相关于现象学全体。特别在《危机》中，他把欧洲科学文明的全面危机看作是一种理性危机，一种相关于理性本身之性质、界限和可能性的危机（VI，7，10，13，273，319，347）。他把一种狭隘的科学的和技术的理性看作是取代了在近代早期的较广义的规范性概念。在《观念 1》中胡塞尔将合理性、真理、现实性或存在（有时称作“所是者”）紧密联系在一起。在《观念 1》中，胡塞尔根据一种通过明证性之明见性所支持的意向之正确性来描绘理性。理性不只存在于认知域而且存在于评价域和行动域。于是可据以称某行动或评价是正确的。合乎理性地行动和评价就是正确地行动和评价。理性是行动的规范。胡塞尔把理性看作是具有普遍性特征（《观念 1》，§146），并看作是一种无限任务和目标之领域（Hua VI，348）。理性的生命就是一种自负责的生命。

参见词条：rationalism，rationality，self-responsibility

Recognition（Anerkennung，das Erkennen）：认识，承认

在“第六逻辑研究”中胡塞尔把“认识”说成是在一种意念和充实之间的相符性或同一性经验。在此意义上，这就是关于真理的经验。

参见词条：cognition，fulfilment

Reduction（Reduktion）：还原，还原法

“还原”直意是指一种“回归至”或“返回”，来自拉丁词 reducere。胡塞尔将“还原”用作一种专门术语以表示发现关于体验的诺耶思-诺耶玛机构的程序，为此先须通过悬置法中止自然态度和将种种偏见中性化。胡塞尔认为，还原法的应用目的在于克服自然态度中生活的素朴性并使现象学家能够把握先验经验领域。胡塞尔所提出的种种“还原法”是若干积极的步骤，后者是在悬置法的否定性因素发生后所采取的。“现象学还原”概念是胡塞尔在 1905 年左右的研究写作中所发现的，但直到 1913 年出版

的《观念1》§§31—33中才予以公布。他在不同的时候区分了不同种类
274 的还原法，甚至在《观念1》中他以多数谈到“现象学还原”（§33，
§56），但也强调它们的集体统一性（§33）。他已经把此还原看成是涉及
一种“先验性悬置”。于是，悬置法可被看作是还原法程序中最初主要是
否定的或排除性的步骤。存在有种种还原法，而且胡塞尔从未完成过关于
还原法所提出的问题的思考。这些还原法包括：“哲学的”，“现象学的”，
“先验的”，“先验现象学的”（如CM，§14），以及“本质的”。在1907年
哥廷根“现象学观念”系列讲演时关于还原法的最早公开讨论中，他谈到
一种“哲学还原”和“现象学还原”（IP 4；II 5），用以排除一切设定为超
越性之存在者，但他也继而谈到必须通过一种“认识论还原”来关注作为
我思思想（cogitationes）的意识行为的纯粹现象，并用以避免关于自然和
“我思故我在”（sum cogitans）之存在性的误导性假定（IP 33；II 43）。胡
塞尔所想到的是对在认知行为中所给与者的一种心理学解释之特殊加括号
作用。胡塞尔偶尔提及“心理学还原”以及现象学的、本质的、先验的还
原和其他特殊还原，如“自有域还原”（CM，§44）。在其《大英百科全
书》词条文中，胡塞尔区分了他在该文中所说的“现象学的—心理学的”
和“先验的—现象学的”还原。还原法的目的在于超越自然态度，以便对
其理解。采取自然态度则是一种被动性信念（不是一种主动性立场采取），
按此信念，世界是现成存在着的。这是一种关于自然态度的“总设定”。
还原法目的在于导致脱离此总设定。此观念在于：还原法遗留下一种被还
原者，即还原之剩余〔residuum〕，在《观念1》中这就是纯粹意识。胡塞
尔并没有明确区分还原法的不同阶段和级次。他经常不加区别地谈到现象
学还原和先验还原，甚至谈到“先验现象学的还原”（CM，§8，21；Hua
I，61；《危机》，VI，239）。在《危机》中曾提及很多不同形式的还原，包
括有：实证的还原（VI，3），现象学—心理学的还原（VI，239），普遍性
还原（VI，248）。胡塞尔也谈到实行还原的若干不同的模型，即达至还原
的种种不同方式。胡塞尔讨论过以下方式：笛卡尔方式，心理学方式
275 （《危机》，565—572），通过批评自然科学的方式，以及通过本体论方式
（即通过对纯粹逻辑学的基础进行质疑的方式，如在FTL中），还有通过生
活世界的方式（在《危机》第三部分§§28—55中明确提出的）。胡塞尔
甚至谈到一种“现象学还原的系统理论”的必要（《观念1》，§61，139；
Hua III/1，115）；但在实践中对于区分达到此同一领域的不同的方式，却
相当宽松。笛卡尔方式开始于普遍中止对世界存在以及明证性形式真实性

的信念。胡塞尔说，笛卡尔方式导致先验自我“一下子”直接被看见。但是，危险在于，它将先验自我呈现为一无世界的主体。从生活世界开始的先验现象学方式则通过承认主体对世界的嵌入性而对此方式进行了纠正。心理学方式承认，意向性经验的心理学描述类似于先验主体性的成就，而通过某种态度转变心理学观点可以转化为有关世界构成的先验性观点。

参见词条：Descartes，epoche，transcendental ego

Reel（reell）and Real（real）：实在的和现实的

在《逻辑研究》以及其后的著作中，胡塞尔使用两个不同的德语形容词 reell 和 real 来区别“real”的两个意思。Real 表示在时空中的存在性（在此意义上，它对比于无时间性的“观念的”〔ideal〕或“非实在的”〔irreal〕）。他用 reell 指可在一经验中识别的任何部分而不管这些部分是否实际存在，例如行为性质和质料。在“第五逻辑研究”中，胡塞尔企图探讨体验的现象学结构，并区分了“实在的〔reelle〕或现象学的”内容和“意向性的”内容（“第五逻辑研究”，§16）。行为的“现象学的”内容是其中可识别的一切具体的及抽象的部分，特别是其性质和其感性内容。于是，在一关于声音类型的例子中，“实在的”部分就是组成性的声音成分而不是“现实的”声波、耳骨，甚至也不是与该声音相联系的观念性意义。意向性经验也具有可识别的“诸部分”。这些实在的部分并不包括被 276 意念的客体，后者永远超越着行为，而无关于被意念客体是否属于现实世界还是一观念性客体（LU V，§20）。重要的是注意到，一种实在的部分并不必然意味着它具有日常意义上的现实存在性。一种幻想要素具有实在的部分虽然它没有现实的部分。一种实在的要素指体验的内在时间性内的一种可识别成分，以对比于非实在要素，如该经验的观念性意义（Sinn）（Hua XXXV，89）。该书第二版对于一行为的内在性部分和其超越的意向性客体之间的区别提出更为清晰的描绘（通过援引将一切经验物纳入括号）。后期胡塞尔并未在此突出 real 的这两种意义间的区别，而且并不清楚他是否继续对此问题进行关注。

参见词条：realism

Reference（Meinung）：指涉，意指

意向性相关于对一客体的指涉。胡塞尔和布伦塔诺都谈到了作为对客体指涉行为的意义概念。胡塞尔熟悉但未采用弗雷格在 Sinn（通常译为英文 sense 或 connotation）和 Bedeutung（通常译为英文 reference 或 denotation）之间的区别。胡塞尔和弗雷格均认为，具有不同意义的行为可以仍然意念着同一被指涉物（referent，所指者），例如，拿破仑可同时意指“耶拿胜利者”和“滑铁卢战败者”。胡塞尔将意向性的意识经验（而不只是语言上表达的行为）看作是指向客体，因此即进行着指涉。在《逻辑研究》中，他将指涉关系看作是行为的质料〔matter〕功能。一意向性的行为的所指者并不必定存在，例如我可以梦想一金山或追求长生不老药。基本上偶然的表达式的所指者是随着语境而改变的。

参见词条：intention，meaning，sense

Reflection（Reflexion，Besinnung）：反思，深思

一般来说，当任何意识行为转向自身并意识到自身时反思即发生，例如当我意识到我在仔细注视着某物时。胡塞尔认为，一种本质的法则是，每一体验都可以通过反思达到自我意识（参见《观念 2》，§6）。反思本身是任何意识行为均可经受的一种意识的变样（《观念 1》，§78）。他认为，
277 即使是上帝也只能通过反思达到其意识行为（同上）。胡塞尔区分了两种不同的反思：心理学的或自然的和“先验的”（CM，§15）。自然的反思相关于从经验客体返回对经验行为本身的一种意识，以及返回进行经验的自我。但是，自然的反思是在自然态度中发生的，并继续假定着世界的所与性，而先验性反思则是在悬搁作用下进行的，具有对世界的一种非利益相关的观察者立场。胡塞尔认为反思对于现象学方法是必要的，因为只有通过反思才能发现诺耶思和诺耶玛的相关关系。他区分了反思和自我观察（Selbstbeobachtung）或早期经验主义心理学中使用的内省概念。现象学并不关心于进行经验性观察本身。在现象学的反思中，其目的是获得对本质的明见性，因此此反思不关心事实性存在。对一被想象的知觉的反思可以如对一实际知觉的反思同样有价值。在否定反思的认识性价值中涉及一种实行上的自我矛盾，当反思本身被要求表述此判断时（《观念 1》，§78）。再者，胡塞尔相信，反思可以以一种非变样的方式达到被反思者的本质。胡塞尔特别在其后期著作中（例如《危机》，§52）使用“深思”〔反思〕一词，此词指一种“目的论的”和“历史性的”反思，而哲学被理解为“自我沉思”（Selbstbesinnung；《危机》，§73）。

参见词条：disinterested spectator，questioning back

Region（Region）：区域

在《观念 1》§16 胡塞尔将一区域定义为“属于一具体项的全部最高属的统一体”。他认为，特别在该书 §9 中，本质的最高物质性属被称作是一“区域”。胡塞尔特别承认以下区域：物质性存在或自然界，意识（也称作“心理”〔心灵〕〔psyche〕，《观念 1》，§17）和文化现实（也称作精神〔spirit〕，《观念 2》）胡塞尔把探讨这些区域的“诸区域本体论”看作是对立于形式本体论，后者探讨任何事物的性质。每一区域都具有一属于它的确定的先天性真理系列，此系列规定着该区域质料本体论的内容。

参见词条：formal ontology，regional ontology

Regional ontology（regionale Ontology）：区域本体论

“区域本体论”（《观念 1》，§149）是应与形式本体论对比的质料本体 278
论，形式本体论是研究任何事物之性质的。存在有不同的区域，它们彼此之间以其各自的“质料”或内容相区别。因此，几何学是空间性实体的科学，数是量的科学，生物学研究生命有机体等等。就此而言，胡塞尔谈到作为存在物最广可能范畴的“区域本体论”。胡塞尔认为，这些区域是“自足性的”。种种区域包含物质性存在（研究物质性事物）、意识和文化现实（也称作精神）。

参见词条：formal ontology，region

Reinach，Adolf（1883—1917）：莱纳赫

莱纳赫生于德国梅因茨，于 1901 年进入慕尼黑大学，最初学习政治经济学和法律。在里普斯的启发下他很快对心理学和哲学产生兴趣。他特别为胡塞尔的《逻辑研究》提出的新哲学研究方法所吸引并参加了慕尼黑哲学小组，后者包括盖格、道贝尔特和其他人（1906 年后包括舍勒）。他于 1904 年在里普斯指导下完成了有关法律中的原因概念的博士论文。之后迁至哥廷根追随胡塞尔，但不久后就又返回慕尼黑，并在图宾根完成了自己的法学训练。1909 年他返回哥廷根随胡塞尔完成了教职资格考试论文，最后成为胡塞尔的助理。在哥廷根莱纳赫成为一名优秀教师。1914 年他被征召入伍并于 1917 年在 Flanders 阵亡。胡塞尔曾经将莱纳赫视为自己最有天赋的学生，因此对莱纳赫的死亡深感悲痛，曾于 1919 年在《康德研究》上为其撰写了悼念文。莱纳赫从前的学生们于 1921 年为其编辑了文集，由康拉德-马修斯作序。莱纳赫曾企图发展胡塞尔的早先实在论的现象学，目的在于辨识和描述本质以及全面探讨种种物质性区域的先天综合性知识。莱纳赫认为现象学是一种哲学研究方法而不是一种特殊理论，其目的在于察悉本质并形成本质区别，以排除欠缺有效性的现存区别。就此而言，现象学的目的是进行概念阐明或意义分析。然而，莱纳赫坚持说，意
279 义阐明并不是现象学的目的，应该说仅是其一种手段。现象学的真正目的是本质直观和支配着本质直观的本质法则。对此莱纳赫指出，这类本质看如何强烈地影响了对其他知识领域的理解。他说，现象学关心的是本质，而其遵循的方式是其他科学（如数学）并不关心的。莱纳赫的哲学研读极广，包括休谟、康德、詹姆士和弗雷格。他特别以一名杰出法学家著称于学界，关注话语的社会环境问题。他的论文《民法的先天基础》出版于1913年《哲学和现象学研究年鉴》第一卷。莱纳赫首先企图提出关于许诺、疑问、命令、威胁、指控、实行、请求和其他这类行为现象的一种系统的理论，这类行为他称之为“社会行为”。此研究先于其后由奥斯丁和塞尔所发展的言语行为理论。

参见词条：Lipps，realist phenomenology

Relativism（Relativismus）：相对主义

胡塞尔一般将“相对主义”看作是一种主观主义，即实在只能被理解为对个别认知者所显示者。在此问题上他所指的是古代希腊的普罗泰戈拉，后者宣称“人是万物之尺度”。在《逻辑研究》中胡塞尔将心理主义看作是一种相对主义并提出人类主义也是一种相对主义，人类主义主张真理是相对于人类而非相对于个别人的。在《作为严格科学的哲学》中他把自然主义和历史主义（即主张真理是相对于一种特殊历史环境或阶段的观点）看作是相对主义倾向的。哲学作为一种具有最终根基性的科学是一切相对主义之敌。

参见词条：anthropologism，scepticism，subjectivism

Renewal（Erneuerung）：《新生》

胡塞尔在刊于日本《新生》刊物中的第一篇文章开头一段中写道：“新生是在我们目前可悲时代以及整个欧洲文化地区内的普遍呼吁”。“新生”的直接意义是更新欧洲价值以克服第一次世界大战后果所带来的悲观
280 主义和绝望情绪（Hua XXVII）。但是，胡塞尔更一般地相信近代人民失去了对文化的信念以及存在着一种“西方没落”的危险。（胡塞尔在此不具

名地提到斯宾格勒的《西方的没落》一书，Hua XXVII，4。）回答在于"人的观念"本身的一种新生，按照一种理性的生存目标，人们应该自由地重塑自己的生活。胡塞尔说，只有"严格的科学"（Hua XXVII，6）能够帮助我们，但问题在于发现这样一种科学，它将是一种关于人的真正科学，"这种科学将在社会和政治活动中确立一种理性，以及确立一种民族的、政治的技术"。需要一种先天性的人的科学（类似于一种先天性的数学物理科学，它对自然科学应如何运用进行规定和调节），需要一种"精神"的科学，"关于精神和人的普遍科学"。他继续说，关于人的精神的新的先天性的此科学将必须触及每一个别意识的"内心"；每一个人都是在与其他人处于移情作用关系中的一种"自我主体"，大家通过主体间的社会性行为建立起生存共同体。但是这些理想是完全不可理解的，如果意识和主体按照当前实验心理学内的自然主义方式加以研究并被看作是在一自然世界内彼此形成因果互动关系的动物有机体活动的话。胡塞尔相信，我们是根据观念性规范立场这样批评我们的文化的，这些规范是基于我们有关真实人性的观念性概念的。在其《新生》文章手稿中他说，欧洲文化迷失了道路，脱离了其自由所与的自主理性之天赋目的〔telos〕。

参见词条：Kaizo articles

Retention（Retention）：持存

按照胡塞尔的时间意识分析，当下每一时间经验都由三个时相或时刻组成：现在，持存，预存。持存是刚刚过去者之回响或"迹象"，是直接在现在之前的经验，而由此经验中现在被经验作正在到来。不无矛盾的是，持存在现在中被经验，但它将"被保存的经验"呈现为"曾经是"的变样形式中。胡塞尔认为，持存（或者按照从前的旧术语"最初记忆"或"新鲜记忆"，"对刚过去者的意识"，Hua X，165）还不是严格意义上的记忆（"第二记忆"），虽然它形成了被动的和主动的回忆行为的基础。回忆行为将客体呈现为整个实体，而一持存是一知觉意识的不可分离的部分，281
它是一"将将过去"，后者在弱化的或变样的意义上仍然存在着。将将过去的持存仍然具有一种"印象性"。胡塞尔批评布伦塔诺的如下观点：这些持存和预存实际上是"被再现的"或"被想象的"经验，但不是知觉过程的真正部分（Hua X，13）。它们属于所谓的"准现前"一类，而非属于真正知觉一类（我们将返回此问题）。胡塞尔在其早期研究中将持存看作是现在时刻的一部分，但在后期著作中他承认，持存不可能与"现在"同属于现在时刻（Hua X，333）。

参见词条：living present，memory，now moment，protention，time consciousness

Rickert，Heinrich（1863—1936）：李凯尔特

李凯尔特是德国哲学家，他与温德尔班一起创建了新康德主义的巴登西南学派。他生于但泽，于1888年毕业于斯特拉斯堡大学。1891年他开始在弗莱堡大学教书，于1894年成为教授。1916年他前往海德堡继任温德尔班的教职。胡塞尔则于1916年继他之后就任于弗莱堡。李凯尔特是海德格尔的教职资格考试论文的导师。他关注自然科学和精神科学的认识论和逻辑学的基础问题，但与狄尔泰的方向不同。狄尔泰曾经批评现象学的方法。他认为现象学依赖于直观具有欺骗性，因为一切理解都要求理智化作用。作为新康德主义者，李凯尔特维护哲学在确立“价值有效性”时的批评性作用。根据其老师温德尔班的立场他把自然科学看作是关注概括性，而把历史科学看作是关注个别性。温德尔班区分了由法则（“普遍规律性的”〔nomothetic〕）支配的科学和关注个别性的（“个别记述性的”〔ideographic〕）科学。再者温德尔班认为价值只依附于个别性事物。李凯尔特认为，科学的一般化思想的目的在于逃避价值关系；而文化的一般目的在于确立价值。他强调实践理性的重要性。他写过非常有影响的批评生命哲学的著作，认为实在本身是一种无限的、其本身为“不可测度的”连续流。科学概念的作用在于改造此复杂现实以使其可理解。科学概念要求
282 排除可知觉的现实。一般而言，自然科学使现实概念化，而精神科学则更关注价值。李凯尔特按照齐梅尔的话说，自然科学是“概念的科学”，而历史是一种“关于现实的科学”。他的著作包括《知识的对象》（1892）、《自然科学中概念形成的限制》（1896—1902）、《文化科学和自然科学》（1899），后者由Reisman译为《科学和历史：实证主义认识论批评》（1962），以及《生命哲学》（1920）。李凯尔特对他的学生拉斯克和海德格尔以及对韦伯影响很大，韦伯是他在弗莱堡期间的同事。胡塞尔在与狄尔泰通信中称赞了唯心主义以及新康德主义对自然主义的批评。胡塞尔在其“自然和精神”讲演中批评过李凯尔特。

S

Sartre, Jean-Paul（1905—1980）：萨特

这位法国哲学家和作家生于法国 Thiviers，幼年丧父，曾受教于外祖父，之后就读于亨利第四中学和路易大帝中学。1924 年萨特进入巴黎高师，在那里结识德波娃和梅洛-庞蒂。经由阿隆引介他开始阅读现象学书籍，并于 1933 年游学柏林，研读胡塞尔。1936 年他发表了《自我的超越》，批评了胡塞尔的意识自我学概念，并撰写了关于想象性质的若干研究（参见《想象的心理学》，1940）。萨特最初担任教师工作，但在其小说《作呕》获得成功之后成为一名职业作家。1941 年在战俘营中他阅读了海德格尔的《存在与时间》，并于 1943 年发表了他自己的大著《存在与虚无》。他在 1945 年的讲演“存在主义是一种人道主义”中为存在主义辩护。其后他将存在主义纳入马克思主义，特别是在其著作《辩证理性批判》（1960）中。1944 年他和德波娃、梅洛-庞蒂和其他法国知识分子创建了《现代》杂志。萨特死于 1980 年。其作品包括《自我的超越》（1936）、《想象的心理学》（1940）、《存在与虚无》（1943）。萨特受到现象学的鼓舞，因为他认为意向性理论克服了传统认识论的主客分界并恢复了世界的充分具体性。他把意向性看作是表现了自我和世界之间的这种纽带。萨特批评胡塞尔乞灵于先验自我，并强调在前反思的无自我的意识和反思的意识之间应该加以区分。他认为，自我不是意识的一个构成成分，而是只有在反思意识中才被理解作一客体。他将意识刻画为“欠缺”、“否定”或“虚无”（néant），此虚无永远寻求着以存在充实自身这样一个不可能的任务。

Scepticism (Skepticismus)：怀疑主义

胡塞尔承认，古代希腊怀疑主义对于在事物看起来怎样和实际上怎样之间、在显象和实在之间以及在信念和真正知识之间进行区分一事，非常重要。胡塞尔指出，苏格拉底和柏拉图曾企图克服怀疑派对否定知识可能性提出的挑战（参见胡塞尔 1906—1907 年讲座“逻辑学和认知理论导论”，及《第一哲学》）。他把怀疑主义看作是哲学中一种永存的可能性并指出其具有“不朽性”（《第一哲学》，57）和“难以根绝的”性质。怀疑主义对于我们对世界的前所与性的素朴信念提出挑战（Hua VII，59）。怀疑主义具有很多形式。胡塞尔既讨论古希腊怀疑派（特别是高尔吉亚）也讨论近代怀疑主义，如笛卡尔和休谟。胡塞尔也将怀疑主义与相对主义（如古代的普罗泰戈拉）联系在一起，认为“一切怀疑主义的本质都是主观主义”（Hua VII，58）。他从怀疑派那里借取了术语“悬置”，但对其用法不同于古希腊怀疑派，因为他并不武断地得出结论说世界是不可知的，而只是保持其不对世界存在提出信念承诺。笛卡尔的怀疑主义具有提出我思的功用以及随之提出了先验主体性领域。这样，怀疑主义在发现先验哲学方面起到了一种作用。

参见词条：Descartes，episteme，epoche，Hume，knowledge，relativism

284 **Scheler, Max (1874—1928)：舍勒**

舍勒是一位德国哲学家和现象学家、极具感染力的教师和流行作家。他于 1874 年生于慕尼黑，最初在慕尼黑和柏林学习医学。在柏林时他也随狄尔泰和齐梅尔学习哲学和社会学。他 1897 年于耶拿大学毕业，并于 1899 年在那里随倭铿完成教师资格论文。之后他在耶拿大学（1900—1906）和慕尼黑大学（1907—1910）教书，在慕尼黑加入了慕尼黑现象学小组，该小组包括普梵德尔、道贝尔特、里普斯和他人。舍勒于 1902 年遇到胡塞尔，之后曾请求胡塞尔安排他在哥廷根大学讲演——他因个人生活传闻被解除了慕尼黑大学教职。1919 年他成为科隆大学哲学和社会学教授，在那里任教直到 1928 年逝世止（那时他本应赴法兰克福教授职）。舍勒双亲是新教教徒和犹太裔，但他皈依了天主教，虽然后来脱离了教会。在第一次世界大战期间他写过爱国主义小册子。1913 年他在胡塞尔的《哲学和现象学研究年鉴》第一卷上发表了自己的重要研究《伦理学的形式主义和实质性价值伦理学。通向一种伦理学人格主义基础的研究》。此书专注于作为价值根源的人格之性质并强调感情和爱情的作用。他认为，感情相关于价值而价值是在人的感情中被先天地把握的。存在有一种价值的等级结构。1913年舍勒出版了《论现象学和同情感以及爱憎感的理论》，此书是计划中的“情绪生活的意义法则”研究系列的第一部分，该系列还将包括有关羞耻、恐惧、怨恨以及光荣的意义等研究。此书后来以《同情的性质和形式》书名重印发行。他还发表过《怨恨》、《论人的永恒性》（1920—1922）、《知识社会学》（1924）以及《人在宇宙中的位置》（1928）。舍勒对于海德格尔、史泰茵以及奥德佳-加色产生过强烈影响。

Schlick, Moritz（1882—1936）：石里克

石里克是德国哲学家、逻辑实证主义赞成者、维也纳学派奠基者之
一。他生于柏林，曾在海德堡、洛桑和柏林（随普朗克）学习物理学。他 285
于1904年完成博士学位，1910年以《论近代逻辑学中真理的性质》论文完成教职资格考试。他在1922年迁至维也纳之前曾在罗斯托克和基尔大学任教。在维也纳，他和其他哲学家及知识分子卡尔纳普、哥德尔、费格尔、纽拉兹等建立了一个学派。另一成员考夫曼也随胡塞尔研究现象学。考夫曼曾针对石里克对胡塞尔的批评维护了胡塞尔的“本质看”概念，并提出胡塞尔的明证性概念遭到评判者们的误解，他们将其看作是一种有关确定性的主观感情。1936年，石里克被学生枪击而死。石里克在其《一般认知理论》第一版（1918）中批评了胡塞尔的现象学。胡塞尔在其“第六逻辑研究”第二版（1921年单独出版）的前言中回应了石里克的批评。胡塞尔说很多来自现象学以外的批评都未能理解加括号作用对人的意见和信念的影响。他将石里克加于他的观点斥为荒谬而加以拒绝，按照该批评“我的《观念1》主张一种特殊直观的存在，此直观不是实在的心理行为，而且如果某人未能发现此种‘经验’，此经验就不会出现于心理学领域”。胡塞尔对人们把一种特别的甚至神秘直观的学说归之于他的现象学颇感不快。他认为石里克完全误解了他的悬置法的意义。现象学不是对在一种理智直观中所与的本质进行的一种柏拉图式的看；现象学是建立在坚实研究之上的，类似于数学。事实上，石里克早在1910年的教职资格考试论文《论近代逻辑学中真理的性质》中已经对《逻辑研究》中的本质直观进行批评。一般而言，石里克反对这样的思想：知识（他认为本质上是命题性的）可能具有任何直观内容。他在1932年论文《形式和内容：哲学思维导论》中说：“直观是享有，享有是生活，但不是知识”。他认为，直观经验的纯粹内容是不可表达的。他想到：“在结构和质料之间、在形式和内容

之间的区别，大致而言就是在可被表达者与不可被表达者之间的区别。”
286 他继续说：“因为内容本质上是用语言不可交流的，无论对于可视见的人还是对盲人都是一样不可能被传达的。”他说，某人看见一片绿叶并说他看见了绿叶，但此时所说者并未传达直观的内容“绿”。这是他反对现象学的立场。石里克主张，一切认知行为都相关于“看—似”关系，因此相关于理智化行为和判断行为，而纯粹直观行为不可能具有认知的性质。不无反讽的是，石里克并未根据任何证实主义立场对胡塞尔进行挑战。胡塞尔和石里克都是那样一种经验主义的赞成者，即认为知识是根基于知觉经验的，但是，胡塞尔永远拒绝实证主义的理由是，它过于狭窄地限制了经验的内容（感觉材料）而并没有把握胡塞尔所说的“范畴直观”的性质。1930 年石里克再次攻击胡塞尔，特别是攻击胡塞尔维护综合先天命题（胡塞尔说的“实质先天性”）的立场，石里克视此为一种空洞的同语反复，而非有意义的本质看。按照石里克，以及一般地按照逻辑实证论，并不存在综合先天性。石里克跟随维特根斯坦的《逻辑哲学论》观点主张，先天性陈述只是同语反复，其本身什么也没有说。而对胡塞尔来说，正相反，存在有先天性的确定真理，但它依赖于相关质料的性质。于是在胡塞尔看来，某物不可能同时既为蓝又为绿，并非是只基于无矛盾律的纯形式的真理，而是根基于颜色本质性质（本质上依存于物表面）的一先天综合真理。胡塞尔特别被石里克所激怒，因为石里克一再重复其批评现象学的说法：现象学对直观的依赖可溯源于正统新康德主义。新康德主义认为，无概念的直观是盲目的看法为其标准立场。当时著名新康德主义哲学家，包括李凯尔特和纳托普，以及其他著名哲学家如 Hans Cornelius（阿多尔诺的老师之一），也批评现象学关于纯粹直接所与性的假定。逻辑实证主义者和新康德主义者都把现象学看作是一种新形式的非理性的或非概念性的直观主义，因此注定会失败。

参见词条：a priori，essential intuition

Schutz, Alfred (1899—1959)：舒茨

舒茨于 1899 年 4 月 13 日生于维也纳。其父于其出生不久即去世，两
287 年后母亲改嫁于父亲的银行家兄弟。舒茨曾就读于国立第六中学，1916 年入伍参加炮兵师，并在意大利前线参战，因勇敢而获得银质和铜质勋章。战后至维也纳大学法律和社会科学系学习，并于 1921 年获得法学博士学位。他的老师包括有政治学理论家 Hans Kelsen 和经济学家 Ludwig von

Mises。他参加了后者的思想讨论会，该会包括知识分子如哈耶克、Eric Voegelin 和考夫曼。Mises 与他保持着终生的友谊。在提交了博士论文之后不久，舒茨开始参加银行工作。他深受韦伯的影响（韦伯于 1918 年在维也纳讲学，而且是 Mises 的友人）。舒茨对韦伯的“解释性的社会学”特别有兴趣，此理论主张社会科学应排除价值判断。1920 年代，特别是从 1925 到 1927 年间，他开始热衷于柏格森，特别是柏格森将意识和时间经验统一思考的方法，此研究的一批手稿后来发表于文集《生活形式和意义结构》。在现象学家考夫曼的影响下他开始研读胡塞尔，特别是当时（1928）刚发表的《内时间意识现象学》。舒茨认为，“意义问题就是时间问题”。1932 年舒茨发表了他的大著《社会世界的意义构造》。他曾寄赠一册给胡塞尔，胡塞尔邀请他担任自己的助手。胡塞尔称他为“一位最勤勉的和深邃的现象学家”。舒茨最初于 1932 年 6 月访问胡塞尔，之后两人经常见面和通信，但是他无力放弃银行职务。胡塞尔称他为一位白天的银行家、夜间的现象学家。舒茨参加过胡塞尔于 1935 年 11 月的布拉格讲演，印象极为深刻。他对胡塞尔的最后一次访问是 1937 年圣诞节，那时胡塞尔已经沉疴不起。在纳粹占领奥地利后，舒茨移民至美国。他与法伯一起于 1940 年协助建立了“国际现象学学会”和刊物《哲学和现象学研究》。1943 年他开始在纽约社会科学新学院研究生部教授社会学和哲学，而且在 1952—1956 年担任该校哲学系主任。他曾吸引过很多研究生，包括纳汤松〔Natanson〕和艾姆伯立〔Embree〕。他死于 1959 年。

Science (Wissenschaft)：科学 288

在胡塞尔看来，科学的目的就是真理，科学在广义上包括一切形式的系统认知，既包括自然科学也包括精神科学。科学作为理论性活动与纯实用性关切不同，其关切在于获得真理，在于以系统的和一致性的方式获得认知（Erkennen，Erkenntnis），意思是为认知、为具有明证性真理奠定基础（LU Prol.，§6）。科学具有一种客观性理想并企图达成真理的系列，在其中各真理之间具有推理性关联并潜在地相互支撑，以形成一首尾一贯的系统，后者可无限地产生较高的意义形成物等等（《危机》，380；VI，460，355，367）。逻辑学作为科学理论为科学的组织提供了形式框架。与新康德传统相同，胡塞尔区分了研究自然的精确科学和研究精神领域的精神科学。在后期著作中他把自然科学看作是一种特殊理论态度的后果，一种理想化的成就，后者朝向于把握存在本身、实在本身的无限理想。他认为，科学属于生活世界，而同时把自然观念化为一封闭的精确因果规律领域。在自然科学中，个别客体被看作是个例（此块金子代表着金子一般），存在有关于一种本质重复性和可重复性的假设。反之，人文科学是根据个性态度及动机化解释而运作的。

参见词条：evidence，knowledge，logic，theory of science

Sedimentation（Niederschläge，Sedimentierung）：沉积

沉积是出现在胡塞尔后期著作中的词，例如《现象学心理学》、《形式逻辑和先验逻辑》（附录 II，§50）、《危机》（§9h，52；VI，52）、《几何学的起源》（《危机》，361）、《经验与判断》（§67）。此词也出现在"被动综合"讲稿中，但它没有出现在早期著作中，如《逻辑研究》，甚至没有出现在《笛卡尔沉思》中。胡塞尔使用此词的动词和名词两种形式来表达
289 新的经验如何沉积下来并成为习惯性信念，后者表达着一个人的认识观。于是，在《经验与判断》中他将沉积解释为："原初被获得并成为一种习惯性具有者以及某种非原初物者之连续性转换"（EU，§67，275）。* 在此语境内沉积表达着经验如何体践于人的行动中而成为习惯性的，并形成了人的性格和个人风格。被沉积者属于人的信念之背景。胡塞尔称其为属于自我之"基础"（Hua IX，481）。沉积被"压制"住。沉积补充着自我的自发性和活动性。当某种新东西被知道后，出现了一种"大发现兴奋"之瞬间，却带有一种熟悉性，此新的明见性沉积下来最终形成了人的背景信念的一部分。它可能被完全忘却却继续发挥着作用，例如按特定路线驾车上班时开车者不需要意识到路线，也不需要回忆最初上路的时间。沉积作用含有很多阶段。存在有一个判断的首次活跃化，之后为其持存，或者甚至抛弃。在《危机》中胡塞尔说，一特殊理论的含义可能未被看到，因为这些含义由于"沉积作用或惯习化作用"而被掩盖了。存在有一种积累性惯习，它涉及胡塞尔所说的沉积作用（《危机》，362；VI，372），因此某

* 此句按英文句直译出，其德文原句的直译为："在习惯性具有中以及因此在非原初性中的原初性获得者之连续性变换"。中译者在此举例说明英译德文理论性文字大多较为自由，如据以再转译为中文往往拗口。另外，德语语法较严谨明确。此情况与英语作者自己有关德文理论的独立撰写工作不同，因运用英文自如，理论化表达也就可同样达到清晰化，虽然其中专有名词的用法，对于不读德文的英文读者来说，仍然会偶尔产生误解。此词典涉及的德文引文遂多但多简短，故中译本未一一核对德文原句，祈谅。另外本引句的页码指英译本，但书名缩写所指为德文原本的页码 331。——中译者注

些先前的经验被动地包含在我们的继续经验中，正如语言在其词源学机制中保留着先前的意义。胡塞尔在《几何学的起源》中说，“文化结构出现在传统〔惯习〕形式中；它们可以说自认为是一种真理意义的沉积，此真理意义可被原初地证明具有自明性”（《危机》，367；VI，377）。认知如何说一种语言即相当于使被沉积的知识再活跃化。胡塞尔也谈到被沉积的判断“被再活跃化”，当它们在意识中被认可并特意被赞成时。新的判断可以根据先前的判断形成，后者对经验提供了特殊形态及方向（FTL，325）。沉积性补充着自发性。然而它并非完全是被动性的，而是具有自身特殊的主动性。沉积作用是胡塞尔所谓的被动综合的一部分。在《几何学的起源》中（《危机》，361；VI，371），胡塞尔谈到对被动地经验到的意义的一种“苏醒”。用语言写下几何学直观导致其“沉积”。胡塞尔在此问题上将沉积称作是一种第二被动性。于是他在《经验与判断》中写道： 290

> 沉积不断渗入背景并同时不断地失去清晰性；其突显程度渐渐降低，直到最后消失于直接意识场而被“忘却”。之后它被并入被动性背景，并入“无意识”，后者不是一呆死的空无，而是意识的一个限度样式，因此能够重新影响我们，正像突发奇想一类自由浮动观念形式中的其他被动性一样。然而在此变样中判断不是一种原初性的而是一种第二类的被动性，它在一主动自发的生产中本质上指涉着其起源。（EU，§67b，279）

胡塞尔甚至将此过程说成是受到“沉积律”的支配（EU，§68，282）。沉积作用是通过相似性联想产生的，因此经验是按照类型被组织的。某位知道如何弹吉他者将其相关的手指运动和施压的直观知识沉积下来。沉积作用描述着一种已掌握的技巧具有的方式，但并未使其实际上出现于意识内。他谈到“原初被沉积的判断”。对于任何发生的判断行为，某些其他判断必定已经出现在意识中（EU，23，46，48）。沉积作用属于信念域，诸沉积作用为进一步的判断提供着环境和材料，因此对于认知极其重要。沉积作用属于世界中的存在经验（48）。沉积作用可由一种“回溯式探讨”或“回问行为”所揭示。胡塞尔写道：

> 因此我们将自己理解作这样的主体，它并非像在简单的心理学反思中那样已经存在于一现存的世界中，而是这样的主体，它承载着和完成着世界赖以形成的一切可能的施作〔成就〕。换言之，我们将在此意向性蕴涵的揭示中，在根据世界之意向性施作起源以探索世界之 291

意义沉积中，把自己理解作先验主体性。(EU，§12，49)*

参见词条：doxa，habit，tradition，type

Self-experience (Selbsterfahrung)：自我经验

胡塞尔区分了“自我经验”(CM，§9) 和“他者经验”(Fremderfahrung)，前者即某人对自己的直接经验以及自己的意识状态，后者是对有关超越自我的一切事物的经验，包括客观世界以及其他主体。自我经验域是确然性的，因为其明证性是不可能违反的。悬置法开辟了一个先验性自我经验的新领域，它摆脱了支配着自然态度的素朴性前提。

参见词条：ego，egology，experience，sphere of ownness，transcendental experience

Self-observation (Selbstbeobachtung)：自我观察，自观察

自我观察是19世纪心理学家通用的术语（包括冯特、布伦塔诺、里普斯，以及他人），意指着某人对自己心理状态和心理片段的自我认识。自我观察往往被称作是“内省”。布伦塔诺区分了自我观察（理解作内省）和内知觉。自我观察被看作与所观察的心理片段同时发生，因此会像心理学方法一样发生错误。我们不可能在占有自己的心理状态时对其进行观察。他在PES中写道：“一个普遍有效的心理规律是，我们永不可能关注内知觉的客体。”(PES，30) 但在专心训练后我们能够知觉我们的内部心理状态，当它们触及外部现象时，而且此知觉可对其完整把握。布伦塔诺相信，内知觉可以直观地把握和组织一整系列的“最终心理成分”(PES，45；DP，13)，即我们心理行为的实在部分。他认为，内知觉应假定为不发生错误的。“一个普遍有效的心理规律是，我们永不可能关注内知觉的客体。”(PES，30) 胡塞尔在《观念1》§79中讨论了自我观察和现象学反思的关系。他认为，现象学不关心存在性问题，因此不关心自我的实际经验问题。

参见词条：essential intuition，inner perception，psychology

---

* 此段文句较复杂，故中译者根据德文原文译出。英译本此处所注“§12”，应为“§11”。本句在德文本48页。——中译者注

Self-reflection (Selbstbesinnung)：自我反思，自深思 292

胡塞尔把哲学家的任务看作是与自我反思有关，这是对我们自身存在问题的一种回溯式探索（《危机》，§15）。他区分了狭义的和广义的自我反思〔自深思〕：纯粹的自我反思是对自我作为自我的全部生存进行的反思，而且是对自我的意义或目的论本质进行"回问"这一严格意义上的深思（Besinnung）（《危机》，392n，510—511n1）。广义自我反思相关于某个人对自身存在的最终意义进行的反思。

参见词条：questioning back，reflection，self-experience

Self-responsibility (Selbstbeantwartigung)：自我责任

胡塞尔经常将"自我责任"看作是自主哲学实践的中心问题（《危机》，§56）。"责任性"观念和一理性人的对自"责任能力"是康德哲学观念的一种发展，他把道德人格看作是对自身给与法则之个人。胡塞尔相信，现象学和彻底的研究为人的自我责任性生存准备了条件。他将自我责任要求置于笛卡尔的彻底思维诚实计划中（CM，§2）。哲学家具有义务为确保一切文化生活的合理性负起责任，在其"维也纳讲演"中他谈到"新人类应当能够承担以绝对理论性明见为基础的一种绝对自我责任"（《危机》，283；Hua VI，329）。自我责任具有一种意志的最高形式，此意志决心按照一种由理性引导的自主性自我责任的方式生存（《危机》，338；Hua VI，272）。

参见词条：life，rationality，Vienna Lecture

Self-thinker (Selbstdenker)：自我思想者

胡塞尔用此词表示自主的、自我批评的哲学家，他按照笛卡尔的沉思者精神彻底地探索自己一切信念（《危机》，§17），尝试于达到无前提性（《危机》，§15）和排除偏见，而且他为知识追求绝对的基础，并追求理性的、承担自我责任的生存方式（《危机》，394；Hua VI，512）。

参见词条：presuppositionlessness，reflection，self-responsibility

Semantic essence (bedeutungsmässiges Wesen)：意义性本质 293

一种意向性行为的意义性本质即这样的具体意指行为，即在该意向性行为中使该意义有可能被抽离出来（"第五逻辑研究"，§21）。

参见词条：intentional essence，meaning

Sensation (Empfindung)：感觉

胡塞尔对经验中最初所与者的论述是对传统经验主义的一种扩大和纠正。他在《逻辑研究》中拒绝了古典经验主义的和实证主义的原子式的、孤立的“感觉材料”(Sinnesdaten，Empfindungsdaten) 理论。他将此种观点看作是由“心理学态度”导致的一种错误的理论虚构 (XXXV，82)。胡塞尔也拒绝了再现主义观，后者把我们最初经验者说成是我们的感觉。他写道：“我看见的是箱子，不是我的感觉”(LU V，§14)。他认为，感觉和“感觉复合体”本身不是意向性的 (LU V，§10；《观念1》，§36)，它们属于经验的质料，即它们只是我们意向性经验的“质料性”特征。感觉是心理行为的被经验的内容；它们是“被体验的”，而不是被知觉的。感觉本身被理解为纯所与者，不可能起到构成客体的作用。胡塞尔拒绝那种认为存在有一种“感觉行为”的观点，感觉不涉及设定行为。它们只是作为体验之部分的“被给与者”，但并不成为知觉对象本身：

> 被感觉的视觉场的任何部分，实际上充满着视觉内容，该部分是一种包含着很多部分内容〔part-contents〕的经验，这些部分内容在整体中既未被指涉，也不是意向性客体 (LU V，§10)。

当我进行一体验时，它只是呈现为具有某种感觉的颜色，它的感觉的“充实”(Fülle)。虽然感觉不是意义客体，它们在知觉中的确起着重要的作用。胡塞尔在《观念2》§10中说，“空间物的一切客观化最终均回溯至感觉”。感觉提供着“质料”或经验的“素材”，但此质料必须通过某种解
294 释性的“把握”或“统握”〔解释〕(Auffassung，LU VI，§26；Deutung，Interpretation) 而形成，以产生一种具有特殊意义的客体。但是它们多多少少是“解释的承载者”。这样的看法表示，存在有容受和解释感觉复合体的行为 (LU VI，附录 II，358n，6；Hua XIX/2，774n)。使“呆死质料”复活的 (DR，§15，39；Hua XVI，46) 是一种“活跃化的统握”(DR，§46，136；Hua XVI，160)。换言之，意义不是被感觉本身给与的，而是被把握感觉的解释性行为所与的。在其“被动综合”讲座中他警告说，感官质料的“解释”(Deutung) 并非相似于从记号读解出意义，而是存在有某种被经验的超越点 (XI，17)。因此，同一感觉束可以支持不同的意向性经验：我看见一妇女；我根据同一感觉看见一模特像。同样，根据不同的感觉的不同行为可以知觉到同一的客体，例如小提琴的声音可以或远或近听到 (LU V，§14)。再者，在被感觉的内容和该物较充实的

知觉之间永远存在有差距。此一知觉的“超出”（Überschuss）是由统握所提供的。就这些内容被统握而呈现了客体而言，胡塞尔称其为“呈现的内容”（darstellende Inhalte，DR，§15，也参见《观念1》，§36）。于是在看到一白纸时，白色的呈现的感觉是一意向性的或一解释的“承载者”，但其本身并不是对一客体的意识。胡塞尔承认在呈现的感觉和被呈现的感觉之间的区别性。前一感觉促动我们将某种感官特征归之于一身体。当我触摸一光滑冰冷的物面时，我的手指上具有某种感觉，但我通过这些感觉意念到该表面的光滑性和冰冷性等属性。一种反思的目光使我注意到我的手指上的感觉。此感觉似乎具有两个侧面。它们呈现为属于手指者，但也“呈现着”（darstellen）该客体的属性。某些感觉习惯上被归之于外在物，而另一些感觉以某种方式位置于我们身内。我可能意识到“房间”感觉冷，或者可能意识到“我”在房间中感觉冷。可以说有些感觉（如关于我的身体在何处的感觉）似乎是被“内部”构成的，而另一些感觉肯定具有超越性特点。一位患有耳鸣的人可能把刺耳的铃声噪音听成是“在自己头内”，而且能够将其与似乎是超越性的持续铃声噪音加以区分。在《观念 295
1》§85，胡塞尔用希腊词 hyle 指此感觉的、时间上流逝的经验质料，以对比于意向性的形式。经验的这一感觉基础或“素材”〔stuff〕概念在其后期著作中一直保留着。他称其为一种感性的“剩余”。同一感性内容可以成为促动不同统握行为的基础；同样，相同的知觉行为（我看见约翰）可根基于不同的感觉束（我看见他的脸；我看见他的头背后）。在记忆中甚至涉及更复杂的关系，当我的知觉素材可能根本不包含在被回忆的呈现中。胡塞尔在知觉经验中发展了关于感觉成分的非常复杂的讨论，但是其主要论点是：感觉不是知觉。他的后期著作强调了感觉流的高度秩序化的和规则性的性质；存在着经验的连续的和谐性、稳定性（XI，108，263）。事实上，胡塞尔对于所与者的性质始终具有某种疑问，其意义可以是“元素材”（Urhyle），“元所与物”（das Urgebene），经验中的最终剩余者。他对时间意识的研究似乎使其相信了自己关于感觉的“质料/统握”观可能不正确，或者他将不得不为时间情境内实体之感官经验设定某种时间感觉。但是在其后来的著作中元素材代表着给与自我的任何东西，以至于自我本身在此所与性之中意识到自己。胡塞尔在感觉（Empfindungen）和“感觉态”（Empfindnisse）之间作出了重要的区别，前者是有关于被知觉的物质客体（颜色、形态、纹理、光滑）的感觉属性的，后者是那种促动我们把客体看作是空间者而它最初被经验作我的感觉器官之变样（VI，

146)。我可以碰触桌子并感觉到它的冰冷和光滑，或者我可以在我的指尖上注意到该感觉状态（这些感觉状态往往在手指离开客体后仍然滞留着）。我可以知觉一客体并准知觉到〔apperceive〕伴随着该知觉的动觉系统。（我理解我把头伸到一侧去跟随客体的运动，如此等等。）

参见词条：hyle，hyletic data，kinaesthetic sensation，movement sensation，sense data，sensings，stuff

Sense（Sinn）：意义

意义概念对于现象学是至关重要的。“意义”具有大量隐含意思，因为非语言的活动，如知觉行为、回忆行为等，也相关于“意义”。一切经
296 验都具有意义，而且一经验所传达的意义的种类具有自己特殊的“所与性”样式。将某物理解为一人造品就是在一意义性样式中对其加以理解，它不同于根据宗教崇拜涉及的遗物或用于实用目的的工具。现象学的意义基本上是“双侧性的”，既包括主观的也包括客观的侧面。胡塞尔谈到“意义的构成”；意义并不只是在我们之外为我们所把握者，它是某种根据我们的特殊态度、前提、信仰背景等而被我们“所构造者”或所聚集者。简言之，现象学是对事物获得它们对我们具有意义的种类之方式所进行的反思。甚至可以说，现象学的中心关注就是意义问题（Phen. Psych.，18；Hua IX，25）。胡塞尔在《笛卡尔沉思》§43 中已经把现象学的基本观点表述为如下主张：“任何存在者对我具有或可能具有的每一意义（就其指‘什么’及‘存在着及实际存在着’而言），就是存在于我的意向性生存中及从我的意向性生存中产生的一种意义。”胡塞尔有时区分着“意义”（Sinn）和“意义”（Bedeutung），虽然他通常对两词不加区别地使用。意义显然与语言意义相关，虽然也可能有知觉的“意义”〔sense〕。弗雷格也使用“意义”一词。两位哲学家分别地发展了关于一表达式之“意义”和其客观所指者之间区别的精细论述。意义是一经验的观念性的意向性内容。在《逻辑研究》中，甚至自 1891 年之后，胡塞尔充分了解了弗雷格在“意义”（Sinn）和“所指者”（Bedeutung）之间的区别，但他并未遵守这一区别，因为此区别与通常德文用法不同。在其《逻辑研究》中胡塞尔倾向于将 Sinn、Bedeutung 以及 Meinung 多多少少作为相等概念使用，虽然之后在《观念 1》§124 中他用 Bedeutung 专门指语言意义而将 Sinn 更广泛地用来指一切意义，包括非概念性内容（例如知觉意义）。胡塞尔和弗雷格都同意，一陈述的 Sinn〔意义〕是一观念性单元，它不受把握它的心

理行为的影响，也不受伴随着该心理片段的心理素材（心理形象、感觉等等）的影响。意义本身是纯观念体，始终保持不变，不管它被计数、判断还是在心理行为中以其他方式被统握。胡塞尔在《导论》中说，真理即为其自身所是，无关于人们是否把握它（Hua XVIII，240）。尽管逻辑学的客 297
体是观念的和超越时间的，它们仍然可被人心所把握，胡塞尔后来解释说："不可思议的是，这类观念的客体可以不在适当的主体心理行为和经验中被把握。"（Phen. Psych.，18；Hua IX，25）我们可以想象任何这类观念的意义以某种方式被一心智所容受、判断或思考。一个简单的事实是，这些观念的意义对我们呈现为某种被主体所把握者："观念的客体在体验行为和形态形成中作为在主体上产生的形成物与我们交遇"（同上）。这是它们的"为……存在"；它们永远是"对于"某可能心智的真理，主体行为是对这些观念客体的"构成性行为"。问题于是成为：这些隐蔽的心理经验如何与"观念体"相互关联？弗雷格对此最初的素朴性回答是：我们的心智直接把握着观念的思想。但胡塞尔想要通过分析此表达式的结构和意义的把握来论证我们的认知性成就的本质双侧性。一些评论者将"意义"等同于"诺耶玛"，但严格来说，"意义"是诺耶玛的"核心"。胡塞尔甚至谈到"诺耶玛的意义"。同一客体可以用不同的意义来指涉（晨星，夜星）。

参见词条：Frege，ideality，meaning，noema，reference

Sense and validity（Sinn und Geltung）：意义和有效性

胡塞尔经常将"意义"和"有效性"两概念连用，以至于事物、人物、情境、社会行动等等都对作为世界中经验主体的我们具有意义和有效性。一事物的本体论性质不可能区分于其意义，因此胡塞尔也谈到"存在—意义"（Seinssinn），此词被卡尔译为"ontic sense"〔存在的意义〕（《危机》，§33，122；VI，124）或"ontic meaning"〔存在的意义〕（《危机》，§27，100；VI，103）。胡塞尔也常谈到某物的"存在的〔of being〕有效性"或"存在的〔ontic〕有效性"（Seinsgeltung，《危机》，§17，77；VI，79）。事物不仅具有意义而且其全部存在方式是主体及主体间之构成的一种成就。

参见词条：meaning，sense

Sense bestowal（Sinngebung）：意义赋予，意义给与

"意义赋予"、"意义之赋予"、"意义给与"（Sinngebung）是胡塞尔经

常用来谈述行为的术语，用以表示一种经验或一客体是在一定方式上通过
298 我们的意向性行为被构成的（在《危机》VI 58，他谈到近代科学如何达到其“意义赋予”）。在 CM §48 中他谈到超越性构成中意义给与的不同层次，而在《危机》§70 中他谈到全部生存即为一系列意义之赋予和意义之具有。

参见词条：constitution，sense

Sense data（Sinnesdaten，Empfindungsdaten）：感觉材料

“sense data”（Sinnesdaten）或“data of sensation”（Empfindungsdaten）是胡塞尔用来表示在知觉经验中客观所与者的最低层次的名称（《观念 2》，§54），感觉材料是被动地被经验者，而非主动地由自我所构成者。此一材料或所与者的感觉域构成了对仅仅是被感觉者或经受者的一种非意向性的层次。胡塞尔认为此层次属于意向性行为的质料。胡塞尔反对实证主义的感觉材料观，视之为形上学实体。“感觉材料”一词被哲学家如罗素和摩尔作为感官经验的直接所与者（被感的感觉，被见的颜色物，被听见的音调等等）。胡塞尔批评了这种对感觉材料的原子主义立场，他认为感觉材料是在时间意识流中被构成的。

参见词条：hyletic data，matter，sensation

Sense investigation（Besinnung）：意义研究

“意义研究”一词是肯恩斯对 Besinnung* 一词的英语翻译，此词被胡塞尔用来表示对被构成的实体的意义所进行的现象学的研究或“说明”，例如近代科学的意义，作为科学理论的逻辑学的意义等等（参见 FTL，“导论”）。一种意义研究就是一种“意义说明”（Sinnauslegung），它相关于从模糊意义向清晰定义的意义过渡之“意义阐明”（FTL，9；Hua XVII，13）。

参见词条：reflection，sense

Sensibility（Sinnlichkeit）：感性，感觉力，感受性，感官性，鉴赏力

康德说存在有两种认知根源：感性和悟性。他把感〔受〕性看作是感性直观的根源。空间和时间是感性的先天形式，而感觉是感性接受和加工的材料。感性或感受性是以接受性为特征的。胡塞尔认为，康德沿着经验

* 此词通常意思是“反思”或“深思”。——中译者注

主义路线主张所接受者只是来自外部的感觉材料：

> 至于感受性……一般假定它引起了纯粹感觉材料，后者仅作为来自外部的影响之结果。但是像前科学时代人的那种经验世界（此世界尚未被数学加以逻辑化）是由纯感性所前所与的世界。(《危机》§25，93；VI，96) 299

胡塞尔认为，感性域的复杂性远不止此，因为它包含着一切被经验作“前所与者”，全部被动性领域，包括着对作为“永远已经存在于那里者”的世界之经验。

参见词条：empiricism，Kant，sense data

Sensings（Empfindnisse）：感觉态

胡塞尔在《观念2》（特别是§36和§40）中提出来此新造词，英语的翻译是sensings。胡塞尔很少创造新词，此事显示出他为了表达通常语言中不包括的某种东西而不得不费力琢磨。此词似乎是把两个其他的词Empfindung和Erlebnis拼合而成。他用此词特别指在身体特殊部位被直接感受及体验的感觉（胡塞尔也称感觉态为“被定位的感觉”），但此词也进而指涉其他客体。例如在指尖感受到的特殊感觉状态与被触物的光滑表面之间的区别。

参见词条：perception，sensation，sense data

Sign（Zeichen）：记号，符号

作为一位数学家，胡塞尔关心于某些标记或物质实体如何可被理解为指向超出本身的记号。在《算术哲学》中他意识到，人类存在只能够具体地直观到小位数，而需要用记号去意指不可能直接本质观到的大位数。一般来说，科学知识是通过记号来运作的。在“第一逻辑研究”中他将记号划分为指示和表达式，前者直接指向客体，后者通过一种意义指涉客体。

参见词条：expression，indication，signitive act

Signitive act：记号性行为，符号性行为

在《逻辑研究》中，特别是在“第六逻辑研究”中，胡塞尔已经将“记号性行为”或“记号性意念”看作是空的意念行为，后者使用一记号指向某种客观的充实。记号行为具有某一内容，此内容被解释为客体或事 300

态的一个记号。记号性行为对立于客体在其中被直接给与的直观行为。记号行为可以或者意指简单客体或者意指更复杂的范畴客体或事态。“一记号性意念只指向其客体，一直观性意念则在该词严格的意义上使其‘呈现’。”（LU VI，§21）有时胡塞尔区分了“记号的”〔signitive〕行为和“意指的”〔significative〕行为，但此区分的用法并非始终一致。意指的行为是那种促成了表达式的意义的行为。意指的意念促成了具有其意义的词（LU VI，§63）并使得意念能够在语言中表达。记号的意念是当记号被用于表达意义时所参与运作者。记号的行为关系到记号，但不一定是语言记号（胡塞尔谈到一幅草图逐渐被充实成一幅更完整的图画）。记号通过一记号的意念而成为“有意义的”。一表达式通过一意指性意念而具有意义。胡塞尔相信他有关直观行为和记号性行为的论述可以更清晰地呈现康德企图通过直观和悟性的对比所表达者。胡塞尔谈到记号性意念在其中被充实的方式。如果人们想到“英国”，可能在心里唤起英国的轮廓地图。此“地图”不应被理解为一英国的形象，而应被理解为一英国的记号。

参见词条：fulfilment

Situation (Sachlage)：情境，状态

胡塞尔在讨论“事态”时使用了“情境”一词。一个“情境”是由一判断所表达的命题之客观相关项。两种不同的事态可能根基于一种情境，例如事态“杯子是半满的”不同于事态“杯子是空的”，虽然二者均根基于同一情境。事态是根基于情境的。

参见词条：state of affairs

Social act（sozialer Akt）：社会行为

胡塞尔特别谈到关于个人涉及其他人（Hua XV，478）的“社会行为”（Hua XV，479），如同意或许诺等等。社会世界是通过社会行为构成的。社会行为包括共同参与行为，在其中存在有共同的意向性，在此类行
301 为中我们说“我们”（Hua XV，479），例如，“我们决定购买房子”，对立于两个人决定分别购买房子。每一个人都是一较大社群的参与者（一社会存在者，Mitglieder〔共同成员〕，Hua XV，510），并在与该社群一致的条件下实行社会行为。

参见词条：sociality

Sociality (Sozialität)：社会集体，社会性

在其后来的著作中，胡塞尔经常谈到“社会集体”（Hua VI，327，432），此词泛指各种社会集团，包括种族、部族、社群、俱乐部、社会、民族和国家等等。

参见词条：social act，supernation

Something (ein Etwas)：某物

胡塞尔在《算术哲学》中说，数概念关涉到一种确定的“多”概念，而“多”要求一个“某物”的概念，后者被理解为一被计数的“单元”。在任何意向性行为中被呈现者为某物。在反思于一“观念呈现行为”（Akt des Vorstellens）中被呈现的客体之性质时出现了“某物”概念。此某物似乎是一般观念之内容，后者形式上只被看作是一“客体”：

> 某物概念显然来源于（Ertstehung〔产生〕）对心理再现行为（观念呈现行为）的反思，任何确定的客体都可赋予其内容。所以，“某物”只在任何一种相对或否定的属性所共同具有的那种外部的及非直意的方式上，属于任何具体客体的内容。事实上，它本身必定被标示为一相对的规定。当然，某物概念只有在其某种内容呈现时才是可被思考的，在此基础上可进行所说的反思。但对此目的来说，任何内容都是适合的：甚至名字“某物”本身。（PA，84；Hua XII，80）

对意向性行为的结构的反思为我们提供了“某物”概念，而对此概念的反思产生了一种“单元”概念，后者是“多”（Vielheit）概念的一个必 302
要的或有意义的组成部分。一个多概念，或者用数学专门用语，一个集合的概念，要求着或相关于更基本的“单元”或“某物一般”（Etwas überhaupt）概念。任何事项都可被视为一集合中的成员。为了能够接受一确定的多概念，需要有更基本的“某物”（ein Etwas，Hua XII，80）或一“单元”的概念，后者从被思考的实体的每一属性抽离出来，使其只是“某物或他物”。此外，胡塞尔强调，“某物”概念不应被理解为意指着自然中的某物，如 res 或一“物”。在其 1910—1911 年的 FPP 讲座中（Hua XIII）他强调说，算术的“存在中性”（Daseinsfreiheit）对立于那些人们会赋予算术命题以一经验性意义的概念：

> 算术的一（die Eins）是某物一般，而且它所包括者不只是物质物、时空物而且还有某物一般，后者也可以是一观念，或者甚至（例

如）一个数。（Hua XIII，128，本段是我〔英文作者〕自译的）

参见词条：collective combination，multiplicity，*Philosophy of Arithmetic*

Soul（die Seele，das Psychische，das Seelische）：心灵

在19世纪作为新经验科学的心理学企图发展“无心灵的心理学”，将心灵概念作为一形上学的杜撰加以抛弃。然而，后期胡塞尔继续使用“心灵”一词或其形容词形式“心灵的”（das Psychische，das Seelische）来指人性或动物性的心灵面，特别是其意识生活。正如在亚里士多德那里一样，心灵是生命、营养、自运动等等之中枢。然而胡塞尔也使用此词指先验自我或绝对意识。心灵也在第一人称中用来指意识的中心和行动的源泉。在CM §54、§56中胡塞尔谈到个人的“心灵生命”。心灵内在地缠结于躯体，所以胡塞尔往往说“心理物理统一体”。

参见词条：psychology

Space（der Raum）：空间

胡塞尔在生活世界的体验中以及在几何学和物理学这类形式科学中都
303 关心构成问题。几何学代表着一种观念化的、自足而无限的空间（《危机》，§8）。胡塞尔的出发点是康德将空间看作是外直觉的形式以及赫尔姆霍兹、陆宰、施图姆普夫等的空间讨论。胡塞尔的最初兴趣是经验中的“空间观念”。他也认为空间经验存在一先天性方面。被经验的实在是时空性的。知觉的首要客体是空间中的物质客体（res extensa〔广延物〕）。空间是与空间物的统握一起被共同统握的。胡塞尔和经验主义者都认为，空间经验主要是由视觉和触觉的结合所构成的。在感性层次上存在有“前经验的”经验层次，后者为充分的空间经验奠定基础。在其“物与空间”讲座中胡塞尔探讨了被知觉的三维空间场由二维视觉经验构成的方式，此二维视觉经验是与躯体性的触觉和运动经验结合在一起的。胡塞尔的观点是，在视觉和触觉中存在有一“外延的要素”，但是这些“前经验的”空间性经验还未充分到提供客观空间性经验。运动感觉对于空间的构成也是必要的。胡塞尔影响过卡尔纳普关于“空间”的博士论文（1922年发表于《康德研究》）。

参见词条：kenaestheses

Species (Spezies, Gattung)：种

胡塞尔在《逻辑研究》中使用“种”一词指一个体所属的一般范畴，例如种“红”必然对立于红的个别性呈现（胡塞尔称之为一种“色调”）。胡塞尔从现存的个别事件开始，例如特殊的“红要素”，后者成为所说的“红”这个“颜色”（种“红”甚至“颜色”本身、“颜色”种）之“基础”。这些种在客体的特殊红要素中具有个例的显示。用布伦塔诺的话说，这些种是“较高阶的客体”。它们不同于个体、时间中的个别物，因为它们不在时间中变化，具有着严格的同一性条件，而且可以多种多样地被个例化。胡塞尔写道：

> 红是一种观念的统一体（eine ideale Einheit），称其为发生或消失是荒谬的。红要素不是红，而是红的一个例子（ein Einzelfall von Röte）。 *304*
> 而且正如普遍性客体不同于单个性客体，我们对它们的把握也是不同的。我们所做的将完全不同，如果在注视一直观的具体物时我们所指的是被感觉的红，即它在这里或那里的个别特性，而另一方面如果我们所指的是作为种的红，正如当我们说红是一种颜色时那样。（LU Prol.，§39，I 86；Hua XVIII，135）

种是观念性的、超时间的统一体，而且如胡塞尔那时所说，种是在一“基于直观的观念化行为”中被把握的（LU Prol.，§39），但是它们并不像柏拉图所说的那样存在于“天宇”，它们也不像经验主义者所说的那样具有纯心理学的存在。

参见词条：abstraction

Sphere of ownness (Eigenheitssphäre)：自有域

“自有域”或“原初域”（Originärssphäre）是胡塞尔用来表示这样的意识经验区域的词，在此区域中某人在先验还原发生后，可在自己内在的、自我的、意识的经验之特殊区域内经验自身（特别参见CM，§44）。胡塞尔认为，自我从社会文化生活中实行一系列抽象作用，直到剩余出纯自经验区域来，但是此时并非（像鲁滨逊漂流记那样）只有自我对自我的单纯想象活动，因为此自我仍然被局限于语言、文化等主体间世界内。自身和自我的纯粹区域是更难以触及的。胡塞尔相信有可能通过实行一种特殊悬置法得以从构成人之存在的一切进行抽离，并从中移除一切异他物（包括与自然域有联系的一切），直到自我只剩留下纯自有域。这将是一个统一化的、流动的自我学意识区域，在其中我经验着我自己的时间性和朝向无限未来的开放性（CM，§46）。存在着对于作为一流动的、时间性的、自同一的活生生自我之我自己自构成的直接经验。

参见词条：ego，egology

Spirit（Geist）：精神

305 胡塞尔特别在《观念 2》（§§48ff）中使用德文中常用的“精神”和“精神世界”语词泛泛表示“心”、“心灵”领域，但特别是用以表示主体间“文化”领域，以对比于自然领域。精神包括着人类文化成就，后者被理解为人类集体意识的和心理的活动的产物（包括艺术、宗教、政治、文化领域以及一切包括在精神科学内者）。后期胡塞尔也使用“精神”意指一文化性学科的一般情绪或精神，例如“哲学精神”、西方文化的“精神斗争”（《危机》，§3），以及意指人类的特殊文化。他最通常的关注是区分新康德主义者（如李凯尔特）和狄尔泰所讨论的自然科学和精神科学的区分，而非关注黑格尔在其《精神现象学》中讨论的精神演化那类更为展开的概念。在“维也纳讲演”中他谈到了动物的和人类的“精神性”，以此意指某种像是文化世界和动物行为的东西，后者被看作是一种复杂的统一化整体（《危机》，271；VI，316）。在《危机》§2，胡塞尔谈到“在其精神存在中的”人类以及“精神世界形态”。不同的文化具有其自身的世界观和其自身的历史轨迹或历史性。“精神”的相关项是“自然”，此即通过近代自然科学方法所理解的世界。精神世界是诸个人组成的世界，这些个人彼此作为个人而不只是作为自然之客体彼此活动着。在《观念 2》中胡塞尔对精神的构成加以论述，将动机化看作是精神领域的基本法则。

参见词条：human sciences，motivation，nature，naturalistic attitude，person，personalistic attitude，Vienna Lecture，worldview

Splitting of the ego（Ich-Spaltung，Ichspaltung）：自我分裂

胡塞尔在二三十年代的后期著作中偶尔谈到“自我分裂”，用以指自我对自身的反思（例如：CM，§15；《康德和先验哲学观念》，Hua VII；《第一哲学》II，Hua VIII，96）。自我具有此本质特征，在其活动中它可反躬自省（Hua VII，262）。在前反思性生存中自我生存于完全的“匿名状态”。但是它在反思中呈现可见性，因此创造出了一种新的、匿名的经验性自我。例如，如果我记忆起我几年前实行过一行为，就出现了在现在我

自己和过去我自己之间的一种同一性感觉，但也出现了这样一种感觉，在 306
其中我是我自己的观察者，因此出现了自我的某种分裂。胡塞尔说，自我回忆行为并未揭示现在自我而是揭示过去自我（Hua VII，263）。当非参与的观察者的立场（CM Hua I，16）摆脱了自然态度的“囿于世界的自我”（芬克的用语）而同时又能思考自然态度中的自身生活时，胡塞尔也谈到了自我分裂（Hua XXXIV，11）。摆脱了一切前判断的思考的自我本身是一种生活，而且必定被如此理解，于是自我分裂概念必须承认，自然的俗世生活即使在非参与的观察者立场中仍然起作用（参见 Hua VIII，93，在此胡塞尔提出怀疑派的例子，怀疑派可以对世界的存在性质疑并同时不得不在其实践性活动中继续接受世界）。自然自我和先验自我在同一个人身上是叠合的，必然存在着同一性意识和差别性意识。

参见词条：ego，non-participating spectator，reflection

State of affairs（Sachverhalt）：事态

事态属于“客体”类，事态是判断这类复杂综合意向性行为的客体相关项。判断“猫在席子上”指向于一复杂的、被结构化的客体，它本身包含着其他客体，而且其性质可以以不同的方式用语言表达，例如“在席子上的猫”。“事态”概念曾被布伦塔诺学派的梅农、马尔提、莱纳赫以及后来被胡塞尔和维特根斯坦讨论过。胡塞尔认为，事态是复杂的、非语言的观念性统一体，命题内容或意义的本体论对应项。事态可以将客体与其他客体（猫、席子）或将客体与属性（性质、关系等）结合在一起。事态的结构性特征甚至是，任何一种事物，包括实在的、存在的时空客体，都可以是其一部分，例如“这张席子上的蜘蛛之事态”。事态是其所是，无论我们是否肯定其有效性（LU I，§11）；换言之，席子上的蜘蛛是一可设想的事态，即使它目前实际上并不真确。按照胡塞尔、维特根斯坦和他人所发展的惯例，事态被说成是“成立”（bestehen）或不成立，而不被说成 307
是存在或不存在。当事态成立时，表达此事态的命题被说成是真的。胡塞尔谈到一事态是一“有效性统一体”（Geltungseinheit）。当我相信在下雨时，我在意指着事态“在下雨”。事态不可混淆于判断或句子的意义内容。事态是本体论的实体，其作用是使表达着它们的句子真确（“第六逻辑研究”，§39）。事态性质的一个部分是它们可被表达为名词化形式，例如“玫瑰的红”、“玫瑰之为红的”，并可成为其他述谓的主词（“第五逻辑研究”，§36）。

参见词条：objectivity，proposition，situation（Sachlage）

Static phenomenology（statische Phänomenologie）：静态现象学

静态现象学研究意识的意向性行为的客体，当它们被经验为完全的统一体时，它们几乎被看作是直接地存在于自然中，像是自然科学或“自然史”所研究的客体那样（CM，§37；Hua I，111）。就此而言，客体以类型的方式出现。例如，在静态现象学中，自我被理解为已经与一世界相关。静态现象学的另一名称是构成现象学。

参见词条：genetic phenomenology，phenomenology

Stein，Edith（1892—1942）：史泰茵

史泰茵生于普鲁士 Breslau（今为波兰 Wroclaw）的一个资产阶级犹太家庭，在当地读维多利亚高中后于 1911 年进入当地大学学习心理学。她的教授之一为心理学家 Willian Stern，并选修康德哲学家 Richard Hönigswald（1875—1947）的哲学课。1913 年她转学到哥廷根大学随莱纳赫和胡塞尔学习现象学。在学期开始前，胡塞尔的《观念 1》出版，由于其唯心主义的转向而引发了学界震惊。史泰茵也参加了舍勒给哥廷根哲学学会所作的讲演。1914 年和 1915 年她担任战时护理工作。1916 年她随胡塞尔完成了博士论文，并于 1917 年在哈雷出版了《论移情作用问题》。1916—1918 年她成为胡塞尔的私人助手，编辑胡塞尔于 1912 年完成的《观念 2》初稿。她也参加了胡塞尔的讲演稿“内时间意识”（1905—1917）
308 的编辑工作，虽然讲稿最后是由海德格尔安排付印的。史泰茵曾经几次努力申请注册教职资格考试论文计划，但她的申请遭到忽略并最终被拒绝。史泰茵并未因此而气馁。实际上她写出了该论文，题名为“论心理学和科学的哲学基础”，该文最后发表于 1922 年的胡塞尔《哲学和现象学研究年鉴》的第 5 卷。1921 年夏她到 Bergzabern 访问康拉德-马修斯时有过一次阅读圣泰利莎-阿维拉自传的宗教经验并因此皈依了天主教。她于 1922 年 1 月 1 日受洗，康拉德-马修斯为其教母。1921—1932 年她在 Speyer 的一所多明我会学校任教，之后迁至慕尼黑德国科学教育学研究所任教。她持续与胡塞尔、英加登和他人通信，并在胡塞尔 70 大寿文集上撰写了文章《胡塞尔现象学和阿奎那哲学的对比研究》。她翻译过阿奎那的《关于真理的争论》，她的后来写作（如《潜性和行为》）企图调和现象学和阿奎那的形上学。自 1933 年纳粹上台后，她被禁止在慕尼黑任教。1933 年 10 月她进入科隆的加尔默罗修道院，并于 1934 年 4 月进入修女见习期，并在激发她完成皈依的该神秘家之后也取了宗教名字“受难者泰利莎-本笃”。1938

年她被迁至荷兰 Echt 的加尔默罗修道院，于 1942 年 8 月在那里被盖世太保逮捕，海运至奥斯维辛集中营。1942 年 8 月 9 日在集中营和其姐妹一起遇害。1998 年她被宣布为天主教圣徒。她的最著名著作是关于移情作用的研究。

Stimulus（Reiz）：刺激

参见词条：allure

Stream of consciousness（Bewusstseinsstrom）：意识流

胡塞尔经常援引意识的时间“流”隐喻将其比作一种“河流”（Strom）或“江流”（Fluss）。他常常称之为一种“赫拉克利特流”，即其中没有同一之内容。意识在不停地流动着而又总是统一化为单一个人的、 *309*
自我的意识，这是胡塞尔的主要理解。此种整体论的意识流观可比喻为詹姆士和柏格森的类似理论。胡塞尔认为心理流极其复杂，带有众多波节，甚至当它时时刻刻毫无缝隙地向前流动时。诸体验（Erlebnisse 或 cogitations）彼此没有区别，胡塞尔称其为意识流中的“诸波流”。他也用过“支流”（canals）一词，在其中两个意识平行流动而互不交叉。有时诸个别体验可以从流动中突显，例如当一明晰观念出现在脑海中时。当然，意识中也有缝隙，例如在睡眠时，而且不得其解的是，新苏醒的意识如何再次获得其所与性样态，以至于我可以再次发现它是原先那些惯习、记忆等等的承载者。时间意识和当下现在感处于意识之核心。

参见词条：consciousness，life，time

Stuff（Stoff）：素材，材料

胡塞尔经常使用“素材”一词表示经验的感性内容，后者被看作是前于意向行为的，正是意向行为使这些内容“活跃化”而进入被构成的客体之显象的（《观念 1》，§85）。他提到感官刺激素材的一种观念化的概念，后者前于它们在一形式的方式中被组织和被结构者。

参见词条：content，hyle，matter

Stumpf，Carl（1848—1936）：施图姆普夫

德国哲学家、心理学家和民族音乐学家施图姆普夫生于 Franconia 的 Wiesentheid 的一个天主教家庭。他一直关心音乐并进入乌尔兹堡大学学习音乐，但后来喜欢上了哲学并特别被那时在该校任教的布伦塔诺所吸引。在布伦塔诺建议下他到哥廷根随陆宰学习，后者负责他完成了关于柏拉图的博士论文（1868）。毕业后他返回乌尔兹堡研究神学，但对神学无感觉后返回哥廷根跟随陆宰完成了关于数学的教职资格考试论文（1870）。他在哥廷根教书直到1873年，之后迁至乌尔兹堡。1879年他迁至布拉格和马尔提共事；之后于1884年迁至哈雷，于1889年迁至慕尼黑，最后迁
310 至柏林，在那里他与狄尔泰成为知交，并建立了一个实验心理学研究所。1907—1908年他成为柏林大学校长。他对实验心理学和哲学都有兴趣。在哥廷根他遇到费希纳和韦伯，两人都支持心理物理学学科。他的著作《论空间表象的心理学起源》（1873）影响过胡塞尔关于空间理解的早期讨论。施图姆普夫的两卷本《声音心理学》（1883，1890）是关于音乐和一般听觉现象把握的重要研究，纳托普曾为其写过书评。与休谟相反，施图姆普夫肯定因果性的直接经验。胡塞尔在布伦塔诺建议下曾在哈雷随施图姆普夫学习，并于1887年完成教职资格考试论文《论数的概念》。施图姆普夫和胡塞尔维持着终生友谊。施图姆普夫是心理学家詹姆士的朋友并向胡塞尔介绍过詹姆士著作。他的关于部分和整体的理论强烈影响了胡塞尔的"第三逻辑研究"。胡塞尔的《逻辑研究》就是献给施图姆普夫的。在《观念1》§86中胡塞尔区分了他自己的先验现象学和施图姆普夫的现象学，后者更准确地说是关于显象的研究和关于经验的感性内容的研究。施图姆普夫影响过格式塔心理学家，如其学生科勒尔、Max Wertheimer和考夫卡。他对于随自己在柏林学习的古尔维奇也产生过强烈影响。

参见词条：Brentano，descriptive psychology，Gurwitsch，Lotze，part，whole

Style（Stil）：风格

胡塞尔经常使用"风格"一词突显不同的行为或对象向我们揭示的不只是特殊的性质，而且同时显示出某一与本质的或典型的存在方式具有更一般联系者，此即确立了时间中某种连续性者。例如，当我反思我的实际知觉行为时，我在关注着本身为独一无二的、不可重复的行为（在此具体的情境、在此环境等等中我完成着这些行为），但是我们可以说，那些行为对我们显示了一种一般的风格以及与其他经验的一种联系，由此我们认识了那些行为和对象在其中被给与的方式（参见CM，§54，118、120上的例子）。胡塞尔以同样的方式谈到个别的人主体或自我，后者发展了他们自己的个人性"持续的风格"，此风格对他们是独一无二的而且表现了

他们的性格（CM，§32）：身体的表现，运动方式，声音腔调，以及突显着个人特性的一切行为形式。我们并不需要一个人的全部特性来认识他 311 们，一些特性即可识别他们的“风格”。我们借助于现在的感官材料就预期着和预先显示着全部行为序列的意义。因此，风格不能被归结为一个定义或一定的特性系列。人们具有一种带有自己典型性的“生活风格”（CM，Hua I，149）。即使“风格”的概念也是特意模糊不清的，风格对于描绘和初步显示一客体、个人或行为系列的意义是至关重要的。胡塞尔谈到了生活世界的“因果性风格”（《危机》，344—345；VI，358）。胡塞尔的“风格”概念后来被梅洛-庞蒂（特别是在其关于绘画的讨论中）加以研究。

参见词条：habit，type

Subjective-relative properties：主体相关的性质

胡塞尔认为，前科学世界是以“主体相关的”方式在自然的生存中被经验的（《危机》，§9）。早期近代哲学（例如笛卡尔、洛克）跟随伽利略将世界划分为第一性质和那些主体相关的性质（如颜色、味觉、冷暖、声音），前者是客观的和可用数学度量的，后者依赖于把握这些性质的人主体。在《危机》§9（i）中胡塞尔谈到伽利略关于“特殊感觉性质的纯主观特性”的理论，此理论后来被霍布斯表述为一般感性直观世界的主观性质。

参见词条：dualism，primary properties

Subjectivism（Subjektivismus）：主观主义

胡塞尔相信，怀疑主义的本质在于主观主义，后者认为人们不可能具有关于世界的客观知识，而且相信人所能知道的一切就是人自己对世界的主观方式：我能知道的一切是我自己的经验（Hua VII，59）。胡塞尔将主观主义和客观主义相对立，后者相关于对世界所与性的一种素朴信仰。笛卡尔对我思的发现克服了怀疑论的主张并通过其发现了先验唯心论而提出了一种新的哲学观。

参见词条：objectivism，relativism，skepticism

Subjectivity（Subjektivität）：主体（性）

胡塞尔现象学的主要观点之一是认为近代科学开始了一种客观主义转 312 向并完全误解了主体性的功能和成就。主体性代表着第一人称观点，后者不可能从认知概念中被排除。在后期著作中，胡塞尔把“功能的主体性”看作是主体性的一种匿名性的前自我形式，由后者产生了世界的所与性以及世界“永远已经存在”特性的观念。

参见词条：consciousness，intentionality，intersubjectivity，objectivity

Supernationality（Übernationalität）：超民族性，超国家性

在其后期著作中（如“维也纳讲演”，Hua VI，320；也参见 Hua XV，171，179），胡塞尔谈到了一种“超国家”和“超国家性”概念。例如在 1935 年 3 月致列维-布吕尔的信中，他谈到每一民族和超民族社群都有自己的关于世界的观念。他也在近代国家演进的讨论中谈到“超国家”观念。胡塞尔把人看作是生存于较大视野中的生存者，包括人的家庭、国家以及“超国家”，如“欧洲”或社会协商形成物，如“国联”。

参见词条：homeworld

Surrounding world（Umwelt）：周围世界

参见词条：world

Synthesis（Synthesis）：综合

“综合”（源于相应希腊词的原义“聚集一起”），作为将诸部分结合为统一体或整体的行为，对于胡塞尔来说是一关键性概念，它从本质上表达了意识作用的方式。从亚里士多德到康德，综合概念有着悠久的历史。亚里士多德认为，结合（synthesis）和分离（diairesis）对于判断是基本的。胡塞尔则特别受到康德对此词用法的影响（胡塞尔甚至称其是“暧昧的康德词语”，Hua XXXV，86）。在《观念 2》§9 中胡塞尔说，康德心目中唯一一种综合就是“感性论综合”。后者被理解为在对被知觉物的构成中将不同的感官性复多体相结合的行为。胡塞尔根据康德主张综合是“一种意识所完全特有的结合方式”（CM，§17，39；Hua I，77），并进而说这对于意识的运作是本质性的（CM，§18）。在 CM §18 中胡塞尔说，同一化
313 就是基本的综合形式。他也谈到对于“设定行为”至关重要的综合（《观念 1》，§120）。意识经验通过综合结合为统一体，而且一个同一的客体是在多种多样显象中被把握的。自从《算术哲学》以来他一直探讨着综合概念，在该书中他已经确认了综合心理行为的重要性，此行为被他称作“集体性结合”，后者在很多不同的心理过程中起着重要的作用，包括我们的

情绪经验（Hua XII，75），而且对于一般关系问题的理解也是重要的。在《观念1》中胡塞尔详细地讨论了综合问题，如在知觉经验流中的“连续谐和性综合”（§151），以及可引生幻觉、失望等等经验的“冲突性综合”。同一化综合的最基本形式出现在我们的内时间意识中：

> 此一普遍综合的基本形式，即使一切其他意识综合成为可能的形式，就是无所不包的内时间意识。（CM，§18，82；Hua I，81）

存在着一种介入心理过程统一体内的、汇为一意识流的持续性综合，而且也存在着介入经验中被把握的诸客体统一体之构成中的综合。也存在有胡塞尔所说的“多项性综合”（《观念1》，§118），按此综合，诸意识行为结合为诸复合统一体，例如“悔恨地回忆起曾认为玛丽是美丽的”。胡塞尔区分了主动综合和被动综合。他也按照康德一般地区分了感性的综合和范畴的综合（《观念2》，§9）。自我通过综合作用被构成为经验流中的统一体，同时一客体通过综合行为在其诸显象序列中保持同一性。胡塞尔称此为“同一化综合”（《观念1》，§41），但还存在有其他种类的综合：关于统一性、和谐性、不一致性，以及其他方面起决定作用如矛盾性的综合（《观念1》，§138）、说明的综合、“重叠的综合”（Überschiebung，EU，§24）等等。在他看来，一切综合中最重要者是作为一诸实体统一化总域之世界的构成。对于胡塞尔，这也是“最大之谜”（《危机》，VI，184）。

参见词条：constitution，passive synthesis，passivity

T

Teleology (Teleologie)：目的论

“目的论”一词（来自希腊词 telos，意思是“目的”或“目标”）意味着目的朝向性，即朝向于目标或目的。按照亚里士多德，有生物和无生物都具有所朝向的特殊目的，例如，水的性质是向土地低处流。有生物特别有意识地追求其目的，例如人类追求幸福（对于亚里士多德来说）。自伽利略和笛卡尔以来的近代科学，反对对自然事件进行目的论说明（按照事物假定所朝向的“最终因”或最终目的），胡塞尔使用“目的论”一词，特别在其后期著作中，意指那种促动人类生活和文化的特定目的系列。对于胡塞尔来说，作为有方向性的意向性具有一内嵌的目的论特性，例如，空的意向目的朝向于充实。胡塞尔在《危机》以及类似的文章（如“维也纳讲演”）中特别谈到西方文化中的“目的论”。自希腊以来，西方文化表现出一定的朝向合理性的固有努力以及进行反思性的自负责生活的愿望（《危机》，§15）。胡塞尔甚至认为（而且这一看法证明是引起争议的），只有欧洲在严格的意义上具有一种目的论，即一种朝向较高目标的奋进力。在他看来，哲学史（《危机》，§15），正像一般人类历史一样，也展示了一种特殊目的论（他在《危机》§16 谈到“历史的内在目的论”）。胡塞尔说，近代哲学具有一种成为先验哲学的目的论方向。现象学就是先验哲学的“最终形式”。

Temporalization (Zeitigung)：时间化

胡塞尔是这样谈到“时间化”的：自我与其时间经验一起构成着自

身。胡塞尔相对于康德（《危机》，§30）以及相对于自我穿越过去、现在、将来的经验维持着同一性，讨论了时间化概念（《危机》，§50）。自我通过其自身特殊的时间化形式成为自身。胡塞尔也谈到（按照海德格尔的方式）时间中时间化作用本身。有时他将此时间化作用看作是先验自我 315
的活动。此词后来被海德格尔袭用和发展。

参见词条：now moment，protention，retention，time consciousness

Theoretical attitude（die theoretische Einstellung）：理论态度

胡塞尔认为，“理论态度”是自然态度的一种改变，以产生一种自意识的、超然观察的态度。理论态度是一种非常一般的可能性，它伴随着一切行为，但通过此种态度的特殊专注它成为科学认知的基础。胡塞尔在《观念3》中以及后来在“维也纳讲演”中谈到理论态度。在《观念2》§6中他区分了伴随着一切直接意识行为（知觉、回忆、判断等行为）的一般反思能力和特殊理论的立场，后者相关于行为的意向的客体的更清晰客观化和对实践兴趣（除了对知识的纯粹兴趣以外）的一种加括号作用。反思态度是一种更直接的达至自认识的方法，此种态度并不排除兴趣和价值（如审美快乐、赞赏等等）。胡塞尔在“维也纳讲演”中认为，理论态度在人类成就舞台上多多少少算是后来者。此态度特别由希腊人创生并成为西方科学观的基础。虽然印度和中国文明也对此舞台具有普遍兴趣，他们所产生的是神话诗类型的宇宙观，其成就出之于实用兴趣观点。胡塞尔写道：

> 但是只有在希腊人那里我们才看到了对本质上新形式的纯粹“理论”态度的一种普遍的（“宇宙哲学的”）生存兴趣，而且，作为此种兴趣因内在理由而在其中被贯彻的一种共同形式，遂出现了相应的、本质上全新的哲学家、科学家（数学家、天文学家等等）集体。（《危机》，280；VI，326）

胡塞尔说，希腊人创发了一种新的生活形式，即由胡塞尔所说的“理论态度”所支配的理论（theoria）的生活形式。这种理论态度导致对自然态度中所经验的实用生活关切之排除。理论态度是“理论”之态度，是思考的或超然的、非参与的观察者的态度。理论态度的特征是对世界的惊异 316
感。理论态度并不只是经历着相信、判断等认识状态，而且也相关于对这些在实行中的行为的自意识的注意。理论态度必然相关于一种注意力从实用兴趣的改变。它关系到将悬置法应用于一切实用兴趣并纯粹关注于真理要求，而且因此胡塞尔相信，理论态度促使人主体倾向于承担“自负责”的生活（《危机》，283；VI，329）。理论态度展开了一无限任务世界并将人们统一到对理性的自负责的追求上来（“维也纳讲演”）。理论态度并不等同于现象学家的态度，但它是后者的先驱。

参见词条：attitude，disengaged spectator，natural attitude，transcendental attitude

Theoria（Theoria）：理论

“理论”这个希腊词意思是“看”、“沉思”、“考虑”。胡塞尔将希腊人对“理论”的发现看作是理论态度。“理论”通常对比于“实践”、能动的生活（Hua VI，326，328，332）。胡塞尔在“维也纳讲演”中谈到理论的突破。是理论或超然的沉思导致科学观念的诞生。

参见词条：theoretical attitude，Vienna Lecture

Theory of manifolds（Mannigfältigkeitslehre）：复多体理论

胡塞尔在其《逻辑研究》中提出复多体理论或“理论形式的理论”作为最高种类的科学（《导论》，§§69—70）。在《逻辑学和认知理论导论》§§18—19、《观念1》§§71—72、《形式逻辑和先验逻辑》§§51—54、《危机》§9以及其他地方，他回到了这个概念。复多体概念最初引自数学并可在康托尔（他在1878年的著作题为“一般复多体理论基础”）和黎曼的著作中看到。康托尔最初用这个词指某种类似于“集合论”者。在几何学（拓扑学）中这个词用来描述属于较简单空间（如一条线）的复合体（如一点集族）。胡塞尔并未详细说明他的复多体理论之所指，但将其视作逻辑学的最高部分之一。他从作为一种聚集、集合或实体类的“复多体”
317 观念开始。人们可以非常随意地构建一复多体并规定该复多体如何被加以组织的规则。一种关于复多体本身性质的纯形式理论即可成为一种诸理论的理论。它不仅是一套抽象规则（如象棋竞技），而且包括了对客体的一种指涉，因此相关于形式本体论。

参见词条：logic

Theory of objects（Gegenstandstheorie）：对象论，客体理论

“客体理论”是布伦塔诺学派特别是梅农用来表示关于客体的一种全

面的本体论，此理论企图对一切形式的客体加以分类，不仅包括实际存在的实体而且包括虚构的实体、抽象的实体、可能的实体以及甚至不可能的实体（例如“圆的方”）。梅农认为，重要的是终止偏好现实物的偏见，以便能够按照客体的真正范围进行分类。他认为（正如罗素所反对的），一个三角形是一个客体但因此同样也是该客体的三角性，如此等等。奎因曾将此问题称作是一种本体论的“丛棘”。胡塞尔在《逻辑研究》中对客体性的观点类似于梅农，甚至还往往抱怨说是梅农抄袭了他的研究。

参见词条：Meinong，object，objectivity，thing

Thesis (Thesis)：设定

胡塞尔用此希腊词“设定”表示“设定行为”（Setzung）。自然态度以其“总设定”为特征，此总设定将其意向性客体当作是现实的和存在的。

Thing (Ding)：物，事物

在胡塞尔的理解中，“物”概念有着很多不同的意思。首先，知觉接遇物和“物世界”，如占据时空位置的物质，固体物，此物是在侧显或侧面中被把握的。一物在形式上被理解为可以是诸属性载体的一个统一体。胡塞尔称此为“客体”。此物客体作为一般纯粹“客体”属于形式本体论。在逻辑学中，胡塞尔谈到“某物一般”概念。在认识论中，物永远作为相对于主体的一客体而出现。

参见词条：formal ontology，object

***Thing and Space* (*Ding und Raum*, 1907)：《物与空间》**

1907 年胡塞尔在哥廷根作了关于空间中物质物构成的系列讲演，现在 318
收入 Hua XVI 卷出版了（胡塞尔也称此讲稿为“物讲稿”）。这些讲演对于知觉和动觉行为中的被意念客体的构成以及空间表象本身的构成提供了最详尽的分析。胡塞尔从最简单的知觉例出发：用一只眼看一静态物，然后先是从二维、之后从三维讨论此视觉场的构成。在讲演中胡塞尔首先提出“双感觉”概念，按此概念有机体可以触及自身。他的目的是描述知觉中物质物的构成，“对物之所与性的理解”（DR，§40），首先专注于空间性但排除因果性考虑，此因果性通过超越胡塞尔所说的“感觉图式”或“幻影”充实和具体化了我们的“物性”概念。在《物和空间》§47 有关“动觉”（我们身体和其部分自运动的感觉）现象的一般讨论部分中，胡塞尔讨论了“感觉”对空间性经验形成的作用。在每一单边的知觉中胡塞尔区分了“呈现的内容”(darstellende Inhalten)和“统握特性”(Auffassungscharakter；DR，Hua XVI，142)这两个概念。我们在变化的条件下看见同一物：在不同的颜色侧面中的同一颜色。呈现的内容不是先存在着然后被统握，而是此统握行为本身在一统一的方式中使该内容“被激活”(beseelt)。

参见词条：kinaesthesis，phantom，sensation，space

Thing as idea in the Kantian sense (Das Ding als Idee im Kantischen Sinne)：康德意义上作为观念的物

胡塞尔认为一物质物具有比任何当下所见、所思者更多的“方面”或侧显。一物永远超出我们与其认识上所交遇者，而且至多我们只能形成对一物的不充分直观。这导致他说出：物实际上最后被理解为一种“康德意义上的观念”(《观念1》，§143，§83)。一康德的“观念”实际上是一观念性的、规则的概念。他在《观念1》§143和他处(FTL，§16c)说，每一超越物实际上都是一康德的观念，例如，“一个位于无限远的观念属
319 于每一外知觉”(APS，58；Hua，21)而且物是一“可能显象的规则”(《观念2》，§18g，91；Hua IV，86)。有限的意识不可能穿越属于自然界内任何超越物、任何物质物的全部可能经验过程。然而这并不排除我们所见者是实际可感觉的物质物。可感觉的现前显象是知觉的较广大的非感觉方面的一个组成部分：

> 我们永远在躯体上具有外部客体(我们看见、把握、抓住它)，但它于心理上永远在无限远处。我们对它所把握者自以为是其本质，而且它也是其自身，但它始终只是在不完全的近似性中才如此，此近似性作用似乎使我们把握住它了，但在此过程中近似性作用所把握者是一要求被充实的空无。(APS，58—59；Hua XI，21)

当每一经验过程被探讨时，一系列有秩序的和协调的结果被获得。物随着此特殊性质而越来越被靠近地规定着。在此意义上，胡塞尔认为我们在更深刻地经验着客体；于是我们并非是根本没有经验到客体而仅仅是把握着其部分的规定性。

参见词条：adumbration，Kant，perception，thing

Three basic classes of psychic act（drei Grundklasse psychischer Akte）：心理行为的三基本类

布伦塔诺在《从经验观点看心理学》（1874）中将心理行为假定为三类：观念呈现、判断，以及他所说的“爱恨现象”（吸引和拒斥，包括意愿和情感）。布伦塔诺承认，他的分类法回应着笛卡尔的观念（ideas）、判断、意愿三分法。布伦塔诺根据这些行为与其内容的关系对它们进行分类。观念呈现直接呈现着观念、形象、印象、思想。反之，判断对于一被呈现的内容进行肯定或否定，接受或拒绝。每一判断都以一观念呈现为前提。然而，爱恨感情与判断相关。布伦塔诺认为感情和意志是同一现象的不同方面，感觉痛苦就是希望终止痛苦。他主张，每一心理行为实际上包含着所有这三个基本类的一种结合。胡塞尔在“第五逻辑研究”中对此三类基本行为分类法进行了批评的讨论。他拒绝了此简单的三分法，认为存在有极其众多的意向性行为。在“第五逻辑研究”中他对“观念呈现”一 320
词的不同意义提出了详尽分析，并区分了不同的行为类，包括设定的和非设定的行为，而且更一般地提出“客观化行为”（LU V，§37）作为表达布伦塔诺松散的“观念呈现”概念中何者为真的正确方式。胡塞尔也在行为性质和质料之间提出了更一般的区分以辨析在“内容”名称下较粗糙地汇集的那些性质。他认为，布伦塔诺的真正发现是，意向性具有“超出自身具有关系”的特性，以及存在有必须加以分析的不同相关性形式。

参见词条：Brentano，judgement，presentation

Time（Zeit）：时间

胡塞尔在1904—1905年冬季研究班中对时间性问题给与了最清晰的、最简明的现象学分析，该讲稿以“内时间意识现象学”为名出版（Hua X）。不需惊奇，与胡塞尔的那些须待深入和经常修改、精确化和予以阐明的大多数概念相反，时间性分析是在胡塞尔哲学活动的很早阶段上加以阐明的。因为，如海德格尔也承认的那样，时间性是胡塞尔的全部现象学计划的基本要素。不仅因为时间是在本质上和结构上与现象学还原的活动和方法相联系的，而且也（甚至更为重要地）因为，对于胡塞尔，时间性是意识统一性在其中被组织的样态本身。特别在《观念1》§77和§§82—83、《笛卡尔沉思》§§37—39以及《危机》§49、§59中，胡塞尔返回到时间性的关键作用问题，并详细发展了时间性和意向性的先天关系研究。但是极其引人关注的是，自1905年对时间性的说明之后，他从未质疑或怀疑过时间对于提供一般现象学意识的统一性的至为关键的性质。在此意义上对于他来说，时间构成了一切思维的基本的和前提性的要素。再者，严格来说，时间性的基本本质意味着意向性是完全根基于时间性的。然而这个问题目的在于将时间的关键性纳入对现象学意识的统一化意向性
321 的说明中，此问题事实上是《内时间意识现象学》导论中所提出的一种更精确表述的前提，也就是意识如何能够使“客观时间”和“时间的主体意识”发生关系。在此问题的重点在于作为客观现象之可度量实体的时间和主体在其中于时间性意识之内获得现象性的样态二者之间的关系问题。于是在此处客观时间和主观时间之间的区分，对于胡塞尔，就慢慢转换为被构成的时间和构成性时间的区别了。在此意义上，胡塞尔将全部现象学的时间研究集中于形成时间意识本身者，后者将客观的、可度量的、可规定的时间性（在此时间性中现象被直接给与主体）加括号和予以还原。于是胡塞尔认为，基本的假设远远超出布伦塔诺的理论，该理论假定时间位于从知觉到想象的过渡中，此基本假设可以表述如下：在主体之内，“时间外延”为一切现实意识体验的基底，此“时间外延”预先决定了意识达至该被联结的领域，在后者中现象被构成着并接着显现出来。于是现象学研究导致对意识内时间性的“内在性时延”，并仍然严格地、独一无二地关注意识体验，在后者中一种统一的意识的“现象学的材料”被揭示出来，此意识在一种“时间本身原初性直观”中把握着时间性的三种显象：过去，现在，未来。因此，在此需要现象学还原将被构成的客观时间纳入括号，以便在其结构和样态中将时间本身的时间性揭示为持存和预存，因此将其原初的“流动”揭示为在主体内自构成的因素。胡塞尔的时间现象学研究明确地集中于作为时间性的意识存在本身，并进而通过阐明时间显象在其意向性内的构成样式而朝向于展示时间性本身的自构成性。

参见词条：now moment，protention，retention，temporalization，time consciousness

Time consciousness（Zeitbewusstsein）：时间意识

322 胡塞尔认为，时间是“一切现象学问题中最困难者”（Hua X，276）。他说时间是意识的基础，他的时间意识的先天结构分析属于他的最深刻、最艰难也是最具影响力的著作之列。他的最初完成于1904—1905年而其后几年予以重复讲授的“内时间意识讲稿”，曾由史泰茵和海德格尔分别编辑，并于1928年发表于《哲学和现象学研究年鉴》。后来有更多的关于时

间问题的手稿完成，特别是那些写于 Seefeld 和 Bernau 者（大部分写于1917 年）以及 C 手稿（1929—1934，Hua VIII），它们均发表于 Hua 系列。在《观念 1》§77、§82，《笛卡尔沉思》§37，《危机》§49、§59 等处，胡塞尔均曾对时间性做了简明讨论。胡塞尔对于意识行为的时间特性和意识行为的时间性方式具有极高的兴趣。他对时间的思考受到奥古斯丁、布伦塔诺、施图姆普夫、詹姆士、柏格森以及新康德传统的影响。他从康德处获得时间是一种经验综合的观念。一切意识经验都完完全全是时间性的。胡塞尔也同意康德所说，一个关于现在序列的经验与一个关于时间接续的经验根本不同。时间接续要求对现在诸时刻的一种排序及其区分化。在《算术哲学》中他已经在讨论算术系列是否像一些新康德主义者主张的那样导出于接续性经验的问题。然而，胡塞尔的 1904—1905 年的时间讲演主要是回答布伦塔诺的时间分析。谈到时间意识本身就不免意思含混。问题并非是人们意识到作为一客体的“时间”本身。严格说来，至少对于早期胡塞尔，时间只是与一种呈现的意向性行为和意向性客体相联系而出现的。同样地，对于胡塞尔，空的“现在”或空的时间观念是无意义的；时间流永远是被充实的（Hua XXIV，271）。在其有关内时间意识的讲演中他区分了时间性的三个层次：“客观时间”（自然之时间），前经验时间，以及绝对时间。“客观时间”是在世界中所经验的时间（也称作“钟表时间”或“自然时间”）。在应用了现象学还原后，客观时间就被纳入括号（Hua XXXV，88；Hua X，339）。“前经验时间”指涉着呈现经验的内在流，连带其内部的时间结构（回忆行为，预期行为，现在经验行为）。它们均以 323
其“现在时相和持存”被构成（Hua X，90）。我们必须区分时间客体及其部分和呈现这些客体的体验之内部时间结构（音乐声调的时相必须区分于听觉经验的时间时相，虽然二者之间显然永远是相互平行的）。再者，这些经验自一自我流出，此自我本身构成着时间并因此必须被刻画为“绝对的”（Hua X，77）。绝对时间意识概念是最早时间分析中所欠缺者，但在胡塞尔看来明显的是，自我必须在某种意义上超越时间：“主观时间是在绝对非时间的意识中被构成的。后者不是一客体”（Hua X，112）。此“元意识”（Urbewusstsein，Hua X，292）为时间之根源，反之，时间是“一切个别客体的形式”（Hua X，296）。关于此绝对时间意识的性质有过许多论辩。某些评论者（例如 Dan Zahavi）将其看作是时间流的前反思意识。另一些人（例如 John Brough）把绝对时间意识理解作无关于它所意念者的流动的感觉，而且就其本身言是纯印象的时间意识，后者在其时延中并无开始、持续或改变，而只是永远以相同的方式流动着，不快也不慢。在胡塞尔看来，时间是一普遍的和不变的形式：一种颜色和一种声音相对于其内容可以不同，但非相对于其时间形式而不同（Hua XI，127）。意识的体验在双重意义上是时间的实体。正是作为事件（不同于其“内容”）它们属于自然世界（像物质客体一样实在）而且是具有时间外延性的。换言之，它们是时间客体，具有着开始、延续和结束等不同的时相：“属于一时间客体的知觉本质的是，它是一时间客体本身。”（Hua X，232）它们也具有内部的时间关系：“每一体验都具有其内部的时间性”（Erlebniszeitlichkeit〔体验时间性〕；CM，§18），其“内在的”时间结构（Hua IX，310）。每一时间现象都是受到一本质法则约制的，即它开始于一个元印象，后者经历着退向过去的变样。心理流动不是一简单的接续现象，如像一物被另一物取代那样，在经验中存在有某种重叠性：

> 知觉是从一时相向另一时相流动的过程；按照自己的方式每一时
> 324 相都为一知觉，但诸时相在一综合的统一体中，在同一知觉客体意识的统一体中，被连续地协调化着，此客体是在意识中原初地被构成的。在每一时相中，我们都具有元印象、持存和预存……这是一种连续协调性的统一体。（APS，107；Hua XI，66）

如果经验纯粹是一个由诸不同的、分离的“现在”组成的系列，它可能永不会显示作为一统一化接续体部分的被意念客体之诸时相。对延续性的统握要求统握的延续性（Hua X，192）。意识必须“超出”现在并实际上将现在统握为一“流动”之部分。时间性的意义并不容易表达，此时间性属于意识经验，后者对立于经验之意向性客体的时间维。然而，二者的区别正如红色感觉区别于被见物的红色属性。类似地，在转动一骰子朝向时，人们可以区分客体时相的时间性（不同侧面的呈现）和该经验本身的内部时间延续及诸时相。正如胡塞尔所描述的，客体被经验作在时延内的一个统一体，而经验本身则是“被充实的时延”（Hua X，273）。胡塞尔的时间分析颇具典型性地开始于一内在时间客体的知觉，如一乐调。呈现的时间客体（最简单的例子：一乐调或乐调序列）被理解作一串按一定方式被把握的感觉内容，即他所说的“元印象”（Urimpressionen）。胡塞尔往往回到一特意简单化的例子：倾听一简单音调，如钢琴或提琴上的中央C，它在一段客观时间内保持着同一强度：“音调延续着，它反反复复总是现刻”（Hua X，275）。显然，他甚至承认这是一种过分简单化的以及虚构的例子；在现实中这样一个音调会有波动的（Hua X，272，275）。这些现在时相似乎是内在性客体的诸侧显。当集中于该音调的显象之方式而非集中于该音调之性质时，“时间意识的奇异性就显露了自身”（Hua X，280）。胡塞尔想要看到音调的被把握的感觉（感觉内容）如何被编制为具有不同时相的一种时间经验。“现在时刻”（Jetztmoment）逐渐退却并被另一具有相通内容意识的“现在时刻”所取代。原初的现在被变样为一“过去现在”，它带有相同的感觉内容，而该现在具有了“流逝”标志。胡塞尔引人注目地绘制了很多“时间图表”（对此图表他经常加以修改）去说明这样一种感觉显象如何在意识中延续着（Hua X，§10，§43；Hua X，330—331）。在聆听曲调这样的一种超越性时间客体时，我们听到作为现前者的现前曲调系列，但也听到它们“继一先前曲调系列之后到来”，而且听到它们将被下一曲调系列或者被曲调终结后的沉默所取代。此“此刻”现在是扩展性的和共同分有的，它可包括同时间性的诸项目。但是，问题是复杂的：现前的曲调具有这样的现前特征，它既有“继后”特征也有“待前”特征，即涉及“持存”和“预存”（Hua X，84）。此外，过去的曲调并非在某种意义上是刚被听过的，而是具有“被回忆”的特征（Hua X，79），“曾经发生过”的特征，曾经一度是“此刻”的特征，它们也具有“通向现前曲调”的特征；它们连续地具有新的特征。每一时间相或时间片段（Querschnitt）似乎都相对于其他时间相被涉及。此一“持存”当然不是原初性现在的一个现实的重复，而是某种意向性上在当前此刻时相中被具有者：“逝去音调时相之连续体是在同一此刻中被意念的”（Hua X，275）。它们继续呈现着，但以被变样的方式。存在着从现前进入直接过去的后退。每一时间经验都由一持存、一预存和一现在时刻组成。一个本质性法则是，每一现在时刻都必须经受朝向持存的变样。类似地，预存是尚未充分成熟的意识的预期行为，但是任何体验的一个结构性组成成分。现前的“此刻”不是一个相当于薄刃的东西，而是具有某种厚度的。胡塞尔批评布伦塔诺的如下观点：这些持存和预存实际上是被想象的经验或准现前。胡塞尔认为，预存和持存是知觉过程的真正非独立的部分（Hua X，13）。但是，在一曲调的感性统握中究竟是什么东西提供了“现在时刻意识”成分以至于它可被保持呢？我听到一口哨声，然后我可以意识到该经验本身的现在时刻性（Hua X，113）。此客体感觉（口哨声）是否某种意义上也带有或相当于一种时间感觉本身呢？这些感觉或印象不可能就是呈现着现在时刻的成分，或者它们就是具有现在时刻意识而不是时

325

326 间的演变（Hua X，322）。最初，胡塞尔把感觉或素材看作是严格说来的非时间性者，并将时间因素赋予把握着这些感觉的统握（Auffassung）。对于时间意识来说，“统握和统握内容”（Auffassung/Auffassunginhalt）图式是成问题的，而在后来更为理论性的讨论中，胡塞尔把一种“元素材”（Urhyle）似乎看作是时间性从中流出的源泉。在其后来著作中，胡塞尔更关心于描绘自我本身的时间“流动”。时间就是一切自我学生成的形式（CM，§37）。自我通过将其过去、现在、预存性时刻统一为一历史统一体而构成着自身。就此而言，胡塞尔谈到了自我的“自时间化”。意识的最深真理是，它的根源存在于时间性本身的一种涌动中，而且这就引生了关于此时间性的根源是否必须是某种非时间性的问题。胡塞尔不无矛盾地将其描述为某种在一种永恒现前中的“绝对物”或“常在物”（nun stans）以及描述为某种流动物。

参见词条：Heraclitean flux，horizontal intentionality，living present，now moment，protention，retention，transverse intentionality

Transcendence（Transzendenz）：超越性，超越物，超越者

“超越性”的直意是“翻越过”、“登越过”、“迈过”、“克服”、“超出”等。“超越性”一词和它的对应词“内在性”是胡塞尔取自近代哲学的特别是取自康德的。胡塞尔在《现象学观念》中引进此词，在《观念1》中有关种种形式超越性的讨论起着重要的作用。此概念也在《笛卡尔沉思》中加以讨论。他谈到“超越性”一词的多种含义。一种自然态度假定着知识客体超越着主体。胡塞尔甚至说，“超越性”是任何世界事物的内含意思的一部分（CM，§11）。在侧显中给与的任何客体都超越内在性的意识流。胡塞尔认为超越性的一个意思是假定知识客体超越认知行为而并不实际包含在该行为中。他批评传统认识论有关心智如何超越自身获得外部客体知识的问题（此问题由康德在1772年《致Markus Herz的信》中表示过）是无意义的。胡塞尔提出了关于超越性的一个新的现象学观点：“内
327 在性中的超越性”（CM，§47）。他认为，特别是在《观念1》中，存在有若干所谓“超越性”的实体，例如物质物、自我、他人的意识甚至上帝。于是，“物质物本身是纯然超越性的”（《观念1》，§42，90；Hua III/1：77），即它不构成把握着该客体的意识流的一内在性部分。同样地，作为主体极的自我也不是客体的内在性部分。普遍项和本质也是超越意识的观

念性统一体（《观念1》，§59）。上帝作为一“超越物”是显然被排除于现象学还原之外的（《观念1》，§58）。自我被说成是一种“内在性内的超越者”。按照胡塞尔的先验唯心论，每一种“超越性”都是一种构成于自我之内的内在性特征。每一可想象的意义、每一可想象的存在（不论它是内在性的还是超越性的）都属于先验主体性领域，此主体性构成着意义和存在（CM，§41，81）。

参见词条：immanence，transcendental idealism

Transcendental（transzendental）：先验的

虽然“先验的”一词显然与康德相联系，胡塞尔却赋予它一种独创的意义。胡塞尔主要在两点上责备康德。首先，胡塞尔对康德所谓可能经验之先天条件的理论提出挑战。对于胡塞尔，此条件性是自然态度和现象学的意识态度之间的一种原初性混淆的结果。对于胡塞尔，不存在先验主体在现象以外所不知的“自在”。反之，现象就是主体性的“自在”。其次，胡塞尔批评康德的先验主体的非时间性概念。在此意义上胡塞尔批评康德的主体性观念，后者与经验物的意向性关系仍然受制于经验的抽象的和范畴的法则的先天性理论。在胡塞尔看来，意向性是先验自我的标记，因为意向性构成着其一切意识体验的基本特征。胡塞尔认为，“先验性”概念包含着一种本质科学的发展，此本质科学只根基于并产生于所与者的直观，或胡塞尔所说的“本质直观”。因此，胡塞尔认为，先验性意味着样态性，按此样态性主体介入一本质还原或悬置法的计划，后者借助一种“想象的变异法”或指涉性〔referentiality〕发现了所与者的基本属性，如 328
无此属性所与者就不可能想象了。在此意义上胡塞尔认为，主体不能够设想一物而不同时设想该物在其中被给与的空间。颜色的本质在其所与性内包含着其外延的属性。再者，与心理主义相反，先验主体是构成观念客体（逻辑的和算术的客体）的观念性所必要者，即使不可能在感官上把握它们。人们可以肯定在此认识康德的主要问题是：按照何种法则有可能存在普遍必然真理？然而，胡塞尔与康德主义的不同表现在这样的事实上：现象学以其诉诸现象描述并因此以有效地悬置一切方法论作为其开端并作为其唯一的标志，这些方法论则在于演绎地处理对于一进行分类的主体所可能被经验者。于是，现象学研究将首先是集中于对所与者的现象描述，此所与者借助将一切演绎的抽象都纳入括号而反转来将独一无二地关注主体与所与者的关系借以被说明的样态性。随着此态度转向，胡塞尔称现象学为“先验的”。这样，胡塞尔认为世界不是简单地存在着，而是更准确地说，是作为意向性所与者的一种“存在之现象”。其存在只是对于一“世界中意识”的一意向性的存在。在此意义上，先验现象学意味着对于一意识的现象性所与者的世界之超越意向性的研究。于是，按照胡塞尔，先验意识是永远不可能从逻辑上加以阐明的。先验意识是一朝向意向性的“实在意识”。在此意义上，先验意识不是世界的逻辑的或先天结构性的成分。宁可说它是这样的意识，作为自意识，它阐明着所与世界的（作为根源或基础的）前理性的意向性。通过诉诸意向性概念完成了古典经验论立场的逆转。先验意识被看作是一种形成内容实体的抽象概念，但是，对于胡塞尔它也并不是一简单被动的和受容性的感性印象领域。反之，先验意识被发现是那种构成着一切所与现象之意向性的成分。由此引申出意向性是由
329 意识所构成者。再者，意向性被破解为意识借以存在于世界中并因此构成着世界超越性的样态。现象学还原在此得到阐明。意向性即是先验的样态性被发现了，通过此样态性现象的超越性世界被构成了。因为意向性永远是由意识在世界中的现实性所构成的一种目的，也就是世界在其中并为其而呈现于意识并为意识而呈现的。在此意义上，先验意识不可能区分开经验性意识。这不应当意味着二者基本上是同一的。宁可说先验意识就是意向性借以被给与经验意识的样态性。此关联性是否意味着世界是一唯我论创造的结果呢？按照胡塞尔，是否世界的显现的客观性就是一主观的虚幻呢？胡塞尔如何确立经验的客观性并肯定本质的实在性呢？胡塞尔认为，人们必须设定介入于和敞开于此同一经验的其他先验主体。这意味着：他人必须被给与为比世界更高的具超越性者。当先验主体朝向他者时，此先验主体予以意向性化者为一绝对存在。在主体和他者的此一交遇中，存在和意向性相互叠合。作为先验主体和他者间关系的存在与意向性间的相符性，正是保证现象学避免堕入唯我论陷阱的原因；反之，对于唯我论，存在只是意向性的一种反思或效果。因此有关由诸绝对存在组成的共同体之探讨被设定为是先验性的。

参见词条：Kant，transcendental philosophy

Transcendental experience（transzendentale Erfahrung）：先验经验

胡塞尔宣称，悬置法展开了经验的新方面，即先验经验，而且通常被隐蔽的先验主体的功能性也得到阐明（Trans. Phen.，98；Hua IX，250）。胡塞尔把此领域称作是经验领域。他说笛卡尔通过承认“我思故我

在”的确然所与性而发现了先验主体性，但是笛卡尔没有理解此领域是本身可被探讨的可能经验领域。它是一个“自经验”（Selbsterfahrung）之综合、成就和视界的领域。

参见词条：self-experience，transcendental ego

Transcendental idealism（transzendentale Idealismus）：先验唯心论，先验唯心主义 330

从1908年左右直到生命终止，胡塞尔将其立场描述为“先验唯心论”。严格来说，他在《观念1》中并未使用“唯心主义”一词，“先验唯心主义”短语（《危机》，103；VI，427）只开始出现于1915年左右。例如，在1917—1918年“费希特讲演”（Hua XXVII）中此短语特别突出（也参见Hua XXXVI），但其在印刷品中的第一次出现是在《形式逻辑和先验逻辑》、《大英百科全书》词条、《笛卡尔沉思》（特别是§§11、34、40、41）里。有时他称其为“先验现象学唯心论”，而且他相信此短语具有全新的意义，先验现象学是笛卡尔所开创的先验哲学的一种“彻底的和真正的”甚至“最终的形式”（Endform）（《危机》，§14）。他甚至在《形式逻辑和先验逻辑》（特别在§§94—100）和《危机》中提出一种先验哲学史。他认为，先验唯心论的本质是客观性和主观性的先天相关关系。他也提出意识的绝对存在和一切其他实体的相对存在的对立观。笛卡尔通过探求一切存在的“最终主体根源性”（《危机》，§19，81；VI，83）创发了此先验性之转向。1931年他在吉布森的《观念1》英译本序言中说明，先验现象学将成为一种包含“哲学问题普遍视域”的最终科学（《观念2》，408；Hua V，141）。先验主义的出现是为了克服知识论的客观主义。他认为，先验主义主张：

> 前所与的生活世界的存在意义（Seinssinn）为一主体构成物（subjektives Gebilde），它是经验着的、前科学的生命的成就（Leistung）。（《危机》，§14，69；VI，70）

在《笛卡尔沉思》中他说，世界上每一物都从先验主体性获得其“存在和意义”。胡塞尔将其先验唯心论看作是对首次使用该词的康德的阐明 331
及与康德相比的进步。康德在《纯粹理性批判》中将先验唯心论规定为：

> 我通过一切显象的先验唯心主义来理解该学说：它们都仅应被看作是表象而非应被看作是物自体，而且因此空间和时间只是我们直观

的感性形式，而不是给与它们的规定或作为物自体的客体之条件。(A，369)

后来康德提出了较少引发误解的词“批判唯心主义”，而该学说的中心意义是作为（对主体的）显象的客体和作为物自体的客体之间的区别。康德之后，德国唯心主义，特别是费希特、谢林和黑格尔，企图克服康德的残余二元论，特别是显象和不可知的物自体的二元论。此努力最终演化为黑格尔的绝对唯心主义，按此，主体和客体的同一性的无限实现被看作是绝对精神的自我实现。谢林特别把说明知识如何可能之企图的先验哲学看作是认识和寻求有关我们之外有物存在的“偏见”之基础。他甚至认为近代哲学的伟大成就之一就是，它成功地使客体存在于我们之外的信念和“我存在”的信念相互脱钩。按照谢林的观点，唯心主义来自把自己看作是一切知识的基本原则，而实在论观点在于排除自我后来思考客体。而它认为必须把二者共同思考，以通向他所说的“观念实在论”或“先验唯心论”(《先验唯心论体系》，1800)。谢林和黑格尔两人，针对康德在主体和物自体之间的持续二元论，均将唯心主义理解为涉及将一切物均融入一无限的意识内，此意识同时即自我意识。

参见词条：correlation，Descartes，Fichte Lectures，idealism，Kant，transcendental philosophy

Transcendental intersubjectivity (transzendentale Intersubjektivität)：先验主体间性，先验主体间共同体，先验主体间关系（体）

为了存在关于共同具有客体的一共享世界的经验，以及为了存在文化
332 及语言领域，必须也存在由诸相互交流主体组成的一先验结构，后者被胡塞尔称为先验主体间关系体。在此意义上，胡塞尔把世界看成是先验主体间共同体的成就（CM，§49），胡塞尔也将其刻画为和谐行动着的诸单子共同体。在1928年的“阿姆斯特丹讲演”中他宣称：

先验主体间性是绝对的和唯一自足的存在基础（Seinsboden）。从其中创造出了每一客观物的意义和有效性，客观的、实在存在的（reel existent）实体之整体性，但也创造出了每一观念世界。一客观存在物从头至尾都只是在一特殊的、相对的和不完全的意义上是一存在物。可以说，此存在物之存在，只是由于其先验构成作用在自然态度中被掩盖住了而未被注意到的缘故。（Trans. Phen.，249；

Hua IX，344）

现象学的重要挑战在于把先验主体的最深意义理解作与先验主体间性或与胡塞尔所说的“先验的主体性全体”（transzendentale Allsubjektivität，Hua VIII，482）缠结在一起。他谈到诸先验自我，不仅“为了它们自身”而且也“为了它们彼此”，构成着世界（Hua VIII，505）。我把他者不只经验作在世界中，而且也经验作“为”世界的主体（CM V，§43）。在其晚期著作中他特别经常地借助单子和单子论概念来表达此主体间性。

参见词条：monad，monadology，subjectivity，intersubjectivity

Transcendental philosophy（transzendentale Philosophie）：先验哲学

胡塞尔把现象学看作是先验哲学的“最终形式”（《危机》，§14）。先验哲学在笛卡尔的自我发现中具有其“元确立”（Urstifutung）。先验哲学的危险是把知识误解为证明外部世界存在以及把知识看作对世界的一种内部观念的努力。笛卡尔以后的近代哲学把认知的直接客体看作是心理观念。这导致一种主观唯心主义，使得直接达至真正的认知客体不再可能。胡塞尔在《观念1》中说，这就是近代哲学的“主要错误”：

> 持有这种观点者被这样的想法所误导：属于空间物质物的超越性 333
> 是属于由一记号所描述或所呈现的某物之超越性。（§43，92；Hua III/1，78）

他在《第一哲学》中表示先验哲学只可能有一种方法：“人们必须研究在自己本质成就中的认知性生命本身”（EP I；Hua VII，248）。先验哲学为人类全体设定一任务（Hua VII，236），在一被认识为其自身成就的共同体和世界内成为普遍的、自意识的、理性的存在者。胡塞尔将提升至先验哲学和提升至“先验态度”看作是产生着导致人类文化朝向较高的、更理性的和更自觉目标的一种永恒的方向转变，其重要性甚至达到这样的地步：将导致产生一种新人类。意识通过对其自身“现世客体”（《危机》，§58）的成就所进行的“自说明”（Selbstauslegung）假定着“自身责任性”（Hua V，162）。对于胡塞尔，此自说明性是永远前进着的，正如他谈到“无限的先验生命”。虽然先验哲学提出了对素朴生活的一种批判学，胡塞尔又进而探索一种对于先验生活本身的批判学（CM V，§63）。

参见词条：Descartes，phenomenology，transcendental idealism

Transcendental reduction：先验还原

参见词条：reduction

Transcendentalism（Transzendentalismus）：先验主义

先验主义是哲学的一种一般运动，它要求在经验的现在所与者背后探索其所与性的“如何之方式”。他特别在《危机》中应用着“先验主义”一词表示任何反对素朴客观主义的哲学，并反过来承认一切客体都是先验主体的一种成就（《危机》，§14）。按照胡塞尔，成熟的唯心主义也反对主观的或心理学的唯心主义（如在贝克莱哲学中所见者）。康德在《纯粹理性批判》中对“先验的”概念如此规定：

334 我称一切那样的认知是先验的，它与其说关注客体，不如说关注我们关于一般客体的先天概念。（A11—12）

类似地，胡塞尔在《危机》中说，他应用广义“先验的”一词表示：

朝向一切认知形成物的最终根源进行回问的动机，认知者对自身及其认知生命（在此认知生命中一切对其有效的科学形成物均合乎目的地发生着）的反思动机，都被作为获得物存积起来……此根源所具有的名称就是“我自己”（Ich-selbst）。（§26，97—98；VI，100—101）*

胡塞尔把笛卡尔而不是把康德看作是先验哲学的发现者，因为笛卡尔把“我思自我”看作是一绝对的真理根源。

参见词条：Descartes，transcendental idealism，transcendental philosophy

Transference（Übertragung）：转换，转移

胡塞尔用“转换”一词指在一语境中被经验的意义，通过一种转换性统觉，被应用于一不同的语境中的方式。例如，在移情作用中，我把我在第一人称中具有的经验转换到另一个人（CM，§50）。或者，用胡塞尔自己的例子，第一次看见剪刀的儿童，其后能够不通过明显的“复制的、比较的、推理的行为”，而是通过一种意义的“转换”，可以使用不同形态的另一剪刀。

参见词条：empathy

---

* 此段中文据德文原文译出。——中译者注

Transverse intentionality (Querintentionalität)：横向意向性

胡塞尔在其时间意识手稿中使用此词对比于纵向意向性。他谈到两种意向性的缠结，它们被看作是同一过程的两侧（Hua X，381）。

参见词条：horizontal intentionality（Längsintentionalität），time consciousness

Truth（wahrheit）：真理

胡塞尔在《逻辑研究》中提出对传统相符论真理观的一种重新思考。按照传统定义，真理是思想和事物的一种相符性（adequatio）。按照胡塞 335
尔的重新表述法，真理是“所意指者和所与者本身的完全相符性”（“第六逻辑研究”，§39）。胡塞尔也谈到“真理意义上的存在”（“第六逻辑研究”，§38）。真理被经验作意向性行为和被理解为对意向进行充实者之间的一种同一性或相符性。胡塞尔认为，真理主要存在于判断中。在《观念1》§139中胡塞尔把真理看作是在一明证性意识中被给与者。明证性判断行为的每一种形式（包括实践的和价值的判断）都与真理具有一种关系。于是知觉被描述为一种真理统握（取自德语的“知觉”〔Wahrnehmung〕一词，直意是“真理的把握”）。胡塞尔在一种意义上采取了传统的真理相符论观点（adequatio rei et intellectus；LU Hua XIX/2，647）。然而从现象学的观点看，真理实际上是一种经验，对于所意指者和所给与者之间相符性的一种特定的（虽然并不必然被特别予以主题化的）认知。问题并非是将（心中的）某观念与心外的事态相比较，而是说真理是一种相符性经验。在胡塞尔的现象学中真理最后被描写为对同一性的认知或揭示。在《逻辑研究》中胡塞尔持实在论真理观，因为他认为真理的有效性无关于它是否被思考（《导论》，§65），例如，毕达哥拉斯定理作为独立有效真理，无关于是否有人实际上思考它。类似地，胡塞尔说，牛顿定律在其被牛顿发现前就已经有效存在。然而在其晚年著作中，特别在《危机》中，胡塞尔更加倾向于认为真理是在主体间共识的结果；他没有放弃说观念性真理是无时间的观点，观念真理永远是对某可能心志的真理，但是并不必须有一实际的心志思考着它。然而，主体行为是对于这些观念性客体构成的行为。在后期著作中，如在《危机》中，胡塞尔将科学的客观真理与生活世界的前科学的、不可能客观化的真理加以对比。胡塞尔的真理作为认知或揭示的概念强烈地影响了海德格尔在《存在与时间》中有关真理作为揭示性和揭露性的讨论。

参见词条：evidence，givenness，state of affairs

336 **Truth in themselves（Wahrheiten an sich）：真理本身**

参见词条：propositions in themselves

Twardowski, Kasimir（1866—1938）：特瓦尔多夫斯基

特瓦尔多夫斯基是布伦塔诺的学生和《论观念的内容和客体。一个心理学研究》（维也纳，1894）的作者。他生于维也纳，在那里上中学，并于1885—1889年在维也纳大学学习哲学，于1891年以论文《观念和知觉。笛卡尔的认识论研究》获得博士学位，之后到慕尼黑随施图姆普夫研究，再后去莱比锡。1894年他完成了教职资格考试论文，并以上述书名出版。在该著作中，他企图澄清布伦塔诺关于意向性论述的含混性。布伦塔诺倾向于把心理行为的客体和内容相等同，而特瓦尔多夫斯基将二者仔细区分，即区分内在性内容（或心理图像）和超越的、意向的客体："呈现于一观念中者为其内容，通过一观念所呈现者为其客体。"他认为内容纯粹是通向意向性客体的途径。被意念的客体也必须区分于现存的客体。1896年胡塞尔为此书写了一篇未发表的书评。1895年特瓦尔多夫斯基被聘任为波兰里渥夫（当时属奥地利）教授，并在那里建立了一个哲学学会。他在那里教书直到1938年去世。他的学生中包括英加登、数学家和逻辑学家莱斯涅夫斯基〔Stanislaw Leśniewski〕和逻辑学家卢卡西维茨〔Jan Lukasiewicz〕。

Type（Typ）：类型

知觉经验主要是指向个体的，但它也按照某种松散的一般化或基于类似性所构成的"类型"识别诸个体之组合。1925年在给兰德格里伯的信中，胡塞尔说他对狄尔泰的"类型"观念以及韦伯的类型观念有兴趣（《通信集》IV，247）。在《观念2》§60中，胡塞尔宣称个人生活显示着一种类型性。对于人类本身存在有符合其类型的东西，但也存在有符合个别人类型的东西。在EU（§§80—85）中胡塞尔说明经验的一般项（与
337 个别客体相联系的普遍项）如何根基于在被动性中被预先构成的类型上："经验的事实性世界被经验作一类型化世界。"（EU，§83）类型在个别性客体的统握和概念活动性之间起作用。根基于不同客体的知觉，一最初的轮廓按照共有的类似性被确立（EU，§83）。于是通过记忆和想象，新的

被知觉客体被把握为同一类型的新例子，例如这匹动物非常类似于那匹“熟悉而未见过的”动物（EU，§83）。他认为，注意和本质变异导引我们进入经验的和纯粹一般项的领域。胡塞尔将类型和本质加以区分。事实上，本质外的类型和科学的或本质的类型之间的区别（EU，§83）有助于我们理解知觉类型的模糊的和被动的特性。类型并不是通过主动的概念思考出现的，而是通过经验间的有意义的联系出现的。与康德的图式说（后者企图将纯粹概念应用于感性素材）不同，类型不是形象，不论是例子中的形式还是更简单的图形。可能存在有个体的类型，例如有关我如何看约翰或人的类型（例如印度人、中国人等等）。胡塞尔认为，欧洲人因发现了无限性而克服了其作为个别人类的性质，而成为一理性人本身的普遍模型。胡塞尔的“类型”概念后来为舍勒和舒茨（特别在其现象学社会学中）所继承。

参见词条：association，normality，typicality

U

Understanding（Verstehen）：理解

胡塞尔用此词的方式同于狄尔泰，即根据其动机化而使人的意向性经验成为可理解的方法，对比于自然科学的说明性的因果分析法，新康德主

义者将后者通常描述为“说明”（Erklärung）。海德格尔使理解成为其《存在与时间》论述中的主要概念。

Universal：普遍项

参见词条：species

V

Value（Wert）：价值

胡塞尔认为，价值是客观的和观念性的，而且是在一准知觉方式中被把握的。价值直接附着于世界事物上。把握价值（Wertnehmen）〔在构词上〕类似于知觉（Wahrnehmen）。在《观念 1》§27 中胡塞尔认为自然态度世界不只包括着物质物，而且也包括着价值物。我们直接把某些物、行为、情绪等看作是内在有价值的，因为我们以某种方式为其吸引或要对其肯定或拒绝。甚至知觉行为涉及将价值“真”应用于被知觉者，或者将被知觉者经验作实际存在着。同时，价值是独立于被某人所判断、所把握的价值。评价性行为或进行评价的（wertende Akte）行为是既基于感情又基于观念的。这些评价作用的根源存在于某种“价值感行为”（Wertfühlen）中。

参见词条：axiology，ethics，valuing

Value apprehension（Wertnehmen）：价值把握

从 1908 到 1914 年间胡塞尔在哥廷根开设了关于伦理学和价值理论的讲座（Hua XXVIII）。胡塞尔的讲演曾受到布伦塔诺的《我们关于正误知识的起源》的影响。胡塞尔使用动名词 Wertnehmen（Hua XXVIII，370），即“价值把握”，来描述认识价值的行为，后者被他看作是类似于知觉行为（Hua XXVIII，71—75）。有价值的事物及其有价值的属性是被知觉的（《观念 1》，§50），但所知觉的不是价值本身，后者是也能够通过一种有

根基的行为加以把握的观念性实体。他认为，某些价值只是被动地被把握
339 的，而另一些价值是通过我们在理性的意志或爱的行为中的意念性行为加以主动构成的。人类能够构成价值："爱邻人如己"。价值最初是在一种"感受价值的行为"（wertfühlender Akt）中被感受到的。

参见词条：value，valuing

Valuing or valuation（Werten，wertende Akte）：评价行为

胡塞尔区分了价值和评价行为。价值经验或评价行为的最基本层次是根基于感情意识的。甚至在此最基本的感性感情层次上，客体似乎加附着价值，因而或者具有吸引力或者要加以避免。人们必须在价值可被承认为有价值之前就感觉到该价值的吸引力。

参见词条：value，value apprehension

Van Breda，Herman Leo（1911—1974）：梵布雷达

梵布雷达生于比利时并在卢汶天主教大学学习，于1938年在那里完成了硕士论文。他于1934年就成为一名方济各会修士。在获得硕士学位后他决定到弗莱堡拜访胡塞尔。然而当他到达时胡塞尔已过世，于是改为会见胡塞尔遗孀玛尔文和助手芬克。梵布雷达得悉纳粹对胡塞尔手稿的威胁后就安排将这些手稿和其他材料从德国偷运到比利时，卢汶大学愿意为这些材料提供安置处。1939年卢汶的胡塞尔档案馆开放，芬克和兰德格里伯成为馆员。但是不久后比利时落入德国人手中，档案材料不得不隐藏起来。1941年梵布雷达完成了关于胡塞尔的博士论文。战后梵布雷达成为胡塞尔档案馆的第一任馆长以及卢汶天主教大学的教授。1939年时梅洛-庞蒂曾是档案馆的第一位访问者，并在那里阅读了《观念2》的打字稿以及未出版的《危机》部分。战争期间梵布雷达协助Jean Cavaillès和梅洛-庞蒂获得胡塞尔手稿的复制件，最终促使巴黎胡塞尔档案馆的建立。

***Vienna Lecture*（1935）：维也纳讲演**

340 1935年5月7日和10日胡塞尔在维也纳进行了著名的讲演"欧洲人危机中的哲学"（一般称之为"维也纳讲演"，其后纳入德语版《笛卡尔沉思》中作为其导论）。维也纳讲演稿的最初打字稿没有收入《危机》的稿件系列内。存在有芬克完成的两份打字稿（分别标志以"M III 5 II a"和"M III 5 b"），而且还有一份速写稿包含在一份较长的手稿中。在此讲演

中，胡塞尔的讲题更广泛，包括从神话思想到哲学理性思想的变化，人类历史性的意义以及跨文化的文化理解，西方文明朝向普遍合理性的内在目的论以及面对的威胁等等。胡塞尔的全部目的只不过是“通过哲学精神达到欧洲的新生”。他认为，对于“精神理解”的一种“热切需要”正在升起（《危机》，296；VI，344）。胡塞尔在讲演中企图描述欧洲的精神特质，“欧洲”意味着“一种精神生命、活动、创造、一切目的、关切、努力以及与其有目的的活动、制度、组织的产物的统一”（《危机》，273；VI，319）。此一讲演具有争议性，因为它主张“欧洲”代表着普遍人类的观念，代表着它的关于非欧洲文化以及“吉卜赛人”的所谓种族中心论观点，因为他将二者排除于欧洲科学精神之外。其他“类型”的人类，如古老的中国文明和印度文明也欠缺此欧洲普遍性的“绝对观念”，结果始终是“经验的人类学类型”（《危机》，16；VI，14）。胡塞尔预测着世界的全面欧洲化，但担忧着其狭隘的技术性倾向，因为欧洲唯理主义的科学文化发展中含有此种技术性歪曲。

参见词条：*Crisis of European Sciences*，Europe，Humanity

W

Weierstrass，Karl（1815—1897）：维尔斯特拉斯

维尔斯特拉斯是德国数学家，生于 Westphalia 的 Ostenfelde。他曾在波恩大学学习数学，但未等参加考试即离开。之后他到明斯特和 Gudermann 学习并发展了他的椭圆函数论。他曾担任中学教师，直到他的一篇论文引起了注意后在哥尼斯堡大学获得荣誉博士学位。最后他在柏林大学获得教职。在柏林他吸引了很多有才华的学生，其中包括康托尔和胡塞尔。胡塞尔在他指导下完成了关于变分法的博士论文。胡塞尔后来说，他从维尔斯特拉斯处吸取了为科学而奋斗的精神。

Will（der Wille）：意志

胡塞尔在其意识现象学中很少谈及意志（Wille）和意欲（Wollen）的主题。甚至是普梵德尔首先研究了意志现象学。一般而言，胡塞尔把意向性行为划分为三个主要类：认知一类的理智行为，把握某物价值的感情行为，以及意欲行为。他在《逻辑研究》中把意欲归入一种非客体化行为，后者因此必须同时根基于理智行为和感情行为。为了意欲某事物，我必须首先具有关于它的一种观念呈现并通过感情而把其价值把握为正面可欲的。一种意欲行为朝向着我认为有价值的及可欲望的。此评价行为是意欲行为之必要条件及每一意志行为之基础。对于胡塞尔，一切心理行为都是根基于意志的。意欲是行动的基础。但是某些意欲只能期待着或意念着行为，而另一些意欲直接体现着行动。对于后者他说是“行为意志”（Handlungswille)。胡塞尔相信，悬置法可以通过意欲行为实行。他把人的存在看成是"生命的意欲"。在其生成现象学中，他把意欲行为看作是由自我被动经验的冲动、本能和性向的一种"基础"所促动的。意欲行为感受到倾向于某些有吸引力的、有价值的事物等等。但是意志对于无意识倾向可 342 以采取立场。我可以抵制抽烟欲望。我可以说"不"，胡塞尔甚至谈到我的"永远的不"（mein ewiges Nein）（Hua XXXVII，339）。胡塞尔区分了意欲和单纯愿望。只有可能被产生者才是真正被意欲的，而愿望可以追求不可能者。他相信他可以认识理性意欲的形式法则。人类经验是围绕着自我被组织的，此自我具有支配其身体的感觉。它将其身体运动经验作一系列"我能够"。我也可把意志经验作一种使某物发生者。他使用拉丁词 fiat〔命令〕表示"使其可能被做"。我在"使其可能被做"的形式中经验着我的身体运动：我举起我的手，我转动我的眼睛。躯体是"意志的一种器官"（Hua IV，151），一种"意欲行为的身体"（Willensleib）。他区分了盲目意志和具有明见性行为的意志。他按照康德的思路认为一种理性的意志是好的意志。他认为，康德低估了意志的动机化基础的必要性。因此康德未能承认意志永远需要来自具体质料内容的动机化。他在《观念 1》中将意欲归入立场采取类。立场采取是自我的一种自由行为。

参见词条：attitude，motivation，Pfänder，position taking

World（Welt）：世界

在后期著作中胡塞尔用世界表示"一切研究的集体性视域"，或者"诸视域之视域"（《观念 1》，§1）。"世界"意味着人类一切意向行为的可想象的最广界域，不只是物理世界或"整体世界"（Weltall）的界限，而且也是有意义物的界限、时间性界限、可能性界限等等。胡塞尔承认有很多世界形式：自然世界、物世界、精神世界、价值和兴趣世界、周围世界、熟悉的家园世界或"近世界"、"异世界"、全世界（Allwelt）等等。到了晚年他也讨论生活世界。除了现存世界的这些层次，如对海德格尔，还有数世界、数学世界、观念体世界等等。精神世界是一主体间社群内的诸人的世界（《观念 2》，§53）。世界是通过一种非常特殊的"世界直观" 343（Weltanschauung）或"世界统觉"（Weltapperzeption）被经验的（CM，§41）。在胡塞尔的后期著作中世界概念的讨论是突出的，但早在《逻辑研究》中已被讨论过，在其中世界被描述为"相符于并不可分离于一切事实真理之观念体系的统一化客观全体"（LU Prol.，§36）。胡塞尔认为，从现象学观点看，世界是一和谐的、统一的经验流。他在 CM 中说，在和谐的直接经验中所与的存在构成着意义“世界”（§44）。世界具有一种“固定的存在秩序”（《观念 1》，§27）并永远超出于我们所经验者。世界具有一种双侧无限的（或不确定的）视域，它沿着不确定的过去和不确定的未来伸展。自然态度世界被经验作这样一种世界，它无限地在空间中伸延，无限地在时间中发展并且已经无限地发展了（《观念 1》，§27）。世界不仅包括着物理物（它们被科学在特殊抽象意义上作为“自然”加以研究），而且也包括其他个人、动物、有生物、文化产物等等。它是“具有价值的一客体世界，一货物世界，一实践世界”（《观念 1》，§27）。在自然态度中实行的一切科学都是世界之科学，而且一切特殊科学都被包括在生活世界中，虽然它们并未将生活世界列入研究领域（《危机》，§33）。胡塞尔认为，世界首先并不是一事物、实践等等之集合，而是被经验作一视域。他谈到“世界视域”。最重要的关注集中于手边事物，但世界永远是在一切意向性活动背景内被假定的。世界的设定是由这些视域所产生的，这些视域是经验的诸相关项。它是一个永远对于经验行为所假定的界域。在其后期先验哲学中，“自然世界”被认为是一被构成的产物或自然态度的相关项（《观念 1》，§47）；“自然对于理论的主体存在着；它属于主体的相关关系领域”（《观念 2》，§2）。在自然态度中，世界被看作是所与的并时时存在着的，“在身边的”，并被经验作在一切苏醒状态下前所与的。我们的一切经验在通常的意义上都是现世的。世界（正如在世界内包括的一切实体一样）是确定者和不确定者的结合。在我们的一切经验中世界仍然是同一的。我们
344 具有我们自己熟悉的世界而且我们也经验着异他世界。然而，胡塞尔坚持说，事实上只存在着一个全部世界；世界并不是可以由某种多个世界组成者。“世界”概念出现在《物与空间》§61 中，在该讲稿中胡塞尔提出了有关我们如何把潜在的无限统一世界的意义构成为对物体知觉经验的基础。一种“世界观”概念也在《作为严格科学的哲学》中加以讨论，在其中胡塞尔批评了“世界观哲学”，他将后者理解为一种产生自怀疑主义的特殊形式的相对主义。自然和精神世界的构成层次在《观念 2》中被详细地讨论了。随着近代数学科学的出现胡塞尔声称，“世界”概念经历着一种完全的“意义转换”（Sinn-verwandlung）（§60；VI，61），因为它现在被分裂为“自然世界”和“精神世界”（VI，61）。胡塞尔认为，科学所探讨的自然主义上所与的世界不是“世界本身”，而是根基于前所与的日常世界的经验（《观念 2》，§53）。人类如何相关于世界是由其兴趣所决定的。胡塞尔甚至说到

“兴趣世界”。实践性的目标限制了视域，但科学世界具有潜在无限的视域。他把人类看作本质上被禁锢于一世界中。人是“被世界化的”，此说法相当于海德格尔的“在世存在”概念。存在有一种“世界化作用”（Verweltlichung），按此作用先验自我不只是“为世界”的存在，而且也必然是体践于时空中的历史世界。我是被构成的世界内的一个人。在《观念1》§49中胡塞尔也试用着“世界除灭”（Weltvernichtung）观念。此概念相当于一种思想实验。我们可以想象世界经验流被瓦解至混乱之极限。但是，他认为，我们不可能想象意识也可以经由同样的方式被瓦解。胡塞尔的还原论朝向于终止此对世界之信念，即“世界信念”（Weltglaube）。还原论使得可见世界成为世界。他在CM中批评有些人把自我主体仅仅解释为世界上的残存“剩余”，即“世界之残余”（Endchen der Welt）。

参见词条：alien world，annihilation of the world，homeworld，horizon，life-world，nature，world presentation，worldview

World constitution（Weltkonstitution）：世界构成

胡塞尔认为，世界是由先验自我或更准确地说是由无限多先验自我所构成的产物，诸自我单子共同体或先验主体间共同体和谐地运作。 345
对于后期胡塞尔，世界的构成是一巨大的神秘现象，此现象未曾被自然态度中进行的先前科学或哲学所研究，它们将世界的所与性视为是当然的。

参见词条：constitution，world

World presentation or world representation（Weltvorstellung）：世界观念，世界表象

胡塞尔特别在其后期著作中，如“维也纳讲演”中以及关于生活世界的写作中，谈到特殊民族的“世界观念”（《危机》，§53，§58）。他相信，各文化都将他们的特殊世界观看作是在实际地揭示着世界本身，直到出现了某种东西使他们理解到自己的观点只是诸视角之一而已。在古希腊思想中，当人们认识他们的“世界观念”和他们设想为“世界本身”者之间的区别时，就出现了哲学的突破（Hua XXVII，189）。胡塞尔往往将“世界表象”一词与“世界观”一词交替使用，但有时他使用的“世界观”具有一种更具个人性的生活观的含义。

参见词条：life-world，world，worldview

Worldview (Weltanschauung)：世界观

“世界观”或“世界直观”一词可溯源至康德，并为19世纪和20世纪德国哲学家们使用，如狄尔泰和雅斯贝尔斯，此词指对于世界的全面看法，即一种精神状态或观点，它是一种将世界呈现为一整体的全面的和系统的方式。在30年代期间，纳粹意识形态家们（包括信奉纳粹事业的一些哲学家和人类学家们）在意识形态的意义上使用此词，特别是颂扬德国民族的世界观而贬低其他世界观。“世界观”一词可以通过存在论暗示对待世界的一种个别的方式。胡塞尔在很多不同的意义上使用此词。在其《作为严格科学的哲学》中他批评基于世界观的哲学，因为它直接肯定着世界观的多元性以及彼此的不可沟通性。他把一种“世界观”首先视为一种个
346 别的观点：体现着一种智慧的生活方式。他说道：“世界观哲学如同智慧的启迪一样进行着启迪：个性激发着个性”。胡塞尔相信，对于一种多元世界观的肯定（以及对只能从内部理解的观点的肯定）会导致一种他称之为历史主义的特殊相对主义。按此立场人们可以把印度人的信仰看作是“对他们为真者”但不是“对我们（非印度人）为真者”。他将此看法视之为堕入荒谬性。在《危机》中（§56，196；VI，199，390，509）他将一种存在论的哲学立场批评为一种“世界观哲学”（如雅斯贝尔斯），后者主张不可能存在关于绝对性事物的科学知识，而且人类必须满足于首先理解为一种个人成就的“世界观”，一种“个人的宗教信念”，它归根结蒂必然是有限制的。胡塞尔通常交替使用“世界观”和“世界观念”两词。他把对一种个人世界观的采取视为一种逃避关于世界的严格科学要求的方式。他认为，世界观并不主张无条件的真理和普遍性（《危机》，390；VI，509）而是“基本上的个人成就，一种个人的宗教信仰”。在此意义上，科学并不自认为是一种世界观，而是目的朝向于有关存在本身性质的绝对真理。在其后期关于生活世界的著作中，胡塞尔承认，例如，原始种族具有一种世界观，如不同历史时期的不同文化所显示的那样。他称赞人类学家列维-布吕尔有关欧洲科学和理性范围之外的原始种族世界观的论述。

参见词条：historicism，“Philosophy as a Rigorous Science”，relativism，world，world presentation

Wundt, Wilhelm (1832—1920)：冯特

冯特被公认为经验心理学的奠基者之一。他是一位医生、哲学家和心理学家，在德国影响很大。他生于曼海姆的Neckerau，先后在图宾根、海

德堡和柏林学习。他的《生理心理学原理》（1874）被看作是经验心理学的基本著作之一。他在莱比锡建立了世界上第一家心理学实验室。他的重要著作中包括《感官知觉理论论文集》（1862）和《人和动物心灵讲演集》。冯特区分了内部观察和内部知觉，虽然他的术语与布伦塔诺的术语大约正好对立。他认为内部观察是真正的心理学方法。胡塞尔在柏林学习时听过冯特的哲学讲演。冯特后来为胡塞尔的《导论》写过肯定的书评。347
后来胡塞尔对于冯特的理论持相当批评的态度。

Y

***Yearbook for Philosophy and Phenomenological Research* (*Jahrbuch für Philosophie und phänomenologische Forschung*)：《哲学和现象学研究年鉴》**

胡塞尔于1913年出版了《哲学和现象学研究年鉴》第一卷，由普梵德尔、莱纳赫、盖格和舍勒共同编辑。自1907年以来胡塞尔一直计划着出版一份期刊（参见他于1907年8月26日致道贝尔特的信；Hua XXV，xv），1911年当里普斯的纪念文集出版时收入了很多现象学的文章，于是此计划被再次提起。胡塞尔似乎担心，人们会以为是里普斯而不是他本人才是现象学的创建人。在《年鉴》第一卷的序言中胡塞尔写道："这份刊物意在通过集体合作将那些希望借助纯粹的和严格的实行现象学方法进行根本哲学改造的人们联合起来。"《年鉴》很快成为杰出现象学研究的基地。此第一卷包含了《观念1》以及舍勒的《伦理学的形式主义》第一卷。第五卷（1922）包含了史泰茵和英加登的著作，而第八卷（1927）包含了海德格尔的《存在与时间》以及其他现象学家的著作，如贝克尔关于数学客体性质的论著。第十卷是胡塞尔的《形式逻辑和先验逻辑》，第十一卷包括有《观念1》的后记。《年鉴》最后于1930年停止发行。

Z

Zero point (Nullpunkt)：零点

“零”（zero）或“零”（null）点是取自一种度量计上的零点（如 0 摄氏度）的隐喻，或者是指一图表上的 x 轴和 y 轴上的交叉点。胡塞尔用此词表示，空间、时间、方位、运动等等的一切意义都相关于知觉者躯体的参照点。一个“零点”概念表示一极限例（Nullfall，Hua IV，112），即胡塞尔把个别人称作是社会主体性的“极限例”（Hua IV，197）。胡塞尔把知觉称作是一极限例的开始，此极限例即人在空间内自己的身体。关于“在此”、“在彼”、“在上”、“在下”、“现在”等等概念都从那时知觉者所在的位置取得其方位，此位置被理解为一“绝对的”在此（《观念 2》，§32；Hua IV，127）。这个位置就是零点。胡塞尔认为，身体不只是具有空间的一个方位，而且它也在自身周围确定空间方位。它是“方位零点的承载者，在此和现在的承载者”（《观念 2》，§18）。每一空间都从我的身体的不可逃避的“在此”加以经验：左右，上下，远近。一切方位都相关于一身体，而一切距离都通过把身体当作起始点来标记。即使当某人想象着什么时，例如想象一独角兽时，他也是从一特殊身体角度想象着似乎看见了它，面对着或离开着被想象者；我可以察看独角兽的身体并把握其方位；它面对着我或离开着我。胡塞尔使用着种种关于“零点”的概念，例如“强度的零点”（DR，Hua XVI，87）或“方位的零点”（Nullorientierung，DR，§5）；也参见 CM，I 152；Hua IV，56；以及 Hua VI，311，426。

参见词条：lived body，space

参考书目

胡塞尔著作文献甚多，请特别参照 François Lapointe 的《胡塞尔和他的批评者。一份国际书目（1894—1979）》，Bowling Green，Philosophy Documentation Center，1980，以及 Steven Spileers 编：《胡塞尔著作书目》，Dordrecht，Kluwer，1999。

i. 胡塞尔著作德文版书名

胡塞尔著作的研究版：*Husserliana：Edmund Husserl— Gesammelte Werke*. Dordrecht：Springer，1956。（参见 http://www. springer. com/series/6062。）

至今出版的 40 卷书名如下*：

Bd. I：*Cartesianische Meditationen und Pariser Vorträge*，hrsg. von S. Strasser，1950.

V. 1：《笛卡尔沉思及巴黎讲稿》，1950

Bd. II：*Die Idee der Phänomenologie. Fünf Vorlesungen*，hrsg. von W. Biemel，1950.

---

* 以下《胡塞尔全集》各卷书名大部分录自中文版贝尔奈特等著《胡塞尔思想概论》附录，其中以 Bd 标示卷数的是德文版，以 V 标示卷数的是英文名之中译，本书原英文名从略。——中译者注

V. 2：《现象学观念》，1950

Bd. III/1：*Ideen zu einer reinen Phänomenologie und phänomenologischen Philosophie. Erstes Buch：Allgemeine Einführung in die reine Phänomenologie.* Text der 1—3. Auflage，hrsg. von K. Schuhmann，1976.

V. 3. 1：《纯粹现象学和现象学哲学的观念。卷 1：纯粹现象学通论》〔中译本简称《通论》或《观念 1》〕，1976

Bd. III/2：Dass. *Ergänzende Texte*（1912—1929），hrsg. von K. Schuhmann，1976.

V. 3. 2：《〈通论〉补充资料》，1976

Bd. IV：*Ideen zu einer reinen Phänomenologie und phänomenologischen Philosophie. Zweites Buch：Phänomenologische Untersuchungen zur Konstitution*，hrsg. von M. Biemel，1952.

V. 4：《纯粹现象学和现象学哲学的观念。卷 2：现象学的构成研究》〔中译本简称《观念 2》〕，1952

Bd. V：*Ideen zu einer reinen Phänomenologie und phänomenologischen Philosophie. Drittes Buch：Die Phänomenologie und die Fundamente der Wissenschaften*，hrsg. von M. Biemel，1953.

V. 5：《纯粹现象学和现象学哲学的观念。卷 3：现象学和科学基础》〔中译本简称《观念 3》〕，1953

Bd. VI：*Die Krisis der europäischen Wissenschaften und die transzendentale Phänomenologie. Eine Einleitung in die phänomenologische Philosophie*，hrsg. von W. Biemel，1954.

V. 6：《欧洲科学的危机和先验现象学。现象学哲学的一个导论》〔中译本简称《危机》〕，1954

Bd. VII：*Erste Philosophie*（1923/24）. *Erster Teil：Kritische Ideengeschichte*，hrsg. von R. Boehm，1956.

V. 7：《第一哲学。第一部分：批评的思想史》，1956

Bd. VIII：*Erste Philosophie*（1923/24）. *Zweiter Teil*：*Theorie der phänomenologischen Reduktion*，hrsg. von R. Boehm，1959.

V. 8：《第一哲学。第二部分：现象学还原理论》，1959

Bd. IX：*Phänomenologische Psychologie. Volesungen Sommersemester 1925*，hrsg. von W. Biemel，1962.

V. 9：《现象学心理学》，1962

Bd. X：*Zur Phänomenologie des inneren Zeitbewusstseins*（*1893—1917*），hrsg. von R. Boehm，1966.

V. 10：《通往内时间意识的现象学》，1966

Bd. XI：*Analysen zur passiven Synthesis. Aus Vorlesungs-und Forschungsmanuskripten 1918—1926*，hrsg. von M. Fleischer，1966.

V. 11：《被动综合分析。1918—1926 讲课和研究班手稿》，1966

Bd. XII：*Philosophie der Arithmetik. Mit ergänzenden Texten*（*1890—1901*），hrsg. von L. Eley，1970.

V. 12：《算术哲学。扩大版》，1970

Bd. XIII：*Zur Phänomenologie der Intersubjektivität. Texte aus dem Nachlass. Erster Teil*：*1905—1920*，hrsg. von I. Kern，1973.

V. 13：《通往主体间现象学。遗著第一部分文本：1905—1920》，1973

Bd. XIV：*Zur Phänomenologie der Intersubjektivität. Texte aus dem Nachlass. Zweiter Teil*：*1921—1928*，hrsg. von I. Kern，1973.

V. 14：《通往主体间现象学。遗著第二部分文本：1921—1928》，1973

Bd. XV：*Zur Phänomenologie der Intersubjektivität. Texte aus dem Nachlass. Dritter Teil*：*1929—1935*，hrsg. von I. Kern，1973.

V. 15：《通往主体间现象学。遗著第三部分文本：1929—1935》，1973

Bd. XVI：*Ding und Raum. Vorlesungen 1907*，hrsg. von U. Claesges，1973.

V. 16：《物和空间。1907 年讲稿》，1973

Bd. XVII：*Formale und transzendentale Logik. Versuch einer Kritik der Logischen Vernunft*，hrsg. von P. Janssen，1974.

V. 17：《形式逻辑和先验逻辑。逻辑理性批评研究》，1974

Bd. XVIII：*Logische Untersuchungen. Erster Band：Prolegomena zur reinen Logik*，hrsg. von E. Holenstein，1975.

V. 18：《逻辑研究。卷 1：纯粹逻辑导论》〔中译本简称《导论》〕，1975

Bd. XIX：*Logische Untersuchungen. Zweiter Band：Untersuchungen zur Phänomenologie und Theorie der Erkenntnis. Erster Teil*，hrsg. von U. Panzer，1984.

V. 19：《逻辑研究。卷 2：现象学和认知理论研究。第一部分》，1984

Bd. XX：*Logische Untersuchungen. Zweiter Band：Untersuchungen zur Phänomenologie und Theorie der Erkenntnis. Zweiter Teil*，hrsg. von U. Panzer，1984.

V. 20：《逻辑研究。卷 2：现象学和认知理论研究。第二部分》，1984

Bd. XXI：*Studien zur Arithmetik und Geometrie. Texte aus dem Nachlass（1886—1901）*. hrsg. von I. Strohmeyer，1983.

V. 21：《算术和几何学研究。选自遗著〔1886—1901〕文本》，1983

Bd. XXII：*Aufsätze und Rezensionen（1890—1910）*，hrsg. von B. Rang，1979.

V. 22：《文章和评论文选〔1890—1910〕》，1979

Bd. XXIII：*Phantasie，Bildbewusstsein，Erinnerung. Zur Phänomenologie der anschaulichen Vergegenwärtigungen. Texte aus dem Nachlass（1898—1925）*，hrsg. von E. Marbach，1980.

V. 23：《想象，图像意识，记忆。通往直观准现前化现象学。选自遗

著〔1898—1925〕文本》，1980

Bd. XXIV：*Einleitung in die Logik und Erkenntnistheorie. Vorlesungen 1906/07*，hrsg. von U. Melle，1984.

V. 24：《逻辑学和认知理论导论。1906—1907 讲稿》，1984

Bd. XXV：*Aufsätze und Vorträge（1911—1921）*，hrsg. von Th. Nenon，H. R. Sepp，1986.

V. 25：《文章和讲稿〔1911—1921〕》，1986

Bd. XXVI：*Vorlesungen über Bedeutungslehre. Sommersemester 1908*，hrsg. von U. Panzer，1987.

V. 26：《意义理论讲稿。1908 夏季》，1987

Bd. XXVII：*Aufsätze und Vorträge（1922—1937）*，hrsg. Th. Nenon，H. R. Sepp，1988.

V. 27：《文章和讲稿〔1922—1937〕》，1988

Bd. XXVIII：*Vorlesungen über Ethik und Wertlehre. 1908—1914*，hrsg. U. Meue，1988.

V. 28：《关于伦理学和价值论的讲稿。1908—1914》，1988

Bd. XXIX：*Die Krisis der europäischen Wissenschaften und die transzendentale Phänomenologie. Ergänzungsband. Texte aus dem Nachlass 1934—1937*，hrsg. Reinhold N. Smid. The Hague，Netherlands：Kluwer Academic Publishers，1992.

V. 29：《欧洲科学的危机和先验现象学。扩大版。选自 1934—1937 遗著文本》，1992

Bd. XXX：*Logik und allgemeine Wissenschaftstheorie. Vorlesungen 1917/18*. Mit ergänzenden Texten aus der ersten Fassung 1910/11，hrsg. Ursula Panzer. The Hague，Netherlands：Kluwer Academic Publishers，1995.

V. 30：《逻辑学和科学理论通论。1917—1918 讲稿》，1995

Bd. XXXI：*Aktive Synthesen：Aus der Vorlesung 'Transzendentale Logik' 1920/21 Ergänzungsband zu 'Analysen zur passiven Synthesis'*，hrsg. Roland Breeur. The Hague，Netherlands：Kluwer Academic Publishers，2000.

V. 31：《主动综合：选自 1920—1921 先验逻辑学讲稿。"被动综合分析"卷的扩大版》，2000

Bd. XXXII：*Natur und Geist. Vorlesungen Sommersemester 1927*，hrsg. Michael Weiler. Dordrecht，Netherlands：Kluwer Academic Publishers，2001.

V. 32：《自然和精神。1927 夏季讲稿》，2001

Bd. XXXIII：*Die 'Bernauer Manuskripte' über das Zeitbewusstsein (1917/18)*，hrsg. Rudolf Bernet & Dieter Lohmar. Dordrecht，Netherlands：Kluwer Academic Publishers，2001.

V. 33：《关于时间意识的贝尔瑙手稿〔1917—1918〕》，2001

Bd. XXXIV：*Zur phänomenologischen Reduktion. Texte aus dem Nachlass (1926—1935)*，hrsg. Sebastian Luft. Dordrecht，Netherlands：Kluwer Academic Publishers，2002.

V. 34：《论现象学还原。选自遗著文本〔1926—1935〕》，2002

Bd. XXXV：*Einleitung in die Philosophie. Vorlesungen 1922/23*，hrsg. Berndt Goossens. Dordrecht，Netherlands：Kluwer Academic Publishers，2002.

V. 35：《哲学导论。1922—1923 讲稿》，2002

Bd. XXXVI：*Transzendentaler Idealismus. Texte aus dem Nachlass (1908—1921)*，hrsg. Robin D. Rollinger & Rochus Sowa. Dordrecht，Netherlands：Kluwer Academic Publishers，2003.

V. 36：《先验唯心主义。选自遗著文本〔1908—1921〕》，2003

Bd. XXXVII：*Einleitung in die Ethik. Vorlesungen Sommersemester*

1920 und 1924, hrsg. Henning Peucker. Dordrecht, Netherlands: Kluwer Academic Publishers, 2004.

V. 37:《伦理学导论。1920 和 1924 夏季讲稿》, 2004

Bd. XXXVIII: *Wahrnehmung und Aufmerksamkeit. Texte aus dem Nachlass* (*1893—1912*), hrsg. Thomas Vongehr & Regula Giuliani. New York: Springer, 2005.

V. 38:《知觉和注意。选自遗著文本〔1893—1912〕》, 2005

Bd. XXXIX: *Die Lebenswelt: Auslegungen der Vorgegebenen Welt und ihrer Konstitution*, hrsg. Rochus Sowa. Dordrecht: Springer, 2008.

V. 39:《生活世界:前所与世界及其构成》, 2008

Bd. XL: *Untersuchungen zur urteilstheorie : texte aus dem Nachlass* (*1893—1918*). Ed. Rochus Sowa. Dordrecht: Springer, 2010.

V. 40:《判断理论研究。选自遗著文本〔1893—1918〕》, 2010

ii. 其他版本和胡塞尔著作选集

Husserl, Edmund. *Allgemeine Erkenntnistheorie 1902/03*. Hrsg. E. Schuhmann. *Materialenband*, Vol. 3. Dordrecht: Kluwer, 2001.

Husserl, Edmund. *Briefwechsel*. Ed. Karl Schuhmann in collaboration with Elizabeth Schuhmann. *Husserliana Dokumente*, 10 vols. Dordrecht: Kluwer, 1994.

Husserl, Edmund. *Einführung in die Phänomenologie der Erkenntnis. Vorlesung 1909*. Hrsg. Elizabeth Schuhmann. *Materialenbände*, Vol. 7. Dordrecht: Springer, 2005.

Husserl, Edmund. 'Entwurf einer ' Vorrede ' zu den *Logischen Untersuchungen* (1913)'. Hrsg. Eugen Fink, *Tijdschrift voor Filosofie*, 1 (1) (February 1939): 107-133; (2) (May 1939): 319-39.

Husserl, Edmund. *Erfahrung und Urteil. Untersuchungen zur Genealogie der Logik*. Redigiert und Hrsg. Ludwig Landgrebe. Prague: Academia-Verlag, 1938. 7. Aufl. Hamburg: Felix Meiner, 1999.

Husserl, Edmund. *Logik. Vorlesungen SS 1895 und SS 1896*. Hrsg. E.

Schuhmann. *Materialenband*, Vol. 1. Dordrecht: Kluwer, 2001.

Husserl, Edmund. *Méditations cartésiennes: introduction à la phénoménologie*. Trans. G. Peiffer and E. Levinas. Paris: Almand Colin, 1931.

Husserl, Edmund. *Natur und Geist. Vorlesungen Sommersemester 1919*. Hrsg. M. Weiler. *Materialenband*, Vol. 4. Dordrecht: Kluwer, 2002.

Husserl, Edmund. *Späe Texte über Zeitkonstitution (1929—1934). Die C-Manuskripte*. Hrsg. Dieter Lohmar. *Materialenband*, Vol. 8. Dordrecht: Springer, 2006.

Husserl, Edmund. *Urteilstheorie Vorlesung1905*. Hrsg. E. Schuhmann. *Materialenband*, Vol. 5. Dordrecht: Kluwer, 2002.

Husserl, Edmund. *Vorlesungen WS 1902/03*. Hrsg. E. Schuhmann. *Materialenband*, Vol. 2. Dordrecht: Kluwer, 2001.

iii. 胡塞尔著作的英文版书目

Husserl, Edmund. *Analyses Concerning Passive and Active Synthesis. Lectures on Transcendental Logic*. Trans. Anthony J. Steinbock. Husserl Collected Works, Volume IX. Dordrecht: Kluwer, 2001.

Husserl, Edmund. *The Basic Problems of Phenomenology. From the Lectures, Winter Semester, 1910—1911*. Trans. Ingo Farin and James G. Hart. Dordrecht: Springer, 2006.

Husserl, Edmund. *Cartesian Meditations*. Trans. D. Cairns. The Hague: Nijhoff, 1967.

Husserl, Edmund. *The Crisis of European Sciences and Transcendental Phenomenology. An Introduction to Phenomenological Philosophy*. Trans. David Carr. Evanston, IL: Northwestern University Press, 1970.

Husserl, Edmund. *Early Writings in the Philosophy of Logic and Mathematics*. Trans. Dallas Willard. Collected Works, Volume V. Dordrecht: Kluwer, 1994.

Husserl, Edmund. *Experience and Judgment: Investigations in a Genealogy of Logic*. Revised and Edited by L. Landgrebe. Trans. J. S.

Churchill and K. Ameriks. London: Routledge & Kegan Paul, 1973.

Husserl, Edmund. 'Fichte's Ideal of Humanity [Three Lectures].' Trans. James G. Hart. *Husserl Studies* 12 (1995): 111–33.

Husserl, Edmund. *Formal and Transcendental Logic*. Trans. D. Cairns. The Hague: Nijhoff, 1969.

Husserl, Edmund. *Husserl. Shorter Works*. Trans. and Eds Frederick Elliston and Peter McCormick. Notre Dame, IN: University of Notre Dame Press, 1981.

Husserl, Edmund. *The Idea of Phenomenology*. Trans. Lee Hardy. Collected Works, Volume VIII. Dordrecht: Kluwer, 1999.

Husserl, Edmund. *Ideas Pertaining to a Pure Phenomenology and to a Phenomenological Philosophy*, *First Book*. Trans. F. Kersten. Dordrecht: Kluwer, 1983.

Husserl, Edmund. *Ideas Pertaining to a Pure Phenomenology and to a Phenomenological Philosophy*, *Second Book*. Trans. R. Rojcewicz and A. Schuwer. Collected Works, Volume III. Dordrecht: Kluwer, 1989.

Husserl, Edmund. *Ideas Pertaining to a Pure Phenomenology and to a Phenomenological Philosophy*, *Third Book*. Trans. Ted E. Klein and W. E. Pohl. Collected Works, Volume I. The Hague: Nijhoff, 1980.

Husserl, Edmund. *Ideas. A General Introduction to Pure Phenomenology*. Trans. W. R. Boyce Gibson. London: Allen & Unwin, 1931.

Husserl, Edmund. *Introduction to the Logical Investigations*. *Draft of a Preface to the Logical Investigations*. Ed. E. Fink. Trans. P. J. Bossert and C. H. Peters. The Hague: Nijhoff, 1975.

Husserl, Edmund. 'Kant and the Idea of Transcendental Philosophy.' Trans. Ted E. Klein and William E. Pohl. *Southwestern Journal of Philosophy*, 5 (Fall 1974): 9–56.

Husserl, Edmund. *Logical Investigations*, 2 vols. Trans. J. N. Findlay. Ed. with a New Introduction by Dermot Moran and New Preface by Michael Dummett. London and New York: Routledge, 2001.

Husserl, Edmund. *The Paris Lectures*. Trans. P. Koestenaum. The Hague: Nijhoff, 1970.

Husserl, Edmund. *Phantasy, Image Consciousness and Memory (1895—1925)*. Trans. John Brough. Husserl Collected Works, Vol. Ⅺ. Dordrecht: Springer, 2005.

Husserl, Edmund. *Phenomenological Psychology. Lectures, Summer Semester 1925*. Trans. J. Scanlon. The Hague: Nijhoff, 1977.

Husserl, Edmund. *On the Phenomenology of the Consciousness of Internal Time*. Trans. J. B. Brough. Collected Works, Volume IV. Dordrecht: Kluwer, 1990.

Husserl, Edmund. *The Phenomenology of Internal Time Consciousness*. Ed. Heidegger, Martin. Trans. J. S. Churchill. London: Indiana University Press, 1964.

Husserl, Edmund. *Philosophy of Arithmetic. Psychological and Logical Investigations*. Trans. Dallas Willard. Husserl Collected Works, Volume X. Dordrecht: Kluwer, 2003.

Husserl, Edmund. *Philosophy as a Rigorous Science*, 1911, in Quentin Lauer. *Edmund Husserl. Phenomenology and the Crisis of Philosophy*. New York: Harper & Row, 1964.

Husserl, Edmund. 'Philosophy as Rigorous Science,' trans. Marcus Brainard, *The New Yearbook for Phenomenology and Phenomenological Philosophy*, 2 (2002): 249–95.

Husserl, Edmund. *Psychological and Transcendental Phenomenology and the Confrontation with Heidegger (1927—1931), The Encyclopaedia Britannica Article, The Amsterdam Lectures 'Phenomenology and Anthropology' and Husserl's Marginal Note in Being and Time, and Kant on the Problem of Metaphysics*. Trans. T. Sheehan and R. E. Palmer. Collected Works, Volume VI. Dordrecht: Kluwer Academic Publishers, 1997.

Husserl, Edmund. 'Syllabus of a Course of Four Lectures on ' Phenomenological Method and Phenomenological Philosophy, 'Delivered at University College, London June 6, 8, 9, 12, 1922,' *Journal of the British Society for Phenomenology*, 1 (1) (1970): 18–23.

Husserl, Edmund. *Thing and Space: Lectures of 1907*. Trans. R. Rojcewicz. Collected Works, Volume VII. Dordrecht: Kluwer, 1997.

Welton, Donn. Ed. *The Essential Husserl*. Bloomington: Indiana University Press, 1999.

iv. 其他参考书目

Bell, David. *Husserl*. London: Routledge, 1991.

Bernet, Rudolf, Iso Kern and Eduard Marbach. *An Introduction to Husserlian Phenomenology*. Evanston, IL: Northwestern University Press, 1993.

Biceaga, Victor. *The Concept of Passivity in Husserl's Phenomenology*. Contributions to Phenomenology, Vol. 60. Dordrecht: Springer, 2010.

Brainard, Marcus. *Belief and Its Neutralization. Husserl's System of Phenomenology in Ideas I*. Albany, NY: State University of New York Press, 2002.

Cairns, Dorion. *Guide for Translating Husserl*. The Hague: Nijhoff, 1973.

Carr, David. *Interpreting Husserl: Critical and Comparative Studies*. Dordrecht: Kluwer, 1987.

Carr, David. *The Paradox of Subjectivity. The Self in the Transcendental Tradition*. Oxford: Oxford University Press, 1999.

Cobb-Stevens, Richard. *Husserl and Analytic Philosophy*. Dordrecht: Kluwer, 1990.

Crowell, Steven Gait. *Husserl, Heidegger, and the Space of Meaning: Paths toward Transcendental Phenomenology*. Evanston, IL: Northwestern University Press, 2001.

DeBoer, Theodor. *The Development of Husserl's Thought*. The Hague: Nijhoff, 1978.

De Warren, Nicolas. *Husserl and the Promise of Time. Subjectivity in Transcendental Philosophy*. New York: Cambridge University Press, 2009.

Derrida, Jacques. *Speech and Phenomena and other Essays on Husserl's Theory of Signs*. Ed. and Trans. David Allison. Evanston, IL: Northwestern University Press, 1973.

Derrida, Jacques. *Edmund Husserl's Origin of Geometry. An Introduction*. Trans. J. P Leavey and D. B. Allison. Sussex: Harvester Press, 1978.

Dodd, James. *Idealism and Corporeity: An Essay on the Problem of the Body in Husserl's Phenomenology*. Dordrecht: Kluwer Academic Publishers, 1997.

Dreyfus, Hubert L. Ed. *Husserl, Intentionality and Cognitive Science*. Cambridge, MA: MIT Press, 1982.

Drummond, John J. *Husserlian Intentionality and Non-Foundational Realism. Noema and Object*. Dordrecht: Kluwer, 1990.

Drummond, John J. *Historical Dictionary of Husserl's Philosophy*. Lanham, MD: Scarecrow Press, 2008.

Elliston, F. and P. McCormick. Ed. *Husserl. Expositions and Appraisals*. Notre Dame, IN: University of Notre Dame Press, 1977.

Elveton, R. O. Ed. *The Phenomenology of Edmund Husserl. Selected Critical Readings*. Chicago Quadrangle, 1970. 2nd edn. Seattle: Noesis Press, 2000.

English, Jacques. *Le Vocabulaire de Husserl*. Paris: Editions Ellipses, 2004.

Farber, Marvin. *The Foundation of Phenomenology*. Cambridge, MA: Harvard University Press, 1943.

Fisette, Denis. Ed. *Husserl's Logical Investigations Reconsidered*. Dordrecht: Kluwer, 2003.

Føllesdal, Dagfinn. 'Husserl's Notion of Noema,' *Journal of Philosophy*, 66 (1969): 680-87.

Gander, Hans-Helmuth. Ed. *Husserl -Lexikon*. Darmstadt: Wissenschaftliche Buchgesellschaft, 2010.

Hart, James G. *The Person and the Common Life. Studies in a Husserlian Social Ethics*. Dordrecht: Kluwer, 1992.

Heidegger, Martin. *Being and Time*. Trans. John Macquarrie and E. Robinson. New York: Harper & Row, 1962.

Hill, Claire Ortiz. *Word and Object in Husserl, Frege and Russell*. Athens, OH: Ohio University Press, 1991.

Hopkins, Burt C. Ed. *Husserl in Contemporary Context*. Dordrecht: Kluwer, 1997.

Hopkins, Burt C. Ed. *The Philosophy of Husserl*. Durham, NC: Acumen, 2011.

Ingarden, Roman. *On the Motives which led Husserl to Transcendental Idealism*. Trans. Arnór Hannibalsson. The Hague: Nijhoff, 1975.

Kohák, Erazim. *Idea and Experience. Edmund Husserl's Project of Phenomenology in Ideas II*. Chicago, IL: University of Chicago Press, 1978.

Landgrebe, Ludwig. *The Phenomenology of Edmund Husserl. Six Essays*. Ed. D. Welton. Ithaca, NY: Cornell University Press, 1981.

Levinas, Emannuel. *The Theory of Intuition in Husserl's Phenomenology*. Trans. A. Orianne. Evanston, IL: Northwestern University Press, 1973.

McKenna, William R., R. M. Harlan and L. E. Winters. Eds. *Apriori and World. European Contributions to Husserlian Phenomenology*. The Hague: Nijhoff, 1981.

McKenna, William R. *Husserl's Introductions to Phenomenology. Interpretation and Critique*. Dordrecht: Kluwer, 1982.

Marion, Jean-Luc. *Reduction and Givenness. Investigations of Husserl, Heidegger, and Phenomenology*. Trans. Thomas A. Carlson. Evanston, IL: Northwestern University Press, 1998.

Mensch, James Richard. *Intersubjectivity and Transcendental Idealism*. Albany, NY: SUNY Press, 1988.

Mensch, James Richard. *Postfoundational Phenomenology. Husserlian Reflections on Presence and Embodiment*. University Park, PA: Pennsylvania State University Press, 2001.

Merleau-Ponty, M. *The Phenomenology of Perception*. Trans. C. Smith. London: Routledge & Kegan Paul, 1962.

Mohanty, J. N. *Edmund Husserl's Theory of Meaning*. The Hague: Martinus Nijhoff, 1976.

Mohanty, J. N. Ed. *Readings on Edmund Husserl's Logical Investigations*. The Hague: Nijhoff, 1977.

Mohanty, J. N. *Husserl and Frege*. Bloomington: Indiana University

Press, 1982.

Mohanty, J. N. *The Philosophy of Edmund Husserl. A Historical Development.* New Haven: Yale University Press, 2008.

Mohanty, J. N. and William R. McKenna. Eds. *Husserl's Phenomenology: A Textbook.* Washington, DC: Center for Advanced Research in Phenomenology and University Press of America, 1989.

Moran, Dermot. *Introduction to Phenomenology.* London and New York: Routledge, 2000.

Moran, Dermot. *Edmund Husserl. Founder of Phenomenology.* Cambridge: Polity Press, 2005.

Osborn, Andrew. *The Philosophy of Edmund Husserl in its Development from his Mathematical Interests to his First Conception of Phenomenology in the Logical Investigations.* New York: International Press, 1934.

Patočka, Jan. *An Introduction to Husserl's Phenomenology.* Trans. Erazim Kohák. Chicago, IL: Open Court, 1996.

Ricoeur, Paul. *Husserl. An Analysis of his Philosophy.* Ebanston, IL: Northwestern University Press, 1967.

Rollinger, Robin. *Husserl's Position in the School of Brentano.* Utrecht: Dept of Philosophy, Utrecht University, 1996.

Schuhmann, Karl. *Husserl Chronik. Denk-und Lebensweg Edmund Husserls.* The Hague: Nijhoff, 1977.

Seebohm Thomas and Joseph Kockelmans. Eds. *Kant and Phenomenology.* Washington, DC: Center for Advanced Research in Phenomenology, 1984.

Smith, A. D. *Husserl and The Cartesian Meditations.* London and New York: Routledge, 2003.

Smith, Barry and David Woodruff Smith. Eds. *The Cambridge Companion to Husserl.* Cambridge: Cambridge University Press, 1995.

Smith, David Woodruff. *Husserl.* London: Routledge, 2007.

Smith, David Woodruff and Ronald Mclntyre. *Husserl and Intentionality. A Study of Mind, Meaning and Language.* Dordrecht: Reidel, 1982.

Sokolowski, Robert. *The Formation of Husserl's Concept of Constitution*. The Hague: Nijhoff, 1964.

Sokolowski, Robert. *Husserlian Meditations. How Words Present Things*. Evanston, IL: Northwestern University Press, 1974.

Sokolowski, Robert. *Introduction to Phenomenology*. New York: Cambridge University Press, 1999.

Spiegelberg, Herbert, with Karl Schuhmann. *The Phenomenological Movement. A Historical Introduction*. 3rd edn. Dordrecht: Kluwer, 1994.

Stein, Edith. *On the Problem of Empathy*. Trans. Waltraut Stein. Collected Works of Edith Stein, Vol. 3. Washington, DC: ICS Publications, 1989.

Steinbock, Anthony J. *Home and Beyond. Generative Phenomenology after Husserl*. Evanston, IL: Northwestern University Press, 1995.

Ströker, Elizabeth. *Husserl's Transcendental Phenomenology*. Stanford, CA: Stanford University Press, 1993.

Welton, Donn. *The Origins of Meaning. A Critical Study of the Thresholds of Husserlian Phenomenology*. The Hague; Nijhoff, 1983.

Welton, Donn. *The Other Husserl*. Bloomington, IN: Indiana University Press, 2001.

Wetter, Helmuth. Ed. *Wörterbuch der phänomenologischen Begriffe*. Hamburg: Felix Meiner, 2005.

Wiegand, Olay K., R. Dostal, J. N. Mohanty, and J. J. Kockelmans. Eds. *Phenomenology on Kant, German Idealism, Hermeneutics and Logic*. Dordrecht: Kluwer, 2000.

Willard, Dallas. *Logic and the Objectivity of Knowledge. A Study in Husserl's Early Philosophy*. Athens, OH: Ohio University Press, 1984.

Zahavi, Dan. *Self-Awareness and Alterity. A Phenomenological Investigation*. Evanston, IL: Northwestern, 1999.

Zahavi, Dan. *Husserl and Transcendental Intersubjectivity*. Trans. Elizabeth A. Behnke. Athens, OH: Ohio University Press, 2001.

Zahavi, Dan. *Husserl's Phenomenology*. Stanford, CA: Stanford

University Press, 2003.

Zahavi, Dan and Frederick Stjernfelt. Eds. *One Hundred Years of Phenomenology. Husserl's Logical Investigations Revisited*. Dordrecht: Kluwer, 2002.

Zahavi, Dan and N. Depraz. Eds. *Alterity and Facticity: New Perspectives on Husserl*. Dordrecht: Kluwer, 1998.

索　　引*

* 本索引名词条目的中译词仅具提示性，这些名词在本书内的确切译名请见相关页码内相应词的译法。文中有些偶见人名中译文照录了原文，相应索引项目中的人名即无对应中译名。条目后页码为原书中的页码，即本书边码。——中译者注

附录一　关于 Vorstellung 的中译名改译的问题

就抽象名词及学术术语的词汇特点而言，英文与法文的相应词根多有一致之处，而二者却与德文中的相应抽象词的词根构造很不相同，因此也给多年来主要使用英文的中国人文学界有关德文哲学与理论的翻译和理解带来一定困扰。因为这涉及因原词具有歧义性而引起的中译名的准确性问题，以及因此导致的中文学界对于西方哲学和人文理论中概念理解的正确性问题。此现象却多年来被一种西译中的“理论翻译文化”的特点所掩盖，因为由于翻译界的约定俗成惯势，大多数中文研究者和读者往往都是在关键术语很难翻译准确的中译本基础上进行读解的，因此习惯于将有稳定译法的对应中译名作为自己研究相关西方理论的基础文本。又由于大多数读者会以英文翻译作为参照，也就自然而然地将相关英文译文表达法视为可靠根据了。读者却不一定清楚，由于上述德、英语言意义结构的固有差异性，德、英人文理论名词对译之间相当程度上也存在着不准确或难以完全准确的情况。

就胡塞尔现象学名词的英译而言，由于胡塞尔系统地采取旧词赋予新意的做法来进行思考和写作，上述术语难以确译问题也就更为突出。其中最显著的难译德文词之一就是一个常用词 Vorstellung。我们要特别挑出此词加以讨论，直接的原因是，来自日译的中文译法“表象”，早已在中文学界被普遍采用，用起来堪称方便（本人长期以来也是沿用此译法）。因为，从语用学角度看，由两个单字构成的此词在用于哲学话语时，已足可使其区分于其他近似词。即使由其衍生的被动语式“被表象”不甚合乎中文表达习惯，倒也可因其长期使用而可以适当传意。所以此德文词及其相关词形 vorstellen、sich vorstellen、Vorstellen、vorstellent、vorstellende，在用于哲学和心理学话语时，中文使用者可将各词所含主要义素一概译为“表象”。就我所知，日文学界也是这样的。尽管我本人也相当地倚重习惯成自然的翻译惯例，一贯地也是相当重视日本学人在抽象西学理论名词创译方面的学术价值（一般来说，在技术性层面上日本学者比中文地区学者在学风上要严肃认真得多），并使用此一现成的日文译法，但在近来胡塞尔著作翻译中越来越多地接触到此词后（此词在胡塞尔后来的《通论》中极少用），对于此词的正确理解及中、英、法文相应译名的确当性不时感到困惑与不安。可以说一两年来因此之故查阅、购置、复印、研读了不少相关近代德国哲学心理学资料，以追溯该词用法的变迁。而且对本人今后翻译中将该词加以系统改译的想法也已在趋于成熟之中，却还没有达到对改译词最后感到“义安”的地步。就在此时，《胡塞尔词典》校样的到来突然逼使我必须在此时当机立断了。在下定决心将该词一律（就该词“通义”部分而言）译为“观念”（我虽然以前也曾经这样译过，但还没有感到有系统地改译的必要）而在现象学派文献中主要将其或译为“观念呈现”或译为“观念”后，就着手将本词典的原有译词做了全面改译。为此，我觉得有必要也先简要地对此译名更改专门解释一下，以有助于读者了解改译之理由所在。

实际上，此一哲学术语改译工作，已经超出了抽象译名是否恰当的纯翻译问题范围，而是希望译者对此进行改译的思考也有助于提醒中文读者进一步关注相同德文哲学词语在不同时期、不同作者中间各有不尽相同的意义侧重之复杂现象。此一现象不仅关系到学术思想史上概念的正确翻译方面，而且也关系到读者对德国哲学思想方式变迁本身的认识方面。Vorstellung 这一德文特有的词形构造（构词直意：“立于前”）不仅在德国哲学史上一向具有歧义性（作为通义），布伦塔诺以来又基本上改变了其意涵（作为专义），而且同一作者可在同一文本中将其兼作通义和专义使用。而长期以来，在日文西哲翻译的影响下，此词作为专门术语在中译文中被固定为单一词形“表象”，该词具有的歧义性却均被此固定译名所掩盖。而且在中文学界，中译名“表象”已因该德文词固有歧义性而引生了大量随意附会性的理解（特别自叔本华哲学在中国产生影响以来）。而此特定抽象词中译法的随意性流行，却给我们正确理解胡塞尔学与现象学派的相关思想带来了一定的障碍。其中最大的影响首先表现在将使用同一词的胡塞尔和康德、叔本华等德国古典哲学家对此词的各种不同用法加以混淆。在读解直观上此译名引生的“不安”，也许主要关联到叔本华对此词的特殊使用法，他将其与“表相”、“假象”甚至与佛学中类似的近义词牵扯到一起。不要说叔本华创立的此词特义——“非真实的主观相”明显有悖于自己宣称深受其启发的康德“物自体”理论，而且他将此德文常用的抽象词进而与佛学词加以本体论比附一事，更直接影响了心理学领域本来趋向于进一步科学地使用此名词的努力。（此词虽然主要流行于19世纪以前，但其相当于idea的通义，尽管大量与其他心理词、抽象词叠合，却在今日有待恢复的内省心理学领域仍具有其使用的方便性价值。）

此一特定德文词的歧义性问题，如前所说，当然来源于它在德语发展史上不同使用者所赋予它的意思不尽相同的事实，而我们中文读者却习惯于将其看作具有固定的、普遍接受的哲学专义。此一情况也与不少英文、法文使用者的同一误解有关。大家倾向于在本国语言中寻找“恰当而唯一的”对应词。结果在英文现象学译者中我们看到了不同的译法，而今日最通常的译法也是本词典作者莫兰所采取的presentation一词（其他译词有representation、idea等）。人们或许倾向于认为自己选择的译法比较恰当而忽略了其他译法的合用性方面，其实这些不同的译法的确对应着该词其他可能的词义。

译为英文idea（观念）的主张者们，的确在德国近代哲学心理学文献中看到大量将此词用作大致相当于洛克的“观念”的现象，此时它也就是一个极其普通的德文抽象词。因此，此词义也与大量与各种心理现象有关的其他词义在意思上具有不同程度的叠合关系。这一看法可纠正人们误以为此词一向就具有特定专门哲学性的意涵。但是，重要的是，在“现象学派”潮流中，自坚定反对德国古典唯心主义的布伦塔诺起，此一洛克式和笛卡尔式的偏于静态心理因素标志的词语的意思，突然被赋予了“动态”性质，如将相关心理单位视为“事件”或“过程”，甚至兼及“能量”概念。最终此词的主要特性竟然干脆就普遍化为“行为”。心理现象的基本静态单位变成动态“行为”后，再将其主要理解为idea似乎就不适当了。到了胡塞尔那里，此一术语不仅指称心理行为，而且还牵连到与主体之外客体的“关系”。这就出现了对象或客体与主体的“呈现”关系意义。这就是为什么英文现象学研究者最后大多选择了presentation的原因。此英文词的基本意思就是“呈现”。查一下《韦氏大词典》中这个词，其与心理学相关的含义主要包括：“呈现行为”、“被呈现者”（人或物）以及“意识中的显象”，但并不包括一些中文的英文词典中所添加的特定哲学词义“表象”。此英文词的现象学译法和词典释义都是专指心理学和认识论层面上的意涵的，而非直接相关于形上学或本体论上的“引申义”的。应该注意，摆脱德国古典哲学中的形上学和本体论教条，正是布伦塔诺派哲学的宗旨之一，胡塞尔在这方面的思考则更趋彻底了。

Peter Simons 在其《布伦塔诺与其对基本逻辑学的改进》一文中解释了他为什么对于 Vorstellung 不采取通常英语的译法 presentation 而宁肯采取 idea 译名的理由。他说：“presentation 不仅既长又笨拙，而且在英语中有不同的意义，而德文词 Vorstellung 其实正好相当于英文词 idea 和法文词 idée，如在洛克和笛卡尔的著作中那样，所以在翻译布伦塔诺时有理由回归该词原初意义。”（参见 *The Cambridge Companion to Brentano*，47）此文作者的观点表现出了他侧重此词在德国哲学史传统中的通行意思，他所建议的现象学翻译可取性则表现在：idea 比 presentation 更为直观地指涉着该词一贯至今具有的通义：“意识中存在或反映的东西”。当然该通义也仍然在现象学界的约定俗成中可包含在 presentation 中，但此英文词的第一义素应该是“呈现行为”本身，作为“心理呈现者”只是引申义。如采用 idea 为该词主要义素的表达者，则可在其通义使用层次上贯通古今各派，的确有其译名的方便性。而且一个重要的语用学现象是，德国哲学家们，从莱布尼兹到胡塞尔都会在不同方面、不同程度上随境不同地兼用其通义和专义。此一现象又与我们的相关中译名的固定单一译法有关。我们往往把出现于某哲学家文中的此词 Vorstellung 都当成是在表达相应的哲学专义词。不知道按照德语习惯，该词在哲学家中也大量地甚至主要地用于日常通义上，特别在康德哲学中（我随手翻查手边不含后加索引的《纯粹理性批判》一书，随处可见该词作为通义的用法，如在 B 版的以下诸页上：70、94、276、310、316、377）。（一位大陆学生在其关于“表象”的论文中，不仅将他理解的专义词“表象”即视为 Vorstellung，而且根据此词在康德某著作中出现的次数，将其看作是康德在该书中偏重这个“表象”哲学概念的证据。也就是，他把一个通常的抽象词处处当作了专门哲学概念看待了。）

从哲学名词翻译角度重新斟酌此词的中译词恰当译法（而不需在此介入极其复杂的与此词相关的德文词历史演变情况），希望用其可同时清楚表达（被呈现的）“观念”（在其通义上当然应该理解为“观念”）和（对主体意识的）“呈现”（行为或关系）这两个主要义素。但是，由于中、德文语义构造的不同以及本词的特殊使用法，无论如何不可能创立一个简明固定的中文双字词以作为该德文词的令人满意的对译词。可是“表象”一词不仅同样不能直接准确显义而且易于引生错误的直观联想（不仅是形上学方面的，而且还有心理学方面的）。在难以两全其美的情况下，本人倾向于采取随境而异的灵活译法，即不求使用单一词的方便性，而多倚重于译法变通和语境的补义作用，而在灵活翻译的原则下则尽量保持不同译法形态中均含有该德文词初始义“观念”这个意思。因为尽管 Vorstellung 在现象学派德文中可自动随境而异地指涉分别偏重于“观念”、“呈现行为”、“呈现关系”、“被呈现者”等专义，相关各表达式也均直接、间接连接于“心理观念”的通义上。Vorstellung 的通义和专义中都表示其或为心理现象或为与心理现象相连的“呈现行为”。德文在采取该词动词或动名词形态时，可自然包含着内外“行为”或“关系”的意思，而在采取名词形态时，也会因境而异地、一定程度上同时指涉三者：呈现的心理结果（即观念）、呈现的行为，以及呈现关系。但中译名和英、法译名本身都不可能自动直观地同时显示出该德文词作为现象学专门名词时具有的多种意涵。简言之，从消极角度考虑为了不使中译名妨碍了甚至误导了这个德文词在现象学派中的特殊含义，我们宁可主要采取这个意思显明而可免除不恰当的意义联想效果的、“虽笨拙却意义完整的”“观念呈现”一词。而在语境中该词偏重于“心理单位”本身（当所指不是呈现行为、关系本身而是“被呈现者”时）或与其他心理单位词并举时，就简称为“观念”。不需赘言，在有限语词段落中这样增减同一德文词的中文对译词的做法，难免会有译者主观感觉未必准确之虞。让我们将此译词缺点权当作是必要的“代价”吧！在本译者看来，其负面理解效应肯定小于“表象”可能带来的负面理解效应。至少改译法有助于明确区分布伦塔诺以前和布伦塔诺以来德国哲学、心理学界对此词各自表示的概念之间存在的显著的差别，更要使之明确区分于叔本华的浪漫主义本体论的引申义。尤其重要的是，改译法主要意在强调：在此词的用法上，布伦塔诺—胡塞尔学派与德国古典哲学之间在认识论上存在着重大分歧。我们中国学者不应该因为选用了同一中文译词“表象”而模糊了此一分歧，尽管二者在各自对此词的用法上也不同程度上包含着此词的“通义”成分。

至于这样的改译方式是否真的较为适当，则有待于未来考验了。当然，由于此一改译带有实验性，译者并不一定推荐他人也采取同样的改译法。况且按照翻译界约定俗成惯例该固定译法也的确有其使用的方便处。

此外，我们仍须时时注意一个本人一贯持有的学术翻译学立场：不必将任何哪怕成熟的术语翻译视为读者可资被动对其“依赖”之文本基础，而应将其视为把握相关西文文义的或许仅具有临时功能性的读解“拐杖”。理论话语中译词的“适用性”应该按照其是否可起到恰当理解原文方面的“带动”作用来衡量，而不必按照其是否可成为中文中的准确对译词来衡量。归根结底，深入的理解是需要根据原文来进行的，我们仅根据英文翻译文尚且难以准确把握胡塞尔德文概念的确义，不要说仅根据中译文了。只要译本有助于读者一定程度上把握原文的意思，就基本完成了研读的目的。除有志于成为现象学专家的学者外，对于一般读者来说，研读哲学译文的最具有价值的目的在于：根据译文可基本有效呈现原作者思想的功用来促进读者本人的思想能力的提升，以及借以改善自身思想的表达方式。对个人来说如此，对于一国学界整体来说也是如此。我们并不是打算在本国通过西方理论的中译本出版来达到以下这类目的：如意在或“弘扬”或“崇拜”他国学星，或满足于玩赏其理论建构，或借以希图成为职业领域专家，或将哲学翻译仅视为跨国学术交际之工具；而是反之要借助中译本的语言方便，通过此类西学理论和哲学研读，来重新组织和发展自身的学术思想。

与此德文原词、英文译词和中文译词有关的问题还非常复杂，此处不容详论。最后我想将另外一位英语现象学家的相关解释的全文译出列此，以与本词典作者的有关论述相互参照，这或者有助于读者进一步了解此一问题在胡塞尔学中的学术思想背景。

纽约 Fordham 大学资深人文学教授及哲学系主任 John J. Drummond 在其《胡塞尔哲学简释》（*The A to Z of Husserl's Philosophy*，2008）一书的条目 presentation 中对此词的解释如下：

> Presentation（Vorstellung）：胡塞尔识别出“P”* 含有诸多意思，此一事实指出了使用此词的危险性并促使他改用了“客观化行为”术语。
>
> 对于逻辑学和认知理论重要的意义包括：
>
> 1. P是“行为—质料”，借助P，一客体以一定方式被呈现；
>
> 2. P是“纯观念呈现”，即信念的一种性质变样，按此，客体的

* 在此简称P。——中译者注

存在既不被肯定也不被否定；

3. P是一名词行为；

4. P是一客观化行为；

5. P是对一被呈现为观念的客体之直观；

在以上逻辑性意义中，“1”和“4”是基本的。换言之，P是将一客体呈现于进行体验的主体的行为，一种客观化行为；在此意义上，P相当于并包括着知觉、判断、记忆等等。这类客观化行为，借助于其质料并以一定方式，将客体呈现为观念。在后一意义上P突显着具体行为，不论它是一“纯”观念呈现（在一非设定性的客观化行为意义上）、一设定性的客观化行为，一或者包含着范畴因素或者包含着非客观化因素，（例如，情绪），还是一或者简单的或者范畴的直观。

胡塞尔也识别出在通常意义上的P的其他意义：

6. 想象行为或一回忆行为（对比于一知觉行为）；

7. 物的物质性形象，如一幅画；

8. 引起P并可相当于P的再现作用，即一记号，不管是一描述还是一语言记号；

9. 形象；

10. 被呈现为观念的客体；

11. 意识内容；

12. 意见。

胡塞尔认为，P一词中含有的这些歧义具危险性。当务之急是将具有逻辑学和认知理论重要性的意义（即“1”至“5”）与该词日常用法加以分离，并明确清晰地使用其逻辑性意义。

【补注】我们知道胡塞尔本人在《第五逻辑研究》第六章内第44、45两节中还专门讨论和辨析过 Vorstellung 一词的复杂歧义性问题。他从现象学、心理学、认知批评和逻辑学等学理角度对此加以详细列举和细致剖析，甚至提到与其师布伦塔诺的相关意见区别，从而指出了在现象学上重新规定其确义的必要性。这一段同时涉及此词之流行的“通义”和他主张的“专义”问题的讨论，反映了他于19世纪末采取同时期德国哲学、逻辑学、心理学同行共同使用的此传统名词进行自身现象学概念重建时的思想演变过渡阶段之特点。本词典中译本提出的此一说明性附录，并不介入现象学史上复杂的术语概念变迁问题或相关学理问题，而只是从中文翻译确当性角度讨论与此相关的一般性情况。胡塞尔在该讨论中较少涉及此词同时作为日常词和专门词使用时的意义混淆问题，而是着重讨论了各种“专义”之间的混淆现象；因为对于德语作家来说，对此加以辨析是比较容易的。而对于非德语读者，特别是对于语言结构迥异的中文读者，此一混淆现象是直接妨碍对于德语原作思想的理解的。虽然本附录仅就此词翻译的技术性层面略加说明，对此词歧义性的一般了解对于我们领悟德语哲学话语的某些特点相信也是有益处的。

李幼蒸

2015 年 6 月 5 日于旧金山湾区

附录二　中译本校后记

译者在复校本书译词并适当更改补充后，对于中文读者该如何使用本词典的问题，还想再补谈几点个人意见。译者认为，这部其条目为英、德对照形式的胡塞尔哲学词典，其实作者最好是将德文词作为主条目而将英文对译词作为副条目，之后再按照英文字母顺序单独列出英文词条表。这样也仍然可以为英文读者提供查阅的方便，却可减弱读者在理解方面过于依赖英译词的副作用。当然，本词典完全是供英文读者使用的，似乎以使用当前通行的英文译词作为主条目也是恰当的。可是这样一来，此安排就不免有将当前流行的现象学英文术语译法视为标准不变译名之意了，就像是说这些英文译名已可直接传达胡塞尔现象学术语的意涵似的。实际上，和各个文种的现象学译名一样（特别是中文现象学译名），所谓目前流行的译法都只能视为历史上阶段性的暂行译法，其确义仍须最终诉诸德文原词。一个主要理由是：德文抽象词的词根与英、法对应词的词根相比颇多差异，因此哲学德文，特别是胡塞尔哲学德文，其术语具有其特殊的意义构造，其多方面的语义牵连，并非可容易地直接表达于其他文种对译词中。既然是关于胡塞尔学术思想的术语说明，自然应该使读者明确意识到：最后的读解都须回归于德文原词及其词义。也就是说，并不能因为长年以来形成了其他语种的相应稳定译名系列，就视此类译法具有了“正确的”甚至“权威性的”有效转译资格。毋宁说，英文、中文的目前现象学术语通行译法，都仍应视作德文原词的“临时性代表”。对于语言构造与西文迥异的中文来说，更是如此。因此，非德文地区一时形成的现象学界推出的所谓“标准胡塞尔术语译名表”的想法，只是出于一种实用的方便而已。至于接触消化胡塞尔学较短地区的学术共同体，以为可以简单化地通过眼前同行集体间的“共识”，即可完成为胡塞尔学术语“定名”的工作，则显然是一厢情愿之言。在此意义上，本人作为中国最早译介胡塞尔学的学人之一，历年来所完成的相关术语译法，当然也应该如此视之，即各术语译法的确当性不仅都还有待于今后长期检验而且须将主要术语时时参照着德文对应语词加以把握。所谓“术语译法的检验”还包括这样的深刻意思：由于中文和德文的语义学构造特点极其不同，在中西学术思想交流过程中中文抽象词语本身的“义素结构”也会随着学界学术实践的发展而逐渐发生演变，以至于会渐渐增减其原有“词义”内涵。如是，则中文译名具有的对西文对应词“词义代表准确性”之程度，或许也会随着学术语言使用习惯的延续而自动增加。

以上由本词典的英、德术语对译问题谈到中、德哲学术语对译问题，也是部分地缘于对近年来中国学界越来越多的胡塞尔学爱好者和研究者的学术现状之观感。大致来说，阅读胡塞尔学著作的中文读者可分为两大类：专家取向的和一般兴趣的。对于前者，必须指出，如果有志于专研胡塞尔学，则必须最后根据德文原典进行，如无意于此，最好放弃专研的念头，以免最后难以达成目标。这就是说，无论是中文译本还是英文译本都不能作为深研胡塞尔学本身的可靠渠道。不过另一方面，德文只是必要条件，却远非充分条件。有志于胡塞尔学者，自然尤其应该对西方哲学史和现当代相关西方学术理论知识继续进行研读和补课。一些研究者的理解障碍，在我看来，还不只是语言方面的问题，而是个人与集体环境相关知识积累的现实深广度是否充分的问题。不仅如此，那种以为外文能力本身即可导致学者迅即达成研究西方哲学特别是研究胡塞尔学的目标的想法，则更会引生严重的误解。事实是，长期以来，不少中文地区的西方哲学理论研究者都难免多多少少受到“以译代研”方式的误导。人们以为，仅通过文字性转移技术的提升和借以达成工作和出版的业绩要求，即可视之为学术研究的一种“成功”证明。须知，对于西方理论原典的较准确翻译，与对该原典内容的深入理解，是非常不同的两件事；译者如可于字面上较好地处理了理论文本的西译中工作，其原因可能主要因为译者对相关理论内容达到了常识级的把握并积累了一定翻译技术经验之故，翻译质量本身可以说与“掌握了内容”二者之间还存在着相当的距离。（译者已故旧友马元德先生当初因病辍学而改为从事英文、德文哲学翻译，成绩颇佳，而这并非因此可表明马君掌握了所译内容，尽管马君对相关哲学词语的确也会有一定的审定是非能力，但这是在文化修养上的和文字转译层次上偏于思想风格体悟和语义处理技术性方面的感觉能力；对此，马君也曾对我本人多次谈过，况且这更是我本人长期翻译、论述实践后的亲身经验之谈。再举一极端例：本人在“文化大革命”期间偶尔曾参与工程类德文翻译，自认为翻译的准确度不会太低于专家们的同类翻译水平，但这一判断完全无关于翻译者的相关专业知识程度问题，显然本人对于专业内容一无所知，而是靠专业词典来解决术语翻译问题的。）学界之所以会产生这样的普遍名实不符之观感，据本人考察乃基于两个原因。一个是相关于一种读解的心理学效应：我们倾向于将“对抽象术语译名的字面熟悉度”，当成“学术内容理解程度的标志”。特别是当此种效应可印证于学术集体交流中时，学人更容易因此“共识观念”环境的存在（大家在专业圈内不断共同重复着同一翻译过来的话语，此一集体性互动行为可促使学者下意识地形成未必真实的学术自信），于是进一步信靠个人的主观感觉——即将此个人“对术语字面的熟悉度”当成了自己对相关学理思想的把握程度。此一现象其实也是长期以来西学理论研究活动中在不同方面、不同程度上存在着的普遍现象。因为大家都是在同一字面海洋上按照同一程序进行集体性学术实践的，以至于“人云亦云”即可成为“职场学术行为可操作性、可判断性”之貌似客观的根据。另一个原因则是人们长期以来，由于远不熟悉现代西方理论原典，遂习惯于（当然是按照现行体制内的章法）把自身和他人主要赖以治学的翻译材料上的翻译成就，当成了“半个”学术研究的成就；把“唯一”为自己提供资料的翻译家就几乎当成了原典同一内容的知识掌握者。其部分原因也在于：不断复述翻译文字的内容可产生相当于“在进行原著内容的读解”的集体印象。原著内容和翻译品内容的字面重合一事，就可能被误当成了著者和译者是在同一思想层面上实现着“重合”。自然也是因为大家反正都在重复着译文中的同一话语片段，也就貌似形成了著、译者“双方”的“思想重合”。（等到译者在讲述或撰述所译作品思想时，往往不过是再次地虽然是稍有变通地“重复”着所翻译的文本字面，包括大量引证现成译文。其实质仍然近似于“以译代研”作为。作为信息受方的读者和听者所听到、读到的文本内容，当然也是大致与原作“同一”的，于是也似乎达到了阅读理解原著的目的，却不会想到此一思想转输过程非因讲者、著者真正掌握了原典，不过因译者通过翻译的技术性实践而完成的在字面上的“思想转输”过程罢了。由于此一翻译技术性实践的成功，也相当地依赖于偶然条件，即职场内一时形成的个人外语条件，原作者的思想实况和文字转输者的思想实况之间，其实关联性有限。）这样的似是而非现象却可长期掩盖中方西学理论从业者的真实学术程度，也就是可能实质上阻碍着中方关于西学理论研究的真实提升。这样一来，理论翻译的正面效果中竟然可能包含着足以阻碍学者正向学术努力的负面效果（扩大而言，也可喻示正反效果兼具的百年文科留学生文化问题）。以上的自省、观察和评论，是几十年来从事中西理论交流事业的我本人之切身体悟。这是我们在促进中西人文理论互动关系时有必要提醒中方学者警惕的：不要因在具体历史性学术体质条件下获得的表面“学术政绩”（实为各种学术成就历史性认定程序之产物）而轻忽了民族学术文化的真正发展需要。

我们在提出此一中西哲学交流中存在的问题时，目的在于希望学界读者坚持“从严治学”态度，切实改进中文学界对于西学理论研究中存在的、出于职业功利主义动机的浅尝辄止惯性。当胡塞尔学在当前西方学界影响渐增因而也刺激了中文学界内相应的兴趣时，我们特别要提醒读者注意：应该同时扩大和深入相关知识性准备，包括语言工具的准备（译者来日无多而计划却未见少，却有一事体会日渐真切：必须维持自身有必要时时坚持自我补课的意识，不可以高龄为借口而忽略了学术计划须以“预先准备”为前提之必要性）。学术理论追求的道路上没有捷径可言，因此切勿被足可在职场达立竿见影之效的“以译代研”风习所误导，因为此一漂浮在表面的哲学研究风气，是可以被“眼见为真”的“具体成果”——译作和转译式论述的“出版品”实物之完成——加以掩盖的。也不妨在此补充提醒，此种“自我掩盖”心理效果，还一定会获得相关西方学者对其学术实践成果的“肯定”，而反过来成为译者强化自身成就形象的“客观的、权威性的证据”（来自西方专家之肯定；这是“以译代研”式学术实践的一个相关副产品）。他们一些人所真正关心的不是中文学界学术的真实进步问题，而是关注自身可因中方学者的迻译及宣扬洋学作者的工作而在中文地区所获影响的扩增效果问题。此外，他们不懂中文或者难以判断现代中文理论语言内容，在中西学术交流中他们的“意见”至多仅供参考，却根本不能视之为可靠评价（这相当于“以译代研”效果的二度利用，从而加重了对学术水平真相的掩盖）。严格来说，中文学界的西学理论发展的目标与现状问题，是一个如何自强不息的问题，这与西方专家的态度和意见没有什么关系。这一切都依赖于学人的自知之明和自强不息努力，而非相关于表面上按照既定“程序”进行的学术竞争博弈成果。

另一方面，现象学和胡塞尔学知识的用途，自然并非局限于胡塞尔学专家范围；或者说，完全并非如此（这一看法也是本人有兴趣长期参与译介胡塞尔学等西学理论的动机之一：促进人文科学各界的理论意识提升和知识储备的增加）。胡塞尔学术思想由于和现代西方哲学理论的三大主流方向有异而显示出了一种特别值得中文学术理论界关注的特点。这三大方向就是：传统形上学、科学类哲学（包括分析哲学），以及现代非理性主义哲学。现象学企图在极其模糊的对象域（心理世界，心物交接世界，价值信仰世界）进行严格多层面理性主义分析，这对于人类深研内省心理学、认识论、伦理学、美学等“语义模糊的材料与主题”来说，提出了更富方法论启示性的参考根据。其学术思想影响当然也就涉及人文社会科学的方方面面。在此意义上，人文科学各界关心理论问题的师生们，都可在不同深入程度需要、不同问题方面，从中获得相应认识论、方法论的启发。译者在此校后记中补言这一翻译动机，也是为了指出此词典对于中文读者的特殊价值所在。毋庸置疑，本书具有的特别适合中文读者研读的一个原因是：中文读者中大多数人都是主要读英文的，而本词典正是由以英语为母语的研究德国哲学的学者为英文读者所编写的德国哲学读物。

对于大多数关注胡塞尔学的读者来说，译者认为，本书的用途与其说在德、英中译名对照表的提供上，不如说在中文读者把握作者对胡塞尔学中关键词语的解释上。其实中文读者不妨将本词典视为一本胡塞尔学的“引介书”，即将其视作一本可充作“读物”的作品。即使对于并无意于花时间深入胡塞尔学研究的人来说，在有了一定哲学素养后，将本词典各条目的解释论述读上一遍，也是颇有益处的。本词典主要作者莫兰是一位胡塞尔学的优秀教师和解释者，他针对今日大多数师生已不读德文原典的英语学界，对艰涩的胡塞尔学和德文原典，从英美人角度（作者主要受教于耶鲁大学），用英文进行了简明而系统的阐释。作者本身的特定学术背景和编写本书的特殊意旨，也使得本书自然可成为中文学者把握胡塞尔学关键主题与概念的重要参考书之一。作者兼涉英文与德文学界背景的学术条件，因此使其“用英文解释德文思想”的这部读物的论述方式，也特别适合于比较熟悉英文的中文学界读者对于把握德文现象学抽象思想的需要。

作为中文地区的胡塞尔学研究者之一，我愿在此校后记中对中国人民大学出版社学术出版中心长期支持胡塞尔学学术出版事业一事再次表示感谢。特别要感谢本书责编吴冰华女士的细致认真的编审工作，每部经她之手处理过的现象学译稿，都会挑拣出一些译者失误和疏忽之处，这使得每部译文得以有机会进行一定的改善。译文中尚未发现的错误当然由译者负责，并欢迎读者指出，以备日后改正。作为胡塞尔学的研究者，译者非常高兴地看到，在胡塞尔的《现象学心理学》即将出版后，本词典也将于不久后问世了。本词典的出版相信会适当地满足学界相关研究的需要。这也是译者在2012年南京国际符号学大会“现象学小组会”上当面对受邀主持会议讨论的本书作者所许诺过的愿望。今日计划得以实现，欣慰之余，略赘寄望之言于此。

李幼蒸

2015年6月7日于旧金山湾区

图书在版编目（CIP）数据

胡塞尔词典/（爱尔兰）德尔默·莫兰，（爱尔兰）约瑟夫·科恩著；李幼蒸译. --北京：中国人民大学出版社，2021.4

ISBN 978-7-300-29175-8

Ⅰ. ①胡… Ⅱ. ①德… ②约… ③李… Ⅲ. ①胡塞尔（Husserl, Edmund 1859－1938）-哲学思想-词典 Ⅳ. ①B516.52-61

中国版本图书馆 CIP 数据核字（2021）第 055268 号

胡塞尔词典

［爱尔兰］德尔默·莫兰（Dermot Moran）、约瑟夫·科恩（Joseph Cohen） 著

李幼蒸 译

Husserl Cidian

出版发行	中国人民大学出版社		
社　　址	北京中关村大街 31 号	**邮政编码**	100080
电　　话	010－62511242（总编室）		010－62511770（质管部）
	010－82501766（邮购部）		010－62514148（门市部）
	010－62515195（发行公司）		010－62515275（盗版举报）
网　　址	http://www.crup.com.cn		
经　　销	新华书店		
印　　刷	北京联兴盛业印刷股份有限公司		
规　　格	160 mm×230 mm　16 开本	**版　　次**	2021 年 4 月第 1 版
印　　张	24.25 插页 3	**印　　次**	2021 年 4 月第 1 次印刷
字　　数	399 000	**定　　价**	98.00 元